Spanish Spanish Spanish Spanish Spanish Spanish Spanish Spanish Spanish Spanish Property Property

3/our 3/our 3/our
c/o "91"

Contesso
contesso
camo
Property
Property
Property

True Fire True Property

Spanish
3/0

Con+000

SPANISH FOR MASTERY 1

Jean-Paul Valette
Rebecca M. Valette

Editor-Consultant
Teresa Carrera-Hanley

Contributing Writers
Frederick Suárez Richard
Clara Inés Olaya

Illustrator
Mel Dietmeier

D. C. HEATH AND COMPANY
Lexington, Massachusetts   Toronto

COVER DESIGN   Porras / Lawlor

TEACHER CONSULTANTS
Alicia G. Andreu, Middlebury College
Susan Crichton, Lynnfield H.S., Massachusetts
Karen Davis, McLean Middle School, Texas
Elena Marsh, Columbine H.S., Colorado
Judith Morrow, Bloomington H.S. South, Indiana
Delores Rodríguez, San Jose Unified School Dist., California

LINGUISTIC CONSULTANT
Kenneth Chastain, University of Virginia

The authors wish to thank Christopher H. Maurer, María Estrella Iglesias, Sheila Irvine, Gene Kupferschmid, Cathy Linder-Marczyk, Elba E. Lopez, Ana Maria Migliassi, Elena Marsh, Argentina Palacios, and Vincent J. Barone for their assistance in the course of the project.

EXECUTIVE EDITOR
Roger Coulombe

PROJECT EDITORS
Lawrence Lipson
Judy Keith
Anita Raducanu

D. C. HEATH CONSULTANTS
Victoria Devlin
Denise St. Jean

DESIGN AND PRODUCTION
Josephine McGrath, *Book Designer*
Ann Rahimi-Assa, *Art Coordinator*
Rick Rizzotto, *Art Production*
Barbara Kirk and Donna Lee Porter, *Production Coordinators*

Queridos amigos,
Dear friends,

The language that you are going to study this year (and hopefully continue to study in the years to come) is a very special language. It is present all around us! Think of the many states, cities, rivers and mountains which bear Spanish names: Florida, Nevada, Colorado, Los Angeles, Santa Fe, El Paso, the Sierra Nevada, the Rio Grande. . . . The list is endless.

More important, Spanish is very much alive in the United States because some 13 million Americans speak it every day! Think of the people around you: you may have a friend with a Hispanic name, or you may have been to a Hispanic shop or restaurant in your town, or know of famous people whose names are Spanish, or you yourself may be of Hispanic heritage. . . . For young Americans, learning Spanish is not learning a "foreign" language, but learning their second national language!

Obviously the domain of Spanish extends far beyond the boundaries of the United States. Spanish is the language of Spain, Mexico, Central America and most of South America. It is also spoken in parts of the Philippines and parts of Africa. It is the official language of 20 countries and is one of the five official languages of the United Nations. It is spoken daily by 250 million people around the world, and is understood by many millions more. All in all, Spanish is one of the most widely used and most useful languages of the world.

The study of Spanish is important for several other reasons. Language is part of culture. In learning a language, you learn not only how other people express themselves, but also how they live and what they think. It is often by comparing ourselves with others, by investigating how we differ and how we are similar, that we begin to learn who we really are. Your experience in learning Spanish will therefore help you understand your own culture better.

Soon you will discover many similarities between Spanish and English. They have many words in common, and others which are closely related. Knowing Spanish will help you understand *your* language better, and even increase your English vocabulary!

Spanish is the native language of many great writers, poets and artists whose ideas have shaped our own ways of thinking and feeling. Knowing Spanish may help you better understand these ideas and, consequently, the world in which we live.

Last, but not least, Spanish is a language used in business, in the professions and in the trades, both abroad and here in the United States. Americans who choose to serve their fellow citizens as doctors, nurses, lawyers, social workers, teachers, firefighters and law enforcement officers will find they can perform their tasks more effectively if they speak Spanish.

As you see, knowing Spanish is not an end in itself, but a step toward several worthwhile objectives: communication with others here and abroad, increased knowledge of the world in which we live, better understanding of ourselves . . . and maybe an extra advantage when you are looking for a job!

Y ahora, ¡adelante con el español!
And now, forward with Spanish!

Jean-Paul Valette   Rebecca M. Valette

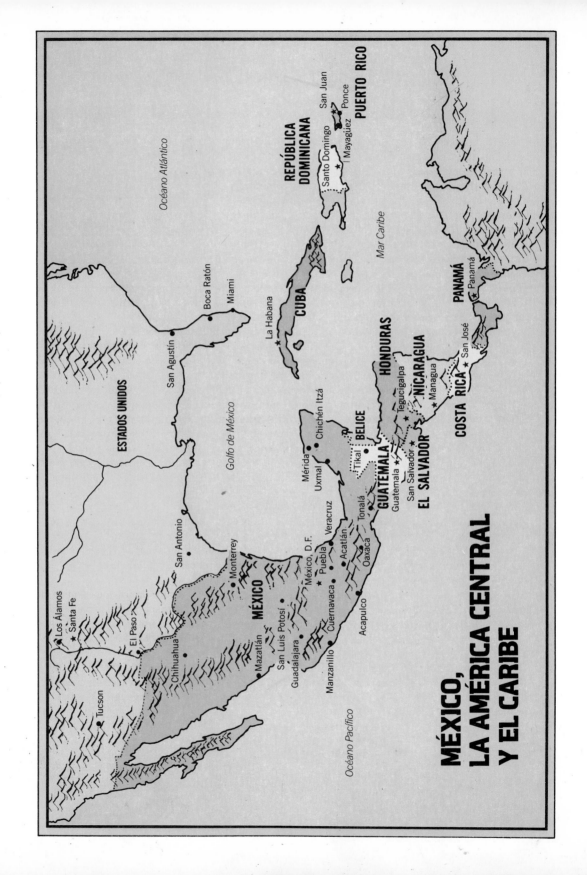

MÉXICO,
LA AMÉRICA CENTRAL
Y EL CARIBE

ESTADOS UNIDOS

Océano Atlántico

Golfo de México

Océano Pacífico

Mar Caribe

Los Álamos
Santa Fe
El Paso
Tucson
Chihuahua
Mazatlán
San Luis Potosí
Guadalajara
Manzanillo
Acapulco
Cuernavaca
Oaxaca
Tonalá
Acatlán
Puebla
México, D.F.
Veracruz
Monterrey
San Antonio
San Agustín
Boca Ratón
Miami
La Habana
Mérida
Uxmal
Chichén Itzá
Tikal
Guatemala
San Salvador
Tegucigalpa
Managua
San José
Panamá
Santo Domingo
Mayagüez
San Juan
Ponce

MÉXICO
CUBA
BELICE
GUATEMALA
EL SALVADOR
HONDURAS
NICARAGUA
COSTA RICA
PANAMÁ
REPÚBLICA DOMINICANA
PUERTO RICO

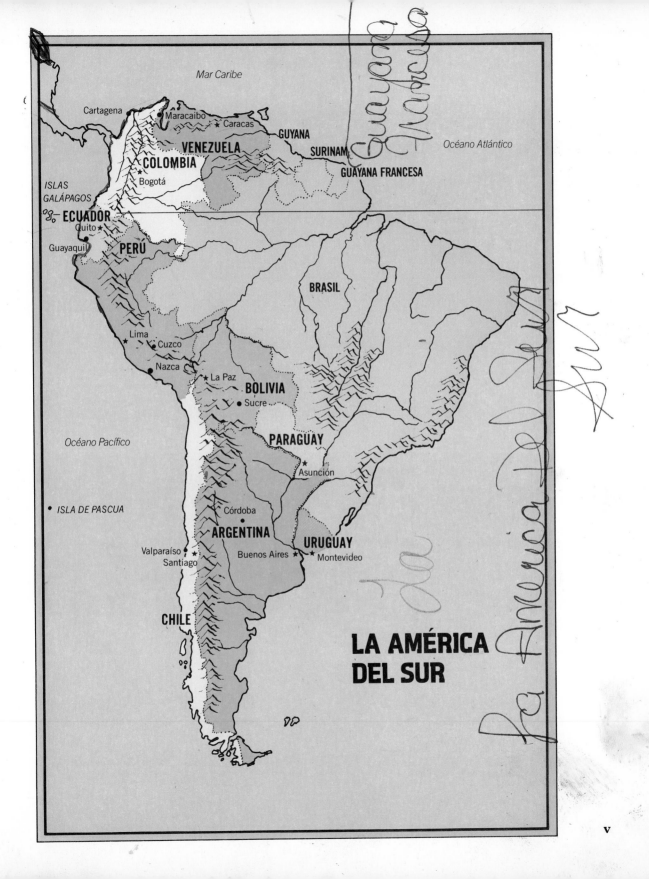

Mar Caribe

Cartagena
Maracaibo
★ Caracas
VENEZUELA
GUYANA
SURINAM
Océano Atlántico
COLOMBIA
GUAYANA FRANCESA
Bogotá

ISLAS
GALÁPAGOS
ECUADOR
Quito ★
Guayaquil
PERÚ

BRASIL

Lima
Cuzco
Nazca
★ La Paz
BOLIVIA
● Sucre

Océano Pacífico

PARAGUAY

★
Asunción

● ISLA DE PASCUA

Córdoba
●
ARGENTINA
URUGUAY
Valparaíso ● ★
Buenos Aires ★ ★ Montevideo
Santiago

CHILE

LA AMÉRICA DEL SUR

v

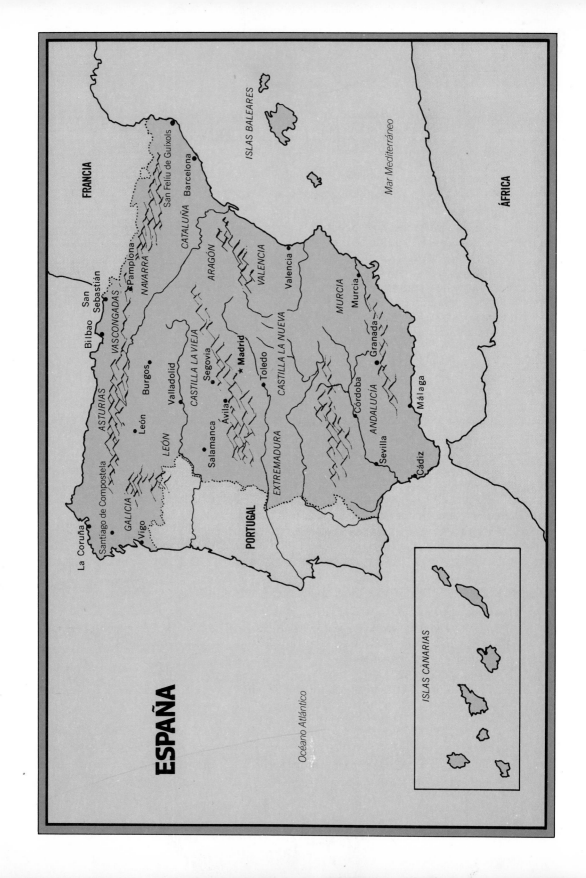

ESPAÑA

FRANCIA

San Feliu de Guixols
Barcelona

ISLAS BALEARES

Mar Mediterráneo

ÁFRICA

Pamplona
NAVARRA

San
Sebastián
Bilbao
VASCONGADAS

CATALUÑA

ARAGÓN

VALENCIA

Valencia

MURCIA

Murcia

ASTURIAS

Burgos

Valladolid

CASTILLA LA VIEJA

Segovia

★ Madrid

Toledo

CASTILLA LA NUEVA

Granada

Córdoba

ANDALUCÍA

Málaga

León

LEÓN

Ávila

Salamanca

EXTREMADURA

Sevilla

Cádiz

Santiago de Compostela

GALICIA

Vigo

La Coruña

PORTUGAL

Océano Atlántico

ISLAS CANARIAS

CONTENTS

Unidad 10   Día a día   **394**

Me llamo ...

Alberto	Federico	Miguel	Alicia	Elena	Luisa
Alonso	Felipe	Pablo	Ana	Emilia	Manuela
Andrés	Francisco (Paco)	Pedro	Anita	Francisca (Paca)	María
Antonio	Guillermo	Ramón	Bárbara	Inés	Mariana
Carlos	Jaime	Raúl	Beatriz	Isabel	Marta
Diego	Jesús	Rafael	Carolina	Josefina (Pepita)	Rosa
Domingo	José (Pepe)	Ricardo	Carlota	Juana	Rosalinda
Eduardo	Juan	Roberto	Catalina	Juanita	Susana
Enrique	Luis	Salvador	Clara	Linda	Teresa
Esteban	Manuel	Tomás	Cristina	Lucía	Verónica

Unidad 1

¡Bienvenidos!

A. ¿CÓMO TE LLAMAS?

(On the first day of school in San Antonio, Texas)

Alicia: ¿Cómo te llamas?
Carlos: Me llamo Carlos, ¿y tú?
Alicia: ¡Me llamo Alicia!
Carlos: ¿Eres de Puerto Rico?
Alicia: ¡No!
Carlos: ¿Eres de México?
Alicia: ¡No!
Carlos: ¿Eres de Panamá?
Alicia: ¡No, no, no!   Soy de San Antonio . . .
  ¡como tú!

A. WHAT'S YOUR NAME?

What's your name?
My name is Carlos; and yours?
My name is Alicia!
Are you from Puerto Rico?
No.
Are you from Mexico?
No.
Are you from Panama?
No, no, no! I'm from San Antonio,
like you!

Anita Báez
México

Felipe Díaz
España

Ricardo Santana
Perú

Roberto Ávila
Puerto Rico

Los hispanohablantes
(The Spanish speakers)

Today, Spanish is spoken by about two hundred and sixty million people around the world. These people who share the same language are the Hispanic people. They live in Spain, South and Central America, Mexico, the Caribbean . . . and also in the United States. As many as fifteen million Americans are of Hispanic background.

José Morales
Estados Unidos

Marisa Ochoa
Argentina

Dolores Jiménez
Costa Rica

Nombre			
Ávila, Roberto	Avenida Ponce de León	San Juan	Puerto Rico
Báez, Anita	Avenida Chapultepec	Puebla	México
Díaz, Felipe	Calle Cervantes	Toledo	España
García, Carmen	Avenida Colón	Bogotá	Colombia
Jiménez, Dolores	Avenida San Martín	San José	Costa Rica
Machado, Carlos	Avenida de la Libertad	Panamá	Panamá
Montero, María	Avenida José Martí	La Habana	Cuba
Morales, José	San Pedro Road	San Antonio	Texas, Estados Unidos
Ochoa, Marisa	Plaza de la República	Buenos Aires	Argentina
Pérez, Ricardo	Ponce de León Boulevard	Miami	Florida, Estados Unidos
Sánchez, Pedro	Avenida América	Quito	Ecuador
Santana, Ricardo	Avenida Emancipación	Lima	Perú
Vilar, Luisa	Avenida Simón Bolívar	La Paz	Bolivia

ACTIVIDAD 1   Presentaciones *(Introductions)*

Imagine that you are in a school in Colombia. It is the first day of school and the new students are introducing themselves to one another. Play the roles of these students.

⠮ José / Anita   José: ¿Cómo te llamas?
Anita: Me llamo Anita, ¿y tú?
José: Me llamo José.

1. Tomás / Teresa
2. Diego / Susana
3. Luis / Luisa
4. Miguel / Ana
5. Pablo / Emilia

6. Ramón / Inés
7. Ricardo / Clara
8. Juan / Anita
9. Felipe / María
10. Pedro / Isabel

NOTAS:
1. You may have noted the accent mark in certain names (José, María, Tomás, Inés). Accent marks are part of Spanish spelling. They should not be left out!

2. In Spanish, question marks and exclamation points occur at the beginning as well as at the end of a question or exclamation. These punctuation marks are written upside down at the place where the question (¿) or exclamation (¡) begins.

ACTIVIDAD 2   ¿De dónde eres? *(Where are you from?)*

Say where you are from. Then ask a classmate where he or she is from.

⟫   Estudiante 1: Soy de [San Antonio], ¿y tú?
     Estudiante 2: Soy de [Houston].

ACTIVIDAD 3   ¡Hola!

Choose one of the Hispanic young people listed in the address book on the left and pretend to be that person. Introduce yourself to the class.

⟫   ¡Hola! Me llamo Roberto Ávila. Soy de San Juan.

ACTIVIDAD 4   ¿Quién eres? *(Who are you?)*

A classmate will play the part of one of the young people in the address book. Have an interview according to the model.

⟫   Estudiante 1: ¡Hola! ¿Cómo te llamas?
     Estudiante 2: Me llamo Anita Báez.
     Estudiante 1: ¿Eres de México?
     Estudiante 2: ¡Sí! Soy de México.

B. ¿QUIÉN ES?

Alicia: ¿Quién es?
Carlos: ¡Es Dolores Hernández!
Alicia: ¿Dolores Fernández?
Carlos: ¡No! ¡Hernández, con H (hache)!

WHO IS THAT?

Who is that?
It's Dolores Hernández.
Dolores Fernández?
No, Hernández, with an H.

Nombres hispánicos

(Spanish names)

For many people in Spanish-speaking countries, the Catholic religion is a way of life which begins from birth. Spanish first names are usually given in honor of Catholic saints. Many girls' names refer to the Virgin Mary. The name *Dolores,* for instance, is an abbreviation of *Nuestra Señora de los Dolores* — Our Lady of the Sorrows. Other names which honor the Virgin Mary are: *Carmen, Concepción, Consuelo, Pilar, Mercedes.*

Pronunciación **El alfabeto español**

Knowing the Spanish alphabet will help you spell Spanish words. It will also help you practice pronouncing Spanish sounds. Here are the letters of the Spanish alphabet, along with their Spanish names.

a	a	**j**	jota	**r**	ere
b	be	**k**	ka	**rr**	erre
c	ce	**l**	ele	**s**	ese
ch	che	**ll**	elle	**t**	te
d	de	**m**	eme	**u**	u
e	e	**n**	ene	**v**	ve
f	efe	**ñ**	eñe	**w**	doble ve
g	ge	**o**	o	**x**	equis
h	hache	**p**	pe	**y**	i griega
i	i	**q**	cu	**z**	zeta

The Spanish alphabet contains three more letters than the English alphabet: **ch, ll,** and **ñ.** When Spanish words are put in alphabetical order the letters **ch, ll,** and **ñ** come after **c, l,** and **n,** respectively.

ACTIVIDAD 5   Nombres

Spell out loud the following names in Spanish:

>   your first name
>   your last name
>   the names of your father and mother or brothers and sisters

Entre nosotros

Expresión para la conversación

aquí   *here*

Soy de **aquí**, como tú.   *I'm from here, like you.*
Y María, ¿es de **aquí**?   *And María, is she from here?*
Y Pablo, ¿es de **aquí**?   *And Pablo, is he from here?*

Mini-diálogos

Use the words in the pictures to replace the underlined words.

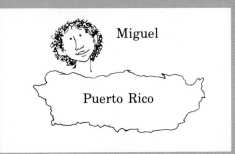

Carmen: ¿Quién es?
  José: ¡Es <u>Miguel</u>!
Carmen: ¿Es de aquí?
  José: ¡No! ¡Es de <u>Puerto Rico</u>!

Lección 2 ¡Hola!

¡Hola, Carlos!
¡Hola, María!

¡Hola, Felipe!
¿Qué tal, Carolina?

Hola, Luis, ¿qué tal?
Muy bien, ¿y tú?

¡Hola, José! ¿Cómo estás?
Bien, ¿y tú?

Buenos días, señora Sánchez.
Buenos días, señora Camacho.

¡Buenos días, señor Fonseca! ¿Cómo está usted?
¡Muy bien, señor Montero!

¡Adiós, Luisa!
¡Adiós, Miguel!

Hello, Carlos!
Hi, María!

Hi, Felipe!
How's it going, Carolina?

Hello Luis, how are you?
Very well, and you?

Hi, José! How are you?
Fine, and you?

Good morning, Mrs. Sánchez.
Good morning, Mrs. Camacho.

Good morning, Mr. Fonseca. How are you?
Very well, Mr. Montero!

Goodby, Luisa!
'Bye, Miguel!

Notas culturales

Saludando a los amigos
(Greeting friends)

Hispanic people are very open in showing their friendship. Teenagers, for instance, greet each other not only with words, but also with marks of affection. Boys shake hands. Girls kiss each other on the cheek. Boys and girls shake hands. These greetings are used when people meet and sometimes when they are leaving each other.

Informalidad y formalidad

Spanish speakers tend to be more formal than English speakers. Here are two examples of this formality. In the United States, we say "Hi" or "Hello" when we meet a friend or a teacher. A Hispanic teenager will say *¡Hola!* to a friend, but when meeting a teacher may use the more formal greetings *¡Buenos días!, ¡Buenas tardes!* and *¡Buenas noches!*

In the United States we would ask "How are you?" of both close friends and more distant acquaintances. There are two ways of asking this question in Spanish, depending on the relationship between the speakers. Hispanic teenagers will say *¿Cómo estás?* to a friend or a member of the family. They will use the more formal *¿Cómo está usted?* with all other persons.

Hispanic formality is not a sign of reserve. It is a mark of respect and a way of life.

To greet someone . . .	*saludos*	*respuestas*
informally:	¡Hola!	¡Hola!
	¿Cómo estás?	¡Muy bien! ¿Y tú?
	¿Qué tal?	¡Bien, gracias!
formally:		
(in the morning)	¡Buenos días, señor!	¡Buenos días!
(in the afternoon)	¡Buenas tardes, señorita!	¡Buenas tardes!
(in the evening)	¡Buenas noches, señora!	¡Buenas noches!
	¿Cómo está usted?	¡Muy bien, gracias! ¿Y usted?
To say goodby. . .		
formally and informally:	¡Adiós!	¡Adiós!
	¡Hasta luego!	¡Hasta luego!
	¡Hasta la vista!	¡Hasta la vista!

NOTA: In written Spanish, the following abbreviations, which are always capitalized, are commonly used:

Sr. señor   **Sra.** señora   **Srta.** señorita   **Ud.** (or **Vd.**) usted

---

ACTIVIDAD 1   En el restaurante

Imagine that you are eating lunch in a Spanish restaurant. You notice the following friends who are arriving with their parents. Greet each person, using ¡Hola! or ¡Buenas tardes! as appropriate.

Carlos   ¡Hola, Carlos!
Señor Sánchez   ¡Buenas tardes, señor Sánchez!

1. Carmen
2. Miguel
3. Felipe
4. Manuel

5. Luisa
6. Teresa
7. Señor Pérez
8. Señora de Vilar

9. Señora de López
10. Señor Ortiz
11. Señorita Fonseca
12. Señorita Velázquez

ACTIVIDAD 2   En la calle

Imagine you meet the following people in the street at the time of day indicated. Greet them appropriately.

Señor Alonso   Buenas noches, señor Alonso.

1. Señor Morales
2. Señora de Santana
3. Señorita León

4. Señor Ortiz
5. Señora de Sera
6. Señorita Montero

ACTIVIDAD 3   De paseo *(Walking down the street)*

Imagine that you are spending your vacation in Spain. After supper, you engage in one of the favorite Spanish activities which consists of strolling down the street. As you walk, you meet the following people and ask them how they are. Use **¿Cómo estás?** and **¿Cómo está Ud.?** as appropriate.

Carlos   ¿Cómo estás, Carlos?
Señor Sánchez   ¿Cómo está Ud., señor Sánchez?

1. Dolores
2. Señor García
3. Inés
4. Señora de Pascual
5. Roberto

6. Señor Guitarte
7. Paco
8. Señora de Iturbe
9. Luis
10. Señorita Meléndez

ACTIVIDAD 4   Adiós

Say goodby to the following people, using the expression suggested.

Manuel (Adiós)   ¡Adiós, Manuel!

(Adiós)
1. Felipe
2. Ramón
3. Tomás

(Hasta luego)
4. Luisa
5. Sr. Martí
6. Sra. de Fonseca

(Hasta la vista)
7. Catalina
8. Sra. de Machado
9. Sr. Pacheco

Pronunciación   El sonido de la vocal *a*

Model word: <u>A</u>n<u>a</u>
Practice words: h<u>a</u>sta <u>A</u>nita C<u>a</u>t<u>a</u>lin<u>a</u> P<u>a</u>n<u>a</u>má
Practice sentences: ¡H<u>a</u>st<u>a</u> l<u>a</u> vist<u>a</u>, <u>A</u>nit<u>a</u>!
    ¡Hol<u>a</u>, <u>A</u>n<u>a</u>! ¿Qué t<u>a</u>l?

The sound of the Spanish vowel **a** is similar to but shorter and more precise than the sound of the English vowel **a** of "father."

Entre nosotros

Expresiones para la conversación

¿Cómo estás?   ¿Cómo está Ud.?

¡Muy bien!   ¡Regular!   ¡Así, así!   ¡Mal!   ¡Muy mal!

Mini-diálogos

Use the suggestions in the pictures to create new dialogs. Remember to use the appropriate level of formality.

Anita y Sr. Chávez

Anita: ¡Buenos días, señor Chávez!
Sr. Chávez: ¡Buenos días, Anita!
Anita: ¿Cómo está Ud.?
Sr. Chávez: ¡Muy bien, gracias!

Pilar y Luisa

Sra. de Martí y Sr. Sánchez

Sra. de Iturbe y Sra. de Vilar

Roberto y Tomás

Lección 3   *¿Cuánto es?*

A. MÉXICO — EN UN CAFÉ

Claudia, Inés, Esteban, Pablo

Esteban: ¡Camarero!
Camarero: ¡Sí, señor!
Esteban: Una Coca-Cola, por favor.
Claudia: Y uno . . . dos . . . tres cafés.
Camarero: Con mucho gusto.

. . . . .

Inés: ¿Cuánto es?
Pablo: No, no, Inés . . . Aquí tiene, camarero.
Camarero: Gracias, señor. Y aquí tiene el vuelto. Diez pesos.
Claudia, Inés
y Esteban: ¡Gracias, Pablo!
Pablo: De nada.

A. MEXICO — IN A CAFE

Waiter!
Yes, sir!
A Coca-Cola, please.
And one . . . two . . . three coffees.
With pleasure.

. . . . . .

How much is that?
No, no, Inés . . . Here you are, waiter.
Thank you, sir. And here's your change. Ten pesos.

Thanks, Pablo!
Don't mention it.

Nota cultural

Monedas de los países hispánicos
(Hispanic currency)

Although they share a common language, the various Hispanic countries are far from similar. Their people are different and so are their traditions, their customs, their forms of government, their economic systems . . . and their national currencies. Here are the monetary units of some of these countries.

la Argentina: el peso Guatemala: el quetzal
Bolivia: el peso el Perú: el sol
el Ecuador: el sucre México: el peso
España: la peseta Venezuela: el bolívar

The value of the peso varies from country to country.

0	cero	3	tres	6	seis	9	nueve
1	uno	4	cuatro	7	siete	10	diez
2	dos	5	cinco	8	ocho		

ACTIVIDAD 1 Números de teléfono

Imagine that the following Mexican teenagers are exchange students in your school. Give each person's phone number, according to the model.

Felipe 324-5278   El número de Felipe es tres-dos-cuatro-cinco-dos-siete-ocho.

1. Ramón 527-9031
2. Luisa 442-6839
3. Isabel 964-8701
4. Dolores 862-0483

5. Pilar 782-3942
6. Carmen 681-0357
7. Pedro 456-9801
8. Paco 612-3794

ACTIVIDAD 2 En un café

Together with a classmate, play the roles of a customer and a waiter or waitress in a café. Use the menu which appears below. **¿Cuánto cuesta ___?** means *How much does ___ cost?* Follow the model.

el café   Cliente: ¡Camarero! (¡Camarera!)
          Camarero(a): Sí, señor (señorita).
              Cliente: ¿Cuánto cuesta el café?
          Camarero(a): Cuatro pesos, señor (señorita).

(el) café	4 pesos	(el) sándwich	10 pesos
(el) té	4 pesos	(la) hamburguesa	10 pesos
(el) chocolate	5 pesos	(la) pizza	9 pesos
(la) Coca-Cola	3 pesos	(el) taco	6 pesos

B. EN UN MERCADO
B. IN A MARKETPLACE

Pedro: ¡Perdón, señor! ¿Cuánto cuesta el sombrero?	Excuse me, sir! How much is the hat?
El vendedor: ¿El sombrero? ¡Treinta pesos, señor!	The hat? Thirty pesos, sir.
Pedro: ¡Veinte!	Twenty!
El vendedor: ¡No, señor! ¡Veinte y ocho pesos! ¡Menos, no!	No, sir. Twenty-eight pesos. No less!
Pedro: ¡Veinte y tres!	Twenty-three!
El vendedor: ¡No, veinte y seis!	No, twenty-six.
Pedro: ¡Veinte y cinco!	Twenty-five!
El vendedor: Bueno . . . ¡pero es un regalo!	OK . . . but it's a gift (a giveaway)!!

Nota cultural

La artesanía
(Handicrafts)

In outdoor markets throughout the Spanish-speaking world, you will find many beautiful handcrafted articles. There is colorful pottery, woven and embroidered textiles, fine leather articles, straw hats, wooden figurines. Each country has its own specialty. Bolivia is known for its embroidered dance costumes, Mexico for its variety of ceramic objects, Spain for its painted tiles and carved furniture. Created by skilled and imaginative craftsmen, these superb handicrafts combine traditional folk art with new techniques and ideas.

11	once	20	veinte	29	veinte y nueve
12	doce	21	veinte y uno	30	treinta
13	trece	22	veinte y dos	40	cuarenta
14	catorce	23	veinte y tres	50	cincuenta
15	quince	24	veinte y cuatro	60	sesenta
16	diez y seis	25	veinte y cinco	70	setenta
17	diez y siete	26	veinte y seis	80	ochenta
18	diez y ocho	27	veinte y siete	90	noventa
19	diez y nueve	28	veinte y ocho	100	cien (ciento)

ACTIVIDAD 3   En el puesto de periódicos *(At the newsstand)*

Imagine that you are earning money selling papers at a newsstand.
Newspapers (**periódicos**) are five pesos each, and magazines (**revistas**) are
seven pesos. Say how much the following cost.

∞ 2 periódicos   Dos periódicos cuestan *(cost)* diez pesos.

1. 3 periódicos
2. 4 periódicos
3. 5 periódicos
4. 10 periódicos
5. 12 periódicos

6. 2 revistas
7. 3 revistas
8. 4 revistas
9. 5 revistas
10. 6 revistas

11. 2 periódicos y 2 revistas
12. 2 periódicos y 3 revistas
13. 4 periódicos y 6 revistas
14. 8 periódicos
15. 10 periódicos

ACTIVIDAD 4   En el mercado

Imagine that you are in a marketplace. Bargain for a lower price on the
following items. A classmate will play the part of the merchant. Use
dialog B as a model.

1. el sombrero: 30 pesos
2. el sombrero: 20 pesos
3. el sombrero: 40 pesos

4. el poncho: 80 pesos
5. el poncho: 100 pesos
6. el poncho: 90 pesos

 El sonido de la vocal e

Model word: Pepe
Practice words: peso peseta cero tres es café trece
Practice sentences: ¿Cuánto es? ¿Trece pesetas?
                    ¡Camarero! Tres cafés, por favor.

The sound of the Spanish vowel **e** is similar to but shorter and more
precise than the sound of the English vowel **a** in "tape."

Entre nosotros

Expresiones para la conversación

Here are some expressions of politeness used by Spanish speakers:

¡Por favor!	*Please*	—Un café, **por favor.**
¡Con mucho gusto!	*With pleasure!*	—**Con mucho gusto,** señor.
¡Gracias! **¡Muchas gracias!** }	*Thank you*	—**Gracias.**
¡De nada! **¡No hay de qué!** }	*You're welcome*	—**De nada.**

Mini-diálogos

Imagine you are in a stationery store in Madrid. Create new dialogs by replacing the underlined words with the expressions suggested in the pictures.

el mapa

Cliente: Por favor, ¿cuánto cuesta el mapa?

Vendedor(a): Ochenta pesetas.

Cliente: Aquí tiene cien pesetas.

Vendedor(a): *(making change)* Noventa, y cien.

Cliente: Muchas gracias.

Vendedor(a): De nada.

el periódico	el lápiz	el cuaderno	el papel	el bolígrafo

Lección 4 *Una cita*

A. A LAS DOS

Anita: ¿Qué hora es, Clara?
Clara: Son las dos.
Anita: ¿Las dos? ¡Caramba!
Clara: ¿Qué pasa?
Anita: Tengo una cita con Antonio.
Clara: ¿A qué hora?
Anita: ¡A las dos! ¡Adiós, Clara!
Clara: ¡Hasta luego!

A. AT TWO O'CLOCK

What time is it, Clara?
It's two o'clock.
Two? Oh, no!
What's wrong?
I have a date with Antonio.
At what time?
Two o'clock! 'Bye, Clara!
See you later!

vocabulario especializado   La hora

¿Qué hora es?

Es la una.

Son las dos.

Son las tres.

Son las diez.

¿A qué hora?

A la una.

A las cinco.

A las ocho.

A las doce.

NOTA: To distinguish between *a.m.* and *p.m.*, Spanish speakers say:

Tengo **una cita** *(date)* con Isabel a las diez **de la mañana.**

Tengo una cita con Antonio a las dos **de la tarde.**

Tengo una cita con Anita a las ocho **de la noche.**

Son las doce **de la noche.**

ACTIVIDAD 1   Citas

Say at what time you have an appointment with the people mentioned below.

Luisa 1:00   Tengo una cita con Luisa a la una.

1. Roberto 2:00
2. Clara 5:00
3. Paco 6:00
4. Enrique 8:00
5. Isabel 9:00
6. Pablo 7:00

ACTIVIDAD 2   ¿A qué hora?

Elena is well-informed and can tell Antonio at what hour these activities begin. Play the two roles according to the model.

𝔅   el concierto: 2:00   Antonio: ¿A qué hora es el concierto, Elena?
Elena: A las dos.

1. la clase de español: 10:00
2. la clase de matemáticas: 11:00
3. el programa de televisión: 7:00
4. la comedia musical: 4:00
5. el partido de fútbol *(soccer game)*: 3:00
6. el partido de béisbol: 5:00
7. el partido de tenis: 1:00
8. la fiesta *(party)*: 9:00

Nota cultural

La hora hispánica
(Hispanic attitudes towards time)

For many Americans, "time is money." This attitude is not shared by most Hispanic people. For them, life is to be fully enjoyed, not hurried through. Friends may be an hour late to a date and no one will be upset. Guests may arrive half an hour late at a dinner party and no one will expect an apology.

Obviously, this attitude does not characterize *all* aspects of Hispanic life. Shops, banks, and government offices open and close at fixed hours, and in most instances buses, trains and planes follow regular timetables.

Desde Bogotá
El mayor número de vuelos.

DÍA	SALE	LLEGA	VUELO
Diario sin escalas	11:15 A.M.	2:30 P.M.	908
Lunes	10:35 A.M.	3:20 P.M.	976
Martes	10:35 A.M.	3:20 P.M.	976
Sábados	10:35 A.M.	3:20 P.M.	976
Domingos	10:35 A.M.	3:20 P.M.	976

B. A LAS DOS Y DIEZ

Antonio: ¿Qué hora es, Carlos? ¿Las dos menos cuarto?

Carlos: No, Antonio. Son las dos y diez.

Antonio: ¡Las dos y diez! ¡Caramba!

Carlos: ¿Qué pasa?

Antonio: ¡Tengo una cita con Anita!

Carlos: ¿A qué hora?

Antonio: ¡A las dos!

Carlos: ¿Es Anita muy puntual?

Antonio: Sí, es muy puntual . . . ¡pero no es muy paciente!

A LAS DOS Y MEDIA

¡Hola, Anita!   ¿Qué tal, Antonio?

B. AT TWO-TEN

What time is it, Carlos? Quarter to two?

No, Antonio . . . it's two-ten.

Two-ten! Oh, no!

What's the matter?

I have a date with Anita!

At what time?

At two o'clock!

Is Anita very punctual?

Yes, she's punctual. . . but not very patient!

AT TWO-THIRTY

Hi, Anita!   How's it going, Antonio?

vocabulario especializado   La hora

Son las diez
y cinco.

Son las diez
y cuarto.

Son las diez
y veinte.

Son las diez
y media.

Son las dos
menos cinco.

Son las dos
menos cuarto.

Son las dos
menos veinte.

Es la una
y media.

ACTIVIDAD 3   La hora exacta

Pedro wants to make sure his watch is right, and he checks with Anita.
Play both roles according to the model.

   10:00   Pedro: ¿Son las diez?
                  Anita: ¡Sí, son las diez!

1. 11:00	4. 10:00	7. 2:30	10. 4:45	13. 8:05
2. 1:00	5. 10:15	8. 3:30	11. 6:50	14. 9:24
3. 2:00	6. 2:15	9. 4:05	12. 7:55	15. 9:40

Pronunciación   El sonido de la vocal *i*

Model word: sí
Practice words: Lima Anita Cádiz cita Isabel
Practice sentences: Tengo una cita con Anita.
                              Sí, señorita.

The sound of the Spanish vowel **i** is similar to but shorter and more precise
than the sound of the English vowels **ea** in "meat."

Entre nosotros

Expresión para la conversación

When someone looks worried, you may ask:

¿Qué pasa?   *What's wrong? What's the matter?*

Mini-diálogos

Use the train schedule to create new dialogs. Replace the underlined words with the information in the schedule, making the necessary changes.

En la estación de Madrid *(In the Madrid train station)*

LLEGADAS — ARRIVALS		SALIDAS — DEPARTURES	
Barcelona	1:05	Córdoba	3:10
Sevilla	2:30	Valencia	4:25
Salamanca	2:45	Málaga	7:20
Toledo	3:00	Bilbao	8:50
Granada	4:10	Pamplona	9:40
Cádiz	6:30	San Sebastián	10:55

(a) Josefina: ¡Por favor! ¿A qué hora llega
(arrives) el tren de <u>Barcelona</u>?
Taquillera: <u>A la una y cinco.</u>
Josefina: Muchas gracias.
Taquillera: No hay de qué.

(b) Taquillera: El tren de <u>Córdoba</u> sale *(leaves)* a
<u>las tres y diez.</u>
Salvador: ¡Caramba!
Taquillera: ¿Qué pasa?
Salvador: <u>¡Son las tres y veinte!</u>

25

Hay fechas muy importantes en el diario de María. ¡Mira!

There are very important dates in María's diary. Look!

el cumpleaños de mamá	el 20 de agosto
el cumpleaños de papá	el 13 de marzo
el cumpleaños de Mari-Carmen	el 21 de febrero
el cumpleaños de Isabel	el 2 de octubre
el cumpleaños de Ricardo	el 7 de mayo
el cumpleaños de Juan	el primero de septiembre
mi cumpleaños	el 8 de abril
el día de mi santo	el 15 de agosto
el primer día de clase	el 14 de septiembre
el primer día de vacaciones	el primero de julio

Mom's birthday	August 20
Dad's birthday	March 13
Mari-Carmen's birthday	February 21
Isabel's birthday	October 2
Ricardo's birthday	May 7
Juan's birthday	September 1
my birthday	April 8
my saint's day	August 15
first day of class	September 14
first day of vacation	July 1

María: ¿Qué día es hoy? ¿El treinta de septiembre?	What day is today? The thirtieth of September?
Juan: No. Hoy es el primero de octubre.	No. Today is the first of October.
María: ¡Y mañana es el dos de octubre! ¡Es el cumpleaños de Isabel y no tengo regalo!	And tomorrow's the second of October! It's Isabel's birthday and I don't have a gift!
Juan: ¡Ay!	Oh, no!

Nota cultural

El cumpleaños y el día del santo
(Birthdays and saint's days)

Since the family means a great deal to most Spanish-speaking people, birthdays are occasions for large celebrations and family gatherings. First there is a meal to which family (parents, brothers, sisters, aunts, uncles, cousins, grandparents), godparents *(los padrinos)* and friends are invited. Then the party continues with stories, music and dancing, and a lot of fun.

In addition to their birthdays, many Hispanic people also celebrate their saint's day. This is the day on which the Catholic Church honors a particular saint. For example, a person named Juan would celebrate his *día del santo* on June 24, *el día de San Juan.*

Some Hispanic people are named after the saint who was being honored on the day of their birth, and as a result their saint's day coincides with their birthday.

Lección cinco

27

vocabulario especializado La fecha *(The date)*

los días de la semana *(days of the week)*

 lunes   martes   miércoles   jueves   viernes   sábado   domingo

el fin de semana *(weekend)*

los meses del año *(months of the year)*

enero	abril	julio	octubre
febrero	mayo	agosto	noviembre
marzo	junio	septiembre	diciembre

¿Qué día es hoy (mañana)?   *What day is it today (tomorrow)?*
 Es sábado.   *It's Saturday.*

¿Cuál es la fecha de hoy (mañana)?   *What is today's (tomorrow's) date?*
 Es el 12 de octubre.   *It's October 12.*

NOTA: To give the date, Spanish speakers use the following construction:

el + number + **de** + month

Hoy es **el dos de mayo.** Mañana es **el tres de mayo.**

Exception: The first day of the month is **el primero.**

 El cumpleaños de Pedro es **el primero de agosto.**

ACTIVIDAD 1   Un día atrasado *(A day late)*

Roberto has trouble keeping up with his calendar. He is always a day late when thinking of the date. Anita corrects him. Play both roles.

🗯 domingo   Roberto: Hoy es domingo.
            Anita: No, es lunes.

1. martes	3. sábado	5. lunes
2. viernes	4. jueves	6. miércoles

¡Viva el cinco de Mayo!

ACTIVIDAD 2   Un día adelantado *(A day early)*

Felipe has just the opposite problem. He is always a day early. Anita corrects him. Play both roles. (The expression **¿verdad?** means *isn't it?*)

🗯 12 octubre   Felipe: Hoy es el doce de octubre, ¿verdad?
              Anita: No, es el once.

1. 5 diciembre	4. 2 enero	7. 5 agosto
2. 10 noviembre	5. 14 febrero	8. 29 marzo
3. 15 abril	6. 2 julio	9. 20 junio

Unidad uno
28

ACTIVIDAD 3   Información personal

Complete the following calendar.

1. Mi cumpleaños es el . . .
2. El cumpleaños de mi papá es el . . .
3. El cumpleaños de mi mamá es el . . .
4. El cumpleaños de mi mejor amigo
   (best friend: boy) es el . . .
5. El cumpleaños de mi mejor amiga
   (best friend: girl) es el . . .
6. Hoy es el . . .
7. Mañana es el . . .
8. El primer día de vacaciones es el . . .

El día del santo

Si *(If)* te llamas:	el día de tu *(your)* santo es:
Antonio	el 13 de junio
Carlos	el 4 de noviembre
Eduardo	el 5 de enero
Enrique	el 13 de julio
Esteban	el 26 de diciembre
Francisco	el 24 de enero
Guillermo	el 10 de enero
Jaime	el 25 de julio
José	el 19 de marzo
Juan	el 24 de junio
Luis	el 25 de agosto
Martín	el 3 de noviembre
Miguel	el 29 de septiembre
Pablo	el 29 de junio
Pedro	el 29 de junio
Ricardo	el 3 de abril
Vicente	el 27 de septiembre

Si te llamas:	el día de tu santo es:
Ana	el 26 de julio
Bárbara	el 4 de diciembre
Carmen	el 16 de julio
Catalina	el 25 de noviembre
Cecilia	el 22 de noviembre
Clara	el 11 de agosto
Dolores	el 15 de septiembre
Elena	el 18 de agosto
Guadalupe	el 12 de diciembre
Lucía	el 13 de diciembre
Luisa	el 15 de marzo
María	el 15 de agosto
Marta	el 29 de julio
Mónica	el 27 de agosto
Rosa	el 13 de agosto
Teresa	el 15 de octubre
Verónica	el 12 de julio

ACTIVIDAD 4   El día del santo

Isabel is very familiar with the Catholic calendar and can identify
everyone's saint's day. Perform the dialogs according to the model.
(**Entonces** means *so* or *then.*)

∑⊃ Ricardo   Ricardo: Me llamo Ricardo.
                Isabel: Entonces, tu santo es el tres de abril.

1. Teresa   3. Dolores   5. Luis   7. Pedro
2. Lucía   4. Miguel   6. María   8. Esteban

ENERO
10–1979–355
Sol: 7,37 a 17,6.–Luna: 15,11 a 4,57
Luna llena el 13

10

Estimar el esfuerzo muy por encima del galardón ¿no es este el mejor medio de exaltar la virtud?–CONFUCIO.

MIERCOLES

Ss. Nicanor, dc. mr.; Agatón, p.; Gonzalo, cf.; Guillermo, Juan el Bueno, Petronio y Domiciano, obs.; Marciano, pb.; Pedro Urseolo, monje; Aldo, confesor.

Misa: *De Feria.*

JUNIO
180–1979–185
Sol: 4,46 a 19,48.–Luna: 9,25 a 22,52
Cuarto creciente el 2

29

La prensa comenzó dando a la luz la Biblia, y ha descendido hasta el lenguaje de los verduleros; como la música nació en los templos y ha bajado hasta las tabernas.–BALMES.

VIERNES

Ss. Pedro y Pablo, aps.; Marcelo y Anastasio, mrs.; Siro, Casio, obs.; Benita, Enma de Gark, vgs.; María, madre de S. Marcos; Coca, abadesa.

Misa: *De los Ss. Pedro y Pablo.–Solemnidad.*

Pronunciación   El sonido de la vocal *u*

Model word: t<u>ú</u>
Practice words: l<u>u</u>nes   j<u>u</u>nio   j<u>u</u>lio   oct<u>u</u>bre   m<u>u</u>cho   <u>u</u>sted
Practice sentences: El c<u>u</u>mpleaños de S<u>u</u>sana es en oct<u>u</u>bre.
                                Con m<u>u</u>cho g<u>u</u>sto, L<u>u</u>cía.

The sound of the Spanish vowel **u** is similar to but shorter and more precise than the sound of the English vowels **oo** in "food."

Entre nosotros

Expresión para la conversación

To express surprise, you may say:

¿**De veras?** *Really?* — Mañana es el diez y nueve de marzo.
Es mi cumpleaños.
— ¿**De veras?** ¡Es el día de mi santo!

Mini-diálogos

Use the suggestions in the pictures to replace the underlined words. (The
word ¿**cuándo?** means *when?*)

María

(a) Carmenza: Tengo una cita con <u>María</u>.
Carolina: ¿De veras? ¿Cuándo?
Carmenza: <u>El diez de octubre</u>.

(b) Felicia: ¿Cuándo es el cumpleaños de
<u>María</u>?
Beatriz: Es en <u>octubre</u>.
Felicia: ¿Qué día?
Beatriz: El <u>diez</u>.

Pablo — ENERO 3

Luisa — ABRIL 1

Juan — JULIO 6

Concepción — MARZO 21

¿QUÉ TIEMPO HACE?

Buenos Aires, el veinte y seis de diciembre

    Paula: ¡Hola, Mariana! ¡Feliz Navidad!

Mariana: ¡Feliz Navidad, Paula! ¿Qué tal?

    Paula: ¡Muy bien! Hace buen tiempo hoy.

Mariana: ¡Sí! Hace sol y hace mucho calor.

    Paula: ¡Vamos a la playa!

Mariana: ¡Qué bueno!

WHAT'S THE WEATHER LIKE?

Buenos Aires, December twenty-sixth

Hi, Mariana! Merry Christmas!

Merry Christmas, Paula! How are you?

Fine! The weather's great today.

Right. It's sunny and hot.

Let's go to the beach!

Great!

Nota cultural

Las estaciones (Seasons)

Does it seem strange to you to be going to the beach at Christmastime? Look at the globe and you will see that much of South America is in the Southern Hemisphere. The seasons in Argentina are the opposite of seasons in the United States: December is summertime, March is fall, July is winter, and October is spring. If young people in Buenos Aires go skiing at Christmas, it is likely to be waterskiing.

vocabulario especializado — El tiempo (Weather)

¿Qué tiempo hace?

Hace buen tiempo.

Hace calor.　　**Hace mucho calor.**

Hace sol.　　**Está nublado.**

Hace mal tiempo.

Hace viento.　　**Hace frío.**

Llueve.　　**Nieva.**

ACTIVIDAD 1   En el teléfono

Imagine that you are phoning friends in different cities. Talk about the weather, according to the model.

> hace calor / hace frío
> Estudiante 1: ¿Qué tiempo hace?
> Estudiante 2: Hace calor.
> Estudiante 1: Aquí hace frío.

1. hace sol / hace viento
2. nieva / hace mucho calor
3. llueve / está nublado

4. hace viento / hace frío
5. está nublado / hace calor
6. hace viento / nieva

vocabulario especializado   La temperatura

¿Cuál es la temperatura?

—Treinta grados.

—Diez grados bajo cero.

Las estaciones:

el invierno

la primavera

el verano

el otoño

ACTIVIDAD 2   ¿Qué tiempo hace?

1. ¿Qué tiempo hace hoy?
2. ¿Cuál es la temperatura?
3. ¿Qué tiempo hace en el invierno? Y ¿cuál es la temperatura?
4. ¿Qué tiempo hace en la primavera? Y ¿cuál es la temperatura?
5. ¿Qué tiempo hace en el verano? Y ¿cuál es la temperatura?
6. ¿Qué tiempo hace en el otoño? Y ¿cuál es la temperatura?
7. Aquí, ¿cuáles son *(which are)* los meses del invierno? ¿de la primavera? ¿del verano? ¿del otoño?
8. En la Argentina, ¿cuáles son los meses del invierno? ¿de la primavera? ¿del verano? ¿del otoño?

El tiempo en el mundo (world) hispánico: El quince de enero

	TIEMPO	TEMPERATURA mínima	máxima
San Antonio, Texas	☀	5°	17°
Nueva York	❄	−3°	4°
San Juan, Puerto Rico	☀	20°	27°
México, D.F.	☁	7°	17°
Panamá, Panamá	🌧	21°	31°
La Paz, Bolivia	☀	6°	13°
Santiago, Chile	⛅	16°	26°
Buenos Aires, Argentina	☀	25°	37°
Madrid, España	☁	2°	6°

Nota cultural

El sistema métrico (The metric system)

Do the temperatures on the weather chart seem on the chilly side? If so, you are still thinking of degrees Fahrenheit rather than degrees Celsius. Although we are still in the process of adopting the metric system, the Spanish-speaking world — Latin America as well as Spain — has used this system of measurement for a long time. Gasoline is sold in liters, distances are measured in kilometers, and temperatures are given in centigrade.

MILLAS EN KILÓMETROS

1 milla = 1.609 kilómetros

millas	10	20	30	40	50
km	16	32	48	64	80
millas	60	70		90	100
km	97	113	129	145	161

KILÓMETROS EN MILLAS

1 kilómetro = 0.62 milla

km	10	20	30	40	50	60	70
millas	6	12	19	25	31	37	44
km	80	90	100	110	120	130	
millas	50	56	62	68	75	81	

ACTIVIDAD 3   El quince de enero

1. ¿Qué tiempo hace hoy en San Juan? ¿en México? ¿en Madrid?
2. ¿Llueve en Panamá? ¿Nieva en Nueva York?
3. ¿Dónde (where) está nublado? ¿Dónde hace viento?
4. ¿Cuál es la temperatura en Santiago? ¿en San Antonio? ¿en La Paz?
5. En España, ¿es invierno o verano? ¿y en la Argentina?

Pronunciación

El sonido de la vocal o

Model word: ag<u>o</u>st<u>o</u>

Practice words: <u>o</u>t<u>o</u>ño h<u>o</u>la s<u>o</u>l frí<u>o</u>

Practice sentences: Hace much<u>o</u> cal<u>o</u>r en ag<u>o</u>st<u>o</u>.

¡H<u>o</u>la, Al<u>o</u>ns<u>o</u>! ¿C<u>ó</u>m<u>o</u> estás?

The sound of the Spanish vowel **o** is similar to but shorter and more precise than the sound of the English vowel **o** of "noble."

Entre nosotros

Expresiones para la conversación

If you want to express your feelings about a situation, you can say:

¡Qué bueno! *Great!*

¡Qué malo! *That's bad!*

Mini-diálogos

Use the suggestions to create new dialogs. Replace the underlined words with the expressions suggested in the pictures. Conclude with **¡Qué bueno!** or **¡Qué malo!,** as appropriate.

30°

Felipe: ¡Hola! ¿Qué tiempo hace?

Rafael: <u>Hace sol.</u>

Felipe: Y ¿cuál es la temperatura?

Rafael: <u>Treinta grados.</u>

Felipe: <u>¡Qué bueno!</u>

−5°   8°   25°   12°   34°

VISTA

El mundo hispánico

1

¡BIENVENIDOS AL MUNDO HISPÁNICO!

aeropuerto

oficina de turismo

pasaportes y visas

restaurante

banco

taxi

museo

autobús

cafetería

hotel

farmacia

teléfono

garaje

39

MÉXICO

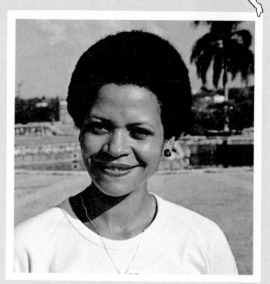

¡Hola!
Me llamo Ricardo Fernández.
Soy mexicano, de Oaxaca.

¡Hola! ¿Qué tal?
Me llamo María Teresa Vargas Lira.
Pero° para° mis amigos,° me llamo Tere.
Soy de Santo Domingo de la República
Dominicana.

Me llamo Marta Isabel Wilkins Pardo.
Soy de Buenos Aires.
Soy de la capital de la Argentina.

¿Qué tal?
Yo soy Ila Montalvo.
Soy peruana, del Cuzco, la
ciudad° imperial de los incas.

pero *but*   **para** *for*   **amigos** *friends*   **ciudad** *city*

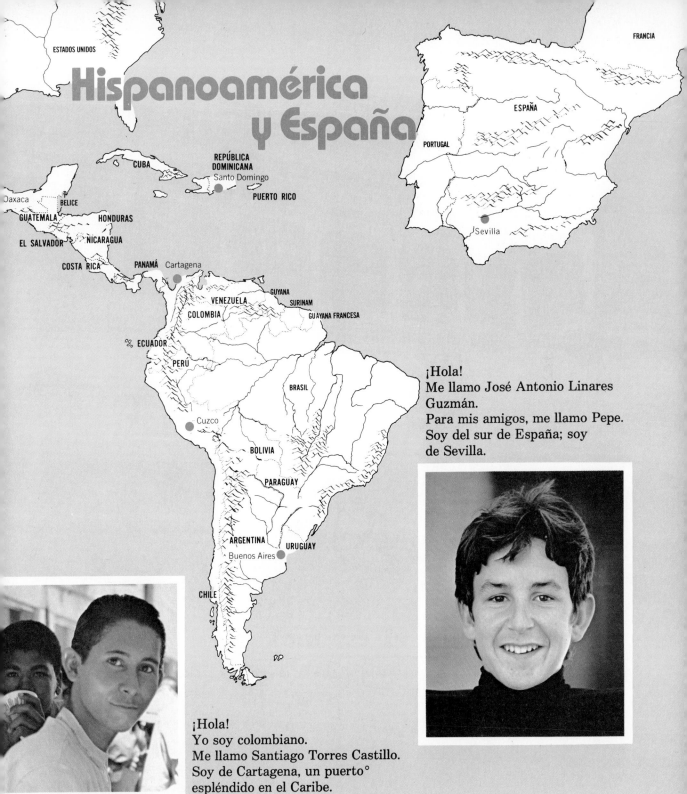

Hispanoamérica y España

ESTADOS UNIDOS

FRANCIA

ESPAÑA

PORTUGAL

Sevilla

CUBA

REPÚBLICA DOMINICANA
Santo Domingo

PUERTO RICO

Oaxaca

BELICE

GUATEMALA

HONDURAS

EL SALVADOR

NICARAGUA

COSTA RICA

PANAMÁ

Cartagena

GUYANA

VENEZUELA

SURINAM

COLOMBIA

GUAYANA FRANCESA

ECUADOR

PERÚ

BRASIL

Cuzco

BOLIVIA

PARAGUAY

ARGENTINA

URUGUAY

Buenos Aires

CHILE

¡Hola!
Me llamo José Antonio Linares
Guzmán.
Para mis amigos, me llamo Pepe.
Soy del sur de España; soy
de Sevilla.

¡Hola!
Yo soy colombiano.
Me llamo Santiago Torres Castillo.
Soy de Cartagena, un puerto°
espléndido en el Caribe.

Yo hablo° español.

Yo hablo español.

¡Fantástico!
¡Sensacional!
¡Estupendo!

¡Guau-guau!

¡Magnífico!
¡Maravilloso!

¡Tremendo!
¡Fabuloso!
¡Fenomenal!
¡Extraordinario!

Los animales y el español

qui = qui = ri = quí

muuu = muuuuuuu

cua = cua = cua

cloc = cloc = cloc = cloc

gallo   vaca   pato   gallina

¿Hablas tú° español?

¿Sabes que° el español y el inglés tienen° muchas palabras° en común? Aquí tienes° varias palabras familiares.

Alimentos°

banana	azúcar
melón	chocolate
tomate	vainilla
ensalada	yogur
sándwich	café
bistec	té
sal	limonada

Entretenimientos°

cine
teatro
discoteca
guitarra
radio
televisor
estereo
micro-computadora

Animales

bronco
jaguar
tigre
león
cocodrilo
elefante
jirafa
serpiente

Deportes°

fútbol
béisbol
básquetbol
volibol
tenis
ping pong
esquí
boxeo

meeeee = meeeee

oveja

Croa = Croa

rana

pío = pío = pío

pollito

beeeeee = beeeeee

cabra

jiiiiiiiii = jiiiiiiiii

caballo

Hablas tú Do you speak   **Sabes que** Do you know that   **tienen** have   **palabras** words
Aquí tienes Here are   **Alimentos** Food   **Entretenimientos** Entertainment   **Deportes** Sports

43

LOS HISPANOHABLANTES ENTRE NOSOTROS

La población de habla española° es muy importante en el territorio de los Estados Unidos. El mapa representa los estados donde° se concentra la mayoría° de personas de habla española.

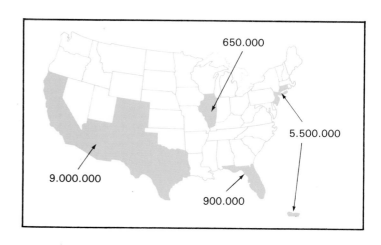

① GERALDO SÁNCHEZ
Nueva York, Nueva York

② JUANITA SANTAMARÍA
Boca Raton, Florida

③ DIEGO FIGUEROA
El Paso, Texas

④ LUPE GONZÁLEZ
San Francisco, California

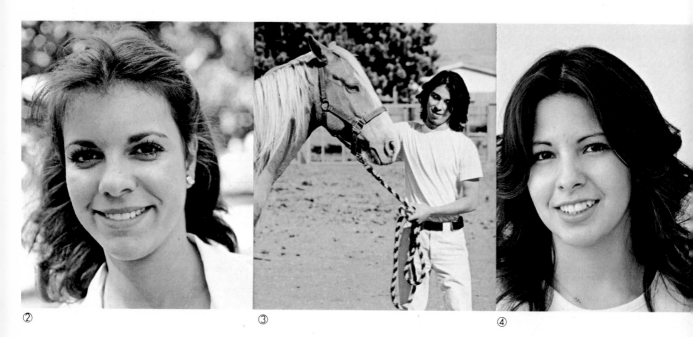

② ③ ④

44   **de habla española** *Spanish-speaking*   **donde** *where*   **mayoría** *majority*

Los Alamos 9
San Luis Obispo 58
San Francisco 289

Public Library ←
Biblioteca Pública

700
LOMA VERDE

Influencia española en el origen de los nombres

ARIZONA Zona árida° o *arizonac*, palabra° india

COLORADO Tierra° roja°

FLORIDA Tierra descubierta° en el día de Pascua Florida°

MONTANA Montaña°

NEVADA Nevada; tierra cubierta° de nieve

NEW MEXICO O *Meshica*, otro nombre° de los indios aztecas

TEXAS Tejas,° o *techas*, palabra india

árida *dry*   palabra *word*   tierra *earth*   roja *red*
descubierta *discovered*   Pascua Florida *Easter*
Montaña *Mountain*   cubierta *covered*   nombre *name*
tejas *tiles*

45

Henry Cisneros: *político*

Henry Cisneros, de origen mexicano-norte-americano, es el alcalde° de San Antonio, Texas. Es joven° y dinámico. Dedica°mucho tiempo° a su trabajo;° también° enseña° en la Universidad de Texas. ¿Su° ambición? Ser° un buen alcalde y trabajar por° los habitantes de San Antonio.

Hispanohablantes profesionales

Manuel Justiz: *administrador*

Manuel Justiz es director del Instituto Nacional de Educación. Trabaja° para mejorar° el sistema educativo. Es inteligente, simpático° y muy activo . . . ¡trabaja a menudo° doce o catorce horas al día! Entre° sus pasatiempos° favoritos están el esquí, el tenis y el ciclismo.

alcalde *mayor* **joven** *young* **Dedica** *He devotes*
tiempo *time* **trabajo** *job* **también** *also*
enseña *he teaches* **Su** *His* **Ser** *To be* **por** *for*
Trabaja *He works* **para mejorar** *to improve*
simpático *likeable* **a menudo** *often*
Entre *Among* **pasatiempos** *pastimes*

Dra. María Cristina Penagos
Profesora de Historia

Carlos Alberto Cuadros
Arquitecto

Dra. Ana María Ortiz Vilar
Pediatra

Donoso Díaz
Fotógrafo

Dr. Juan José Herrera
Optometrista

Carmen María Aparicio
Programadora I.B.M.

Perico González
Farmacéutico

Francisca Orejuela Rey
Ingeniera

Raquel Ortiz: *productora de TV*

Raquel Ortiz tiene un trabajo muy interesante. Es productora de programas en la estación pública de televisión de Boston. Una de sus producciones más° populares es «La Plaza», que presenta programas de interés a la comunidad hispánica.

Sonia Berdeguez: *detective*

Sonia Berdeguez es detective. Trabaja para° la policía metropolitana de Washington, D.C., donde° se dedica° especialmente a la comunidad hispánica. Es muy joven, pero° ya° tiene° el respeto de sus colegas° y la gratitud de los habitantes.

Roberto Goizueta: *industrial*

Roberto Goizueta, de origen cubano, tiene el título° de ingeniero. Hoy es presidente de la Compañía Coca-Cola, que° exporta la famosa gaseosa° por todo el mundo.°

Graciela Daniele: *coreógrafa*

Graciela Daniele, de la Argentina, trabaja como coreógrafa en Broadway. Su° educación musical incluye° el ballet y el baile° de jazz. En su coreografía hay° humor y energía. Es coreógrafa del gran° éxito° de Broadway «Los piratas de Penzance».

Actividades culturales

Actividades para cada estudiante

1. *Select a Spanish-speaking country or area and make a poster advertising it. (Sources of pictures: travel brochures, travel magazines, the travel section of the Sunday paper)*
2. *Prepare a chart listing eight countries in which Spanish is the official language. For each country, give the following information: population, size, capital, unit of currency, principal products. (Source: almanac)*

Actividades para la clase

1. *Imagine that your class is going to six Latin American countries. Draw the route you will take. For each stop, prepare a display of travel brochures and list the things you want to do there. (Sources: travel agencies, travel magazines)*
2. *Prepare a display of stamps from Spanish-speaking countries. For each, select stamps representing famous people and places, typical animals, flowers, etc. (Sources: stamp catalogs and magazines)*

---

más *most*   **para** *for*   **donde** *where*   **se dedica** *she devotes herself*   **pero** *but*   **ya** *already*
tiene *she has*   **colegas** *fellow officers*   **título** *degree*   **que** *which*   **gaseosa** *soft drink*
por todo el mundo *all over the world*   **Su** *Her*   **incluye** *includes*   **baile** *dancing*
hay *there is*   **gran** *big*   **éxito** *hit*

Unidad

2

Nosotros los hispanoamericanos

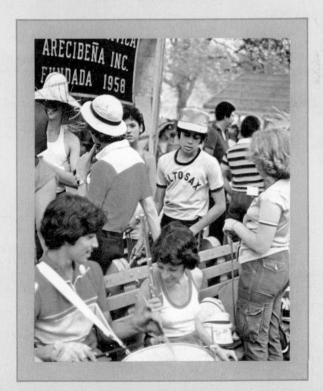

EN SAN ANTONIO

¡Hola!
Me llamo Anita Sánchez.

Soy de San Antonio.
Soy de origen mexicano.
Hablo inglés.
Hablo español también.
¿Y tú?
¿Un poco?
¡Ah! ¡Fantástico!

Hablo inglés: *I speak English*

¿Un poco?: *A little?*

EN NUEVA YORK

¡Hola!
Me llamo Antonio García.

No soy de origen mexicano.
Soy de Puerto Rico.
Yo también hablo español.
Pero no estudio español como tú.
Estudio mecánica en Nueva York.
Estudio mucho.
¿Y tú?

también: *also*
estudio: *I study,*
como: *like*
mucho: *a lot*

CONVERSACIÓN

Antonio is talking to you about himself. Enter into a conversation with him by selecting the appropriate reply.

	(a)	**(b)**
1. **Hablo** inglés.	Yo también, **hablo** inglés.	Yo no **hablo** inglés.
2. **Hablo** español.	Yo también, **hablo** español.	Yo no **hablo** español.
3. **Estudio** mecánica.	Yo también, **estudio** mecánica.	Yo no **estudio** mecánica.
4. **Estudio** mucho.	Yo también, **estudio** mucho.	Yo no **estudio** mucho.

OBSERVACIÓN

Reread Antonio's statements and the *positive* replies in column (a). The words in heavy print are the *verbs*. These words tell you what action is going on. The form of the verb indicates who the subject is. The *subject* tells you who or what is doing the action. When you speak about yourself, you use the **yo** *(I)* form of the verb.

• In what letter does the **yo** form of the verbs end?

Look at the suggested *negative* answers in column (b).
• In a negative sentence, what word comes directly before the verb?

Nota cultural

Nuestra herencia hispánica
(Our Hispanic heritage)

San Francisco, El Paso, Santa Fe, Los Angeles... These familiar names reflect the importance of the Hispanic heritage in the United States. This Hispanic heritage is very much alive and flourishing today.

In our daily vocabulary we use many Spanish words such as *patio, vista, canyon, poncho, cargo, guitar, mosquito* and *barbecue.* In our diet we have beef, pork, sugar, oranges, bananas and coffee, all of which were introduced to the American continents by the Spaniards.

Above all, the vitality of our Hispanic heritage is due to the presence in the United States of many millions of citizens of Hispanic origin who are maintaining their traditions, culture and language.

Lección uno

51

Estructura

A. Los verbos que terminan en –ar

The *infinitive* (**hablar** = *to speak*) is the basic form of the verb. When you look up a verb in the vocabulary listing at the back of this book, you will find it listed in the infinitive form. Spanish verbs are grouped according to their infinitive endings. The most common infinitive ending is **–ar:**

> **hablar** *to speak*   **estudiar** *to study*

Verbs with infinitives ending in **–ar** are called **–ar** *verbs*.

B. El presente: la forma *yo*

hablar	*to speak*	**(Yo) Hablo** inglés.	*I speak English.*
			I am speaking English.
estudiar	*to study*	**(Yo) Estudio** español.	*I study Spanish.*
			I am studying Spanish.
trabajar	*to work*	**(Yo) Trabajo** mucho.	*I work a lot.*
			I am working a lot.

➢ In the present tense, the **yo** form (first person singular) of the verb is formed by replacing the **–ar** ending of the infinitive with the ending **-o.**

➢ It is not necessary to use the pronoun **yo** *(I)* because the ending **-o** indicates who the subject is. Spanish speakers use **yo** mainly for emphasis.

vocabulario especializado   Actividades

tocar (el piano)   cantar   escuchar (discos)   estudiar

trabajar

hablar (inglés)

ACTIVIDAD 1   Antonio y José

Antonio and José do the same things. Give José's replies to Antonio's statements. The word **también** means *also*.

⟨⟩ Antonio: Estudio inglés.   José: Estudio inglés también.

1. Hablo inglés.
2. Estudio mucho.
3. Trabajo aquí.
4. Estudio español.
5. Hablo siempre.
6. Toco el piano.
7. Canto bien.
8. Escucho discos.
9. Escucho la radio.
10. Canto siempre.

C. La negación

Compare the following sentences:

Anita:	Elena:	
Soy de San Antonio.	**No** soy de San Antonio.	*I am **not** from San Antonio.*
Estudio mucho.	**No** estudio mucho.	*I do **not** study a lot.*
Toco la guitarra.	**No** toco la guitarra.	*I don't play the guitar.*

To make a Spanish sentence negative, the word **no** is placed before the verb.

ACTIVIDAD 2   ¡No!

Anita and Linda are not doing the same things. Give Linda's replies to Anita's statements.

⟨⟩ Anita: Estudio mucho.   Linda: No estudio mucho.

1. Estudio música.
2. Toco el piano.
3. Toco la guitarra.
4. Trabajo mucho.
5. Canto bien.
6. Escucho discos.
7. Escucho la radio.
8. Hablo inglés bien.

ACTIVIDAD 3   ¿Sí o no?

Say whether or not you do the following things.

⟨⟩ hablar italiano   Sí, hablo italiano.
                        (No, no hablo italiano.)

1. hablar francés
2. hablar español bien
3. estudiar español
4. estudiar inglés
5. estudiar francés
6. trabajar
7. trabajar mucho
8. escuchar discos
9. escuchar la radio
10. cantar bien
11. tocar el piano
12. tocar la guitarra

bien	well	Hablo español **bien.**
muy	very	Hablo inglés **muy** bien.
mal	badly, poorly	Hablo italiano **mal.**
mucho	a lot	Trabajo **mucho.**
un poco	a little	Toco el piano **un poco.**
también	also, too	Toco la guitarra **también.**
ahora	now	**Ahora** escucho discos.
siempre	always	**Siempre** escucho la radio.
aquí	here	No trabajo **aquí.**
pero	but	Hablo español **pero** no soy de Puerto Rico.
con	with	Canto **con** Antonio.
como	like, as	Soy de Texas, **como** Luis.
de	from, of	Soy **de** San Antonio.
en	in	**En** clase hablo español.
a	to, at	Elena trabaja **a** las nueve.
y	and	Estudio inglés **y** español.
o	or	Siempre estudio con Arturo **o** Marta.

NOTA: **y** becomes **e** before **i** or **hi**   Luis **y** Carmen, *but* Luis **e** Inés
            o becomes **u** before **o** or **ho**   Luis **o** José, *but* Luis **u** Orlando

ACTIVIDAD 4   Presentación

Introduce yourself to your classmates. Use the following suggestions as a guide.

1. Me llamo . . .
2. Hablo . . .
3. Soy de . . .
4. En clase, trabajo (mucho, un poco).
5. Hablo español (bien, muy bien, mal).
6. Ahora no (canto, escucho discos, trabajo).
7. Trabajo siempre con . . .
8. Estudio con . . . también.

Pronunciación

a) La consonante *h*

The letter **h** is always silent.

Model word: h̲ablo
Practice words: h̲ace   h̲ora   la H̲abana   h̲oy
Practice sentences: ¿Qué h̲ora es?
                     ¿Qué tiempo h̲ace h̲oy?

b) La «jota»

Model word: J̲osé

Practice words: J̲uan j̲unio j̲ulio Méx̲ico mex̲icano orig̲en trabaj̲o

Practice sentence: J̲uan es de orig̲en mex̲icano.

The "jota" is the sound you make when you blow on glasses before cleaning them. The letter **j** (or "jota") is always pronounced this way in Spanish. The letter **g**, when followed by **e** or **i**, represents the "jota" sound.

Entre nosotros

Expresiones para la conversación

¡Fantástico! *Great!* Hace sol hoy. **¡Fantástico!**

¡Qué lástima! *Too bad!* Hace mal tiempo. **¡Qué lástima!**

español

¡Hola!

muy bien

Mini-diálogos

Create new dialogs by replacing the underlined words with the words suggested in the pictures.

Pablo: Hablo español.

Linda: ¡Fantástico!

Pablo: Pero no hablo muy bien.

Linda: ¡Qué lástima!

siempre

bien

la guitarra

el piano

francés

español

mucho

aquí

Tú tienes la palabra

With a classmate, prepare a short dialog of your own. Use the conversation between Linda and Pablo as a model.

55

Con Lorenzo en Santa Fe, Nuevo México

Lorenzo estudia.
Estudia mucho.
¿Estudia español Lorenzo?
¿Él? ¡No! No estudia español.
Estudia historia.
Mañana hay un examen.
¡Qué lástima!

hay: *there is*

Con María en Tucson, Arizona

María estudia música.
Toca la guitarra.
Toca el piano también.
¿Toca bien María?
¿Ella? ¡Sí! Toca muy bien.

Con Carlos y Pedro en Pueblo, Colorado

¿Estudian Carlos y Pedro?
¿Ellos? ¡No! ¡Trabajan en un rancho!
¿Trabajan mucho Carlos y Pedro?
¡Sí! Ellos trabajan mucho, pero . . .
¡no ganan mucho dinero!

ganan mucho dinero:
earn much money

Con Luisa y Sara en Merced, California

Hoy Luisa y Sara bailan.
Ellas cantan.
Escuchan discos.
¿No trabajan ellas?
¡No! . . . Hoy es domingo.

CONVERSACIÓN

Indicate whether the following statements are true (¡**Es verdad!**) or false
(¡**Es falso!**).

1. Lorenzo estudia mucho.
2. **Él** estudia español.
3. María toca la guitarra.
4. **Ella** toca el piano.
5. Carlos y Pedro trabaj**an** mucho.
6. **Ellos** gan**an** mucho dinero.
7. Luisa y Sara escuch**an** discos.
8. **Ellas** bail**an**.

OBSERVACIÓN

Look at the even-numbered sentences. The
names of the young people have been replaced
by *pronouns*.
- Which pronoun is used to replace the
  following names:
  Lorenzo?   María?   Carlos y Pedro?   Luisa y
  Sara?

Sentences 1 to 4 tell what one person is doing.
The verb is in the **él**/**ella** *(he/she)* form.
- In what letter does each verb end?

Sentences 5 to 8 tell what two people are
doing. The verbs are in the **ellos**/**ellas** *(they)*
form.
- In what two letters does each verb end?

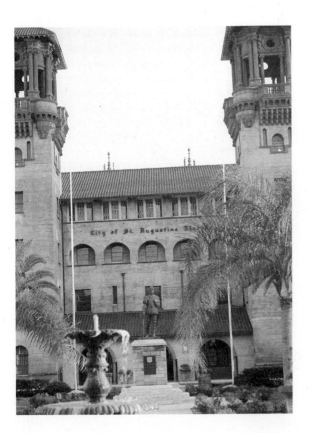

Nota cultural

Un poco de historia

(A little bit of history)

Our Hispanic heritage in the continental United
States can be traced back to the year 1513 — more
than one hundred years before the Pilgrim landing
at Plymouth — when a Spanish expedition led by
Juan Ponce de León landed in Florida. Many other
expeditions followed this one, bringing explorers to
this new land in search of gold and high adventure.
Spanish priests accompanied the expeditions,
establishing missions and spreading the Catholic
faith.

Hernando de Soto discovered the Mississippi
River in 1541. In 1565 Pedro Menéndez de Avilés
founded Saint Augustine (Florida), which is the
oldest permanent city of European origin in the
United States. Santa Fe (New Mexico), the oldest
seat of government, was founded in 1610 by Juan
de Oñate.

Estructura

A. El presente: las formas *él/ella* y *ellos/ellas*

Carlos	**(Él)** Traba**ja** en Puerto Rico.	*He works in Puerto Rico.*
Anita	**(Ella)** No traba**ja** en México.	*She doesn't work in Mexico.*
Juan y Luis	**(Ellos)** Habl**an** francés.	*They speak French.*
Sara y Ana	**(Ellas)** No habl**an** inglés.	*They don't speak English.*

The **él/ella** form (third person singular) of the **–ar** verbs ends in **-a**.
The **ellos/ellas** form (third person plural) of the **–ar** verbs ends in **-an**.

- As in the case of **yo**, Spanish speakers use the subject pronouns **él, ella, ellos** and **ellas** for emphasis, or in situations where the meaning is not clear.

- In Spanish, two pronouns correspond to the English *they:*
  Ellos refers to a group of boys or to a mixed group.
  Ellas refers to a group composed only of girls.

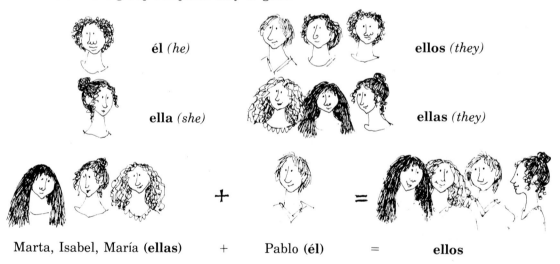

él *(he)*   ellos *(they)*

ella *(she)*   ellas *(they)*

Marta, Isabel, María **(ellas)**   +   Pablo **(él)**   =   **ellos**

ACTIVIDAD 1   Trabajos *(Jobs)*

These students have summer jobs abroad. Say which cities they are working in and which languages they are speaking.

- Tomás (París / francés)   Tomás trabaja en París. Él habla francés.

1. Ramón (Nueva York / inglés)
2. Isabel (Roma / italiano)
3. Marisol y Carmen (Buenos Aires / español)
4. Jaime y Pedro (Berlín / alemán)
5. Carlos y Juanita (Moscú / ruso)
6. Pilar y María (Tokio / japonés)

vocabulario especializado   Actividades

SAN FRANCISCO

visitar (San Francisco)

viajar

OLIMPÍADAS

nadar

mirar (la televisión)

ganar (dinero)

bailar

ACTIVIDAD 2   María también

Lorenzo is saying what he does. Reply that María does the same things.

⏩ Lorenzo: Escucho la radio.   María escucha la radio también.

1. Estudio mucho.   3. Bailo muy bien.   5. Gano dinero.   7. Viajo en julio.
2. Canto bien.   4. Miro la televisión.   6. Nado un poco.   8. Visito Los Álamos.

ACTIVIDAD 3   ¡Ellos no!

Now tell Lorenzo that Roberto and Carlos do not do the things he does.

⏩ Lorenzo: Escucho la radio.   Roberto y Carlos no escuchan la radio.

B. Preguntas con respuestas afirmativas y negativas

The following questions can be answered by **sí** or **no**.
Compare the position of the subject in the questions and the answers.

*Is **Juan** studying?*	¿Estudia **Juan?**
	Sí, **Juan** estudia.
*Does **Carmen** earn money?*	¿Gana dinero **Carmen?**
	Sí, **Carmen** gana dinero.

*Do **Luis and José** study a lot?*   ¿Estudian mucho **Luis y José?**
                                        Sí, **Luis y José** estudian mucho.

Questions which request a simple yes or no answer are called *yes/no questions*.
In Spanish, these questions are formed in either of two ways:

| ¿ verb + subject (if expressed) + rest of sentence ? |

or often: | ¿ verb + rest of sentence + subject (if expressed) ? |

- In yes/no questions, the voice rises at the end of the sentence.
- Informal yes/no questions may be formed by adding **¿verdad?**
  (right?) at the end of a statement.

    María habla español, **¿verdad?**   *María speaks Spanish, **right?***
                                        *María speaks Spanish, **doesn't she?***

- An inverted question mark (¿) signals the beginning of a question.

ACTIVIDAD 4   ¿Quién habla inglés? *(Who speaks English?)*

Imagine that you are traveling in Mexico. You need to know who speaks
English and can help you out. Ask the appropriate questions.

- Elena   ¿Habla inglés Elena?

1. Pedro   3. Felipe y Miguel   5. Paco y Teresa
2. Carmen   4. Luisa y Susana   6. Alberto y Luis

ACTIVIDAD 5   Carmen y Pepe

Imagine that Carmen and Pepe are visiting from Mexico. You know what
Carmen does. Ask whether Pepe does the same things.

- Carmen habla inglés.   ¿Habla Pepe inglés también?

1. Carmen canta siempre.   5. Carmen baila mal.
2. Carmen viaja mucho.   6. Carmen mira la televisión.
3. Carmen visita Nueva York.   7. Carmen escucha la radio.
4. Carmen toca la guitarra.   8. Carmen estudia inglés.

 El sonido de la consonante *ll*

Model word: e<u>ll</u>a
Practice words: e<u>ll</u>os e<u>ll</u>as Gui<u>ll</u>ermo <u>ll</u>ueve torti<u>ll</u>a
Practice sentences: Me <u>ll</u>amo Pepi<u>ll</u>o Vi<u>ll</u>as.
                     E<u>ll</u>a es de Sevi<u>ll</u>a.

The letters **ll** represent a sound which is like the **y** of the English "yes."

Entre nosotros

Expresiones para la conversación

Spanish speakers have different ways of answering yes/no questions.

¡Cómo no!
¡Claro! ⎫ *Of course*
¡Por supuesto! ⎭

— ¿Baila María bien?
— **¡Por supuesto!** Baila muy bien.

¡Tal vez!   *Maybe*

— ¿Trabaja Luisa mañana?
— **¡Tal vez!**

¡Claro que no!   *Of course not*

— ¿Mira Sara la televisión?
— **¡Claro que no!** Escucha discos.

Mini-diálogos

Create new dialogs by replacing the underlined words with the information
in the pictures.

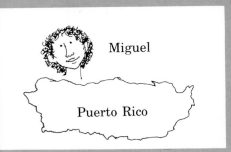

Lorenzo: ¿Canta bien <u>Miguel</u> en inglés?

Anita: ¡Claro que no! Canta en español.

Lorenzo: ¿En español?

Anita: ¡Cómo no! <u>Él</u> es de <u>Puerto Rico.</u>

Tú tienes la palabra

With a classmate, prepare a short dialog in which you talk about a
student from a Spanish-speaking country. Use the conversation between
Lorenzo and Anita as a model.

Lección 3   *En Los Ángeles*

Miguel y Teresa estudian en un colegio de Los Ángeles.
Ahora hablan de un asunto muy serio: los estudios.

Miguel: ¿Estudias mucho, Teresa?
Teresa: ¡Sí!
Miguel: ¿Qué estudias tú ahora?
Teresa: Estudio inglés, matemáticas, física . . .
Miguel: ¿Física? . . . ¿Por qué estudias física?
Teresa: Deseo trabajar como ingeniera. ¿Y tú?
Miguel: Deseo trabajar en un estudio de televisión.

colegio: *high school*
asunto: *topic,*
estudios: *studies*

Deseo: *I want*
estudio de televisión:
TV studio

La señora Vargas es la consejera vocacional del colegio. Ella y
Teresa también hablan de los estudios.

Sra. Vargas: Buenos días, Teresa.
Teresa: Buenos días, Señora Vargas.
Sra. Vargas: ¿Qué estudia usted ahora?
Teresa: Estudio inglés, matemáticas, física . . .
Sra. Vargas: ¿Por qué estudia usted física?
Teresa: Deseo trabajar como ingeniera.
Sra. Vargas: ¿Y dónde desea usted trabajar?
Teresa: En México o en Venezuela, para una compañía
internacional.
Sra. Vargas: Usted necesita estudiar idiomas . . .
Teresa: Pero hablo inglés y español.
Sra. Vargas: ¡Ah! ¡Claro!

consejera vocacional:
Vocational Counselor

dónde: *where*
para: *for*

necesita: *you need,*
idiomas: *languages*

CONVERSACIÓN

Imagine that María Inés, an exchange student from Mexico, is talking to you. Answer her.

1. ¿Hablas español? Sí, hablo español.
   (No, no hablo español.)
2. ¿Estudias francés?
3. ¿Estudias mucho?
4. ¿Trabajas mucho en clase?

Now imagine that el señor Portillo, a teacher from Mexico, is talking to you. Answer him.

5. ¿Habla usted español? Sí, hablo español.
   (No, no hablo español.)
6. ¿Estudia usted francés?
7. ¿Estudia usted mucho?
8. ¿Trabaja usted mucho en clase?

⚫BSERVACIÓN

María Inés, the student, and el señor Portillo, the teacher, ask you the same questions, but in different ways.

María Inés, like you, is a student. She talks to you in an informal way, using the **tú** *(you: familiar)* form of the verb.

• In which two letters do the verbs she uses end?

El señor Portillo talks to you in a more formal way, using the **usted** *(you: formal)* form of the verb.

• In which letter do the verbs he uses end?
• Which word comes directly after the verb?

Nota cultural

Los hispanos en los Estados Unidos

Do you think of Spanish as a foreign language? Think again! Today, over twelve million American citizens claim Hispanic ancestry. Many of them speak Spanish in the course of their daily life—at home, at work, at school. Doesn't it make sense to consider Spanish our second national language after English?

Who are the Hispanic-Americans? It is impossible to generalize. Hispanic-Americans live in nearly every region of the United States and come from a great variety of backgrounds. Many are recent arrivals to this country. Some can trace their ancestry to the Indians who have been living on this continent for many centuries, others to the early Spanish settlers of the sixteenth century, and still others to Africa, Asia or Europe. Whatever their origins, the Hispanic-Americans share the same language, as well as many of the same customs and values.

Estructura

A. El presente: las formas *tú* y *usted*

When Spanish speakers talk to one another, they use either **tú** or **usted**.

Tú is used to address a child, a member of the family, a close friend or a classmate. **Tú** is the *familiar* or *informal* form of address.

Carlos, ¡**tú** trabajas mucho!	*Carlos, **you** work a lot!*
Anita, ¿hablas (**tú**) inglés?	*Anita, do **you** speak English?*

The **tú** form (second person singular) of the **–ar** verbs ends in **-as**.

∞ As with the other subject pronouns you have learned, the pronoun **tú** is often omitted. It is used for emphasis or clarity.

Usted (abbreviated **Ud.**) is used to address everyone else. **Ud.** is the *polite* or *formal* form of address.

Sr. Vargas, **Ud.** habla inglés muy bien.	*Mr. Vargas, **you** speak English very well.*
¿**Habla Ud.** italiano, Sra. de Molina?	*Do **you** speak Italian, Mrs. Molina?*

The **Ud.** form (third person singular) of the **–ar** verbs ends in **-a**.

∞ In contrast to other pronouns, **Ud.** is usually *not* omitted.

∞ **Ud.** is used with the third person singular form of the verb:

Ud. **trabaja** mucho.	*You work a lot.*
María **trabaja** mucho.	*María works a lot.*

You should use the **tú** form when talking to your classmates and the **Ud.** form when talking to your teacher. You will be addressed in the **tú** form in this book.

ACTIVIDAD 1   Preguntas personales

1. ¿Estudias matemáticas?
2. ¿Estudias historia?
3. ¿Estudias mucho?
4. ¿Estudias mucho en la clase de español?

5. ¿Tocas la guitarra?
6. ¿Tocas el piano?
7. ¿Cantas bien o mal?
8. ¿Miras la televisión en casa?

ACTIVIDAD 2   Diálogo: El fin de semana

Ask a classmate whether he or she does the following things during the
weekend (**durante el fin de semana**).

⟩⟩ hablar español   Estudiante 1: ¿Hablas español durante el fin de semana?

Estudiante 2: Sí, hablo español. (No, no hablo español.)

1. estudiar
2. trabajar
3. mirar la televisión
4. ganar mucho dinero

5. bailar
6. cantar
7. escuchar discos
8. tocar la guitarra

ACTIVIDAD 3   Diálogo: ¿Y el profesor (la profesora)?

Ask your teacher the questions of Actividad 2, using **Ud.**

⟩⟩ hablar español   ¿Habla Ud. español durante el fin de semana?

B. El infinitivo

The infinitive is used after certain verbs:

desear	**Deseo trabajar** como ingeniero.	*I wish to work as an engineer.*
esperar	**Espero trabajar** en Venezuela.	*I hope to work in Venezuela.*
necesitar	**Necesito hablar** bien el español.	*I need to speak Spanish well.*

⟩⟩ Note that where English uses two words *(to work, to speak)*, Spanish
uses only one (**trabajar, hablar**).

ACTIVIDAD 4   Preguntas personales

1. ¿Deseas trabajar como ingeniero (ingeniera)?
2. ¿Deseas trabajar en un estudio de televisión?
3. ¿Deseas hablar bien el español?
4. ¿Esperas ganar mucho dinero?
5. ¿Esperas estudiar en una universidad?
6. ¿Esperas viajar a México?
7. ¿Necesitas trabajar mucho en la clase de español?
8. ¿Necesitas estudiar mucho en la clase de matemáticas?

C. Preguntas para obtener información

Questions which ask for specific information rather than a simple yes or no are called *information questions.*

¿Cómo está Ud., señor López?	***How** are you, Mr. López?*
¿Dónde estudian Manuel y Teresa?	***Where** do Manuel and Teresa study?*
¿Qué estudias ahora?	***What** are you studying now?*

In Spanish, information questions follow this pattern:

¿   Question word(s)   +   verb   +   subject (if used)   +   rest of sentence   ?

- Question words such as **¿cómo?** *(how?),* **¿dónde?** *(where?)* and **¿qué?** *(what?)* indicate the type of information which is being requested.
- The voice is high at the beginning of an information question and often falls or levels off at the end.

ACTIVIDAD 5   Trabajos de verano *(Summer jobs)*

Gonzalo's friends have summer jobs. María wants to know where. Gonzalo answers. Play the roles of María and Gonzalo.

- Carlos: en San Diego   María: ¿Dónde trabaja Carlos?
  Gonzalo: Trabaja en San Diego.

1. Miguel: en San Francisco
2. Luisa: en Nueva York
3. Raúl y Clara: en Boston
4. Pablo y Paco: en Chicago
5. Lucía y Cristina: en Los Ángeles
6. Tomás y Silvia: en Miami.

vocabulario especializado   Palabras interrogativas y palabras de respuesta

¿cómo?	how?	¿Cómo está Ud.?
¿cuándo?	when?	¿Cuándo estudian Felipe y Raúl?
cuando	when	Cuando es posible, estudian.
¿dónde?	where?	¿Dónde estudian ellos?
donde	where	Estudian donde trabajan.

ACTIVIDAD 6   Curiosidad

Teresa's friends are doing certain things. Manuel wants more information.
Play the two roles according to the model.

Pedro canta. (¿cómo?)   Teresa: Pedro canta.
                          Manuel: ¿Cómo canta?

1. María estudia francés. (¿por qué?)
2. Anita canta. (¿cuándo?)
3. Raúl trabaja. (¿dónde?)

4. Juanita y Carlos bailan. (¿cómo?)
5. Luis y Laura hablan inglés. (¿por qué?)
6. Alberto y Paco estudian. (¿cuándo?)

ACTIVIDAD 7   Más curiosidad (More curiosity)

Ana overhears part of Manuel and Teresa's conversation. She wants to
know whom they are talking about. Use the cues of Actividad 6 to ask
questions.

Pedro canta.   Ana: ¿Quién canta?

¿qué?	what?	¿Qué estudia Teresa?
¿por qué?	why?	¿Por qué estudia física?
porque	because	Porque desea trabajar como ingeniera.
¿quién?	who (singular)?	¿Quién desea hablar español?
¿quiénes?	who (plural)?	¿Quiénes esperan trabajar en México?

NOTAS: 1. Note the written accents on question words.
        2. ¿Quiénes? is the plural form of ¿quién?. It is used when the expected answer
           concerns more than one person. It is followed by the ellos form of the verb.

Pronunciación

El sonido de la consonante *v*

a) *v* inicial

Model word: <u>v</u>einte

Practice words: <u>v</u>erano <u>v</u>iernes <u>v</u>endedor <u>V</u>argas <u>V</u>enezuela

Practice sentence: Señor <u>V</u>argas, hoy es <u>v</u>iernes, el <u>v</u>einte de mayo.

At the beginning of a word, the letter **v** represents the sound / **b** /, as in the English **b** of "boy."

Entre nosotros

Expresión para la conversación

To tell someone that you cannot do something, you can say:

No puedo. *I can't.* Deseo mirar la televisión, pero **no puedo.** Necesito trabajar.

Mini-diálogos

Look at the illustration and the sample conversation. Create similar conversations, replacing the underlined words with the expressions suggested in the pictures.

Ramón: ¡Hola, Clara! ¿Deseas <u>bailar</u>?

Clara: Sí, pero no puedo.

Ramón: ¿Por qué?

Clara: Porque necesito <u>trabajar</u>.

b) *v* medial

Model word: prima<u>v</u>era
Practice words: nie<u>v</u>a llue<u>v</u>e hace <u>v</u>iento no<u>v</u>iembre jue<u>v</u>es
Practice sentence: Nie<u>v</u>a y hace <u>v</u>iento en no<u>v</u>iembre.

Between two vowels, the letter **v** represents the sound / ƀ /. To produce this sound, try to make a **b**-like sound without letting your lips come together.

Tú tienes la palabra

With a classmate, prepare a short dialog of your own.
Use the conversation between Ramón and Clara as a model.

Lección 4   En Miami

Me llamo Isabel Pérez.

Mi familia es de Cuba.
En casa hablamos español.
Mi papá y mi mamá no hablan mucho inglés.
Por eso siempre hablo español con ellos.

En casa: *At home*

Por eso: *That's why*

Me gusta nadar.
¡Nado bien!
Me gusta tocar la guitarra . . .
Me gusta escuchar discos . . .
Me gusta bailar . . .
También me gusta viajar.
Un día espero visitar México.
¿Y tú? ¿Deseas visitar México?
¿Te gusta viajar?

Me gusta: *I like*

CONVERSACIÓN

These questions are addressed to you and your friends.

1. ¿Hablan ustedes español en clase?
   Sí, hablamos español en clase.
   (No, no hablamos español en clase.)

2. ¿Estudian ustedes mucho en clase?
3. ¿Hablan ustedes español en casa?
4. ¿Miran ustedes la televisión en casa?

OBSERVACIÓN

Reread the questions above. They use the **ustedes** *(you:* plural) form of the verb.
- In which two letters do the verbs end?
- Which word comes directly after the verb?

Now read the model answer. When you answer for yourself and your friends you use the **nosotros** *(we)* form of the verb.
- In which four letters does the verb end?

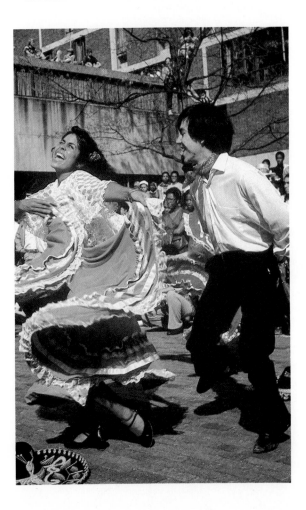

Nota cultural

Más sobre los hispanos
(More on the Hispanic people)

In the United States there are not one but several Spanish-speaking groups whose cultural characteristics are quite distinct.

The *Mexican-Americans* are the oldest and the largest group of Spanish speakers in this country, totaling about seven million people. Their history and culture are intimately linked to the development of the Southwest where many families of Spanish and Indian origin have lived for generations. Today the Mexican-Americans represent a significant percentage of the population in Texas, Arizona, New Mexico, California, Colorado and Michigan.

The *Puerto Ricans* became United States citizens in 1917. Since then, and especially since 1945, many have left the island of Puerto Rico for the large metropolitan areas of the Atlantic seaboard. With a Hispanic population of nearly two million people, the majority of whom are Puerto Ricans, New York is one of the major Spanish-speaking cities in the world.

The *Cubans* are the most recent group of Spanish-speaking immigrants. In the early 1960's they settled in Florida where they now represent thirty per cent of the population. In Greater Miami alone they number close to one million people.

Estructura

A. El presente: las formas *nosotros* y *ustedes*

Nosotros is used when you are talking about yourself and others.

Pedro y yo [Antonio]	**(Nosotros)** Trabaj**amos** en un rancho.	*We work on a ranch.*
María y yo [Carlos]	**(Nosotros)** Habl**amos** español.	*We speak Spanish.*
Isabel y yo [Carmen]	**(Nosotras)** Necesit**amos** estudiar.	*We need to study.*

The **nosotros** form (first person plural) of the **–ar** verbs ends in **–amos**.

〉〉 The pronoun **nosotros** has a feminine form, **nosotras**. This form is used with groups composed only of females.

〉〉 The pronouns **nosotros** and **nosotras** are used only for emphasis or clarity.

Ustedes (abbreviated **Uds.**) is used by most Spanish speakers to address two or more people. **Uds.** is used with any group of people, whether they are addressed individually as **tú** or **Ud.**

tú	tú
tú	Ud.

Uds.

Uds.

Isabel y Ana, ¿dese**an Uds.** bailar?	*Do **you** wish to dance?*
Señores Pérez, ¿habl**an Uds.** inglés?	*Do **you** speak English?*

The **Uds.** form (third person plural) of the **–ar** verbs ends in **-an**.

〉〉 The pronoun **Uds.** is usually not omitted.

〉〉 **Uds.** is used with the third person plural form of the verb:

Uds. visitan México.   *You are visiting Mexico.*
Carlos y Ana visitan México también.   *Carlos and Ana are visiting Mexico too.*

Nota: *vosotros*

In Spain, **vosotros** is used to address two or more people with whom one uses **tú**.

Carlos y Felipe, ¿**habláis** inglés (**vosotros**)?	*Do **you speak** English?*
Isabel y Conchita, ¿**trabajáis** mucho (**vosotras**)?	*Do **you work** hard?*

The **vosotros** form (second person plural) of the **–ar** verbs ends in **-áis**.

- Vosotros has a feminine form, **vosotras**.
- Though you will not practice the **vosotros** form, you should be able to recognize it. **Vosotros** forms will be given on all verb charts.

ACTIVIDAD 1 Diálogo

Dolores, an exchange student from Mexico, is spending the year in your school. She asks what students do in and out of class. Jim, one of your classmates, answers her. Play both roles.

- hablar español   Dolores: ¿Hablan Uds. español?
          Jim: Sí, hablamos español.
              (No, no hablamos español.)

1. hablar español en clase
2. cantar en español
3. estudiar física

4. estudiar mucho
5. viajar durante *(during)* las vacaciones
6. bailar durante el fin de semana

B. Repaso: el presente de verbos que terminan en –ar

Most –ar verbs form the present tense like **hablar:**

INFINITIVE:				**hablar**	FORMATION OF PRESENT TENSE	
NUMBER	PERSON	SUBJECT PRONOUN			STEM: INFINITIVE MINUS **-ar**	ENDINGS
SINGULAR	1st	*I*	**yo**	**hablo**		**-o**
	2nd	*you (informal)*	**tú**	**hablas**		**-as**
	3rd	*he*	**él**			
		she	**ella**	**habla**		**-a**
		you (formal)	**Ud.**		**habl-**	
PLURAL	1st	*we*	**nosotros (as)**	**hablamos**		**-amos**
	2nd	*you (informal)*	**vosotros (as)**	**habláis**		**-áis**
	3rd	*they*	**ellos**			
		they (feminine)	**ellas**	**hablan**		**-an**
		you	**Uds.**			

➣ Verbs that follow the same pattern of endings as **hablar** are called *regular –ar verbs.*

➣ The form of such verbs in Spanish has two parts:
- the *stem,* or part which does not change. (For verbs like **hablar** the stem is the infinitive minus the ending **–ar.**)
- the *ending,* or part which changes to show the subject.

ACTIVIDAD 2   España

Read the following story which tells of a trip being taken by two Mexican students, Jorge and Cristina.

1. Jorge y Cristina viajan a España.
2. Hablan español.
3. Visitan Barcelona.
4. Nadan en la playa *(beach).*
5. Escuchan música española.
6. Bailan en una discoteca.
7. No visitan Francia.
8. No hablan francés.

Now retell the story from the viewpoint of:

— Jorge and Cristina (Viajamos a . . .)
— Jorge alone (Viajo a . . .)
— a friend talking to Cristina (Viajas a . . .)
— a friend talking about Jorge (Viaja a . . .)
— a friend talking to Jorge and Cristina (Uds. viajan a . . .)

C. Me gusta

There is no Spanish verb which corresponds directly to the English "to like." Instead, Spanish speakers use the expressions:

me gusta *(it pleases me to . . .)*   **Me gusta** bailar.   *I like to dance.*
¿te gusta? *(does it please you to . . .?)*   **¿Te gusta** nadar?   *Do you like to swim?*

Note the negative forms:

¿No te gusta hablar español?   *Don't you like to speak Spanish?*
No me gusta hablar francés.   *I don't like to speak French.*

ACTIVIDAD 3   Diálogo: ¿Sí o no?

Ask a classmate if he or she likes to do the following things.

viajar   Estudiante 1:   ¿Te gusta viajar?
           Estudiante 2:   Sí, me gusta viajar.
                      (No, no me gusta viajar.)

1. trabajar
2. estudiar
3. bailar
4. cantar
5. nadar
6. hablar español en clase
7. visitar museos
8. escuchar música popular
9. escuchar música clásica

D. Pronombres con la preposición

In the answers to the questions below, the pronouns in heavy print replace the underlined nouns. Note these pronouns.

¿Estudias con <u>Miguel y Julio</u>?   Sí, estudio con **ellos.**
¿Baila Juan con <u>Elena</u>?   Sí, baila con **ella.**
¿Trabaja Jaime para <u>el Sr. Ruiz</u>?   Sí, trabaja para **él.**

The pronouns which are used after *prepositions* like **con** *(with)* and **para** *(for)* are the same as the subject pronouns.

There are two exceptions:

mí is used instead of **yo**   — ¿Deseas trabajar para **mí?**
ti is used instead of **tú**   — ¿Para **ti?** ¡Claro!

The pronouns **mí** and **ti** combine with **con** to form:

conmigo *(with me)*   — ¿Deseas estudiar **conmigo?**
contigo *(with you)*   — ¿**Contigo?** ¡Ah, no!

ACTIVIDAD 4 Carlos

Carlos does a lot of things with his friends. His cousin Susana wants to
know precisely with whom. Answer her questions affirmatively or
negatively, as indicated.

¿Estudia Carlos con Elena? (sí)   Sí, estudia con ella.

1. ¿Trabaja Carlos con Pedro? (no)
2. ¿Baila Carlos con Emilia? (sí)
3. ¿Nada Carlos con Enrique y José? (sí)
4. ¿Habla Carlos con Susana y Luisa? (no)
5. ¿Viaja Carlos con Silvia y Roberto? (no)
6. ¿Estudia Carlos con Carmen y Felipe? (sí)

ACTIVIDAD 5 ¿Conmigo?

Ask a classmate if he or she wants to do the following things with you.

estudiar   Estudiante 1: ¿Deseas estudiar conmigo?
            Estudiante 2: ¿Contigo? ¡Claro!
                           (¿Contigo? ¡Claro que no!)

1. hablar español
2. trabajar
3. mirar la televisión
4. bailar
5. escuchar discos
6. viajar
7. visitar México
8. cantar

ACTIVIDAD 6 La serenata

Juan Pablo is singing a traditional serenade. María Luisa wonders
whether he is singing for the people below. Play both roles according to
the model.

Paco: no   María Luisa: ¿Cantas para Paco?
            Juan Pablo: No, no canto para él.

1. Elena: no
2. Cristina y Luisa: no
3. Carlos y Felipe: no
4. Carmen y Rodolfo: no
5. nosotros: no
6. mí: sí

 El sonido de la *r* medial

Model word: pa<u>r</u>a
Practice words: pe<u>r</u>o ene<u>r</u>o Cla<u>r</u>a ce<u>r</u>o el Pe<u>r</u>ú Ma<u>r</u>ía
Practice sentences: Ma<u>r</u>ía y Cla<u>r</u>a visitan el Pe<u>r</u>ú.
                    El dine<u>r</u>o es pa<u>r</u>a Te<u>r</u>esa.

The sound of the Spanish **r** in mid-word is very similar to the American
pronunciation of the **t**'s in "better" or the **d**'s in "ladder." Pronounce
"pot o' tea" rapidly: you will be close to producing the Spanish **"para ti."**

Entre nosotros

Mini-diálogos

Look at the illustration and the sample conversations. Create similar
conversations, replacing the underlined words with the expressions
suggested in the pictures.

Elena

a)   Pedro: ¡Hola, Carmen!
     Carmen: ¡Hola, Pedro!
     Pedro: ¿Te gusta trabajar?
     Carmen: No, no me gusta trabajar.
     Pedro: ¡Ah! Por eso no trabajas ahora.

b)   Pedro: ¿Trabajas con Elena?
     Carmen: ¡No, no trabajo con ella!
     Pedro: ¿Deseas trabajar conmigo?
     Carmen: ¿Contigo? ¡Por supuesto!

Luis

Ana

Juan
y
Carlos

Linda
y
Teresa

Tú tienes la palabra

With a classmate, prepare a short dialog in which you talk about things
you do or don't like to do. Use one of the conversations between Pedro and
Carmen as a model.

Variedades

¿Quién soy yo?

The following young people are our "mystery guests." They will each describe themselves, without giving their names. Read carefully what they say, looking for clues to their identities. Then match each person with his or her portrait.

A. ¿Cómo me llamo? Bueno . . . es un secreto . . . Soy norteamericana como Uds. . . . pero con una diferencia: hablo español. Soy de origen mexicano-americano. En casa,° hablamos siempre el español . . . Me gusta tocar la guitarra y me gusta nadar. ¿Nado bien? Sí, nado muy bien . . . y nado todos los días° del año.° ¿Dónde? En el Océano Pacífico, ¡por supuesto!
    ¿Quién soy?

B. ¡Hola! ¡Me llamo Superman! . . . ¡Claro que no! Me llamo _____ y vivo° en _____. Dos secretos para Uds., amigos. Yo también soy de origen mexicano-americano y también hablo español en casa . . . Estudio en una escuela° bilingüe . . . Estudiamos mucho. Me gusta estudiar idiomas° (¡Espero trabajar como intérprete en las Naciones Unidas en Nueva York!). No, no soy de Nueva York . . . Soy de _____, una ciudad° donde hace mucho frío en el invierno y hace mucho calor en el verano.
    ¿Quién soy?

C. Soy norteamericana, ¡ciento por ciento!° Pero soy también hispanohablante° . . . Soy una persona de dos culturas. Mis° padres° no hablan mucho inglés pero no importa° . . . Mi mamá trabaja en casa y mi papá trabaja en un restaurante cubano en la Pequeña° Habana . . . ¿Dónde está° la Pequeña Habana? Ah . . . ah . . . La Pequeña Habana está situada en una ciudad muy grande de los Estados Unidos: una ciudad donde tal vez un millón de personas hablan español . . . una ciudad donde hace calor en el verano y en el invierno . . . una ciudad en la costa del° Océano Atlántico . . . una ciudad extraordinaria . . . ¡una ciudad fantástica . . .!
    ¿Quién soy?

D. ¿Qué tal, amigos? ¿Desean Uds. hablar conmigo? ¡Bueno! Yo también soy de origen hispánico pero no soy cubano ni° mexicano-americano. Soy de Puerto Rico. Pero ahora no vivo en Puerto Rico . . . Vivo en una ciudad del este de los Estados Unidos. Me gusta tocar el piano. Toco el piano en una orquesta de música latina . . . Me gusta también nadar . . . pero no nado mucho. En la ciudad donde vivo, hace mucho frío en el invierno. ¡Qué lástima!
    ¿Quién soy yo?

En casa: *At home*

todos los días: *every day,*
año: *year*

vivo: *I live*

escuela: *school*
idiomas: *foreign languages*

ciudad: *city*

ciento por ciento: *100%*
hispanohablante: *Spanish-speaking,*
Mis: *My,*
padres: *parents*
no importa: *it doesn't matter*
Pequeña: *Little*
está: *is*

del: *of the*

ni: *nor*

Unidad dos

78

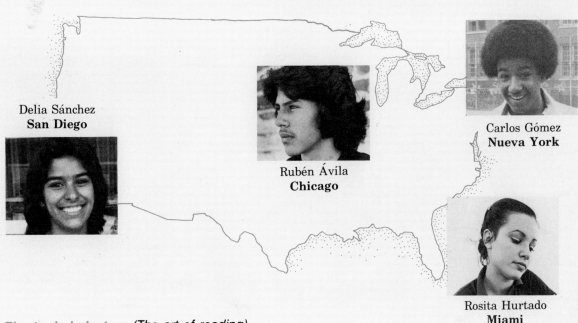

Delia Sánchez
San Diego

Rubén Ávila
Chicago

Carlos Gómez
Nueva York

Rosita Hurtado
Miami

El arte de la lectura (The art of reading)

Cognates

When you read a new selection in Spanish, you should first read it
through to get the general meaning. Then you can go back and work out
the meanings of new words and expressions. Some of these new words may
be so unfamiliar that you will have to look them up in a dictionary. In the
passage you have just read, you would probably not be able to guess the
meanings of the words glossed in the margin.

Sometimes, though, you will not need a dictionary to find out the
meanings of unfamiliar Spanish words. You will be able to guess them
because many look like English words and have the same meanings. For
instance, you probably understood the phrase **es un secreto** even though
you had never before seen the Spanish word **secreto.** Words which look
alike and have similar meanings in two languages are called "cognates."

Cognates present certain problems:

• They are never pronounced the same in Spanish and English.
• They are often spelled differently in the two languages.
• They may not have quite the same meaning in the two languages.

Ejercicio de lectura

Make a list of ten cognates which you came across for the first time in this
reading.

a. Are there any words on your list that are spelled exactly the same way in
Spanish and English?
b. Which words are spelled differently? Describe the differences.

Unidad 3

Amigos . . . y amigas

Lección 1 *En un café*

Sevilla, España.
Pedro y Miguel entran en un café.
El café se llama «La Florida».
En el café, hay música de guitarra.
¿Quién toca?

se llama: *is called*
hay: *there is*

Miguel: ¡Eh, Pedro! ¿Quién toca la
guitarra?
Pedro: Es . . . un guitarrista.

Miguel: Claro, claro . . . pero ¿quién es el
guitarrista?
Pedro: Es . . . un muchacho.

muchacho: *boy*

Miguel: Bueno . . . pero ¿sabes quién es el
muchacho?
Pedro: Es . . . un estudiante.

sabes: *do you know*

Miguel: ¡Por supuesto! . . . pero ¿quién es?
Pedro: Es el amigo de . . .

amigo: *friend*

Miguel: ¡Eh, Pedro! ¡El muchacho no es
un muchacho!
Pedro: Es . . . una muchacha.
Miguel: ¡Sí! Es Alicia, la amiga de Ramón.

muchacha: *girl*

Alicia: ¡Hola, muchachos!
Pedro: ¡Hola, Alicia!
Miguel: ¡Hola!

CONVERSACIÓN

Let's talk about people.

1. ¿Quién es Miguel? ¿Un **muchacho** o una **muchacha**?
2. ¿Quién es Alicia? ¿Un **muchacho** o una **muchacha**?
3. ¿Quién eres tú? ¿Un **muchacho** o una **muchacha**?
4. ¿Quién enseña *(teaches)* la clase de español? ¿Un **señor**, una **señora** o una **señorita**?
5. ¿Quién enseña la clase de inglés? ¿Un **profesor** o una **profesora**?
6. ¿Quién enseña la clase de matemáticas? ¿Un **profesor** o una **profesora**?

OBSERVACIÓN

The words in heavy print are *nouns*.

- Does the noun **muchacho** represent a male or a female person? What about **señor?** **profesor?**
- Does the noun **muchacha** represent a male or a female person? What about **señora? señorita? profesora?**

Nouns are often introduced by *articles*. In the above sentences, the words which come directly before the nouns are *indefinite articles*, like the English *a, an.*

- Which indefinite article is used before **muchacho? señor? profesor?**
- Which indefinite article is used before **muchacha? señora? señorita? profesora?**

Nota cultural

Los amigos (Friends)

For young Hispanic people, *un amigo* or *una amiga* is not just an acquaintance or a casual friend. *Un amigo* or *una amiga* is a close friend, a person with whom you share your joys and troubles, a person who is always there when you need someone to talk to.

El novio or *la novia* is more than a boyfriend or a girlfriend. The relationship between *novios* implies exclusive dating. In fact, *el novio* or *la novia* is usually the person whom you intend to marry. In Hispanic society, individual dating is not encouraged by the family. A boy and a girl will go out together alone only if they have been *novios* for some time and are over seventeen years old.

Estructura

A. El sustantivo y el artículo indefinido: masculino y femenino

Nouns are used to designate people, animals or things. Nouns have *gender* in Spanish; that is, all nouns are either *masculine* or *feminine*.

Note the forms of the *indefinite article* (in heavy print) in the chart below.

MASCULINE NOUNS		FEMININE NOUNS	
un señor	*a gentleman*	**una** señora	*a lady*
un gato	*a (male) cat*	**una** gata	*a (female) cat*
un auto	*an automobile*	**una** orquesta	*an orchestra*

Un is used before masculine nouns. **Una** is used before feminine nouns.

How can you tell whether a Spanish noun is masculine or feminine?

Usually you can tell the gender of nouns designating people.

- Nouns designating male persons are generally masculine:
  un muchacho, **un** señor, **un** profesor, **un** amigo.
- Nouns designating female persons are generally feminine:
  una muchacha, **una** señora, **una** profesora, **una** amiga.

Sometimes you can tell the gender of other nouns from their endings.

- Most nouns ending in **-o** are masculine:
  un piano, **un** disco (but **una** mano, *a hand)*.
- Most nouns ending in **-a** are feminine:
  una guitarra, **una** discoteca, (but **un** día).

Since the gender of nouns is not always predictable and since many nouns do not end in **-o** or **-a**, it is a good idea to learn new nouns together with their *articles*. For example, think of **un disco** instead of just **disco.**

vocabulario especializado   La gente (People)

un amigo	friend	una amiga	friend
un chico	boy	una chica	girl
un muchacho	boy	una muchacha	girl
un joven	young man	una joven	young woman
un novio	boyfriend	una novia	girlfriend
un hombre	man	una mujer	woman
un señor	man, gentleman	una señora	lady
un profesor	professor, teacher	una profesora	professor
un estudiante	student	una estudiante	student
un maestro	teacher	una maestra	teacher
un alumno	student, pupil	una alumna	student, pupil

hay	there is/are	**Hay** un chico y una chica.
¿Cómo se llama?	*What is he (she) called? (What's his/her name?)*	
¿Cómo se llaman?	*What are they called? (What is their name?)*	

NOTA: Often the terms **profesor** and **estudiante** are used at the university level, while the terms **maestro** and **alumno** are used at the secondary school level.

ACTIVIDAD 1   ¿Quién es?

Luis shows school pictures to Anita. She asks him to identify each person.
Play the two roles according to the model.

⟩⟩ Carlos   Anita: ¿Quién es?
                 Luis: ¡Es Carlos, un amigo!

(amigo/amiga)   (muchacho/muchacha)   (profesor/profesora)
1. José   4. Lucía   7. el Sr. Gómez
2. Felipe   5. Roberto   8. la Sra. de Miranda
3. Carmen   6. Inés   9. la Srta. Hernández

ACTIVIDAD 2   Otras preguntas *(Other questions)*

Now Luis is showing the pictures to Ramón. Play the two roles according
to the model. Use the cues of Actividad 1 and the following expressions:

1-3 chico/chica   4-6 alumno/alumna   7-9 hombre/mujer

⟩⟩ Carlos   Ramón: Hay un chico. ¿Quién es?
                 Luis: ¡Es Carlos!

B. Los artículos definidos: *el, la*

Read the sentences below, paying attention to the words in heavy print.

   El Sr. Vargas habla con **un** muchacho.   ¿Cómo se llama **el** muchacho?
   El Sr. Vargas habla con **una** muchacha.   ¿Cómo se llama **la** muchacha?

The *definite article* **el** is used before masculine nouns:

   el muchacho *(the boy),* **el** piano *(the piano).*

The *definite article* **la** is used before feminine nouns:

   la muchacha *(the girl),* **la** clase *(the class).*

The definite articles **el** and **la** are like the English article *the.*

⟩⟩ When talking about a person, Spanish speakers use **el** or **la** in front
    of titles.
    El Sr. Miranda es de México, ¿verdad?
    Sí, pero **la** Sra. de Miranda es de Puerto Rico.

ACTIVIDAD 3   En el café

There are many people in the café where Alicia and Miguel are sitting.
Alicia asks who they are. Miguel answers. Play both roles according to the
model.

⟩⟩ un muchacho: José   Alicia: ¿Cómo se llama el muchacho?
                          Miguel: ¿El muchacho? Se llama José.

1. una muchacha: Luisa   4. un novio: Jaime Ribera
2. un estudiante: Roberto   5. una maestra: Silvia María
3. una joven: Susana   6. un guitarrista: Salvador Ruiz

C. Ser

Here are the present tense forms of the important verb **ser** (to be). Some of these forms will be familiar to you.

(yo)	**Soy** de California.	(nosotros)	**Somos** de Texas.
(tú)	**Eres** de Panamá.	(vosotros)	**Sois** de Madrid.
(él, ella, Ud.)	**Es** de Sevilla.	(ellos, ellas, Uds.)	**Son** de San Juan.

Ser is an *irregular* verb. It does not follow a predictable pattern the way the regular –ar verbs do.

After **ser**, the indefinite article (**un, una**) is usually omitted before nouns designating professions.

Soy profesor.   *I am a teacher.*
Felipe **es estudiante.**   *Felipe is a student.*

ACTIVIDAD 4   El club de español

The following students belong to the Spanish club. Say which country each one is from.

Silvia (Costa Rica)   Silvia es de Costa Rica.

1. Pablo (España)
2. Isabel (México)
3. Luisa (Chile)
4. Carmen y Diego (Cuba)
5. nosotros (Puerto Rico)
6. Uds. (Colombia)
7. yo (Venezuela)
8. tú (Guatemala)
9. Ud. (Bolivia)
10. Miguel y Federico (Honduras)

Pronunciación   Unión de las vocales a a

Model word: la amiga
Practice words: la alumna   la adulta   la americana   la Argentina
Practice sentences: María habla con la amiga de Juan.
                  La alumna argentina se llama Alicia.

In rapid conversational Spanish, words are often linked together. When a word ending in **-a** is followed by a word beginning with **a-**, you hear only one **a**.

Entre nosotros

Mini-diálogos

Look at the illustration and the sample conversation. Create similar
conversations, replacing the underlined words with the expressions in the
pictures.

muchacho muchacha

Ramón
María

José: Hay <u>un muchacho</u> y <u>una muchacha</u>.

Inés: Bueno . . . ¿Quién es <u>el muchacho</u>?

José: ¡Es <u>Ramón</u>!

Inés: ¿Y <u>la muchacha</u>?

José: ¡Es <u>María</u>!

chico chica	maestro alumno	profesora estudiante	hombre mujer
Pedro Luisa	el Sr. Vargas Miguel	la Srta. Vilar Anita	el Sr. Arias la Srta. Colón

Tú tienes la palabra

With a classmate, prepare a short dialog in which you talk about two
other people you notice at school. Use the conversation between José and
Inés as a model.

Lección 2 Los amigos ideales

Un amigo es un amigo . . .
No siempre es perfecto, claro.
Sólo el amigo ideal es perfecto, ¿verdad?
Y la amiga ideal también.
Para Uds., ¿cómo es el amigo ideal? ¿Y la amiga ideal?

Sólo: *Only*

cómo es: *what is . . . like?*

el amigo ideal	sí	no
¿Es romántico?	▪	▪
¿Es tímido?	▪	▪
¿Es generoso?	▪	▪
¿Es paciente?	▪	▪
¿Es inteligente?	▪	▪
¿Es un muchacho sincero?	▪	▪
¿Es un muchacho interesante?	▪	▪

la amiga ideal	sí	no
¿Es romántica?	▪	▪
¿Es tímida?	▪	▪
¿Es generosa?	▪	▪
¿Es paciente?	▪	▪
¿Es inteligente?	▪	▪
¿Es una muchacha sincera?	▪	▪
¿Es una muchacha interesante?	▪	▪

CONVERSACIÓN

Now let's talk about your real friends, rather than the ideal model.

¿Cómo es tu mejor *(best)* amigo?

1. ¿Es **generoso?** Sí, es **generoso.**
   (No, no es **generoso.**)
2. ¿Es **simpático** *(nice)*?
3. ¿Es un muchacho **tímido?**
4. ¿Es un muchacho **sincero?**

¿Cómo es tu mejor amiga?

5. ¿Es **generosa?**
6. ¿Es **simpática?**
7. ¿Es una muchacha **tímida?**
8. ¿Es una muchacha **sincera?**

OBSERVACIÓN

Words used to describe people and things are called *adjectives.* In the Conversación, the words in heavy print are adjectives.

Questions 1-4 contain adjectives which describe a masculine noun (**amigo**).

- In what letter do these adjectives end?

Questions 5-8 contain adjectives which describe a feminine noun (**amiga**).

- In what letter do these adjectives end?

Re-read questions 3, 4, 7 and 8.

- Do the adjectives come *before* or *after* the nouns **muchacho** and **muchacha?**

Nota cultural

El grupo de amigos

Young people in Spanish-speaking countries prefer doing things together rather than individually. Thus the social life of a Hispanic teenager often revolves around a special group of friends, usually from the same school and social background.

El grupo de amigos (known as *la pandilla* in Spain) meets regularly, perhaps at a café, a park, or at the home of one of the members to listen to music, watch television or do homework. Other common activities include going to the beach, to the movies, or to a soccer game.

Taking walks is a popular activity in all Hispanic countries, especially since it is not common for teenagers to have cars. Groups of young people often walk arm in arm through the streets, singing, joking, and having a good time.

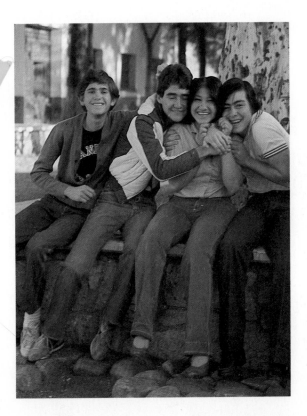

Estructura

A. Los adjetivos: formas del singular

Compare the *adjectives* in heavy print in the following sentences.

Pablo es . . . **romántico,**
simpático *(nice),*
inteligente
y muy **popular.**

Luisa es . . . **romántica,**
simpática,
inteligente
y **popular** también.

The masculine form of an adjective is used to describe a masculine noun or pronoun. The feminine form of an adjective is used to describe a feminine noun or pronoun. This is called *noun-adjective agreement.* How do we form the feminine of Spanish adjectives? It depends on the masculine form.

Adjectives which end in **-o** in the masculine end in **-a** in the feminine.

Roberto es
generos
fantástic

Carolina es
generos
fantástic

vocabulario especializado   La descripción de una persona

⟫ Adjectives which end in **-e** or **-a** in the masculine do not change in the feminine.

Carlos es **independiente e individualista.** Marta es **independiente e individualista.**

⟫ Most, but not all, adjectives which end in a consonant in the masculine do not change in the feminine.

Rubén es muy **popular.** Beatriz es muy **popular.**

⟫ The feminine form of adjectives that do not follow the above patterns will be given in the vocabulary lists.

ACTIVIDAD 1   **Los gemelos** *(Twins)*

The following sets of twins look alike. Read the brother's description and then describe the sister.

⟫ Juan es guapo / Juanita   Juanita es guapa también.

1. Roberto es alto / Roberta
2. Carlos es delgado / Carla
3. Antonio es bajo / Antonia
4. Emilio es gordo / Emilia
5. Enrique es rubio / Enriqueta

6. Felipe es moreno / Felipa
7. Francisco es serio / Francisca
8. José es aburrido / Josefa
9. Julio es antipático / Julia
10. Luis es divertido / Luisa

características físicas

alto(a)	tall	≠ **bajo(a)**	short
bonito(a)	pretty	≠ **feo(a)**	plain, ugly
guapo(a)	handsome, good-looking		
delgado(a)	thin	≠ **gordo(a)**	chubby, fat
moreno(a)	dark-haired, brunette	≠ **rubio(a)**	blond

características psicológicas

bueno(a)	good	≠ **malo(a)**	bad
divertido(a)	amusing, fun	≠ **serio(a)**	serious
inteligente	intelligent	≠ **tonto(a)**	foolish, stupid
interesante	interesting	≠ **aburrido(a)**	boring
simpático(a)	nice	≠ **antipático(a)**	unpleasant

bastante	rather, quite, enough	Linda es **bastante** simpática.
demasiado	too	Jaime es **demasiado** serio.
muy	very	Javier es **muy** inteligente.

ACTIVIDAD 2 Los opuestos se atraen *(Opposites attract)*

The following people have friends who are their opposites. Describe
the friends.

⮑ Carlos es moreno / Carmen   Carmen no es morena.
                                 Es rubia.

1. Juan es alto / Isabel
2. Pedro es rubio / Luisa
3. Paco es gordo / Juanita
4. Emilio es divertido / Dolores
5. Roberto es interesante / Ana

6. Pablo es simpático / Clara
7. Tomás es tonto / Lucía
8. Felipe es bajo / Susana
9. Pilar es inteligente / Miguel
10. Anita es bonita / Raúl

ACTIVIDAD 3 Tipos ideales

Everyone has a personal view of the ideal people. Give your own opinions
by completing the following sentences.

1. El amigo ideal es . . .   No es . . .
2. La amiga ideal es . . .   No es . . .
3. El estudiante ideal es . . .   No es . . .
4. La estudiante ideal es . . .   No es . . .

5. El novio ideal es . . .   No es . . .
6. La novia ideal es . . .   No es . . .
7. El profesor ideal es . . .   No es . . .
8. La profesora ideal es . . .   No es . . .

ACTIVIDAD 4 Retratos *(Portraits)*

Complete the following portraits of yourself and your worst enemy.

a) 1. Yo soy . . .
    2. Soy muy . . .
    3. Soy bastante . . .
    4. No soy demasiado . . .
    5. ¿Soy . . . ? ¡Claro!
    6. ¿Soy . . . ? ¡Claro que no!

b) 1. Mi peor enemigo(a) es . . .
    2. Es muy . . .
    3. Es bastante . . .
    4. No es demasiado . . .
    5. ¿Es . . . ? ¡Por supuesto!
    6. ¿Es . . . ? ¡No, no, no!

B. La posición de los adjetivos

Note the position of the adjectives in the answers below.

¿Es Roberto simpático?   Sí, es un muchacho **simpático.**
¿Es Emilia inteligente?   Sí, es una alumna **inteligente.**
¿Es el Sr. Ruiz muy serio?   Sí, es un profesor muy **serio.**

In Spanish, descriptive adjectives generally come *after* the noun they modify.

∅ The adjectives **bueno** (*good*) and **malo** (*bad*) usually come before the noun, but may follow if the adjective is emphasized.

∅ **Bueno** and **malo** become **buen** and **mal** before a masculine singular noun.

Roberto es un **buen** amigo, pero un **mal** estudiante.

ACTIVIDAD 5   **Las opiniones de Consuelo**

Consuelo gives her opinion of people she knows. Play her role according to the model.

∅ Pedro: interesante   Pedro es un chico interesante.

(chico/chica)

1. Carlos: simpático
2. Alicia: bonita
3. Anita: muy seria
4. Rafael: fantástico
5. Marina: antipática

(alumno/alumna)

6. Alfonso: inteligente
7. Raúl: bueno
8. Conchita: mala
9. Victoria: buena
10. Francisco: malo

(profesor/profesora)

11. el Sr. Alonso: divertido
12. la Sra. de Vilar: buena
13. el Sr. Gómez: demasiado serio
14. la Srta. Ruiz: bastante aburrida
15. el Sr. Molina: inteligente

ACTIVIDAD 6   **Diálogo: Preferencias personales**

Ask a classmate whom he or she prefers. (Note: **¿Qué te gusta más ...?** means *Whom do you prefer?*)

∅ un amigo: ¿tímido o divertido?

Estudiante 1: ¿Qué te gusta más, un amigo tímido o divertido?
Estudiante 2: Me gusta más un amigo tímido.
(Me gusta más un amigo divertido.)

1. un amigo: ¿generoso o interesante?
2. un amigo: ¿inteligente o simpático?
3. una amiga: ¿divertida o seria?

4. una amiga: ¿bonita o popular?
5. un profesor: ¿interesante o aburrido?
6. un jefe *(boss)*: ¿simpático o antipático?

Pronunciación   Los diptongos

Model word: bueno
Practice words: rubio serio demasiado guapo Luisa Manuel
Practice sentences: Eduardo es un estudiante muy serio.
El novio de Mariana viaja siempre.

When **i** or **u** (without an accent mark) comes next to another vowel, the two vowels are pronounced rapidly to form one *diphthong* or glided sound. However, when **a, e** or **o** come together they are pronounced separately and distinctly: R**afae**l y B**ea**triz, Bilb**ao** y Montevid**eo**.

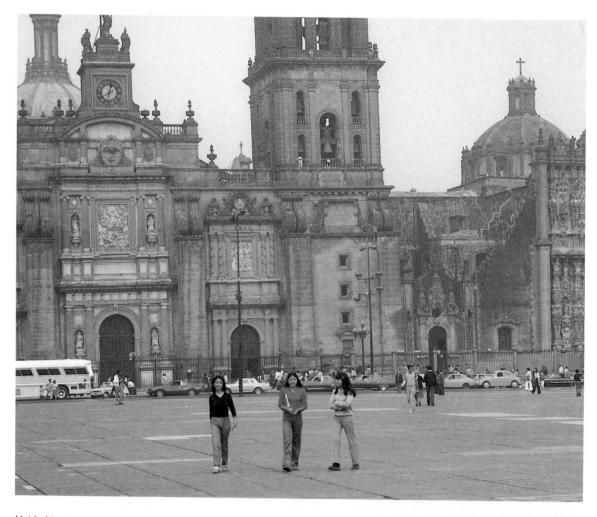

Entre nosotros

Expresiones para la conversación

Hispanic people like to communicate their feelings about others. To express their feelings about a person, Spanish speakers use:

¡**qué** + adjective!   **¡Qué guapo!**   *How handsome (he is)!*

                      ¡Qué bonita!   *How pretty (she is)!*

To ask what someone is like, they may say:

¿Cómo es?   —**¿Cómo es** el chico?   *What's the boy like?*

              —Es muy divertido.   *He's a lot of fun.*

Mini-diálogos

Comment on the following street scenes, using the sample exchange as a model.

Miguel: ¡Qué <u>bonita</u>! ¿Quién es?

Alicia: Es <u>Marta</u>.

Miguel: ¿Cómo es? ¿Es simpátic<u>a</u>?

Alicia: Sí, es muy simpátic<u>a</u>.

Marta

Alberto

Esteban

Rosa

Carolina

Tú tienes la palabra

With a classmate, prepare a short dialog in which you comment on another person. Use the conversation between Miguel and Alicia as a model.

En Bogotá, Colombia.
Aquí en la fiesta, el ambiente es muy divertido.
Hay muchos chicos y muchas chicas.
No hay orquesta, pero hay discos.

ambiente: *atmosphere*

María: Pablo, aquí tengo los discos.
        ¿Tú tienes el tocadiscos?
Pablo: ¡Sí! Tengo un tocadiscos nuevo.
María: ¡Fantástico!

tengo: *I have*
tocadiscos: *record player*

Roberto: ¿Quién es la chica rubia?
Ricardo: Se llama Olga.
Roberto: Es muy guapa . . .
Ricardo: . . . y muy interesante
          también. ¡Es mi novia!
Roberto: ¡Ah! . . . bueno . . . bueno . . .
          ¡Adiós!

Rosa: ¿Quiénes son los dos muchachos altos?
Olga: Se llaman Pietro y Alberto.
Rosa: No son colombianos, ¿verdad?
Olga: ¡No! Son italianos.
Rosa: Son muy guapos.
Olga: Y son simpáticos.
Rosa: ¡Qué bueno!

Se llaman: *Their names are*

Diego: ¿Son españolas las chicas?
Carolina: ¿Qué chicas?
Diego: Las chicas morenas.
Carolina: ¡No! Son mexicanas.
Diego: ¡Qué guapas!
Carolina: ¡Sí! Son muy divertidas también.
           Pero . . .
Diego: ¿Pero qué?
Carolina: ¡Tienen novio!
Diego: ¡Caramba!

CONVERSACIÓN

Do you have many books? many records? many friends? Answer the following questions.

1. ¿Tienes muchos **discos?** Sí, tengo muchos discos. (No, no tengo muchos discos.)
2. ¿Tienes muchos **discos** buenos?
3. ¿Tienes muchas **cintas** *(tapes)?*
4. ¿Tienes muchas **cintas** interesantes?

5. ¿Tienes muchos **amigos** simpáticos?
6. ¿Tienes muchas **amigas** simpáticas?
7. ¿Hay muchos **chicos** en la clase de español? ¿Cuántos *(How many)?*
8. ¿Hay muchas **chicas** en la clase de español? ¿Cuántas?

OBSERVACIÓN

In the above questions, the nouns in heavy print refer to several objects or several people. These are *plural nouns*.
- In what letter do Spanish plural nouns end?

In questions 2, 4, 5 and 6, the plural nouns are followed by *plural adjectives*.
- In what letter do these plural adjectives end?

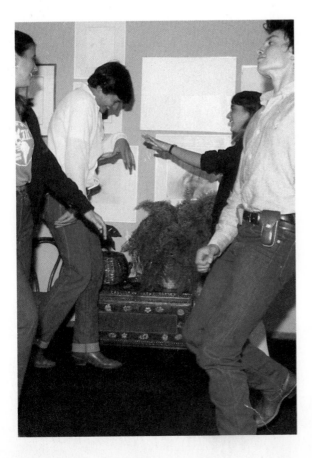

Notas culturales

Las fiestas

Hispanic teenagers love parties—they love giving them and going to them. Parties *(fiestas* or *reuniones)* are given to celebrate a birthday, a holiday, the end of the school year, or any special occasion such as the departure or arrival of a friend. They often start around nine in the evening, or even later, and are characterized by lots of music and dancing. There is usually a buffet with snacks, sandwiches, juice and soft drinks. Dress is often more formal than in the United States, for Hispanic people tend to dress up for such occasions. Frequently parties cut across generations with parents and even grandparents mingling with the young people.

Las citas *(Dates)*

On the whole, relationships between boys and girls are more formal in Hispanic countries than in the United States. Traditionally, individual dating has been discouraged and young people go out in mixed groups. When a boy and girl do have a date, they usually meet at a prearranged time and place. Only if the two plan to get married do they visit one another's homes.

Estructura

A. Tener

Tener (*to have*) is an irregular verb. Note the present tense forms of this verb in the following affirmative and negative sentences.

(yo)	**Tengo** una guitarra.	**No tengo** banjo.
(tú)	**Tienes** una bicicleta.	**No tienes** coche.
(él, ella, Ud.)	**Tiene** un disco.	**No tiene** tocadiscos.
(nosotros)	**Tenemos** un amigo en España.	**No tenemos** amigos aquí.
(vosotros)	**Tenéis** un televisor.	**No tenéis** radio.
(ellos, ellas, Uds.)	**Tienen** una cinta.	**No tienen** grabadora.

vocabulario especializado   Unos objetos

un objeto object

una cosa thing

un coche

una bicicleta

una moto

un disco

una cinta

un tocadiscos

una grabadora

un radio

una cámara

un televisor

una foto

un bolígrafo   **un lápiz**   **un cuaderno**   **un libro**

After the verb **tener,** the indefinite article is omitted when the speaker is not emphasizing a specific object.

No tengo coche.
No tengo tocadiscos pero tengo **una** grabadora buena.

*I don't have **a** car.*
*I don't have **a** record player, but I have **a** good tape recorder.*

ACTIVIDAD 1   ¿Quién tiene un tocadiscos?

Rosa María bought a new record, but she does not have a record player to play it on. Tell her who has one.

Rafael   Rafael tiene un tocadiscos.

1. Elena
2. nosotros
3. Pablo y Fernando
4. El profesor

5. Marta y yo
6. Coralia
7. yo
8. Felipe y Eva

un periódico

una revista

un bolso

un reloj

un regalo

características

caro	expensive	≠	**barato**	inexpensive
grande	big, large	≠	**pequeño**	little, small
nuevo	new	≠	**viejo**	old

otras expresiones

hay	there is, there are	**Hay** un tocadiscos. **Hay** discos también.
no hay	there is no, there are no	**No hay** libros aquí.
¿qué hay ...?	what is there?	**¿Qué hay** en el bolso?

NOTA: **Grande** may come before or after the noun.
When it comes *before* the noun, it is shortened to **gran** and means *great*.
When it comes *after* the noun, it is *not* shortened, and means *large* or *big*.

Tengo un **gran** amigo. Tiene un coche **grande**.

ACTIVIDAD 2   Diálogo: Mis cosas

Ask your classmates if they have the following things. If they answer
affirmatively, ask a second question using the adjective in parentheses
according to the model.

🎧 un tocadiscos (nuevo)

Estudiante 1: ¿Tienes un tocadiscos?
Estudiante 2: Sí, tengo un tocadiscos.
     (No, no tengo tocadiscos.)
Estudiante 1: ¿Es nuevo?
Estudiante 2: Sí, es un tocadiscos nuevo.
     (No, no es un tocadiscos nuevo.)

1. una guitarra (eléctrica)
2. un coche (nuevo)
3. una bicicleta (vieja)
4. un televisor (bueno)
5. una grabadora (pequeña)

6. un reloj (barato)
7. una cámara (cara)
8. un bolso (grande)
9. un radio (viejo)
10. un disco (español)

ACTIVIDAD 3   El regalo ideal

The ideal gift is different for different people. Complete the sentences
below according to the model. Use nouns and adjectives you have learned.

🎧 Para un chico de diez años *(ten years old)* . . .
   Para un chico de diez años, el regalo ideal es una bicicleta.

1. Para una chica de diez años . . .
2. Para un muchacho de quince años . . .
3. Para una muchacha de quince
años . . .
4. Para un joven de veinte años . . .
5. Para una joven de veinte años . . .

6. Para una persona que *(that)* no es
puntual . . .
7. Para una persona que estudia mucho . . .
8. Para una persona que viaja mucho . . .
9. Para una persona enferma *(sick)* . . .
10. Para mí . . .

B. Sustantivos y artículos: formas del plural

Compare the *singular* nouns and articles in the questions on the left with the *plural* nouns and articles in the questions on the right.

¿Cómo se llama **el** muchacho?   ¿Cómo se llaman **los** muchachos?
¿Cómo se llama **la** muchacha?   ¿Cómo se llaman **las** muchachas?
¿Cómo se llama **el** profesor?   ¿Cómo se llaman **los** profesor**es**?

Plural nouns are generally formed as follows:

by adding **-s** to singular nouns ending in a vowel: chico, chicos;
by adding **-es** to singular nouns ending in a consonant: reloj, relojes.

↝ The plurals of feminine nouns such as **chicas, amigas** and **alumnas** refer to groups containing only girls.

↝ The plurals of masculine nouns such as **chicos, amigos** and **alumnos** may refer to groups containing only boys or to mixed groups.

Pedro y Carlos   Isabel y María   Silvia, Dolores, Luisa y Miguel

son amigos   son amigas   son amigos

The plural forms of the definite article are: **los, las.**

The plural forms of the indefinite article are: **unos, unas.**

↝ These forms mean *some, a few* (or *any*, in negative and interrogative sentences). They are often omitted. Compare the sentences:

Tengo **discos** buenos.   *I have good **records**.*
Tengo **unos discos** de música latina.   *I have **a few records** of Latin American music.*

ACTIVIDAD 4 En la tienda (At the store)

A customer is looking for the following items. The salesperson says that they do not have any. Play both roles according to the model.

∑⊃ una guitarra   el (la) cliente: Necesito una guitarra.
    el (la) vendedor(a): ¡Qué lástima! No tenemos guitarras.

1. un libro
2. un disco
3. una bicicleta
4. una grabadora
5. un reloj
6. un televisor
7. un bolso
8. un radio
9. una cinta
10. un bolígrafo
11. una cámara
12. un periódico

ACTIVIDAD 5 La tienda internacional (The international boutique)

Imagine that you are working in the international boutique at the Mexico City airport. In this shop, everything comes from abroad. Explain the origins of the following objects to the customers.

∑⊃ cámara: Alemania (Germany)   Las cámaras son de Alemania.

1. bolso: Italia
2. reloj: Suiza (Switzerland)
3. bicicleta: Francia
4. periódico: España
5. libro: Chile
6. grabadora: Panamá
7. revista: Inglaterra (England)
8. televisor: los Estados Unidos

C. Adjetivos: formas del plural

Plural forms of adjectives are used to describe plural nouns and pronouns. Note the singular and plural forms of adjectives in the sentences below.

SINGULAR	PLURAL
Pablo es **simpático, inteligente** y **popular.**	Pablo y Paco son **simpáticos, inteligentes** y **populares.**
Isabel es **simpática, inteligente** y **popular.**	Isabel y Luisa son **simpáticas, inteligentes** y **populares.**

Plural adjectives are generally formed as follows:

by adding **-s** to singular adjectives ending in a vowel: bueno**s**, buena**s**;
by adding **-es** to singular adjectives ending in a consonant: ideal**es**, popular**es**.

∑⊃ *Masculine plural adjectives* are used to describe groups containing both masculine and feminine nouns.

Pedro y José   Elena y Amalia   Mauricio, Linda, Delia y Consuelo

son simpáticos   son simpáticas   son simpáticos

ACTIVIDAD 6 En otra tienda *(At another store)*

The customer of Actividad 4 is now in another store looking for the items
that were not available before. Play both roles according to the model.

    una guitarra: buena   el (la) cliente: Deseo una guitarra.

                        el (la) vendedor(a): Tenemos unas guitarras buenas.

1. un libro: divertido
2. un disco: popular
3. una bicicleta: buena
4. una grabadora: pequeña
5. un reloj: barato
6. un televisor: grande

7. un bolso: caro
8. un radio: viejo
9. una cinta: interesante
10. un bolígrafo: barato
11. una cámara: nueva
12. un periódico: español

ACTIVIDAD 7 Orgullo nacional *(National pride)*

Ramón, who is from Argentina, boasts about the people of his country.
Elena, from Mexico, tries to outdo him. Play both roles according to the
model. (Note: **más** means *more.*)

    chico: simpático   Ramón: Los chicos argentinos son simpáticos.

                      Elena: Los chicos mexicanos son más simpáticos.

1. muchacho: guapo
2. muchacha: simpática
3. estudiante: inteligente
4. profesor: serio

5. mujer: bonita
6. chica: divertida
7. hombre: interesante
8. alumno: perseverante

¿cuánto?, ¿cuánta?	how much	¿**Cuánto** dinero tienes?
¿cuántos?, ¿cuántas?	how many	¿**Cuántos** discos y **cuántas** cintas tienes?
otro, otra	other, another	¿Tienes **otro** libro?
otros, otras	other, others	Hay **otras** personas aquí.
mucho, mucha	much, a lot of	No gano **mucho** dinero.
muchos, muchas	many, a lot of	Tengo **muchos** discos, pero no tengo **muchas** cintas.
todo (el), toda (la)	all, the whole	Trabajo **todo** el verano.
todos (los), todas (las)	all	**Todos** los alumnos y **todas** las alumnas estudian español.

NOTAS: 1. The adjectives ¿**cuánto?**, **otro, mucho,** and **todo** agree with the noun they introduce.
2. The article **un, una** is *not* used before **otro, otra.**

ACTIVIDAD 8   Preguntas personales

1. ¿Tienes muchos amigos?
2. ¿Tienes muchas amigas?
3. ¿Cuántos chicos hay en la clase de español?
4. ¿Cuántas chicas hay en la clase?
5. ¿Cuántos profesores tienes?
6. ¿Cuántos radios tienes en casa *(at home)?* ¿Cuántos televisores?
7. ¿Tienes discos? ¿Cuántos?
8. ¿Tienes cintas? ¿Cuántas?
9. ¿Trabajas todo el día? ¿toda la semana?
10. ¿Son serios todos los profesores?
11. ¿Son interesantes todas las clases?
12. ¿Son inteligentes todos los estudiantes?
13. ¿Deseas hablar otros idiomas *(languages)?*
14. ¿Estudias con otro estudiante?

 Pronunciación   Unión de las palabras

Model words: los‿amigos
Practice words: las‿alumnas   unos‿estudiantes   el‿lápiz   unas‿cintas
Practice sentences: Los‿alumnos escuchan‿unas‿cintas de‿español.
Felipe‿estudia con‿Nora.

Spanish speakers tend to link words together so that a group of words sounds like a long series of syllables. Often the last consonant of one word is pronounced with the next word. If the last sound of one word is the same as the first sound of the next word, the two are pronounced as one sound.

Entre nosotros

Mini-diálogos

In this dialog, two customs officers are talking. Create new dialogs, replacing the underlined words with the expressions suggested in the illustrations.

Primer aduanero: ¡Oye! ¿Qué hay en el bolso?

Segundo aduanero: ¡Mira! ¡Hay discos!

Primer aduanero: ¿Cuántos discos?

Segundo aduanero: ¡Hay cuatro discos!

Tú tienes la palabra

With a classmate, prepare a short dialog in which the two of you comment on something you see in a car. Use the conversation between the customs officers as a model.

Un club internacional

Soy española. Tengo diez y seis años. Tengo una colección muy grande de discos de música española. Deseo intercambiar discos con un muchacho mexicano o argentino de diez y seis a diez y ocho años.

Mari - Carmen Suárez
Santa Susana, 823
Madrid, España

Tengo diez y seis
años: *I'm sixteen*

intercambiar:
exchange

Tengo diez y siete años. Soy argentina. Me gusta bailar, escuchar discos y viajar. Deseo tener correspondencia con una chica francesa o inglesa.

Consuelo Ortega
Avenida Santa Fe, 603
Buenos Aires, Argentina

CONVERSACIÓN

Let's talk about your age and the age of other people you know.

1. **¿Tienes** doce (12) años? Sí, **tengo** doce años. (No, no **tengo** doce años.)
2. **¿Tienes** catorce (14) años?
3. **¿Tienes** diez y seis (16) años?
4. ¿Cuántos años **tienes?**
5. ¿Cuántos años **tiene** tu mejor amigo *(your best friend)*?
6. ¿Cuántos años **tiene** tu mejor amiga?
7. **¿Tiene** cuarenta (40) años tu papá?
8. **¿Tiene** cuarenta años tu mamá?

OBSERVACIÓN

In the above questions, you are asked *how old* certain people *are*.
- Which verb is used?

Soy mexicano. Tengo diez y seis años. Deseo intercambiar cartas con amigos norteamericanos de quince a diez y siete años. Deseo hablar de música y de béisbol con ellos. Tienen que contestar en español porque no hablo inglés.

Pedro Borges
Paseo de las Palmas, 472
México 11, D.F., México

cartas: *letters*

Tienen que contestar:
They must answer

Tengo ganas de: *I*
want to

Soy un chico norteamericano que estudia español. Tengo ganas de visitar México. Deseo tener correspondencia con chicas mexicanas. Tienen que contestar en español porque tengo que practicar mucho. Deseo intercambiar periódicos y revistas con ellas.
Eric Brown
32 Ward Street
Newton, Massachusetts 02159
U.S.A.

Notas culturales

Los americanos

To the Spanish Americans, the word *americano* refers to any person who lives in North or South America. Thus all Latin Americans are *americanos*. To identify a person who lives in the United States, Spanish speakers use the word *norteamericano*.

Tres ciudades hispánicas

If you were asked to name three large Spanish-speaking cities, you would probably say Madrid, Buenos Aires and Mexico City. Which one do you think is largest? Madrid? No! The population of greater Mexico City is over eleven million. The population of greater Buenos Aires is about nine million. And Madrid? It has about three and a half million inhabitants.

Estructura

A. Expresiones con *tener*

Note the use of **tener** in the following expressions.

tener [trece] años	*to be [13] years old*	—¿Cuántos años tienes? —**Tengo trece años.**
tener ganas de + infinitive	*to feel like*	—**¿Tienes ganas de** visitar México? —¡Por supuesto!
tener que + infinitive	*to have to*	—**¿Tienen que** estudiar mucho en clase? —Sí. Y también **tenemos que** hablar español.

There are many Spanish expressions in which **tener** does not mean *to have.*

ACTIVIDAD 1   Diálogo: ¿Cuántos años?

Ask a classmate how old certain people are.

> ⅀ tu mejor amigo   Estudiante 1: ¿Cuántos años tiene tu mejor amigo?
> Estudiante 2: Tiene [trece] años.

1. tu mejor amiga
2. tu papá
3. tu mamá
4. tú
5. el (la) profesor(a)
6. yo

ACTIVIDAD 2   Pretextos *(Excuses)*

Carlos asked his friends to help him paint his room. Everyone found an excuse not to come. Give each person's reasons, using **tener que.**

> ⅀ Anita: estudiar   Anita tiene que estudiar.

1. yo: estudiar también
2. nosotros: trabajar
3. Pablo: hablar con el profesor
4. tú: tocar el piano
5. Uds.: escuchar cintas
6. Carmen y Elena: visitar un museo

ACTIVIDAD 3   Diálogo: Deseos *(Wishes)*

Ask your classmates if they feel like doing the following things. Create dialogs according to the model.

> ⅀ estudiar mucho   Estudiante 1: ¿Tienes ganas de estudiar?
> Estudiante 2: Sí, tengo ganas de estudiar.
> (No, no tengo ganas de estudiar.)

1. hablar español bien
2. viajar
3. visitar México
4. ganar mucho dinero
5. tener una moto
6. tener un coche
7. mirar la televisión ahora
8. cantar ahora

ACTIVIDAD 4   Diálogo: Obligaciones

Ask a classmate if he or she has to do the following things.

🔖 estudiar mucho   Estudiante 1: ¿Tienes que estudiar mucho?
　　　　　　　　　　 Estudiante 2: Sí, tengo que estudiar mucho.
　　　　　　　　　　　　　　　　　(No, no tengo que estudiar mucho.)

1. hablar español en clase
2. escuchar las cintas de español
3. trabajar en casa (at home)
4. ser paciente
5. ser buen(a) estudiante
6. ser sincero(a) con los amigos

7. ser generoso
8. ganar mucho dinero
9. estudiar todo el año
10. trabajar toda la semana
11. practicar el piano
12. practicar la guitarra

B. Venir

Venir (to come) is an irregular verb. Note the present tense forms of this verb in the sentences below.

(yo)	**Vengo** en bicicleta.
(tú)	**¿Vienes** con nosotros?
(él, ella, Ud.)	**¿Viene** Carlos a la fiesta?
(nosotros)	**Venimos** en coche.
(vosotros)	**¿Venís** a la fiesta conmigo?
(ellos, ellas, Uds.)	**¿Vienen** con Anita?

The present tense of **venir** is like that of **tener,** except in the **nosotros** and **vosotros** forms.

🔖 Note the use of the interrogative expression **¿de dónde?** (from where?):

　　¿De dónde vienes?　　Vengo **de** la cafetería.
　　¿De dónde es Juan?　　Es **de** Puerto Rico.

ACTIVIDAD 5   Unos alumnos serios

Many students are not coming to the party tonight because there is a math exam tomorrow and they have to study. Explain this according to the model.

🔖 Ricardo　　Ricardo no viene a la fiesta. Tiene que estudiar.

1. Eva
2. Francisco
3. Marta y Cecilia
4. ellos

5. yo
6. tú
7. nosotros
8. Uds.

vocabulario especializado   El país y la nacionalidad

Cuba
cubano, cubana

España
español, española

México
mexicano, mexicana

los Estados Unidos
norteamericano, norteamericana

Puerto Rico
puertorriqueño, puertorriqueña

NOTAS: 1. Adjectives of nationality are not capitalized in Spanish.
2. Adjectives of nationality that end in a consonant in the masculine, add an **-a** in the feminine.

Luis es **español**.	Juanita es **española**.
Jim es **inglés**.	Jane es **inglesa**.
Robert es **francés**.	Caroline es **francesa**.

ACTIVIDAD 6   En el aeropuerto de Montreal

Say where each of the following travelers is coming from and give his or her nationality, according to the model.

Felipe: España   Felipe viene de España. Es español.

1. Luisa: Cuba
2. Isabel: Puerto Rico
3. Pedro: México
4. Linda: los Estados Unidos
5. Inés y Ana: México

6. nosotros: Cuba
7. Federico: los Estados Unidos
8. Uds.: Puerto Rico
9. Juana: España
10. yo: los Estados Unidos

ACTIVIDAD 7   Las compras de Teresa

Teresa has won a three-week vacation trip. In each country she visits she buys local products. Describe her purchases. (Note: **comprar** means *to buy*.)

España: un libro   En España, Teresa compra un libro español.

1. España: dos discos
2. España: una guitarra
3. España: un bolso
4. México: un sombrero
5. México: una grabadora

6. México: cintas
7. Puerto Rico: libros
8. Puerto Rico: un disco
9. Puerto Rico: una cinta
10. Puerto Rico: unos periódicos

C. El pronombre relativo: *que*

Note the uses of **que** in the following sentences.

¿Cómo se llama el chico **que** baila con María?
*What is the name of the boy **who** is dancing with Maria?*

¿Quién es la muchacha **que** miras?
*Who is the girl **(whom)** you're looking at?*

Los muchachos **que** escuchan vienen conmigo.
*The boys **who** are listening are coming with me.*

Necesito el bolígrafo **que** tú tienes.
*I need the pen **(that)** you have.*

Me gusta la cinta **que** tú escuchas.
*I like the tape **(that, which)** you are listening to.*

The pronoun **que** *(who, whom, that, which)* comes *after* a noun. It can refer to people or things.

⟫ Although the pronouns *that, which* and *whom* are often omitted in English, **que** must always be used in Spanish.

ACTIVIDAD 8   En la librería *(In the bookstore)*

Manuel and Anita are in a bookstore. Anita asks Manuel what he is looking at. Play the role of Anita.

⟫   el libro   ¿Cómo se llama el libro que miras?

1. el libro español
2. el disco
3. la cinta
4. el periódico
5. la revista
6. la novela

LIBROS ANTIGUOS Y LIBROS NUEVOS.
Carrera 12 No. 84-07 Apartado Aéreo 90554
Teléfono 36 41 16
BOGOTA, D.E. COLOMBIA

ACTIVIDAD 9   En la fiesta internacional

Now Manuel and Anita are at an international party. Manuel asks where some of the guests are from. Play his role.

⟫   Un chico habla francés.   ¿De dónde es el chico que habla francés?

1. Una chica habla inglés.
2. Un muchacho tiene una cámara.
3. Una muchacha baila muy bien.
4. Dos chicos tocan la guitarra.
5. Dos chicas cantan.
6. Una señorita habla con Miguel.
7. Un joven escucha a Carlos.
8. Un señor tiene barba *(beard)*.
9. Una profesora habla francés.
10. Tres amigas tienen revistas españolas.

ACTIVIDAD 10   Preferencias personales

State your preferences according to the model. (**Prefiero** means *I prefer.*)

> los muchachos: guapos o simpáticos   Prefiero los muchachos que son guapos.
> (Prefiero los muchachos que son simpáticos.)

1. las muchachas: bajas o altas
2. los amigos: serios o divertidos
3. las clases: grandes o pequeñas
4. los libros: interesantes o aburridos

5. los discos: nuevos o viejos
6. los chicos: morenos o rubios
7. las personas: sinceras o generosas
8. los profesores: estrictos o tolerantes

Entre nosotros

Expresión para la conversación

To introduce a conclusion, you may say:

Entonces . . .   *Well, then* . . .   —No tengo discos.
                                            —**Entonces** . . . tienes que escuchar la radio.

Mini-diálogos

Create new dialogs by replacing the underlined words with the words in the pictures.

Pedro   viernes

estudiar

Alfonso: ¿Viene Pedro a la fiesta?
 Anita: ¿Cuándo es la fiesta?
Alfonso: El viernes.
 Anita: El viernes Pedro tiene que estudiar.
Alfonso: Entonces, no viene.
 Anita: ¡Claro!
Alfonso: ¡Qué lástima!

Pronunciación

El sonido de la consonante ñ

Model word: español

Practice words: años señor señora señorita compañero

Practice sentences: El señor Núñez viene mañana.
La señora Muñoz tiene treinta años.

The sound of the Spanish consonant ñ is similar to the sound of the **ni** in the English word "companion."

Luisa — martes

trabajar

Roberto y Jaime — miércoles

visitar el museo

nosotros — sábado

viajar

Carmen — jueves

estudiar para el examen

Tú tienes la palabra

With a classmate, prepare a short dialog in which you talk about a friend who cannot come to a party you have planned. Use the conversation between Alfonso and Anita as a model.

Variedades

Los secretos de la cara

Hay personas idealistas y románticas. Hay también personas realistas y muy prácticas . . . Todos somos un poco diferentes. Todos tenemos nuestra° personalidad, nuestra individualidad.

¿Cómo explicar las diferencias que hay entre° nosotros? Para algunas° personas, estas° diferencias son determinadas por° el aspecto físico de cada° uno, especialmente por la forma de la cara.° Así es que° una persona que tiene la cara ovalada no tiene las mismas° cualidades (ni° por supuesto los mismos defectos) que una persona que tiene la cara rectangular.

¿Es posible? . . . Tal vez . . . ¡Tú tienes que decidir!

nuestra: *our*	
entre: *among*	
algunas: *some,*	
estas: *these,*	
por: *by*	
cada: *each,*	
cara: *face,*	
Así es que: *Thus*	
mismas: *same*	
ni: *nor*	

¿Tienes la cara ovalada?

Tienes muchos amigos porque eres una persona muy simpática y generosa. Eres romántico(a) también. Te gusta escuchar música. Te gusta bailar. Te gusta viajar.

Tienes muchas ideas interesantes y originales. Tienes un temperamento artístico. Eres un poco tímido(a) y, a veces°, eres un poco . . . perezoso(a),° ¿verdad? En clase, estudias bien, pero en casa° . . . ¡no tienes muchas ganas de estudiar!

¡Tienes que ser más dinámico(a)!

a veces: *sometimes,*
perezoso: *lazy*
en casa: *at home*

¿Tienes la cara rectangular?

Eres una persona muy dinámica. Tienes la personalidad de un líder.° Por eso eres muy respetado(a) por tus profesores y amigos. Te gusta organizar, dominar . . . y, a veces, criticar también.

Tienes muchas ambiciones y aspiraciones. Tienes ganas de ser una persona muy importante en el futuro, tal vez el presidente de una gran compañía internacional.

¡Tienes que ser más sociable en tus relaciones personales y menos° serio(a) en la vida!°

líder: *leader*

menos: *less*
vida: *life*

1

¿Tienes la cara cuadrada?°

Eres realista y práctico(a) . . . Tienes también una gran curiosidad intelectual. Te gusta estudiar en clase y trabajar en casa. Eres muy ambicioso(a). Tienes mucho talento para las cosas mecánicas. Te gusta reparar relojes, televisores, bicicletas y otras cosas.

No eres muy generoso(a). ¡Tienes que mejorar° las relaciones con los amigos!

cuadrada: *square*

mejorar: *improve*

¿Tienes la cara redonda?°

Eres muy realista. Tienes mucho sentido° común, pero los sentimientos° no tienen gran valor° para ti.

Eres muy serio(a) y trabajas mucho. Eres un estudiante muy bueno, y también eres deportista.° Te gusta nadar. Te gusta jugar° al tenis, al volibol, al básquetbol. Te gusta organizar fiestas. Eres activo(a) en todos los aspectos de la vida. Te gusta criticar, pero no te gusta ser criticado(a). ¡No eres muy tolerante!

¡Tienes que ser más generoso(a) y paciente con tus amigos!

redonda: *round*

sentido: *sense,*
sentimientos: *feelings*
valor: *value*

deportista: *active in sports*
jugar: *to play*

¿Tienes la cara triangular?

Eres una persona muy intelectual. Te gusta mucho intercambiar° ideas. Siempre tienes ganas de expresar tu opinión y de escuchar la opinión de otras personas. Te gusta hablar de música, arte, política y especialmente de los problemas importantes de la vida. Tienes también una gran sensibilidad° y una gran imaginación. Pero eres un poco supersticioso(a), ¿verdad? Y cambias° de opinión muchas veces.°

¡Tienes que ser más disciplinado(a) y más estable en tus ideas y tus sentimientos!

intercambiar: *to exchange*

sensibilidad: *sensitivity*

cambias: *you change*
veces: *times*

Enriching your vocabulary: cognate patterns

Many Spanish adjectives ending in **-oso** correspond to English adjectives ending in *-ous*.

ambic**ioso**	ambit**ious**
curi**oso**	curi**ous**
gener**oso**	gener**ous**
supersticio**so**	superstit**ious**

Ejercicio

Give the English equivalents of the following Spanish adjectives. Then complete the sentences below with the appropriate Spanish forms of the adjectives.

delicioso   famoso   religioso   vigoroso

1. Abraham Lincoln es un presidente ___.
2. En general, los atletas son personas ___.
3. La Nochebuena *(Christmas Eve)* es una fiesta ___.
4. ¡Qué hamburguesa tan ___!

VISTA
El mundo de los estudios

2

LA EDUCACIÓN SECUNDARIA

En la mayoría de los países hispánicos, cuando un joven termina la escuela° primaria tiene en general tres posibilidades de estudios: el bachillerato clásico,* la escuela normal y la escuela comercial o técnica.

Mira° el diagrama comparativo:

TIPO DE ESTUDIOS	TIEMPO° DE ESTUDIOS	TÍTULO	ACTIVIDAD FUTURA
Bachillerato clásico	5–6 años	Bachiller	Aprender° y practicar una profesión
Escuela normal	4–5 años	Maestro(a)	Enseñar° en la escuela primaria
Escuela comercial o técnica	2–3 años	Técnico(a) o secretaria(o)	Trabajar como técnico(a) o secretaria(o)

*El bachillerato clásico es un sistema de educación aproximado° al sistema de educación «high school» de los Estados Unidos.

escuela *school*   **Mira** *Look at*   **tiempo** *length of time*   **Aprender** *To learn*   **Enseñar** *To teach*
aprximado *close*

LA VIDA ESCOLAR°

Me llamo Carlos Arturo López y soy de Guatemala. Tengo quince años y soy estudiante del tercer° año de bachillerato en el colegio° San Sebastián. Espero ser un buen médico, como mi papá. En las vacaciones espero visitar los Estados Unidos con unos amigos norteamericanos. En mi colegio hay un programa de intercambio° de estudiantes.

Me llamo Carmen García y soy peruana. Estudio en El Sagrado Corazón. Es un colegio de monjas° y la disciplina es muy importante. Aquí el uniforme es obligatorio.° ¡En mi clase somos veinte chicas idénticas! Aquí, muchos colegios son sólo° para chicas o sólo para chicos. Por eso no hablo con mis amigos en el colegio. Sólo hablo con chicas. ¡Qué aburrido!

Yo soy Lupita Rodríguez, mexicana de Guadalajara. Estudio en una escuela normal. ¡En mi clase somos cincuenta y dos estudiantes! Es muy difícil estudiar así,° pero me gusta más que° trabajar siempre en casa, como mi mamá. Es muy importante estudiar para ser mejor.° Yo espero ser maestra y enseñar a otros chicos como yo, aquí en México.

Me llamo Rolando Santana y soy de Colombia. Tengo diez y siete años y espero ser mecánico. Es mi primer° año de estudios en el SENA (Servicio Nacional de Aprendizaje).° El SENA es una institución pública dedicada a la educación técnica y vocacional. Aquí los estudios no son sólo teoría.° La práctica también es muy importante. Por eso, parte de mis estudios es el trabajo.

la vida escolar *school life*   tercer *third*   colegio *school*   intercambio *exchange*
monjas *nuns*   obligatorio *required*   sólo *only*   así *like that*   más que *more than*
mejor *better*   primer *first*   Aprendizaje *Apprenticeship*   teoría *theory*

UN DÍA DE CLASES

El horario° de clases
de María Lucía Palomo, alumna del Colegio Santa Teresita

Grado: 4° año　　HORARIO　　Año Escolar: 1983

María Lucía Palomo　　Colegio Santa Teresita

No.	Período	Lunes	Martes	Miércoles	Jueves	Viernes
1	8:05 – 9:00	Castellano*	Castellano	Castellano	Castellano	Castellano
2	9:05 – 10:00	Matemáticas	Matemáticas	Matemáticas	Matemáticas	
3	10:05 – 11:00	Ciencias Físico-Químicas	Ciencias Físico-Químicas	Ciencias Físico-Químicas	Ciencias Físico-Químicas	
4	11:05 – 12:00	Economía	Arte y Dibujo	Economía	Economía	Arte y Dibujo
5	2:05 – 3:00	Inglés	Inglés	Inglés	Inglés	Período de estudio
6	3:05 – 4:00	Educación Física	Psicología	Psicología	Educación Física	Psicología
7	4:05 – 5:00	Biología	Período de estudio	Biología	Biología	Biología

*Castellano = la lengua española

horario schedule

PRIMER GRADO ASIGNATURAS:	Núm. de Semanarias	Período Lectivo	Calificación Final Cifra	Letra	OBSERVACIONES
Español					
Matemáticas					
Biología					
Geografía Física y Humana	4	1977-78	7	SIETE	ESC.SEC.DNA. NO. 25, CLAVE: ES1-25, de México, D. F.
Historia Universal	4	"	6	SEIS	
Lengua Extranjera INGLES	3	----	7	SIETE	
ACTIVIDADES:	3	1977-78	6	SEIS	
Educación Cívica		"	6	SEIS	E.E.R. 27-VIII-73
Educación Artística	2	"	6	SEIS	
Tecnológicas TALAB.	2	"	8	OCHO	
Educación Física	2	"	7	SIETE	
SEGUNDO GRADO ASIGNATURAS:		"	10	DIEZ	
Español		"	7	SIETE	
	4	1978-79	8	OCHO	ESC.SEC.DNA. NO. 25, CLAVE: ES1-25, de México, D. F.

122

MENÚ DE LA SEMANA
Colegio Cristóbal Colón

LUNES
- hamburguesa
- ensalada de tomate
- pastel° de limón y merengue
- leche°

MARTES
- espaguetis a la italiana con salsa°
- vegetales mixtos
- melón
- leche

MIÉRCOLES
- tacos a la mexicana con tomate y lechuga°
- ensalada de frutas
- torta° de chocolate
- leche

JUEVES
- pizza
- ensalada de vegetales
- banana
- leche

VIERNES
- sopa de vegetales
- sándwich de atún°
- pera
- leche

---

pastel *pie*   **leche** *milk*   **salsa** *sauce*   **lechuga** *lettuce*   **torta** *cake*   **atún** *tuna*

¿Quién enseña° qué?

Cuando estás en clase, siempre escuchas al profesor o a la profesora, ¿verdad?

Aquí tienes varios profesores que enseñan diferentes asignaturas.° ¿Sabes° de qué° asignatura habla cada° profesor?

1. Simón Bolívar libertó° a cinco países de la dominación española: Colombia, Venezuela, Ecuador, Perú y Bolivia.

2. Hoy estudiamos la estructura de una molécula de agua.° En una molécula de agua hay un átomo de oxígeno y dos átomos de hidrógeno. La fórmula química° es H_2O.

3. Para° multiplicar dos fracciones, Uds. tienen que multiplicar los numeradores para obtener° el numerador del producto, y multiplicar los denominadores para obtener el denominador del producto. Por ejemplo: $2/3 \times 2/3 = 4/9$.

4. «The cat is black.» En esta° frase,° «is» es el verbo, «black» es el adjetivo.

5. En algunas° plantas y animales hay solamente° una célula. Pero en otros hay millones de células. En todas las células hay proteínas.

6. Bolivia es un país que está° en el centro de Sudamérica. La capital es La Paz. Tiene muchos recursos° naturales, como el estaño.°

7. El volibol es un excelente deporte° para las chicas y los chicos. Es muy popular. Requiere disciplina y precisión.

8. Hay tres clases de instrumentos: de cuerdas° (el piano, la guitarra); de viento° (el oboe, la flauta); y de percusión (el triángulo, el tambor°).

Asignatura	Número
Geografía	
Inglés	
Música	
Biología	
Matemáticas	
Historia	
Química°	
Educación física	

RESPUESTAS: Geografía 6, Inglés 4, Música 8, Biología 5, Matemáticas 3, Historia 1, Química 2, Educación física 7

enseña *teaches*   asignaturas *subjects*   Sabes *Do you know*   de qué *about which*   cada *each*
libertó *liberated*   agua *water*   química *chemical*   Para *In order to*   obtener *obtain*   esta *this*
frase *sentence*   algunas *some*   solamente *only*   está *is located*   recursos *resources*
estaño *tin*   deporte *sport*   cuerdas *string*   viento *wind*   tambor *drum*   Química *Chemistry*

MEDIDAS DE LONGITUD

1 kilómetro	= 1.000 metros
1 metro	= 10 decímetros
1 decímetro	= 10 centímetros
1 centímetro	= 10 milímetros

100 km/h MAXIMA

MIS LIBROS

MI LIBRO DE MATEMÁTICAS

Problema 1

El señor Ramírez tiene un terreno° de 200 metros de largo por 100 metros de ancho.° ¿Cuál° es el área del terreno?

a. 200 metros cuadrados°   b. 300 metros cuadrados
c. 20.000 metros cuadrados

Problema 2

María Teresa viaja de San Francisco a Chicago en coche. La distancia entre San Francisco y Chicago es de 4.492 kilómetros. Ella viaja cada° día 6 horas a 90 kilómetros por hora. ¿En cuánto tiempo (aproximado) llega° María Teresa a Chicago?

a. 10 días   b. 8.5 días   c. 7 días

Problema 3

Una rana° salta° 30 centímetros; más tarde° salta 70 centímetros. ¿Cuánto salta en total?

a. 1 metro   b. 90 centímetros   c. 2 metros

Problema 4

Tomás pesa° 65 kilogramos; José pesa 70 kilogramos. ¿Cuánto pesan los dos chicos?

a. 125 kilogramos   b. 135 kilogramos   c. 145 kilogramos

RESPUESTAS: 1:c, 2:b, 3:a, 4:b

MI LIBRO DE GEOGRAFÍA

Población de algunos países de Sudamérica

PAÍS	CAPITAL	POBLACIÓN
la Argentina	Buenos Aires	28.000.000
Bolivia	La Paz	6.000.000
Chile	Santiago	11.000.000
Colombia	Bogotá	27.000.000
el Ecuador	Quito	8.500.000
el Paraguay	Asunción	3.000.000
el Perú	Lima	18.000.000
el Uruguay	Montevideo	3.000.000
Venezuela	Caracas	16.000.000

terreno *field*   **ancho** *width*   **Cuál** *What*   **cuadrados** *square*   **cada** *each*   **llega** *arrives*
rana *frog*   **salta** *jumps*   **más tarde** *later*   **pesa** *weighs*

125

LOS ANIMALES DEL MUNDO HISPÁNICO

quetzal

cocodrilo

papagayo

piraña

chinchilla

perezoso

iguana

llama

armadillo

boa

cóndor

jaguar

flamenco

alpaca

puma

pingüino

TABLA DE MATERIAS

MI LIBRO DE CIENCIAS NATURALES

Plutón

Neptuno

Saturno

Tierra

Venus

Mercurio

Sol

Marte

Júpiter

Urano

ALGUNOS ELEMENTOS

Nombre	Símbolo	Protones	Electrones	Neutrones
Oxígeno	O	8	8	8
Silicio	Si	14	14	14
Aluminio	Al	13	13	14
Hierro	Fe	26	26	30
Calcio	Ca	20	20	20
Sodio	Na	11	11	12
Potasio	K	19	19	20
Magnesio	Mg	12	12	12
Hidrógeno	H	1	1	0

MI LIBRO
DE QUÍMICA

Una molécula de agua: H_2O

Una molécula de oxígeno: O_2

Una molécula de bióxido de carbono: CO_2

¿EN QUÉ TRABAJAS DESPUÉS DE° LA ESCUELA TÉCNICA?

SU FUTURO está en la MECANICA DE MOTOCICLETAS

BAJO LICENCIA DEL ESTADO DE LA FLORIDA (USA)

OTROS CURSOS DE EXITO QUE PUEDE ESTUDIAR CON LOS ESPECIALISTAS

- RADIO - TV COLOR
- SECRETARIADO COMERCIAL Y BILINGÜE
- INGLES (Incluye cassettes)
- ENFERMERIA (Curso completo)
- MECANICA DENTAL
- MECANICA AUTOMOTRIZ
- DETECTIVISMO INVESTIGADOR PRIVADO
- ELECTRICIDAD (INSTALADOR Y TECNICO)
- MAESTRA DE KINDER
- ELECTRONICA - RADIO - TV COLOR
- CERAMICA (Industrial - artesanal artística)
- FOTOGRAFIA (BLANCO Y NEGRO Y COLOR)

CURSOS
PROGRAMACION DE COMPUTADORAS

CENTRO DE ENTRENAMIENTO DE COMPUTACION OFRECE

Al estudiantado y público en general la oportunidad de tecnificarse en programación

RPG II - COBOL - BASIC

Cine Aguerri 2c. Abajo y 2½c. al Lago. Managua.
Telfs: 24170 y 26685 Apdo. No. 1591

¿QUÉ ESTUDIAS DESPUÉS DEL BACHILLERATO?

¿DESEA ESTUDIAR CIENCIAS DE LA COMUNICACION?

ESTUDIE EN
LA UNIVERSIDAD RAFAEL LANDIVAR

INFORMACION EN EL CAMPUS CENTRAL
(VISTA HERMOSA III, ZONA 16)
O EN LOS TELEFONOS: 692151 - 692621 - 692751.

UNIVERSIDAD LEONARDO DA VINCI
AVISA
QUE LA MATRICULA ESTA ABIERTA

Para los alumnos de nuevo ingreso y reingreso,
las clases del nuevo ciclo se inician el

LUNES 11 DE ABRIL

CARRERAS

LICENCIATURA EN ADMINISTRACION DE EMPRESAS
LICENCIATURA EN RELACIONES PUBLICAS Y PUBLICIDAD
TECNICO UNIVERSITARIO EN COMERCIALIZACION
TECNICO UNIVERSITARIO EN ADMINISTRACION DE EMPRESAS
TECNICO UNIVERSITARIO EN RELACIONES PUBLICAS Y PUBLICIDAD

Solicite mayor información en:
ADMINISTRACION ACADEMICA
De 8:00 a.m. a 12:00 m. y de 2:30 p.m. a 6:30 p.m.

TELEFONOS: 23-6034 y 23-6421

Actividades culturales

Actividades para cada estudiante

1. Get a Hispanic pen pal and exchange letters. Share your letters with the class.
2. Find out more about the educational system in a particular Hispanic country and prepare a report. (Source: encyclopedia) In your report, point out the major similarities and the major differences between the Hispanic country's system and the U.S. system.

Actividades para la clase

1. Choose several employment ads from Hispanic newspapers and prepare a bulletin board exhibit. Note under each ad what type of school one would attend in order to qualify for the job.
2. Prepare a class calendar that shows Hispanic holidays, birthdays of Hispanic historical figures, and important Hispanic historical events.

Unidad 4

Y ahora ... ¡México!

Carlos, Anita, Felipe y otros amigos estudian en el Colegio Americano de Puebla, México. Es un colegio bilingüe.

En la clase

Carlos mira un libro.
Anita mira una revista norteamericana.
Felipe mira a Anita . . . y a otras chicas
   que estudian.

En el laboratorio de lenguas

Ramón escucha una cinta.
Manuel escucha a la profesora de inglés.
¿Y Luisa?
¿A quién escucha?
¿A Manuel? ¿A la profesora de inglés?
¡No! Ella escucha al nuevo estudiante
   norteamericano.

A quién: *To whom*

En la cafetería

Juanita habla con Inés y Gloria.
¿De qué hablan ellas?
¿De la clase de matemáticas?
¿Del examen de inglés?
¿Del fin de semana?
¿De las próximas vacaciones?
¿De los chicos?
¡No! Ellas hablan de un asunto más
   importante . . .
Hablan del nuevo profesor de español.
Es muy estricto, pero interesante . . . y
   muy guapo también.

próximas: *next*

asunto: *topic*, más:
   more

Now Carlos is asking you about things you do.

1. En casa, ¿escuchas discos?
   Sí, escucho discos.
   (No, no escucho discos.)
2. En casa, ¿miras la televisión?
3. Con la clase, ¿visitas museos?
4. En clase, ¿escuchas **a los profesores**?
5. En la cafetería, ¿miras **a los chicos**?
   ¿a las chicas?
6. Para una fiesta, ¿invitas **a los chicos de la clase**?

OBSERVACIÓN

Reread questions 1-3.
- Do the questions concern *people* or *things*?

Reread questions 4-6.
- Do the questions concern *people* or *things*?
- What word comes right after the verb and before the noun?

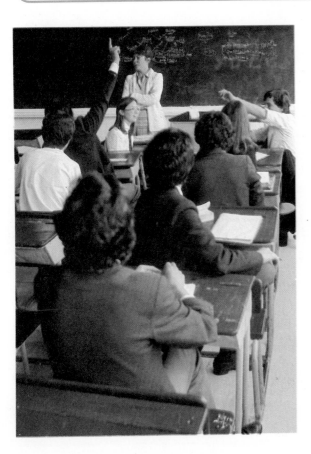

Notas culturales

Las escuelas

Un colegio is not a college, but a high school. Depending on the country and the type of institution, secondary schools have different names: *el colegio, el instituto, el liceo,* etc.

In Mexico, as in most Hispanic countries, there are many private high schools, most of which are Catholic. In these private schools students generally wear uniforms: boys are expected to wear ties, while girls often wear white blouses and dark skirts. Typically these schools are not coeducational.

Puebla

Puebla, the fourth largest city in Mexico, is situated in the Sierra Madre foothills between Mexico City and the port of Veracruz. On May 5, 1862, the Mexican Army defeated the French in a battle at Puebla. Today *el cinco de mayo* is a national holiday, and is also celebrated by many Mexican-Americans.

Estructura

A. La *a* personal

Compare the sentences on the left with those on the right.

Pedro visita un monumento.	María visita **a** un amigo.
Ricardo mira los coches.	Luisa mira **a** los chicos.
Isabel escucha un disco.	Juan escucha **a** un guitarrista.

After most verbs, nouns designating persons are preceded by the personal **a**.

Note the use of the interrogative forms ¿**a quién?** and ¿**a quiénes?**

—¿**A quién** invitas a la fiesta?   *Whom are you inviting to the party?*
—Invito a Pedro.

—¿**A quiénes** miras?   *Whom are you looking at?*
—Miro a las chicas.

Ser and **tener** are two verbs that do not take the personal **a.**

Nosotros somos estudiantes.
Manuel tiene amigos en México.

vocabulario especializado —— Verbos en – *ar*

buscar

to look for

comprar

to buy

esperar

to wait for

invitar

to invite

enseñar

to teach

enseñar

to point out, to show

llegar

to arrive

llevar

to take, to carry
(something)

ACTIVIDAD 1   Unos turistas en México

Elena and Luis are visiting Mexico. Elena points out various people and things to Luis. Play the role of Elena.

🐋   los monumentos   Mira los monumentos.
     las muchachas   Mira a las muchachas.

1. los cafés   5. las bicicletas
2. las mujeres   6. los hombres
3. los chicos   7. los estudiantes
4. los turistas norteamericanos   8. los coches

ACTIVIDAD 2   La llegada a Puebla *(Arrival in Puebla)*

Upon their arrival in Puebla, each of the following people has something to do. Report on these activities, using the personal **a** when necessary.

🐋   Alberto: buscar (una amiga)   Alberto busca a una amiga.

1. Miguel: buscar (un amigo)   5. Manuel: esperar (un taxi)
2. Maura: buscar (un restaurante)   6. José: comprar (un mapa)
3. Felipe: esperar (un amigo)   7. Silvia: tomar (un autobús)
4. Antonio: esperar (una amiga)   8. Luisa: sacar (fotos)

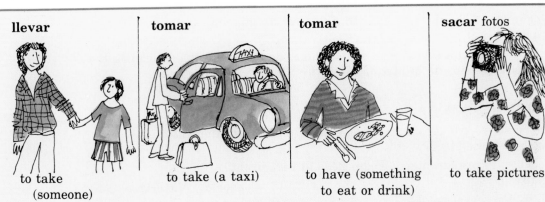

llevar	tomar	tomar	sacar fotos
to take (someone)	to take (a taxi)	to have (something to eat or drink)	to take pictures

NOTAS: 1. In English, many verbs are used with prepositions: *to look **for**, to point **out**, to wait **for**, to look **at**, to listen **to**.* In Spanish, the corresponding verbs usually consist of one word: **buscar, enseñar, esperar, mirar, escuchar.**

2. Spanish has many verbs which mean *to take:*

   Llevar means *to take* in the sense of to take along or carry.
   Llevo a un amigo a la fiesta. *I am taking a friend **(along)** to the party.*

   Tomar means *to take* in the sense of taking a taxi.
   Tomo el autobús a las cinco. *I am taking the bus at five.*

   Sacar is used in the expression **sacar fotos,** *to take pictures.*
   Saco fotos en la fiesta. *I am taking pictures at the party.*

ACTIVIDAD 3   De viaje *(On a trip)*

Say whether or not you like to do the following things when you are traveling.

🔊 sacar fotos   Cuando viajo, (no) me gusta sacar fotos.

1. tomar taxis
2. tomar el autobús
3. llevar maletas *(suitcases)*
4. llevar una cámara

5. comprar postales *(postcards)*
6. comprar recuerdos *(souvenirs)*
7. esperar un autobús
8. esperar un taxi

B. Contracciones: *al y del*

Note the contraction of the definite article **el** with the prepositions **a** *(at, to)* and **de** *(of, from, about)*.

	a + el = **al**	de + el = **del**
el restaurante	Juan llega **al** restaurante.	Isabel viene **del** restaurante.
el muchacho	Maribel escucha **al** muchacho.	Felipe habla **del** muchacho.
el profesor	Invitamos **al** profesor.	Busco el libro **del** profesor.

The definite article **el** contracts with **a** to form **al,** and with **de** to form **del.**

🔊 **Los, la** and **las** do not contract with **a** or **de.**
Invito **a la** chica mexicana, **a los** amigos de Pedro y **a las** amigas de Eva.
Busco las fotos **de la** muchacha, **de los** chicos y **de las** chicas.

ACTIVIDAD 4   Citas

These persons have appointments at various places. Say that they are arriving at these places.

🔊 Pedro: el restaurante   Pedro llega al restaurante.

1. Isabel: el club
2. el Sr. Vargas: el hotel
3. nosotros: el museo
4. tú: el aeropuerto *(airport)*

5. Consuelo y Victoria: el café
6. Roberto: el colegio
7. Uds.: el laboratorio
8. Ud.: el hospital

ACTIVIDAD 5   Invitaciones

Manuela invites many people to her birthday party. Say whom.

🔊 el amigo de Andrés   Invita al amigo de Andrés.

1. la amiga de Roberto
2. el profesor de piano
3. el novio de Carmen
4. la novia de Felipe

5. los chicos de la clase
6. las chicas de la clase
7. el director de la escuela
8. la profesora de español

ACTIVIDAD 6 Las fotos de Carmen

Carmen has a new camera and is taking pictures of everyone and
everything. Say what the subject of each picture is, according to the model.

✗ el museo   Carmen saca una foto del museo.

1. el hotel «San Miguel»
2. el restaurante «El Patio»
3. el colegio
4. los chicos de la clase
5. la profesora de francés
6. el Sr. Estrada

7. el amigo de Carlota
8. la amiga de Luis
9. la Sra. de Ortiz
10. las chicas francesas
11. la bicicleta de Rolando
12. el coche de Paco

Pronunciación

El sonido de la consonante *d*

a) *d* inicial

Model word: d̲isco

Practice words: d̲ía d̲ónd̲e d̲e d̲inero D̲iana D̲aniel

Practice sentence: ¿D̲ónd̲e está el d̲inero?

At the beginning of a word, and after **l** and **n**, the letter **d** represents a sound similar to the English **d** sound of "day." The difference is that in pronouncing the Spanish **d**, your tongue should touch the back of your upper front teeth.

Entre nosotros

Expresión para la conversación

When you don't quite understand something that was said, you may use the following expression to ask the other person to repeat the phrase:

¿Cómo?　　*What?*　　—El señor López llega el cuatro de julio
a las diez menos cuarto . . .
—¿Cómo?

Mini-diálogos

Create new dialogs, replacing the underlined words with the words in the illustrations.

el cine

María

Alejandro: ¿A quién invitas al cine?

　Esteban: Invito a María.

Alejandro: ¿Cómo?

　Esteban: Invito a María.

Alejandro: ¿A María? ¿Quién es María?

　Esteban: Es una amiga.

b) *d* medial

Model word: to<u>d</u>o

Practice words: ra<u>d</u>io   graba<u>d</u>ora   na<u>d</u>ar   sába<u>d</u>o

Practice sentences: A<u>d</u>ela y Alfre<u>d</u>o son de los Esta<u>d</u>os Unidos.

E<u>d</u>uardo es un estu<u>d</u>iante muy <u>d</u>iverti<u>d</u>o.

Between vowels and after consonants other than **l** and **n**, the sound of the letter **d** is close to the **th** of the English word "that."

el teatro — Luisa

el club — Paco

el restaurante — Pablo

el café — Juan

el concierto — Silvia

la fiesta — Mónica

Tú tienes la palabra

With a classmate, prepare a short dialog in which you talk about someone you are inviting out. Use the conversation between Alejandro and Esteban as a model.

Un fin de semana

Estamos en Cuernavaca, México . . .
Rebeca y sus amigos estudian mucho en la escuela. Pero hoy no.
Es sábado y no están en clase.
¿Adónde van los chicos?

sus: *her*
están: *they are*
Adónde van: *Where are they going to*

Rebeca va a la piscina.
Va a nadar.

la piscina: *swimming pool*
Va a nadar: *She's going to swim*

Cristóbal va al centro.
Va a comprar discos.

al centro: *downtown*

Federico y Mariana van a una fiesta.
Van a escuchar música mexicana.
También van a bailar.

Y ¿dónde está Alberto?
¿Está en la piscina?
¿Está en el centro?
¿Está en la fiesta?
¡No! Está en casa.
Está en casa porque está enfermo.
¡Pobre Alberto! ¡Qué lástima!

en casa: *at home*
enfermo: *sick*
Pobre: *Poor*

CONVERSACIÓN

Now let's talk about you.

A. Ahora . . .

1. ¿**Estás** en clase?   Sí, **estoy** en clase.
   (No, no **estoy** en clase.)
2. ¿**Estás** en el laboratorio de lenguas?
3. ¿**Estás** en la cafetería?

B. Durante la semana *(During the week)* . . .

4. ¿**Vas** a la escuela?   Sí, **voy** . . .
   (No, no **voy** . . .)
5. ¿**Vas** al cine?
6. ¿**Vas** al teatro?

C. El próximo fin de semana *(Next weekend)* . . .

7. ¿**Vas a** estudiar?   Sí, **voy a** . . .
   (No, no **voy a** . . .)
8. ¿**Vas a** nadar?
9. ¿**Vas a** bailar?

OBSERVACIÓN

Reread the questions under A. In them, you are asked where you *are presently located.*
- Which verb is used?

In the questions under B, you are asked if *you go to* certain places during the week.
- Which verb do you use to say *I go?*

In the questions under C, you are asked about future plans.
- Which expression do you use to say *I am going to* do something?
- Which verb form follows **voy a**?

Notas culturales

La música

Hispanic people, especially the young, have a deep love for music. Not only do they enjoy listening to records, but they often participate actively — singing along and dancing.

The Mexicans trace their great feeling for music to the Indian cultures which existed centuries before the Spanish conquest. The Indians believed that music was a divine gift from the god Quetzalcóatl, the plumed serpent.

Cuernavaca

Cuernavaca, a former Aztec city, was the winter residence of the conqueror of Mexico, Hernán Cortes, as well as of later Mexican rulers. Located in the foothills south of Mexico City, it is known for its beautiful gardens and fine murals by Diego Rivera, one of the best-known Mexican artists.

Estructura

A. Estar

Estar *(to be, to be located)* is an irregular verb. Note the present tense forms of this verb in the following sentences.

(yo)	**Estoy** en Veracruz.	(nosotros)	**Estamos** en la piscina.
(tú)	**Estás** en México.	(vosotros)	**Estáis** en la fiesta.
(él, ella, Ud.)	**Está** en Cuernavaca.	(ellos, ellas, Uds.)	**Están** en el centro.

Estar and **ser** both mean *to be,* but they are used differently.
Estar indicates *location:* where someone or something is.
Ser indicates *origin:* where someone or something is from.

Rafael **está** en México.	*Rafael **is** in Mexico.*
Pero no **es** de México.	*But he **is** not from Mexico.*
Es de Arizona.	*He **is** from Arizona.*

vocabulario especializado Lugares

una escuela · una iglesia · la ciudad · un museo · una piscina · un cine · un hotel · una tienda · un café · una plaza · una calle · un restaurante

ACTIVIDAD 1   Vacaciones

The following people are studying languages and have gone abroad for their vacations to learn to speak better. Express this according to the model.

∞   Anita: español, en México   Anita estudia español.
                                              Está en México.

1. Bob: español, en España   5. nosotros: inglés, en el Canadá
2. Teresa: español, en México   6. tú: español, en Panamá
3. Nancy y Jim: italiano, en Italia 7. Ud.: inglés, en los Estados Unidos
4. Uds.: francés, en Francia   8. los amigos de Raúl: español, en Puerto Rico

ACTIVIDAD 2   ¿Cerca o lejos?

Say whether your school is near or far from the following places.

∞   el centro   La escuela está cerca (lejos) del centro.

1. la playa   6. el teatro
2. una piscina pública   7. unas tiendas
3. una iglesia   8. un museo
4. la ciudad   9. un hotel
5. un cine   10. un restaurante mexicano

lugar	place	¿A qué lugar vas?
centro	downtown	Voy a comprar discos en el centro.
barrio	neighborhood	Me gusta el barrio donde vivo.
cerca (de)	near, close (to)	El pueblo está cerca de la playa.
lejos (de)	far (from)	El museo está lejos del restaurante.

NOTA: The term **el barrio** is often used in the United States to designate a district with a large Spanish-speaking population, such as in New York, Los Angeles, Chicago and San Antonio.

B. Ir

Ir *(to go)* is an irregular verb. Note the present tense forms of this verb in the following sentences.

(yo)	**Voy** a Cuernavaca.	(nosotros)	**Vamos** al centro.
(tú)	**Vas** a la piscina.	(vosotros)	**Vais** al campo.
(él, ella, Ud.)	**Va** al cine.	(ellos, ellas, Uds.)	**Van** a la plaza.

ACTIVIDAD 3   De vuelta a casa *(Going back home)*

You are among a group of exchange students from Latin America who are going home for Christmas vacation. Say where each is going.

⟩⟩   Teresa: a Puerto Rico   Teresa va a Puerto Rico.

1. Elena: a Panamá
2. Lucía: a Costa Rica
3. Luis y Felipe: a Chile
4. yo: a Colombia
5. nosotros: a Nicaragua
6. tú: a Guatemala
7. Ud.: a Venezuela
8. Uds.: a la República Dominicana

¡FELIZ NAVIDAD!

ACTIVIDAD 4   Diálogo: Los fines de semana

Ask your classmates whether they go to the following places a lot on the weekends.

⟩⟩   el teatro   Estudiante 1: ¿Vas mucho al teatro?
Estudiante 2: Sí, voy mucho al teatro.
(No, no voy mucho al teatro.)

1. el cine
2. la playa
3. la piscina
4. el campo
5. el centro
6. los restaurantes
7. la casa de un amigo
8. la casa de una amiga
9. el mar

ACTIVIDAD 5   La ciudad natal *(The hometown)*

The following Mexican people live in the United States. When they are in Mexico, they go to their hometowns. Express this according to the model.

⟩⟩   Pedro: Monterrey   Cuando está en México, Pedro va a Monterrey.

1. Marisela: Veracruz
2. yo: Puebla
3. el Sr. Hurtado: Guadalajara
4. Ud.: Cuernavaca
5. Pablo y César: Chihuahua
6. tú: San Luis Potosí
7. Eva y Sofía: Oaxaca
8. nosotros: Mérida

vocabulario especializado — Expresiones de lugar

¿dónde?	where	¿Dónde estás?	*Where are you?*
¿adónde?	where (to)	¿Adónde vas?	*Where are you going?*
¿de dónde?	where (from)	¿De dónde vienes?	*Where are you coming from?*
en	in, at	Estamos en México.	*We are in Mexico.*
a	in, to	Vamos a Acapulco.	*We are going to Acapulco.*
de	from, of, about	Venimos de Puebla.	*We are coming from Puebla.*
en casa	at home	María está en casa.	*Maria is at home.*
en casa de	at . . .'s house	Estoy en casa de María.	*I am at Maria's (house).*
a casa	home	Voy a casa.	*I am going home.*
a la casa de	to . . .'s house	Van a la casa de Olga.	*They are going to Olga's (house).*
allí	there	Olga está allí ahora.	*Olga is there now.*

ACTIVIDAD 6 ¿Y tú?

Luis talks about himself to Teresa and would like some information about her. Play the role of Luis, using **¿dónde?**, **¿adónde?**, and **¿de dónde?**, as appropriate.

∞ Soy de Puerto Rico.   Luis: Soy de Puerto Rico. ¿Y tú? ¿De dónde eres?

1. Trabajo en un hospital.
2. Vengo de un pueblo pequeño.
3. El sábado, voy al campo.
4. El verano próximo (*next*), voy a España.
5. Estudio inglés en una escuela bilingüe.
6. Por la tarde (*In the afternoon*), voy a casa.
7. El domingo, voy a la casa de un amigo.

C. El futuro próximo con *ir*

Mañana **voy a visitar** un museo.   *Tomorrow I **am going to visit** a museum.*
Carlos **va a viajar** en junio.   *Carlos **is going to travel** in June.*

To express an action which is going to happen in the near future you may use the construction:

> **ir a** + infinitive

 The construction **ir a** + infinitive corresponds to the English construction *to be going to* + infinitive.

ACTIVIDAD 7   Diálogo: Planes para las vacaciones

Ask your friends whether they are going to do any of these things during the summer vacation.

  trabajar   Estudiante 1: ¿Vas a trabajar?
                  Estudiante 2: Sí, voy a trabajar.
                        (No, no voy a trabajar.)

1. viajar
2. visitar España
3. hablar español
4. sacar fotos
5. estudiar matemáticas
6. ir al campo
7. ir al mar
8. trabajar en un restaurante
9. trabajar en una tienda
10. ganar dinero
11. visitar México
12. comprar una bicicleta

Pronunciación   El sonido de las consonantes *s, c, z*

Model words: ca_s_a   pla_z_a   _c_inta
Practice words: televi_s_or   _s_erio   die_z_   tre_c_e   Jo_s_é   Ro_s_a
Practice sentences: Do_c_e y tre_s_ _s_on quin_c_e.
                    Jo_s_é y Lui_s_a _s_on simpático_s_.
                    Ro_s_ita Lópe_z_ e_s_ de _Z_arago_z_a.
                    El die_z_ de mar_z_o, voy a vi_s_itar el mu_s_eo.

In Spanish, the letter **s** usually represents the sound /s/ in the English "sing."
The letter **z** also represents the sound /s/ (and never /z/).
The letter **c** before **e** and **i** also represents the /s/ sound.

Entre nosotros

Mini-diálogos

Create new dialogs, replacing the underlined words with the words in the illustrations.

PLAYA

nadar

Enrique: ¡Vamos a la playa!

Jaime: ¡Qué buena idea!

Enrique: ¡Vamos a nadar!

Jaime: ¡Vamos!

PISCINA

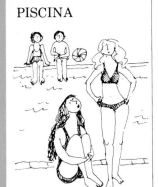

mirar a las chicas

TEATRO

escuchar un concierto

CAFÉ

tomar un chocolate

CAMPO

sacar fotos

Tú tienes la palabra

With a classmate, prepare a short dialog about something you plan to do. Use the conversation between Enrique and Jaime as a model.

Lección 3 — *Correspondencia*

Laura y Lucía son mexicanas. Lucía es de Guadalajara. Laura es de Chicago. Las dos chicas son primas. Intercambian correspondencia con mucha frecuencia.

primas: *cousins*
Intercambian: *They exchange*

Querida: *Dear*
Sabes: *Do you know*

---

30 de diciembre

Querida Laura:

¿Sabes dónde estoy? Hoy estoy en Manzanillo con una amiga. Se llama Felicia. Es de Guadalajara también. Es una chica muy simpática.

Estamos en la playa. Felicia está nadando ahora. Yo no. No estoy nadando. Estoy tomando el sol. Hace muy buen tiempo, por supuesto. ¡Estoy muy contenta aquí en la playa!

Abrazos de tu prima,
Lucía

Srta. Laura Rosales
1107 North Avenue
Chicago, Illinois 60622
U.S.A.

está nadando: *is swimming*

tomando el sol: *sunbathing*

Abrazos: *Hugs*
tu: *your*

---

6 de enero

Querida Lucía:

¡Qué suerte tienes! Cuando tú estás en la playa, yo estoy en clase. Tú, muy contenta, tomando el sol, y yo aquí, estudiando. ¡No es justo! Ahora estoy estudiando para un examen de francés. Estoy muy nerviosa porque el profesor es muy estricto.

¿Dices que en Manzanillo hace muy buen tiempo? Aquí en Chicago hace muy mal tiempo.

Un abrazo de tu triste prima,
Laura

Srta. Lucía Álvarez
Hotel Colonial
Calle México, 100
Manzanillo, México

¡Qué suerte tienes!: *How lucky you are!*

justo: *fair*

Dices: *Do you say*

triste: *sad*

Unidad cuatro
148

CONVERSACIÓN

Let's talk about you.

1. **¿Eres** moreno(a)? Sí, soy . . .
   (No, no soy . . .)
2. **¿Eres** alto(a)?
3. **¿Eres** inteligente?

4. **¿Estás** contento(a) ahora? Sí, estoy . . .
   (No, no estoy . . .)
5. **¿Estás** enfermo(a) *(sick)* ahora?
6. **¿Estás** nervioso(a) ahora?

7. **¿Estás hablando** español? Sí, estoy
   hablando . . . (No, no estoy hablando . . .)
8. **¿Estás mirando** la televisión?
9. **¿Estás estudiando** matemáticas?

OBSERVACIÓN

Questions 1-3 ask about your general characteristics: what type of person *you are*.
- Which verb is used: **ser** or **estar**?

Questions 4-6 ask how *you are feeling now*.
- Which verb is used: **ser** or **estar**?

Questions 7-9 ask about what *you are doing* right now. The verbs in these questions are made up of two words.
- Is the first word a form of **ser** or a form of **estar?**
- In what four letters does the second word end?

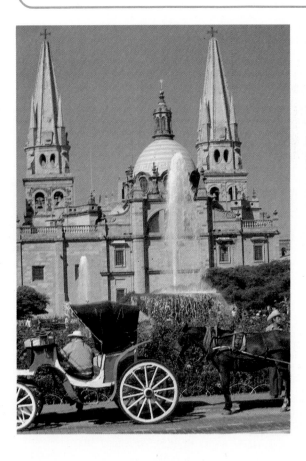

Notas culturales

Las relaciones mexicano-norteamericanas

Mexico is the only Spanish-speaking country which shares a common border with the United States. In the course of this century, many Mexicans have immigrated to the United States. For the most part, they have settled in southern California, Texas and the Southwest, but many have moved further north as far as Chicago.

A large proportion of the Mexican-Americans have kept their culture, their traditions and their language. They have also maintained very close ties to Mexico where they may still have friends and relatives.

Guadalajara y Manzanillo

Guadalajara, the second-largest city in Mexico, is located in a rich agricultural and mining area in the western part of the country. The university and many public buildings are decorated with the work of José Clemente Orozco, a famous Mexican artist who was born in that region.

Manzanillo is a seaport about one hundred miles south of Guadalajara. Its Pacific Ocean beaches make it a winter resort area.

Estructura

A. Ser y estar

Although **ser** and **estar** both correspond to the English verb *to be,* their meanings and uses are quite different. They cannot be substituted for each other.

Ser is used to tell *who* the subject is or *what* the subject is really like. It can be used with nouns, adjectives, and expressions indicating:

1) origin:	Luisa **es** de Manzanillo.	
	Pablo **es** mexicano.	
2) profession:	Carlos **es** mecánico.	
	La Srta. Ortiz **es** profesora.	
3) basic characteristics:	José **es** inteligente.	
	Lucía **es** una chica muy bonita.	

Estar is used to tell *where* the subject is and *how* the subject feels. It is used to indicate:

1) location:	Luisa no **está** aquí.	
	Guadalajara **está** en México.	
2) conditions which may change:		
(physical)	¿Cómo **está** Ud.? **Estoy** bien.	
(emotional)	**Estamos** contentos hoy.	

ACTIVIDAD 1 **La convención internacional de la juventud**
(The International Youth Convention)

The following teenagers are attending this year's convention in Puebla, Mexico. Say where they are and where they come from.

✎ Felipe: Panamá   Felipe está en Puebla. Él es de Panamá.

1. June: Nueva York
2. Albert: Montreal
3. Antonio: Sevilla
4. Lidia y Telma: Buenos Aires
5. yo: Londres
6. tú: Berlín
7. nosotros: San Antonio
8. Uds.: Rio de Janeiro

ACTIVIDAD 2 **La gripe** *(The flu)*

Several students are not in class today. They are sick. Explain this according to the model.

✎ Teresa   Teresa no está en clase. Está enferma.

1. Pablo
2. yo
3. Luisa y Carmen
4. Uds.
5. nosotros
6. ellas
7. Conchita
8. Isabel y Manuel
9. tú

vocabulario especializado   Otros adjetivos

alegre

contento

cansado

enfermo

triste

FÍSICA
INGLÉS

ACTIVIDAD 3   ¿Alegre o triste?

Say whether you are happy or sad in the following situations.

> Cuando voy a una fiesta . . .   Cuando voy a una fiesta, estoy alegre (triste).

1. Cuando estoy con mis amigos . . .
2. Cuando estoy de vacaciones . . .
3. Cuando estoy en la clase de español . . .
4. Cuando estoy enfermo(a) . . .
5. Cuando hay un examen . . .

6. Cuando el profesor está enfermo . . .
7. Cuando mis amigos están enfermos . . .
8. Cuando saco una buena nota (*When I get a good grade*) . . .
9. Cuando saco una mala nota . . .
10. Cuando escucho música latina . . .

ACTIVIDAD 4   Diálogo: ¿Cómo estás?

Ask your classmates how they feel right now.

> alegre   Estudiante 1: ¿Estás alegre ahora?
>   Estudiante 2: Sí, estoy alegre.
>   (No, no estoy alegre.)

1. triste
2. enfermo(a)
3. cansado(a)
4. contento(a)

5. nervioso(a)
6. muy alegre
7. de buen humor (*in a good mood*)
8. de mal humor

B. *Estar* + el participio presente

To emphasize that an action is in progress, you may use the *present progressive* form. Note the forms of the verb in the sentences below:

Ahora Pedro **está sacando** fotos.   *Pedro **is taking** pictures now.*
Isabel y Carlos **están visitando** un museo.   *Isabel and Carlos **are visiting** a museum.*

The present progressive is formed as follows:

> present tense of **estar** + present participle

⟐ The present participle of **–ar** verbs is formed by replacing the ending **–ar** with **–ando.**

tom**ar**	tom**ando**	mir**ar**	mir**ando**
visit**ar**	visit**ando**	estudi**ar**	estudi**ando**
escuch**ar**	escuch**ando**	habl**ar**	habl**ando**

⟐ In the present progressive construction, **estar** changes to agree with the subject. The present participle does not change.

⟐ The Spanish construction **estar** + present participle corresponds to the English construction *to be doing (something) right now,* but is much less frequently used.

ACTIVIDAD 5   En Guadalajara

The following tourists are not in their hotel. Say whom or what they are visiting.

⟐   Paquita: el museo   Paquita no está en el hotel.
                              Está visitando el museo.

1. Guillermo: la catedral
2. Alicia: el teatro
3. nosotros: la universidad
4. yo: las tiendas
5. Carmen: el Hospicio Cabañas
6. Uds.: a un artista
7. Ud.: a unos amigos
8. tú: a Lucía

ACTIVIDAD 6   Diversiones *(Leisure activities)*

The following people are engaging in their favorite activities. Say what each one is doing.

⟐   Pablo: sacar fotos   Pablo está sacando fotos.

1. Laura: nadar
2. yo: tocar la guitarra
3. Inés: escuchar discos
4. nosotros: mirar la televisión
5. Ud.: hablar con amigos
6. Rafael y Luisa: bailar
7. Uds.: visitar a amigas
8. Pedro: comprar libros
9. tú: tocar el piano
10. Ricardo y Ana: cantar

ACTIVIDAD 7   Preguntas personales

1. ¿Está trabajando tu padre *(your father)* ahora? ¿Está mirando la televisión? ¿Está tomando café?
2. ¿Está trabajando tu mamá ahora? ¿Está mirando la televisión? ¿Está visitando a unas amigas?
3. ¿Estás estudiando ahora? ¿Estás escuchando al profesor? ¿Estás tomando notas?
4. ¿Está hablando español el (la) profesor(a) ahora? ¿Está hablando con los alumnos?
5. ¿Están estudiando los estudiantes ahora? ¿Están escuchando la radio? ¿Están organizando una fiesta?

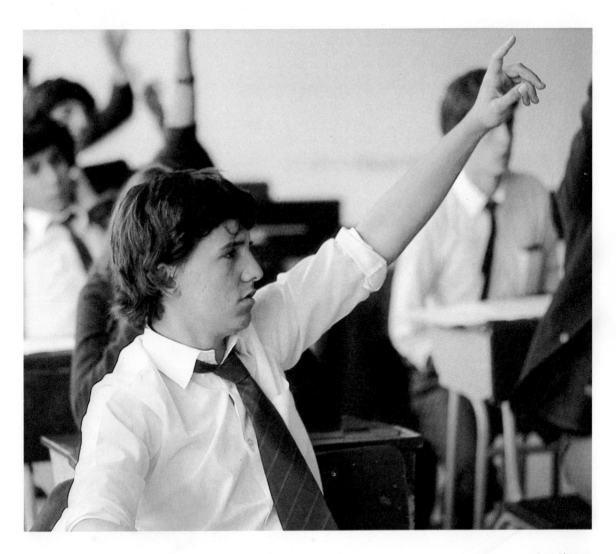

Pronunciación La acentuación de las sílabas

In Spanish, as in English, some syllables are stressed more than others.
Here are three simple rules to let you know which syllable to stress:

a) If a word ends in a vowel, or in the letters **n** or **s**, the stress falls on the *next to last* syllable.

Practice words: <u>cam</u>po <u>ci</u>ne <u>pue</u>blo <u>ca</u>sa <u>ca</u>lle
<u>pla</u>ya <u>ha</u>blan <u>bus</u>can <u>com</u>pras <u>le</u>jos a<u>le</u>gre
can<u>sa</u>do en<u>fer</u>mo restau<u>ran</u>te

Entre nosotros

Expresiones para la conversación

To express amazement or doubt, you may use the expressions:

¡No me digas! *You don't say!*   —¡Pedro está viajando en África!
                                        —**¡No me digas!**

¿Cierto?   *Really? Are you sure?*   —¡El examen es para hoy!
                                            —**¿Cierto?**

Mini-diálogos

Create new dialogs, replacing the underlined words with the words in the
illustrations. Make the necessary changes.

Felipe   Puerto Rico

nadar en el mar

Yolanda: ¿Dónde <u>está</u> <u>Felipe</u>?

Rodolfo: No <u>está</u> aquí. <u>Está</u> en <u>Puerto Rico</u>.

Yolanda: ¿Cierto? ¿En <u>Puerto Rico</u>? ¡No me
digas!

Rodolfo: ¡Sí! ¡<u>Está</u> <u>nadando</u> <u>en</u> <u>el</u> <u>mar</u>!

Unidad cuatro
154

b) If a word ends in a consonant (except **n** or **s**), the stress falls on the *last* syllable.

Practice words: ho<u>tel</u>   ciu<u>dad</u>   invi<u>tar</u>   ense<u>ñar</u>   profe<u>sor</u>
televi<u>sor</u>   mu<u>jer</u>   us<u>ted</u>   ver<u>dad</u>

c) If a word contains an accent mark, the syllable with the accented vowel is stressed.

Practice words: ca<u>fé</u>   televi<u>sión</u>   auto<u>bús</u>   per<u>dón</u>
me<u>cá</u>nica .   <u>mú</u>sica   sim<u>pá</u>tica   anti<u>pá</u>ticos   <u>Mé</u>xico

Clara — México
visitar a amigos

Carlos y Luis — Chile
visitar a un amigo

Elena y Susana — España
visitar los museos

Pedro — Guatemala
sacar fotos

Tú tienes la palabra

With a classmate, prepare a short dialog about someone who is away on a trip. Use the conversation between Yolanda and Rodolfo as a model.

Lección 4   *¿Eres un(a) buen(a) turista?*

Te gusta viajar, ¿verdad?
Un día, tal vez, vas a visitar México . . . o Guatemala, Bolivia,
España u otros países hispánicos. ¿Qué tipo de turista eres? ¿Eres
un(a) turista bien preparado(a)?

preparado: *prepared*

Bueno. Vamos a ver. Aquí hay cinco preguntas. Tienes que contestar
cada pregunta con una de las tres respuestas posibles: A, B o C.

1. Cuando viajas, ¿llevas tu cámara?
   A. Sí, la llevo siempre.
   B. Sí, generalmente la llevo.
   C. No, no la llevo.

2. Cuando visitas una ciudad, ¿compras el mapa de la ciudad?
   A. Sí, lo compro siempre.
   B. Sí, lo compro si es muy barato.
   C. No, no lo compro.

3. Cuando visitas una ciudad, ¿visitas los monumentos principales?
   A. Sí, los visito siempre.
   B. Sí, los visito, pero sólo si tengo bastante tiempo.
   C. No, no los visito.

4. Cuando visitas un museo o un lugar histórico, ¿escuchas las
   explicaciones del guía?
   A. Sí, las escucho siempre.
   B. Sí, las escucho, pero sólo si el guía es simpático.
   C. No, no las escucho.

5. Si un amigo tiene un libro sobre un país que deseas visitar, ¿vas a
   mirarlo?
   A. Sí, voy a mirarlo.
   B. Sí, voy a mirarlo si tengo tiempo.
   C. No, no voy a mirarlo.

Vamos a ver: *Let's see*
contestar cada
  pregunta: *answer*
each question,
respuestas: *answers*

sólo: *only,* tiempo:
time

guía: *guide*

sobre: *about*

INTERPRETACIÓN

Ahora analiza tus respuestas. Cada respuesta A representa dos puntos, cada respuesta B, un punto, y cada respuesta C, cero puntos. Suma los puntos. ¿Cuántos tienes?

Suma: *Add*

7-10 puntos: Eres un(a) turista bien preparado(a). Pero eres muy serio(a). No tienes que ser tan serio(a) cuando viajas.

tan: *so*

3-6 puntos: Eres un(a) turista muy bueno(a). Te gusta viajar.

0-2 puntos: Eres una persona que no aprecia los viajes. ¡No tienes que gastar dinero en viajes! ¿Para qué? ¡Quédate en casa y mira la televisión!

gastar: *spend,* ¿Para qué? *What for?*
Quédate: *Stay*

CONVERSACIÓN

What do you take along when you go on a trip?

Cuando viajas . . .

1.	¿llevas **el radio?**	Sí, **lo** llevo.	No, no **lo** llevo.
2.	¿llevas **la cámara?**	Sí, **la** llevo.	No, no **la** llevo.
3.	¿llevas **los discos?**	Sí, **los** llevo.	No, no **los** llevo.
4.	¿llevas **las cintas?**	Sí, **las** llevo.	No, no **las** llevo.

OBSERVACIÓN

In the above questions, the nouns in heavy print are *directly* acted upon by the verb. These nouns are the *direct objects* of the verb. In the answers, the nouns are replaced by *direct object pronouns.*

- Which direct object pronoun replaces a masculine singular noun? a feminine singular noun? a masculine plural noun?

- a feminine plural noun?
- Do these direct object pronouns come *before* or *after* the verb?

Nota cultural

El turismo en México

Mexico has an endless variety of natural and cultural attractions to offer the millions of American tourists who cross its borders every year. It also has a long history which dates back many centuries before the arrival of the Spaniards in 1519.

Mexican history is inscribed in many monuments, such as the pyramids of San Juan Teotihuacán. These are probably the most spectacular ruins in Mexico, located about thirty-five miles north of Mexico City. There you can admire the Pyramids of the Sun and the Moon, and the temple of the god Quetzalcóatl. On the Yucatán peninsula you can visit the Mayan temples at Chichén Itzá and Uxmal.

Estructura

A. Los pronombres *lo, la, los, las*

Note the form and the position of the pronouns in heavy print.

¿El museo?	**Lo** visito mañana.
¿La playa?	No **la** visito.
¿Los amigos de Luis?	**Los** invitamos a la fiesta.
¿Las amigas de Luis?	No **las** invitamos.

- In Spanish, the *direct object pronoun* usually comes right *before* the verb.
- The pronouns **lo, la, los** and **las** may refer to *people or things.*

¿Buscas **el museo?**	Sí, **lo** busco.	*Yes, I am looking for it.*
¿Buscas a **Miguel?**	Sí, **lo** busco.	*Yes, I am looking for him.*

ACTIVIDAD 1 La maleta *(The suitcase)*

Roberto is packing his suitcase for a trip. His mother asks whether he is taking certain things. Play both roles according to the model.

> la cámara la mamá: ¿Llevas la cámara?
> Roberto: Sí, la llevo.

1. el radio
2. el mapa
3. la raqueta de tenis
4. la grabadora

5. los discos
6. los libros
7. las fotos
8. el reloj

ACTIVIDAD 2 Invitaciones

María Mercedes is drawing up a guest list for a party. Juan Carlos asks her whom she is inviting. Play both roles.

> Miguel: sí Juan Carlos: ¿Invitas a Miguel?
> María Mercedes: Sí, lo invito.
> Raquel: no Juan Carlos: ¿Invitas a Raquel?
> María Mercedes: No, no la invito.

1. Elena: sí
2. Carmen: no
3. el profesor de francés: sí
4. la profesora de español: sí
5. Jaime y Felipe: sí
6. Isabel y Teresa: no
7. Carlos y Antonio: no
8. Ángela, Estela y Roberto: sí

ACTIVIDAD 3   El viaje a la ciudad de México

A group of tourists is visting Mexico City. A tourist asks the guide whether they will visit certain places. Play both roles according to the model.

> la catedral: sí   un(a) turista: ¿Visitamos la catedral?
                             el guía *(guide)*: Sí, la visitamos.

   la universidad: no   un(a) turista: ¿Visitamos la universidad?
                             el guía: No, no la visitamos.

1. el Palacio Nacional: sí
2. el Paseo de la Reforma: sí
3. las ruinas aztecas: no
4. la plaza Garibaldi: sí

5. el Museo Nacional de Antropología: sí
6. los murales de Orozco: no
7. el mercado de la Merced: no
8. el parque Chapultepec: sí

vocabulario especializado — Transportes

un avión

un barco

un autobús

un tren

ir en avión (en tren, . . .)   to go by plane (by train, . . .)
ir a pie   to go on foot; to walk

—¿Cómo vas a la escuela? ¿en autobús o a pie?
—**Voy a pie.**

ACTIVIDAD 4   Preguntas personales

1. ¿Cómo vas a la escuela? ¿en auto? ¿en autobús? ¿en bicicleta? ¿a pie?
2. ¿Cómo vas a la casa de tu mejor amigo?
3. ¿Cómo vas a la casa de tu mejor amiga?
4. Cuando vas a España, ¿tomas el avión? ¿el barco? ¿el tren?
5. Cuando vas a México, ¿tomas el avión? ¿el autobús? ¿el tren?

B. Los pronombres con el infinitivo

Compare the position of the direct object pronouns in the answers to the questions below:

¿Vas a visitar a Carmen?	Sí, voy a visitar**la.**
	(Sí, **la** voy a visitar.)
¿Desean ellas invitar a Mario?	Sí, desean invitar**lo.**
	(Sí, **lo** desean invitar.)
¿Tienes que comprar los periódicos?	Sí, tengo que comprar**los.**
	(Sí, **los** tengo que comprar.)

In infinitive constructions, the direct object pronoun may come
— after the infinitive, and attached to it, or
— before the first verb.

ʃʊ The above pattern is also used with the present progressive:

¿Estás escuchando al profesor?	Sí, estoy escuchándo**lo.**
	(Sí, **lo** estoy escuchando.)

ACTIVIDAD 5   En la tienda

Juan is going to buy all the things the salesperson suggests. Play the two roles according to the model.

ʃʊ   el cuaderno   el (la) vendedor(a): ¿Desea Ud. el cuaderno?
                                    Juan: Sí, voy a comprarlo.

1. el bolígrafo	4. los discos	7. la revista
2. el mapa	5. la cámara	8. el lápiz
3. los libros	6. las cintas	9. el reloj

ACTIVIDAD 6   Mañana

Luisa asks Roberto if he is doing certain things today. He answers that he is going to do them tomorrow. Play both roles according to the model.

ʃʊ   estudiar la lección   Luisa: ¿Vas a estudiar la lección?
                            Roberto: Hoy no. Voy a estudiarla mañana.

1. invitar a David	5. escuchar el disco nuevo
2. visitar a Manuela	6. escuchar las cintas de inglés
3. buscar el tocadiscos	7. sacar fotos
4. comprar la bicicleta	8. tocar la guitarra

ACTIVIDAD 7   Preguntas personales

1. ¿Te gusta mirar la televisión? ¿escuchar discos?
2. ¿Te gusta visitar a los amigos? ¿a las amigas?
3. ¿Te gusta visitar los museos? ¿las tiendas?
4. ¿Te gusta tomar el avión? ¿el barco?
5. ¿Te gusta escuchar al (a la) profesor(a)? ¿estudiar las lecciones del libro de español?

vocabulario especializado Palabras frecuentes

si	if	Miro la televisión **si** hace mal tiempo.
casi	almost	**Casi** todos van a estar aquí.
más	more, most	¡Necesito ganar **más** dinero!
cada	each, every	**Cada** verano nadamos en el mar.
sólo	only	Alfredo tiene **sólo** quince años.
solo(a)	alone, single	¿Quién es la muchacha que está **sola**?
todos(as)	all, everybody	¿Vienen **todos** conmigo?
mismo(a)	same	¿Compras el **mismo** periódico todos los días?

ACTIVIDAD 8   Más preguntas personales

1. ¿Viajas cada verano si tienes dinero? ¿adónde?
2. ¿Viajas solo(a) o con tu familia? ¿Te gusta más viajar solo(a)?
3. ¿Compras regalos para tus amigos en tu viaje? ¿Compras el mismo regalo para todos?
4. Cuando organizas una fiesta, ¿invitas a todos tus amigos?
5. ¿Vas al cine sólo los sábados? ¿Vas siempre con los mismos amigos?
6. ¿Vas casi siempre al mismo cine? ¿a la misma heladería *(ice cream parlor)*?

Pronunciación   Los acentos

Accent marks in Spanish have three functions.

a) The accent mark indicates that a syllable is stressed as an exception to the regular pattern.

Practice words: joven jóvenes; francés francesa; inglés ingleses; expresión expresiones

b) When a strong vowel (**a, e, o**) is found before or after a weak vowel (**i, u**), an accent mark over the **i** or the **u** indicates that the two vowels are pronounced separately.

Practice words: día María Raúl frío país

c) The accent mark is used to distinguish between words which have the same pronunciation but different meanings.

Practice words: el *(the)* él *(he)*; cuando *(when)* ¿cuándo? *(when?)*; que *(that; who, which)* ¿qué? *(what?)*

Entre nosotros

Mini-diálogos

Create new dialogs, replacing the underlined words with the expressions suggested in the illustrations, and making the necessary changes.

a) Ramón: ¿Tienes el libro?

    Isabel: Creo que no lo tengo.

    Ramón: Entonces, tienes que buscarlo.

    Isabel: ¿Por qué? No lo necesito.

b) Ramón: ¡Mira el libro! ¡Qué bueno!

    Isabel: ¿Lo compras?

    Ramón: Creo que no voy a comprarlo.

Tú tienes la palabra

With a classmate, prepare a short dialog about some common object. Use one of the conversations between Ramón and Isabel as a model.

Otros países ... otras lenguas

Hablas inglés, ¿verdad?
Pero ¿hablas como los ingleses?
¡Claro que no! Hablas como los norteamericanos.

Los norteamericanos, los canadienses, los ingleses, los irlandeses, los australianos, los habitantes de Sudáfrica, todos hablan inglés . . . con un acento diferente.

Es lo mismo° para los hispanos. Todos hablan español, pero de una manera un poco diferente. Un mexicano no habla exactamente como un puertorriqueño, ni° como un argentino, ni como un panameño, ni como un español. . . . Pronuncia con un acento mexicano y de vez en cuando° usa una palabra o una expresión típicamente° mexicana.

Afortunadamente,° las diferencias no son muy importantes. Aquí están algunas° diferencias.

lo mismo: *the same*

ni: *nor*

de vez en cuando:
  from time to time
típicamente: *typically*
Afortunadamente:
  Fortunately
algunas: *some*

generalmente:	el auto
en España:	el coche
en Puerto Rico:	el carro
en México:	el coche o el carro

generalmente:	el autobús
en Puerto Rico	
y en Cuba:	la guagua
en México:	el camión
en la Argentina:	el ómnibus
en Colombia:	el bus

generalmente:	la estación de servicio
en México y en España:	la gasolinera

generalmente:	la finca
en la Argentina:	la chacra

163

Juego:° ¿De qué país son?

Unos chicos van a hablar de los planes del fin de semana. Los chicos
son de países diferentes. Puedes adivinar° la nacionalidad de cada uno.
No es muy difícil. Cada chico usa una palabra° especial que revela su°
origen. ¡Escucha!

Carlos

El sábado, voy a ir a la playa con mis amigos. Voy a nadar y a
jugar° al volibol. ¿Y el domingo? Voy a ir al campo con la familia.
Vamos a visitar al tío° Esteban. Tiene una chacra donde pasamos
todos los domingos. ¡Qué aburrido!

         Carlos es de ■ España
                      ■ Puerto Rico
                      ■ la Argentina

Isabel

Yo también, voy a ir a la playa. Pero no voy a nadar. Me gusta más
tomar el sol, hablar con mis amigas . . . y mirar a los chicos. ¿Y después?
Voy a tomar la guagua e ir de compras para comprar discos.

         Isabel es de ■ México
                   ■ la Argentina
                   ■ Puerto Rico

Ramón

No voy a pasar el fin de semana en la playa ni en el campo.
¡No! Yo tengo que trabajar para ganar un poco de dinero.
Trabajo como mecánico en una gasolinera. Reparo los carros
y las motos.

         Ramón es de ■ México
                    ■ España
                    ■ Chile

Enrique

Voy a ir al cine, pero, ¿con quién? Con Manuel o con
Francisco. Manuel es un chico simpático pero no tiene
máquina. Francisco no es muy simpático pero tiene carro.
¡Qué problema!

         Enrique es de ■ la Argentina
                     ■ España
                     ■ Puerto Rico

Mónica

Voy a pasar el sábado con mis amigas en las tiendas.
¿Cómo vamos a ir al centro? ¡En ómnibus, por supuesto!

         Mónica es de ■ España
                    ■ la Argentina
                    ■ Puerto Rico

Juego: *Game*

Puedes adivinar: *You
  can guess*
palabra: *word*, su: *his*

jugar: *play*

tío: *uncle*

Enriching your vocabulary: recognizing *-ar* verbs

Many Spanish verbs ending in **-ar** closely resemble English verbs. Some have the same stem:

usar   *to use*
visitar   *to visit*

Others have a slightly different stem:

reparar   *to repair*
revelar   *to reveal*
pronunciar   *to pronounce*

Ejercicio

a) Determine which of the following Spanish verbs have the same stems as their English cognates and which have slightly different stems.

b) Use each verb in an original sentence.

  aceptar   comparar   comunicar
  observar   practicar   preparar

Unidad

5

Mi familia y yo

Lección 1   *Olivia Ortiz, puertorriqueña de Nueva York*

¡Hola amigos!

Me llamo Olivia Ortiz.

Soy de Puerto Rico, pero ahora no vivo en Puerto Rico. Vivo con mi familia en Nueva York. Tengo una hermana, Claudia, dos hermanos, José y Rubén . . . y un perro, Atila. Todos vivimos en un apartamento muy pequeño, pero bastante confortable. ¿Me gusta vivir en Nueva York?

Depende: hay días buenos y hay días malos.

vivo: *I live*

hermana: *sister,*
  hermanos: *brothers*
perro: *dog*
vivir: *to live*

Depende: *That
  depends*

Lo que no me gusta:

- Asistir a la clase de francés. . .
  El profesor se llama Sr. Moreau. Es francés y es muy simpático . . . pero no comprendo cuando él habla francés . . . ¡o inglés!

- Comer en la cafetería de la escuela. . .
  Cada día como en la cafetería, y cada día comemos las mismas cosas: papas o espaguetis. ¡Qué horror!

- Leer el periódico. . .
  . . . cuando el periódico habla de accidentes o de crímenes. ¡Me disgusta la violencia! ¡Qué terrible!

- Vivir en Nueva York en el invierno. . .
  Me gusta vivir en Nueva York, pero en el invierno, ¡no! Hace frío, y llueve. Y cuando no llueve, nieva.

¿Por qué no vivimos en Puerto Rico en el invierno y en Nueva York en el verano?

Lo que: *What*

Asistir a: *To attend*
se llama: *is called*
comprendo: *I
  understand*
Comer: *To eat*

papas: *potatoes*

Leer: *To read*
Me disgusta: *I really
  dislike*

168

Lo que me gusta:

- Asistir a los conciertos. . .
  Soy aficionada a la música clásica. Los sábados, asisto a menudo a los conciertos con Anita, mi mejor amiga.
- Comer en los restaurantes puertorriqueños. . .
  Hay un restaurante puertorriqueño muy bueno en el barrio donde vivimos. Los domingos, siempre comemos allí.
- Leer. . .
  Leo mucho: poesía, literatura inglesa, literatura española, dramas, novelas . . . ¡y por supuesto todas las mañanas leo el horóscopo!
- Vivir en Puerto Rico. . .
  Me gusta nadar y tomar el sol. En Puerto Rico, es posible ir a la playa todos los días. Es magnífico, ¿no?

aficionada a: *fond of*
Los sábados: *On Saturdays*, a menudo: *often*
mi mejor: *my best*

todas las mañanas: *every morning*
tomar el sol: *sunbathe*
todos los días: *every day*

CONVERSACIÓN

Vamos a hablar de las personas en la vida *(life)* de Olivia.

1. ¿Cómo se llama la hermana *(sister)* **de** Olivia?
2. ¿Cómo se llaman los hermanos *(brothers)* **de** Olivia?
3. ¿Cómo se llama el profesor de francés **de** Olivia?
4. ¿Cómo se llama la mejor amiga **de** Olivia?

OBSERVACIÓN

Reread the first question.

- How do you say *Olivia's sister* in Spanish?
- Which word comes first, **Olivia** or **hermana?**
- Which word links these two words?

Nota cultural

Nueva York, ciudad hispánica

¿Sabes° cuántos puertorriqueños viven° en Nueva York? Tal vez un millón . . . ¡o tal vez más! (¡Hay más puertorriqueños en Nueva York que° en San Juan, la capital de Puerto Rico!) Muchos de los puertorriqueños que viven en Nueva York tienen parientes° en Puerto Rico y mantienen contacto con ellos. Así,° muchos jóvenes visitan Puerto Rico, la «Isla Encantada,»° durante° las vacaciones.

También, hay otra gente que habla español en Nueva York: gente de origen cubano, panameño, dominicano, venezolano, etc. . . .

¡De veras,° Nueva York es una gran ciudad hispánica!

Sabes *Do you know* **viven** *live* **que** *than* **parientes** *relatives* **Así** *So* **Isla Encantada** *Enchanted Isle* **durante** *during* **De veras** *Really*

Estructura

A. Verbos regulares que terminan en *-er* y en *-ir*

Many of the verbs you have been using have infinitives ending in **-ar.**
There are also verbs with infinitives ending in **-er** and **-ir.** Many (but not all) **-er** and **-ir** verbs are conjugated like **aprender** *(to learn)* or like **vivir** *(to live)*. Such verbs are called *regular -er and -ir verbs.*

INFINITIVE	**aprend**er	**viv**ir
PRESENT TENSE		
(yo)	Aprend**o** español.	Viv**o** en Buenos Aires.
(tú)	Aprend**es** español también.	Viv**es** en Lima.
(él, ella, Ud.)	Aprend**e** inglés.	Viv**e** en Nueva York.
(nosotros)	Aprend**emos** portugués.	Viv**imos** en Lisboa.
(vosotros)	Aprend**éis** francés.	Viv**ís** en París.
(ellos, ellas, Uds.)	Aprend**en** italiano.	Viv**en** en Roma.

▷ The endings of **-er** and **-ir** verbs are the same, except in the **nosotros** and **vosotros** forms:

-er verb	⎱				⎰	**-emos**	**-éis**	⎱
		-o	-es	-e				-en
-ir verb	⎰				⎱	**-imos**	**-ís**	⎰

▷ The present participle of most regular **-er** and **-ir** verbs is formed by replacing **-er** and **-ir** with **-iendo.**

| aprend**er** *(to learn)* | ¿Qué estás aprend**iendo** hoy en clase? |
| escrib**ir** *(to write)* | ¿A quién está escrib**iendo** ahora Luisa? |

---

vocabulario especializado   Verbos que terminan en *-er* y en *-ir*

verbos en -er

aprender	to learn	**¿Aprendes** francés o español?
beber	to drink	**¿Qué bebe** Carlos? ¿Una Coca-Cola?
comer	to eat	**Comemos** mucho.
comprender	to understand	**¿Comprenden** Uds. cuando el profesor habla español?
creer	to believe, to think	**Creo** que Amalia es de la Argentina.
leer	to read	¿Qué **leen** Uds.?
vender	to sell	**Vendo** mi tocadiscos porque necesito dinero.

TODOS LEEN LOS CLASIFICADOS DIARIO LAS AMÉRICAS

ACTIVIDAD 1   Los hábitos *(Habits)*

Guillermo and his friends always eat at the same place or with the same people. Each one also has the habit of drinking the same thing. Express this according to the model.

⟡ Guillermo: en la cafetería / Coca-Cola   Guillermo siempre come en la cafetería.
Siempre bebe Coca-Cola.

1. María: en un restaurante / café
2. nosotros: en casa / chocolate
3. tú: en la casa de Arturo / Pepsi-Cola
4. Juanito: en McDonald's / Coca-Cola

5. Uds.: en la cafetería / café
6. el Sr. García: en la oficina / té *(tea)*
7. Paco y Delia: conmigo / Pepsi-Cola
8. yo: con mis amigos / limonada

ACTIVIDAD 2   Correspondencia

For Christmas, the following people write many letters **(cartas).** Express this according to the model.

⟡ Amparo   Amparo escribe muchas cartas para Navidad.

1. Alicia
2. nosotros
3. tú
4. mis amigos
5. ellas
6. Uds.
7. yo
8. mi mamá

ACTIVIDAD 3   Diálogo

Ask your classmates whether they do any of these things.

⟡ aprender francés   Estudiante 1: ¿Aprendes francés?
Estudiante 2: ¡Claro! Aprendo francés.
(¡Claro que no! No aprendo francés.)

1. aprender español
2. aprender italiano
3. beber café
4. leer revistas en español
5. comer en la cafetería

6. escribir cartas en español
7. vivir en una gran ciudad
8. vivir cerca del mar
9. creer en el horóscopo
10. comprender portugués

verbos en –ir

asistir a	to attend, to go to	No **asistimos a** la universidad.
escribir	to write	**¿Escribes** poesía?
vivir	to live	¿Dónde **vive** Miguel? ¿En Sevilla o en Toledo?

vocabulario especializado   La lectura *(Reading)*

un cuento   story

una carta   letter

una novela   novel

una tarjeta
card, postcard

ACTIVIDAD 4   Preguntas personales

1. ¿Te gusta leer? ¿Lees mucho? ¿Lees novelas? ¿Lees novelas policíacas *(detective)?* ¿Lees cuentos de ciencia-ficción?
2. ¿Lees el periódico? ¿Lees la página de los deportes *(sports)?* ¿las noticias *(news)?* ¿el horóscopo? ¿las historietas cómicas *(comics)?*
3. ¿Qué revista lee tu papá? ¿tu mamá?
4. ¿Comes a menudo *(often)* con tus amigos?
5. ¿Comen Uds. a menudo en la cafetería? ¿Comen Uds. a veces *(sometimes)* en un restaurante mexicano? ¿en un restaurante chino?
6. ¿Te gusta escribir? ¿Escribes cartas a veces? ¿Escribes composiciones para la clase de español? ¿para otras clases?
7. ¿Vives en una ciudad o en un pueblo? ¿en una casa o en un apartamento? ¿Vives cerca de la escuela o lejos de la escuela?
8. ¿Escribes muchas tarjetas de Navidad?

vocabulario especializado   Expresiones de tiempo *(Expressions of time)*

ahora	now	**Ahora** estoy en clase.
después	later	**Después** voy a visitar a un amigo.
antes	before	**Antes** voy a llamarlo por teléfono.
a veces	sometimes	En el verano, voy a la playa **a veces.**
a menudo	often	No miro la televisión **a menudo.**
siempre	always	**Siempre** hablamos español en clase.
de vez en cuando	once in a while	Voy al cine **de vez en cuando.**

ACTIVIDAD 5   El momento perfecto

Speak about yourself, completing each sentence with an expression of time.

1. ____ estoy en clase.
2. ____ estoy hablando español.
3. ____ voy a comer en la cafetería.
4. ____ hablamos español en clase.
5. Voy al restaurante ____.
6. Leo el periódico ____.
7. Asisto a los conciertos ____.
8. Bebo Coca-Cola ____.

B. *Ver*

Note the present tense forms of the verb **ver** *(to see)* below.

(yo)	**Veo** la calle.	(nosotros)	**Vemos** el mar.
(tú)	**Ves** la iglesia.	(vosotros)	**Veis** el pueblo.
(él, ella, Ud.)	**Ve** la plaza.	(ellos, ellas, Uds.)	**Ven** el museo.

The present tense of **ver** is like that of the regular **–er** verbs, with the exception of the **yo** form: **veo.**

⟫ Note the use of **ver** with the expressions **¡A ver!, ¡Vamos a ver!** *(Let's see!).*

REFRÁN

Ver para creer.

ACTIVIDAD 6   Turistas en San Juan

The following people are visiting Old San Juan, founded in 1521. Say what each one sees.

⟫ Josefina: la Plaza Colón   Josefina ve la Plaza Colón.

1. yo: El Morro
2. nosotros: El Morro también
3. Alberto: la iglesia San José
4. tú: la Fortaleza
5. Jaime y Beatriz: la Casa Blanca
6. Ud.: la Catedral de San Juan Bautista

C. El uso de *de* para indicar posesión

Note the use of **de** in these questions.

¿Dónde está la casa **de Olivia?**	*Where is **Olivia's** house?*
¿Quién es la hermana **de Paco?**	*Who is **Paco's** sister?*
¿Es el coche **del profesor?**	*Is that the **teacher's** car?*

To indicate possession or relationship, Spanish speakers use the construction:

> noun + **de** + noun

⟫ To remember the word order, think of **de** as meaning *of* or *which belongs to.*

Note also the use of **de** in the expressions **¿De quién?** and **¿De quiénes?**

¿De quién es?	*Whose is it?*
¿De quién es la guitarra?	*Whose guitar is it?*
Es la guitarra **de Carlos.**	*It's **Carlos'** guitar.*
¿De quiénes son las bicicletas?	***Whose** bicycles are those?*
Son las bicicletas **de las chicas.**	*They're **the girls'** bicycles.*

ACTIVIDAD 7   ¿De quién es?

Roberto has the bad habit of borrowing things all the time. Identify the owners of the various objects Roberto has.

el radio: Carlos   Tiene el radio de Carlos.

1. el reloj: Inés
2. el tocadiscos: Ramón
3. la guitarra: Luis
4. los discos: la profesora
5. la grabadora: Pepe
6. la cámara: el novio de Sara

7. las cintas: los amigos de Luis
8. los libros: las amigas de Pilar
9. el coche: el señor Gómez

Pronunciación   El sonido de la consonante *b*

a) *b* inicial

Model word: bueno
Practice words: busco bolso barco bonito barato bolígrafo
Practice sentences: Las bananas son buenas, pero no son baratas.
                     Beatriz y Alberto están en Bilbao.

At the beginning of a word, and after **l** and **n,** the letter **b** is pronounced like the **b** of the English word "boy."

b) *b* medial

Model word: escribe
Practice words: autobús trabajar cubano grabadora Esteban
Practice sentences: Isabel trabaja y escribe.
                     Roberto busca una grabadora muy barata.
                     Esteban le escribe a su abuelo.

Between vowels and after consonants other than **l** and **n,** the letter **b** represents the sound /ƀ/. You have already practiced this sound in words like **primavera** and **noviembre.**

Note that the two pronunciations of **b** are the same as the two pronunciations of **v:** bien, viene; escribe, vive. For the /ƀ/ sound the lips do not come together.

Entre nosotros

Expresiones para la conversación

To wish someone good luck you can say:

¡Buena suerte!   *Good luck!*

To comment on someone's good fortune, you can say:

¡Qué suerte!   *What luck! How lucky!*

You can also use the expression **tener suerte** (to be lucky):

¡Qué suerte tienes!   *How lucky you are!*

Mini-diálogos

Create new dialogs by replacing the underlined expressions with the words in the pictures. Make any other needed changes.

Alicia

estudiante   (Madrid)

Martín: ¿Qué lees?

Rosa: Leo una carta de <u>Alicia</u>.

Martín: ¿No viv<u>e</u> aquí?

Rosa: No. <u>Es</u> <u>estudiante</u> en <u>Madrid</u>.

Martín: ¡Qué suerte tien<u>e</u>!

la Srta. Baudillo	el Sr. López	Juan y Carlos	Ana y Carmen

arquitecta (Bogotá)   profesor (México)   fotógrafos (Lima)   periodistas (Santiago)

Tú tienes la palabra

With a classmate, prepare a short dialog in which you talk about someone who lives in another city. Use the conversation between Martín and Rosa as a model.

Lección 2 *Las fotos de Amalia*

¡Hola!
Me llamo Amalia Santana.
Tengo diez y seis años.
Soy de España.
Tengo una familia muy simpática.
Aquí tengo fotos de mi familia.

Mi padre
Mi padre trabaja para una compañía
de textiles.
Es vendedor viajero.
Tiene que hacer muchos viajes.
En la foto está preparando el café.
Es un esposo muy moderno: él hace
muchas cosas cuando está en casa.

padre: *father*

vendedor viajero:
  traveling sales-
  person
hacer viajes: *to take*
  trips
esposo: *husband,*
  hace cosas: *does*
  things

Mi mamá
Mi mamá es una persona muy activa.
Trabaja en un salón de belleza.
También trabaja mucho en casa.
¡Las mujeres hispánicas tienen mucho
que hacer!

belleza: *beauty*

mucho que hacer: *a*
  lot to do

Mis hermanos
Tengo dos hermanos.
Mi hermano mayor se llama Juan Carlos
y tiene veinte y tres años.
Trabaja en una agencia de viajes.
Mi hermano menor se llama Miguel y
tiene catorce años. Hace muchas cosas:
toca la guitarra, saca fotos, va al cine,
organiza fiestas . . . pero no hace sus
tareas.
¡Mi hermano no es un alumno serio!

hermanos: *brothers*
mayor: *older*

menor: *younger*

no hace sus tareas:
  doesn't do his
  homework

Mis abuelos
Mis abuelos viven con nosotros.
Son viejos y son muy simpáticos.

abuelos: *grandparents*

Mi perro
Se llama Pluto.
Claro, no es una persona . . .
pero es mi perro . . . ¡y mi mejor amigo!

perro: *dog*

CONVERSACIÓN

Ahora, vamos a hablar de tu familia.

1. ¿Es simpática **tu** familia?
   Sí, **mi** familia . . . (No, **mi** familia . . .)
2. ¿Trabaja mucho **tu** padre?
3. ¿Trabaja mucho **tu** madre?
4. ¿Habla español **tu** mejor amigo?
5. ¿Habla español **tu** mejor amiga?
6. ¿Hablan español **tus** padres *(parents)*?
   Sí, **mis** padres . . . (No, **mis** padres . . .)
7. ¿Son simpáticos **tus** amigos?
8. ¿Son generosos **tus** padres?
9. ¿Son estrictos **tus** profesores?
10. ¿Son muy viejos **tus** abuelos *(grandparents)*?

OBSERVACIÓN

Another way of indicating *relationship* (and *possession*) is to use possessive adjectives. In the questions and answers to the left, the words in heavy print are *possessive adjectives*. The questions concern your friends and your family.

- Which Spanish possessive adjective corresponds to *your* before a singular noun (questions 1-5)? before a plural noun (questions 6-10)?

- In the answers, which Spanish possessive adjective corresponds to *my* before a singular noun? before a plural noun?

Nota cultural

La familia hispánica

Cuando un joven hispánico habla de su familia, no habla solamente° de sus padres° y de sus hermanos.° Habla también de sus abuelos,° de sus tíos,° de sus primos° y de otros parientes° . . . Incluye° a todas las personas emparentadas° por la sangre° o por el matrimonio. Todos son parientes. Todos son miembros de la misma familia.

En muchas familias, los abuelos viven con sus hijos° y sus nietos° en la misma casa, o si no, en otra casa que está cerca. Las familias hispanas casi siempre son muy grandes . . . ¡y también muy unidas!°

solamente *only*   **sus padres** *his parents*   **hermanos** *brothers and sisters*   **abuelos** *grandparents*   **tíos** *aunts and uncles*   **primos** *cousins*   **parientes** *relatives*   **Incluye** *He includes*   **emparentadas** *related*   **sangre** *blood*   **hijos** *children*   **nietos** *grandchildren*   **unidas** *united*

Estructura

A. Los adjetivos posesivos: *mi* y *tu*

The *possessive adjectives* **mi** *(my)* and **tu** *(your)* correspond to the subject pronouns **yo** and **tú** and have the following forms:

	BEFORE A SINGULAR NOUN		BEFORE A PLURAL NOUN	
(yo)	**mi**	**mi** mamá	**mis**	**mis** hermanos
(tú)	**tu**	**tu** padre	**tus**	**tus** hermanas

The form to use depends on whether the noun that follows is singular or plural.

> Vivo con **mi** padre, **mi** madre y **mis** hermanos.
> ¿Dónde están **tus** amigas y **tu** amigo?

ACTIVIDAD 1   La maleta de Luisa

Luisa is packing for a trip. Roberto asks her where some of her belongings are. Luisa answers that they are already in the suitcase. Play both roles according to the model.

> el bolso
> Roberto: ¿Dónde está tu bolso?
> Luisa: ¿Mi bolso? Está en la maleta.

1. los discos
2. el libro de español
3. el diccionario
4. las revistas
5. la cámara
6. los periódicos
7. las fotos
8. el pasaporte

vocabulario especializado   La familia

el hermano	brother	la hermana	sister
el hijo	son	la hija	daughter
el padre	father	la madre	mother
el papá		la mamá	
el esposo	husband	la esposa	wife
los padres	parents		
el abuelo	grandfather	la abuela	grandmother
el primo	cousin	la prima	cousin
el tío	uncle	la tía	aunt
los parientes	relatives		

mayor	older	Tengo una hermana **mayor** . . .
menor	younger	y tres hermanas **menores.**

ACTIVIDAD 2   Preguntas personales

1. ¿Es grande tu familia? ¿Es pequeña?
2. ¿Cuántos hermanos tienes? ¿Son mayores o menores? ¿Cómo se llaman?
3. ¿Cuántas hermanas tienes? ¿Son mayores o menores? ¿Cómo se llaman?
4. ¿Tienes muchas fotos de tu familia?
5. ¿Tienes primos? ¿Son simpáticos? ¿Los visitas a menudo?
6. ¿Tienes abuelos? ¿Los visitas? ¿Cuándo?
7. ¿Tienes parientes en otros países? ¿Dónde?

ACTIVIDAD 3   Diálogo: Los nombres, por favor

Ask your classmates the names of the persons below.

⟫ el padre   Estudiante 1: ¿Cómo se llama tu padre?
             Estudiante 2: Mi padre se llama . . .

1. la madre
2. el mejor amigo (best friend)
3. la mejor amiga
4. los hermanos
5. las hermanas
6. los primos
7. las primas
8. el (la) profesor(a) de inglés
9. el (la) dentista
10. el (la) doctor(a)

B. Sustantivo + *de* + sustantivo

Compare the word order in the Spanish expressions in heavy print and their English equivalents.

Estamos en clase.	Es una **clase de español**.
	It's a Spanish class.
Mi mamá es profesora.	Es **profesora de música**.
	She is a music teacher.
Mi papá trabaja en una agencia.	Es una **agencia de viajes**.
	It is a travel agency.
Voy a un partido.	Es un **partido de béisbol**.
	It's a baseball game.

Expressions like **profesora de música** consist of two nouns: **profesora** and **música**. The main noun (**profesora**) comes *first*. The noun that describes the type of **profesora** (**música**) plays the role of an adjective: it comes *second* and is preceded by **de**.

ACTIVIDAD 4   Preferencias

People in the left column like music. Say what type of records they listen to. People in the right column like sports. Say what type of games (**partidos**) they go to.

Fernando: jazz   Inés: fútbol
   Fernando escucha un disco de jazz.   Inés va a un partido de fútbol.

1. Amalia: música clásica   6. Silvia: básquetbol
2. Roberto: rock   7. Ricardo: tenis
3. Antonio: Beethoven   8. Laura: béisbol
4. Ana: música popular   9. Dolores: volibol
5. Mario: música latina   10. Miguel: hockey

ACTIVIDAD 5   Preguntas personales

1. ¿Tienes una raqueta de tenis? ¿una raqueta de ping pong? ¿un libro de español?
2. ¿Tienes discos de música clásica? ¿de música popular? ¿de jazz? ¿de rock?
3. ¿Te gusta ir a los partidos de fútbol? ¿a los partidos de béisbol?
4. ¿Qué programas escuchas en la radio? ¿Escuchas programas de música clásica? ¿de música popular?

C. *Hacer*

Note the present tense forms of **hacer** (*to do, to make*) in the following sentences.

(yo)	**Hago** mucho en clase.	(nosotros)	**Hacemos** mucho en casa.
(tú)	**Haces** poco.	(vosotros)	**Hacéis** planes.
(él, ella, Ud.)	**Hace** la tarea.	(ellos, ellas, Uds.)	**Hacen** un viaje.

⇒ **Hacer** has regular **–er** endings. The **yo** form is irregular: **hago.**

⇒ The present participle is regular: ¿Qué estás **haciendo?**

⇒ **Hacer** is used in many expressions:

hacer las tareas,	*to do homework,*
la tarea	*the assignment*
hacer un viaje	*to go on a trip*
hacer la maleta	*to pack a suitcase*

REFRÁN

La práctica hace al maestro.

ACTIVIDAD 6 Viajeros *(Travelers)*

These people have decided to spend the summer abroad. Say where each one is going.

⇒ Natalia: México   Natalia hace un viaje a México.

1. Pablo: Francia
2. Rebeca: Portugal
3. Paulina: Bolivia
4. nosotros: la Argentina
5. tú: Colombia
6. Ud.: Costa Rica
7. Uds.: Puerto Rico
8. mis amigos: Guatemala

ACTIVIDAD 7 Preguntas personales

1. ¿Haces muchos viajes?
2. ¿Vas a hacer un viaje a España el verano próximo *(next)*?
3. ¿Haces siempre las tareas?
4. ¿Haces muchos errores en tus tareas?
5. ¿Haces muchos planes?

vocabulario especializado   Los animales domésticos

un gato

un papagayo

un mono

un perro

un pájaro

un pez

ACTIVIDAD 8   Diálogo: ¿Tienes animales?

Ask your classmates whether they have any of the following pets. If so, ask their names.

    un gato   Estudiante 1: ¿Tienes un gato?
                     Estudiante 2: Sí, tengo un gato.
                     Estudiante 1: ¿Cómo se llama tu gato?
                     Estudiante 2: Mi gato se llama ____.

1. un perro
2. un pájaro
3. un canario

4. un papagayo
5. un hámster
6. un pez

7. un pez de color (goldfish)
8. un mono
9. un armadillo

Pronunciación   El sonido «erre»

Model word: pe<u>rr</u>o
Practice words: guita<u>rr</u>a   te<u>rr</u>ible   ho<u>rr</u>ible   ho<u>rr</u>or   abu<u>rr</u>ido
                <u>r</u>adio   <u>r</u>estaurante   <u>r</u>eloj   <u>R</u>amón   <u>R</u>aúl   <u>R</u>ita
Practice sentences: <u>R</u>oberto <u>r</u>epara la guita<u>rr</u>a.
                   Erre con erre cigarro,
                   Erre con erre barril,
                   Rápido corren los carros,
                   Por la línea del ferrocarril.

The trilled "erre" sound is written **rr** in the middle of a word and **r** at the beginning of a word. The Spanish "erre" sound is produced by tapping or "trilling" the tongue two or more times against the gum ridge behind your teeth. Say the English nonsense word "petter-o" as quickly as you can: you will be very close to producing the Spanish word **"perro."**

Entre nosotros

Mini-diálogos

Create new conversations, replacing the underlined words with words suggested by the pictures.

a) Julia: ¿Dónde est<u>á</u> <u>mi</u> <u>libro</u>?

Rodrigo: ¿<u>Tu</u> <u>libro</u>? Est<u>á</u> en tu <u>bolso</u>.

Julia: ¡Claro!

b) Rodrigo: ¿Dónde est<u>á</u> <u>mi</u> <u>libro</u>?

Julia: ¿<u>Tu</u> <u>libro</u>?

Rodrigo: ¡Sí! ¡<u>Mi</u> <u>libro</u>!

Julia: ¡Perdón! Est<u>á</u> en mi <u>bolso</u>.

Tú tienes la palabra

With a classmate, prepare a short dialog in which you talk about some object you are looking for. Use one of the conversations between Julia and Rodrigo as a model.

Lección 3 El edificio de apartamentos

Mira el edificio de apartamentos.
Está en la Castellana, un barrio elegante
de Caracas.
Tiene siete pisos.

En el primer piso vive la familia Vargas.

En el segundo piso, vive la familia
Martínez: el señor Martínez, su señora y
sus dos hijos.

En el tercer piso, vive la Srta. López. La
Srta. López no está casada pero tiene una
familia muy grande. En su apartamento
viven su perro, sus tres gatos, sus dos
papagayos y su mono, Coco. Mi padre dice
que la Srta. López está un poco loca. Yo
digo que es una señorita muy original.

En el cuarto piso, vive la familia Miranda.
El señor Miranda y su esposa no tienen
niños.

En el quinto piso, vive mi amigo Pedro
Gómez con su hermana Patricia, sus
padres y su abuela.

En el sexto piso, vive un muchacho
extraordinario, muy inteligente y muy
simpático. Este muchacho alegre y
simpático soy yo, José Antonio del Río.
Nuestro apartamento no es grandísimo.
No es muy moderno. Pero es confortable
. . . ¡y es nuestro apartamento!

edificio: *building*

pisos: *floors*

primer: *first*

segundo: *second*

tercer: *third*
casada: *married*

dice: *says*
loca: *crazy*
digo: *say*

cuarto: *fourth*

quinto: *fifth*

sexto: *sixth*

CONVERSACIÓN

Vamos a hablar de tu mejor amigo.

1. ¿Cómo se llama **su** padre?
   Su padre se llama . . .
2. ¿Cómo se llama **su** madre?
3. ¿Cómo se llaman **sus** hermanos?
4. ¿Cómo se llaman **sus** hermanas?

Ahora, vamos a hablar de tu mejor amiga.

5. ¿Cómo se llama **su** padre?
   Su padre se llama . . .
6. ¿Cómo se llama **su** madre?
7. ¿Cómo se llaman **sus** hermanos?
8. ¿Cómo se llaman **sus** hermanas?

OBSERVACIÓN

These questions ask about your friends' families.
Reread the questions about your best male friend.

- What is the Spanish word that means *his*
  when the noun that follows is singular
  (questions 1, 2)? when the noun is plural
  (questions 3, 4)?

Now reread the questions about your best
female friend.

- What is the Spanish word that means *her*
  when the noun that follows is singular
  (questions 5, 6)? when the noun is plural
  (questions 7, 8)?

Notas culturales

Viviendo° en apartamentos

No hay muchas casas individuales en las
ciudades hispánicas. La mayoría° de la gente vive
en apartamentos. En España los edificios de
apartamentos generalmente no son muy altos.
Pero en Latinoamérica los edificios modernos
tienen diez, veinte o treinta pisos . . . como en los
Estados Unidos.

En los países hispánicos, los pisos no están
numerados° como en los países norteamericanos.
El primer piso hispánico corresponde al segundo
piso norteamericano. En español, el primer piso
norteamericano se llama la *planta baja*.

Viviendo *Living* **mayoría** *majority* **numerados** *numbered*

Caracas

Caracas es la capital de Venezuela. Tiene una
población de tres millones de habitantes, y por
eso es una de las ciudades más grandes° de
Latinoamérica. Es una ciudad muy moderna, pero
tiene barrios viejos muy pintorescos.° Es también
una ciudad importante en la historia: la
independencia de Venezuela fue proclamada° allí
en 1811 (mil ochocientos once).

más grandes *biggest* **pintorescos** *picturesque* **fue
proclamada** *was proclaimed*

Estructura

A. *Decir*

Decir (*to say, to tell*) is an irregular verb. Note the present tense forms of this verb in the following sentences.

(yo)	**Digo** que soy simpático.		(nosotros)	**Decimos** que él es guapo.
(tú)	**Dices** que estudias mucho.		(vosotros)	**Decís** que Ana estudia.
(él)			(ellos)	
(ella)	**Dice** la verdad (*truth*).		(ellas)	**Dicen** la verdad.
(Ud.)			(Uds.)	

▷ The present participle of **decir** is irregular: **diciendo.**

▷ **Decir** is often followed by the construction: **que** + clause.

Dicen **que** hablas español muy bien.   *They say (**that**) you speak Spanish very well.*
Jaime dice **que** estás loco.   *Jaime says (**that**) you are crazy.*

▷ Note also the construction: **Dice que sí (no).**   *He says yes (no).*

ACTIVIDAD 1   ¿Son las chicas más inteligentes que los chicos?

Are girls more intelligent than boys? Everyone has a different opinion on that topic. Express these opinions using **decir que.**

▷ Carmen: sí   Carmen dice que sí.

1. Ricardo: no
2. Teresa: es la verdad (*truth*)
3. Irene y Pilar: es obvio
4. Paco y Roberto: es una idea tonta

5. nosotros: no es la verdad
6. tú: es imposible
7. Ud.: no es posible
8. ellos: es una observación justa

ACTIVIDAD 2   Preguntas personales

1. ¿Dices siempre la verdad (*truth*)?
2. ¿Dices mentiras (*lies*) a veces?
3. ¿Dicen tus amigos que eres simpático(a)?
4. ¿Dice el (la) profesor(a) que hablas bien el español?

adjetivos numerales ordinales

primero	first	**cuarto**	fourth	**séptimo**	seventh	**décimo**	tenth
segundo	second	**quinto**	fifth	**octavo**	eighth		
tercero	third	**sexto**	sixth	**noveno**	ninth		

otros adjetivos

próximo	next	¿Cuándo llega el **próximo** autobús?
último	last	Diciembre es el **último** mes del año.

NOTAS: 1. Ordinal numbers are used to rank persons or objects and to put them in a given order. They are adjectives and agree in gender and number with the nouns they describe.

Vivo en la **tercera** casa.   *I live in the **third** house.*

Enero y febrero son los   *January and February are the*
    primeros meses del año.   ***first** months of the year.*

2. Before a masculine singular noun, the final **-o** of **primero** and **tercero** is dropped.

Marzo es el **tercer** mes del año.   *March is the **third** month of the year.*

ACTIVIDAD 3   La carrera de bicicletas *(The bicycle race)*

Several friends are having a bicycle race. Give their order of arrival at the finishing line.

⊳ Elena: 7   Elena es la séptima.

1. Raúl: 10
2. Luisa: 5
3. Dolores: 2
4. Federico: 9
5. Alfredo: 1

6. Anita: 3
7. Susana: 6
8. Pablo: 4
9. Claudia: 7
10. Ricardo: 8

B. El adjetivo posesivo: *su*

Like **mi** and **tu,** the possessive adjective **su** has two forms.

	BEFORE A SINGULAR NOUN	BEFORE A PLURAL NOUN	
(él, ella, Ud.) (ellos, ellas, Uds.) }	**su**	**sus**	Pedro vive con **su** hermana y **sus** padres. Mis amigos están con **su** tío y **sus** primos.

📯 The form to use depends on whether the noun that follows is singular or plural.

📯 Since **su** and **sus** may refer to all third person subjects and subject pronouns, they have several different English meanings.

la casa de Carlos	**su** casa	*his* house
la casa de María	**su** casa	*her* house
la casa de Ana y Paco	**su** casa	*their* house
la casa de Ud.	**su** casa	*your* house
los discos de Carlos	**sus** discos	*his* records
los discos de María	**sus** discos	*her* records
los discos de Ana y Paco	**sus** discos	*their* records
los discos de Uds.	**sus** discos	*your* records

📯 Because **su** and **sus** have several meanings, you may substitute the following construction for clarification:

$$\text{noun} + \text{de} + \begin{cases} \text{él} & \text{ellos} \\ \text{ella} \ \text{or} \ \text{ellas} \\ \text{Ud.} & \text{Uds.} \end{cases}$$

¿Vamos en el coche de Carlos?	Sí, vamos en **su** coche. Sí, vamos en **el coche de él.**
¿Vamos en el coche de las chicas?	Sí, vamos en **su** coche. Sí, vamos en **el coche de ellas.**

REFRÁN

Mi casa es su casa.

ACTIVIDAD 4 Una venta en el garaje de Luisa *(Luisa's garage sale)*

Luisa is selling several things that belong to her friends. Paco wants to know what things she is selling. Play both roles according to the model.

> la bicicleta: Ricardo   Paco: ¿Vendes la bicicleta de Ricardo?
> Luisa: Sí, vendo su bicicleta.

1. la bicicleta: Isabel
2. los discos: Enrique
3. los discos: Silvia
4. el tocadiscos: Rafael

5. el coche: Pedro y Felipe
6. el piano: Elena y Carmen
7. la guitarra: Federico
8. los libros: Ana y Eduardo

ACTIVIDAD 5 En el restaurante

The following people are eating with friends or family. Express this according to the model.

> Arturo: los amigos   Arturo come con sus amigos.

1. Ricardo: el padre
2. Elena: la madre
3. Eduardo: los primos
4. Benjamín: las primas

5. el Sr. Gómez: la esposa
6. la Srta. Martínez: la mejor amiga
7. el Sr. Ortega y su esposa: los hijos
8. la Sra. de Díaz: el esposo y las hijas

C. El adjetivo posesivo: *nuestro*

The possessive adjective **nuestro** *(our)* has four forms:

		SINGULAR	PLURAL	
(nosotros)	masculine	**nuestro**	**nuestros**	**Nuestro** profesor y **nuestros** amigos están aquí.
	feminine	**nuestra**	**nuestras**	**Nuestra** profesora y **nuestras** amigas están aquí.

> The form to use depends not only on the *number* (singular or plural) of the noun that follows, but also on its *gender* (masculine or feminine).

ACTIVIDAD 6 Bienvenida

Carmen and Federico are at the airport welcoming June, an exchange student from San Francisco. On the way home they point out various things. Play the role of Carmen and Federico according to the model.

> el coche   Aquí está nuestro coche.

1. el barrio
2. la escuela
3. el restaurante favorito
4. las tiendas favoritas

5. la casa
6. el perro
7. los amigos
8. las amigas

vocabulario especializado — La casa

un apartamento apartment

un piso floor

el garaje

una ventana

el árbol

un cuarto

un cuarto

un cuarto

la puerta

el baño

el jardín

la sala

el comedor

la cocina

ACTIVIDAD 7   Preguntas personales

1. ¿Vives en una casa o en un apartamento?
2. Si vives en un apartamento, ¿en qué piso está?
3. ¿Cuántos pisos tiene tu casa (tu apartamento)?
4. ¿Cuántos cuartos tiene tu casa (tu apartamento)?
5. ¿Cuántos baños tiene tu casa (tu apartamento)?
6. ¿Cuántas ventanas tiene tu cuarto?
7. ¿Hay un jardín? ¿Hay árboles? ¿Cuántos?
8. ¿Hay un garaje?

Pronunciación   El sonido de la consonante g antes de a, o, u

a) g inicial

Model word: gato

Practice words: garaje   gordo   guapo   grande   ganas   Guillermo

Practice sentences: Guillermo es guapo.

El domingo, Gabriela va al cine con el grupo.

At the beginning of a word, and after **l** and **n**, the letter **g** (before **a, o,** or **u**)
is pronounced like the **g** of the English word "go."

b) g medial

Model word: amigo

Practice words: hago digo llego me gusta conmigo

Practice sentences: Me gusta ganar dinero.

Mis amigos llegan al cine conmigo.

Between vowels and after consonants other than **l** and **n**, the letter **g** (before **a, o,** or **u**) represents the sound /g/ which is similar to the **g** of the English "sugar" when spoken quickly.

Entre nosotros

Expresiones para la conversación

To express surprise or astonishment, you can say:

¡Caramba!   *Wow! Hey! What!*

¡Dios mío!   *Gosh!*

Mini-diálogos

Create new dialogs, replacing the underlined words with the expressions suggested in the pictures.

Vicente: ¿Qué busca <u>Miguel</u>?

Teresa: Creo que está buscando <u>sus</u> <u>libros</u>. <u>Los</u>
tienes, ¿verdad?

Vicente: ¡Caramba! ¡Yo no <u>los</u> tengo!

Tú tienes la palabra

With a classmate, prepare a short dialog about some missing object. Use the conversation between Teresa and Vicente as a model.

Lección 4   *¿Eres servicial?*

Eres una persona simpática, ¿verdad? Pero . . . ¿eres servicial también? Una persona servicial es una persona que ayuda a otros. Es generosa y amable con todos. ¿Eres este tipo de persona? ¿Qué haces tú en los siguientes casos?

servicial: *helpful*
ayuda: *helps*
amable: *kind,*
este: *this*
siguientes: *following,*
casos: *cases*

1. Tu padre está trabajando en el jardín. ¿Lo ayudas?
   - ■ Sí, lo ayudo.
   - ■ No, no lo ayudo.

2. Tu mamá está preparando una gran comida para una reunión familiar. ¿La ayudas?
   - ■ Sí, la ayudo.
   - ■ No, no la ayudo.

comida: *meal*
familiar: *family*

3. Tus hermanitas están haciendo una tarea muy difícil. ¿Las ayudas?
   - ■ Sí, las ayudo.
   - ■ No, no las ayudo.

4. Unos amigos están en casa enfermos. ¿Los vas a visitar?
   - ■ Sí, los voy a visitar.
   - ■ No, no los voy a visitar.

5. Tu abuelo está enfermo en el hospital. ¿Le mandas una tarjeta?
   - ■ Sí, le mando una tarjeta.
   - ■ No, no le mando una tarjeta.

mandas: *send*

6. En el autobús no hay asiento para una señora mayor. ¿Le das tu asiento?
   - ■ Sí, le doy mi asiento.
   - ■ No, no le doy mi asiento.

asiento: *seat,*
das: *you give*

7. Tus compañeros de clase están organizando una fiesta. No tienen tocadiscos. ¿Les prestas tu tocadiscos?
   - ■ Sí, les presto mi tocadiscos.
   - ■ No, no les presto mi tocadiscos.

prestas: *you loan*

8. Unas amigas tienen problemas con sus padres. ¿Les das buenos consejos?
   - ■ Sí, les doy buenos consejos.
   - ■ No, no les doy buenos consejos.

consejos: *advice*

Cada respuesta afirmativa vale un punto y cada respuesta negativa vale cero. Suma todos tus puntos. ¿Cuántos tienes?

7-8 puntos:	Eres realmente excepcional. ¡Eres un(a) santo(a)!
5-6 puntos:	Eres muy servicial y muy generoso(a). Probablemente tienes muchos amigos.
3-4 puntos:	En general eres generoso(a). A veces eres un poco egoísta. ¡Eres como la mayoría de la gente!
1-2 puntos:	La generosidad no es tu cualidad principal. ¡Tienes que ser más servicial con la familia y los amigos!
0 puntos:	¿Eres realmente tan indiferente y egoísta?

respuesta: *answer,*
vale: *is worth,*
punto: *point*
Suma: *Add*
realmente: *really*

mayoría: *majority*
cualidad: *quality*

tan: *so*

CONVERSACIÓN

Vamos a hablar de tu mejor amigo . . .

1. **¿Lo** invitas a tu casa?
   Sí, lo . . . (No, no lo . . .)
2. **¿Le** hablas de tus problemas personales?
   Sí, le . . . (No, no le . . .)

Vamos a hablar de tu mejor amiga . . .

3. **¿La** invitas a tu casa?
   Sí, la . . . (No, no la . . .)
4. **¿Le** hablas de tus problemas personales?
   Sí, le . . . (No, no le . . .)

Ahora vamos a hablar de tus primos . . .

5. **¿Los** visitas a menudo?
   Sí, los . . . (No, no los . . .)
6. **¿Les** escribes a menudo?
   Sí, les . . . (No, no les . . .)

Finalmente, vamos a hablar de tus primas . . .

7. **¿Las** visitas a menudo?
   Sí, las . . . (No, no las . . .)
8. **¿Les** escribes a menudo?
   Sí, les . . . (No, no les . . .)

OBSERVACIÓN

When you say *I invite Jane* or *I visit Jane,* Jane is the *direct* object of the verb. On the other hand, when you say *I speak to Jane* (about my problems) or *I write* (letters) *to Jane,* Jane is the *indirect* object of the verb.

Reread questions 1, 3, 5 and 7. The pronouns in heavy print replace *direct objects.*
• What is the masculine singular form of the direct object pronoun? the feminine singular form? the masculine plural form? the feminine plural form?

Now reread questions 2, 4, 6 and 8. The pronouns in heavy print replace *indirect objects.*
• What is the masculine singular form of the indirect object pronoun? Is it the same as the feminine singular form?
• What is the plural form of the indirect object pronoun?

La familia unida

En los países hispánicos, las reuniones familiares° son muy frecuentes. A veces toda la familia se reúne° en la casa de un pariente los fines de semana. También se reúne para celebrar los días de fiesta y las fechas importantes, como el Día de la Madre y la Navidad. Hay una gran comida familiar° para celebrar estas° ocasiones felices.°

En la familia hispánica las diversiones incluyen° a todos. A menudo hijos y padres van juntos° al cine, al teatro, al museo, al campo, a la playa. Cuando hacen un viaje, lo hacen juntos. Así,° ¡la familia hispánica permanece° muy unida!°

familiares *family*   **se reúne** *gets together*   **comida familiar** *family meal*   **estas** *these*   **felices** *happy*   **incluyen** *include* **juntos** *together*   **Así** *Thus*   **permanece** *stays*   **unida** *united*

Estructura

A. Repaso: los adjetivos posesivos

The chart below contains all the forms of the possessive adjectives:

	SINGULAR	PLURAL	
(yo)	**mi**	**mis**	¿Dónde están **mis** discos y **mi** cámara?
(tú)	**tu**	**tus**	**Tu** amiga es muy simpática.
(él) (ella) (Ud.)	**su**	**sus**	Miguel llega con **sus** amigos.
(nosotros)	**nuestro,** **nuestra**	**nuestros,** **nuestras**	**Nuestra** abuela vive con nosotros.
(vosotros)	**vuestro,** **vuestra**	**vuestros,** **vuestras**	¿Dónde están **vuestros** amigos?
(ellos) (ellas) (Uds.)	**su**	**sus**	Mis primos no tienen **sus** discos.

ACTIVIDAD 1   ¡Hasta luego!

The following persons are taking a trip to South America, and various
people are seeing them off. Say with whom each one is arriving at
the airport.

Marina: el novio, las amigas   Marina llega al aeropuerto con su
novio y sus amigas.

1. Roberto: los amigos
2. Anita: el padre
3. Rita: los hermanos
4. el Sr. Gómez: la esposa
5. la Sra. de Argías: el esposo
6. Miguel y Felipe: el primo
7. Teresa y María: las primas
8. tú: el padre, la madre, las hermanas
9. nosotros: el tío, las primas
10. yo: los amigos, la abuela
11. los hermanos de Carmen: los amigos
12. la hija del Sr. Vargas: el novio, el padre

boleto de pasajero y cupon de equipaje

B. Repaso: los pronombres *lo, la, los, las*

Review the direct object pronouns in the chart below:

	SINGULAR			PLURAL		
masculine	**lo**	¿Miguel? No **lo** invito.	**los**	¿Mis amigos?	Sí, **los** invito.
feminine	**la**	¿María? No **la** busco.	**las**	¿Mis cintas?	Sí, **las** busco.

When the verb is followed by an infinitive, the direct object pronoun is usually attached to that infinitive. (It may come before the first verb.)

¿Vas a invitar a María?   Sí, voy a invitar**la**.
(Sí, **la** voy a invitar.)

¿Tienes que hacer las tareas?   Sí, tengo que hacer**las**.
(Sí, **las** tengo que hacer.)

vocabulario especializado   Verbos que usan objetos directos

ayudar	to help	¿**Ayudas** a tus amigos? Sí, los **ayudo**.
buscar	to look for	¿**Buscas** a Pepe? No, no lo **busco**.
esperar	to wait for	¿**Esperas** a Juana? Sí, la **espero**.
llamar	to call	¿**Llamas** por teléfono a tus primas?
(por teléfono)	(on the phone)	Sí, las **llamo**.
necesitar	to need	¿**Necesitas** tu cámara? Sí, la **necesito**.

ACTIVIDAD 2   Un viaje

Imagine you are going on a trip to South America. Here are some items.
Which ones do you need to take along?

¿tu tocadiscos?   Sí, lo necesito.
(No, no lo necesito.)

1. ¿tu cámara?
2. ¿tu grabadora?
3. ¿tu bolso?
4. ¿tu bicicleta?
5. ¿tus discos?
6. ¿tus cintas?
7. ¿tus libros de español?
8. ¿tu bolígrafo y tu lápiz?

ACTIVIDAD 3   El teléfono

Ask your classmates whether they often call the following people.

tu mejor amigo   Estudiante 1: ¿Llamas por teléfono a tu mejor amigo a menudo?
Estudiante 2: Sí, lo llamo a menudo.
(No, no lo llamo a menudo.)

1. tu profesor
2. tus primos
3. tus amigos
4. tu mamá
5. tus abuelos
6. tu doctor
7. tu papá
8. tus tíos

ACTIVIDAD 4   El cumpleaños de Carolina

Enrique wants to know whom Carolina is going to invite to her birthday party. She answers him. Play both roles according to the model.

⟩⟩ tus primos   Enrique: ¿Vas a invitar a tus primos?
                   Carolina: Sí, voy a invitarlos. Siempre los invito.

1. María
2. Roberto
3. tus abuelos

4. Paco y Marina
5. el profesor de matemáticas
6. las primas de Eduardo

ACTIVIDAD 5   Una buena razón (A good reason)

Federico asks Claudia if she does the following things, but Claudia doesn't like to do anything. Play both roles according to the model.

⟩⟩ visitar el museo   Federico: ¿Visitas el museo?
                       Claudia: No, no lo visito.
                       Federico: ¿Por qué no?
                       Claudia: Porque no me gusta visitarlo.

1. hacer las tareas
2. llevar a tu hermana menor al cine
3. leer la revista
4. escuchar las cintas de inglés

5. organizar una fiesta
6. preparar el café
7. ayudar a tu mamá
8. llamar a tus primos

C. Dar

Note the present tense forms of the verb **dar** (to give) in the following sentences.

(yo)	**Doy** muchas fiestas en mi casa.	(nosotros)	**Damos** muchos consejos (advice).
(tú)	¿**Das** muchas fiestas?	(vosotros)	¿**Dais** buenos consejos?
(él) (ella) (Ud.)	¿**Da** Paco fiestas en su casa?	(ellos) (ellas) (Uds.)	**Dan** malos consejos.

⟩⟩ **Dar** has regular –ar endings except in the **yo** form: **doy.**

⟩⟩ The present participle is regular: ¿Qué están **dando** Uds.?

ACTIVIDAD 6   Consejos (Advice)

Say what type of advice the following people give.

⟩⟩ Pedro: buenos   Pedro da buenos consejos.

1. yo: magníficos
2. Esteban: tontos
3. nosotros: buenos
4. Ud.: malos

5. tú: excelentes
6. mis padres: útiles (useful)
7. Uds.: serios
8. la profesora: importantes

D. Los pronombres *le, les*

Note the form and the position of the pronouns in heavy print.

Tengo un amigo en Chile.	**Le** escribo a veces.	*I sometimes write (to) him.*
Tengo una amiga aquí.	No **le** escribo.	*I don't write (to) her.*
Tengo dos hermanos.	**Les** presto mis discos.	*I lend **them** my records.*
		*(I lend my records **to them**.)*
Tengo dos primas.	No **les** presto mi radio.	*I don't lend **them** my radio.*
		*(I don't lend my radio **to them**.)*

The pronouns **le** and **les** may refer to either males or females.

The position of the *indirect object pronouns* is the same as that of the direct object pronouns.

Usually the indirect object pronoun comes directly *before* the verb.

When used with an infinitive, the indirect object pronoun usually comes *after* the infinitive and is attached to it. (It may come *before* the first verb.)

> ¿A Manuel? ¡Claro! Ahora voy a escribir**le**.
> (¿A Manuel? ¡Claro! Ahora **le** voy a escribir.)

> **Le** and **les** are used even when the indirect object noun is expressed.
> **Le** presto mi guitarra **a María**.   *I am lending my guitar **to María**.*
> **Les** escribo **a mis primos**.   *I am writing **to my cousins**.*

---

vocabulario especializado   Verbos que usan objetos indirectos

comprar (algo) a (alguien) to buy (something) for (someone)	**Le compramos** una cinta a José.
mandar (algo) a (alguien) to send (something) to (someone)	**Les mando** una carta a mis padres.
prestar (algo) a (alguien) to lend (something) to (someone)	**Le presto** mi radio a Juanita.

ACTIVIDAD 7   Diálogo: Los problemas

Everyone has little problems. Ask your classmates whether they talk about them with the following people.

> tu mejor amigo   Estudiante 1: ¿Le hablas de tus problemas a tu mejor amigo?
>   Estudiante 2: Sí, le hablo de mis problemas.
>   (No, no le hablo de mis problemas.)

1. tu mejor amiga	4. tus hermanos	7. tu abuela
2. tu papá	5. tus profesores	8. tu familia
3. tu mamá	6. tus primos	

ACTIVIDAD 8   Diálogo: La correspondencia

Ask your classmates to whom they write when they are away on summer vacation.

🔊 tu mejor amigo   Estudiante 1: ¿Le escribes a tu mejor amigo?
                       Estudiante 2: Sí, le escribo.
                                     (No, no le escribo.)

1. tus padres
2. tus abuelos
3. tus hermanos

4. tus tíos
5. tus amigos favoritos
6. tu profesor(a) de español

7. tu primo(a) favorito(a)
8. tu perro

ACTIVIDAD 9   Regalos de Navidad

Paco is thinking about what to get the following people for Christmas.
Express his thoughts, according to the model.

🔊 María: una cinta   ¿Qué le doy a María? . . . Voy a darle una cinta.

1. mamá: un bolso
2. papá: un libro
3. Pedro: un libro también

4. sus abuelos: unas fotos
5. su hermana menor: un sombrero
6. sus primas: un disco

ACTIVIDAD 10   Preguntas personales

1. ¿Le prestas tu bicicleta a tu hermano? ¿a tu hermana? ¿a tu papá?
2. ¿Les prestas tus discos a tus hermanos? ¿a tus amigos?
3. ¿Qué le vas a dar a tu papá para su cumpleaños? ¿una cámara? ¿un reloj? ¿un radio?
4. ¿Te gusta mandar tarjetas de Navidad?
5. ¿Les mandas tarjetas de Navidad a tus amigos? ¿a tus primos? ¿a tus abuelos? ¿a tus profesores?

Pronunciación   El sonido de la consonante *l*

Model word: Fe<u>l</u>ipe
Practice words: <u>l</u>e <u>l</u>es <u>l</u>o <u>l</u>as <u>l</u>eo <u>l</u>ápiz <u>l</u>unes
                 abue<u>l</u>a sa<u>l</u>a ma<u>l</u>eta bai<u>l</u>o miérco<u>l</u>es
                 árbo<u>l</u> so<u>l</u> españo<u>l</u> hote<u>l</u> abri<u>l</u> Isabe<u>l</u>
Practice sentences: E<u>l</u> <u>l</u>unes, Manue<u>l</u> va a<u>l</u> Hote<u>l</u> P<u>l</u>aza.
                     E<u>l</u> a<u>l</u>umno hab<u>l</u>a españo<u>l</u>.
                     <u>L</u>e doy a <u>L</u>uisa <u>l</u>a ma<u>l</u>eta.
                     <u>L</u>eo e<u>l</u> <u>l</u>ibro de Isabe<u>l</u>.

The sound of the Spanish l is similar to the sound of the l in the English word "leaf." In pronouncing the Spanish l, only the tip of the tongue touches the upper gum ridge.

Entre nosotros

Expresiones para la conversación

To express admiration, you can use one of the following adjectives with a noun and **tan**:

estupendo	¡Qué chico **tan estupendo**!
fabuloso	¡Qué chica **tan fabulosa**!
magnífico	¡Qué regalo **tan magnífico**!
fantástico	¡Qué profesor **tan fantástico**!

Mini-diálogos

Create new dialogs by replacing the underlined words with the words suggested by the pictures.

Miguel

Marta: ¿Qué compras?
Tomás: Compro <u>un tocadiscos</u>.
Marta: ¿Para quién?
Tomás: Para <u>Miguel</u>.
Marta: ¿Y por qué <u>le</u> compras <u>un tocadiscos</u>?
Tomás: Porque mañana es su cumpleaños.
Marta: ¡Qué regalo tan fabuloso!

tu primo	tus primas	tus hermanas	tu hermano	Manuela

Tú tienes la palabra

With a classmate, prepare a short dialog about a present you are buying for a friend. Use the conversation between Marta and Tomás as a model.

Variedades

La historia de las cosas que comemos

En 1492 (mil cuatrocientos noventa y dos), cuando Cristóbal Colón llega a América, los españoles descubren° no sólo un continente nuevo. También descubren otros pueblos,° otras civilizaciones y . . . otros productos. Al mismo tiempo, los españoles introducen en América cosas que se usan° en España.

    Los siguientes productos tal vez no son tus favoritos. Pero los comes a veces, ¿verdad?

    Ahora, adivina° su origen. ¿De dónde crees que son originalmente:

descubren: *discover*

pueblos: *people*

se usan: *are used*

adivina: *guess*

1. la piña? ¿De Hawai? ¿de Florida?

2. el maní? ¿De Georgia? ¿de África?

3. la papa? ¿De Irlanda? ¿de Francia?

4. el tomate? ¿De Italia? ¿de California?

5. la banana? ¿Del Ecuador? ¿de Panamá?

6. el café? ¿Del Brasil? ¿de Colombia?

Éstas° son las respuestas° correctas:

1. Es cierto que casi todas las piñas que venden los supermercados° son de Hawai, pero los cultivadores° originales de las piñas son los indios de Cuba y Puerto Rico.
2. Es cierto que hay una variedad de maní que viene de Georgia, pero los cultivadores originales del maní son los indios de Bolivia, Perú y Ecuador.
3. Es cierto que las papas son muy populares en Irlanda, pero los cultivadores originales de las papas también son los indios de Bolivia, Perú y Ecuador.
4. Es cierto que los italianos preparan una deliciosa salsa° de tomate, pero los cultivadores originales del tomate son los indios de México.
5. Es cierto que el Ecuador es el mayor° productor° de bananas del mundo,° pero las bananas son de origen africano. Llegaron° a América porque los españoles las introdujeron.°
6. Es cierto que el Brasil es el mayor productor de café del mundo, pero el café también es de origen africano. Y también llegó° a América porque los españoles lo introdujeron.

Éstas: *These,* respuestas: *answers*

supermercados: *supermarkets,* cultivadores: *cultivators*

salsa: *sauce*

mayor: *largest,* productor: *producer,* mundo: *world* Llegaron: *They came,* introdujeron: *introduced*

llegó: *it came*

El arte de la lectura

Adjetivos de nacionalidad

Adjectives of nationality are derived from the names of countries. These adjectives, however, do not all have the same endings.

The following list of adjectives of nationality covers all the Spanish-speaking countries. Can you match these adjectives with the corresponding countries?

argentino
boliviano
colombiano
costarricense
cubano
chileno
dominicano
ecuatoriano
español
guatemalteco
hondureño

mexicano
nicaragüense
norteamericano
panameño
paraguayo
peruano
puertorriqueño
salvadoreño
uruguayo
venezolano

Now can you match the following adjectives of nationality with their countries?

alemán
australiano
belga
brasileño
canadiense
chino
egipcio
griego
húngaro

indio
irlandés
israelí
neozelandés
ruso
senegalés
sueco
turco

VISTA

El mundo
de los deportes

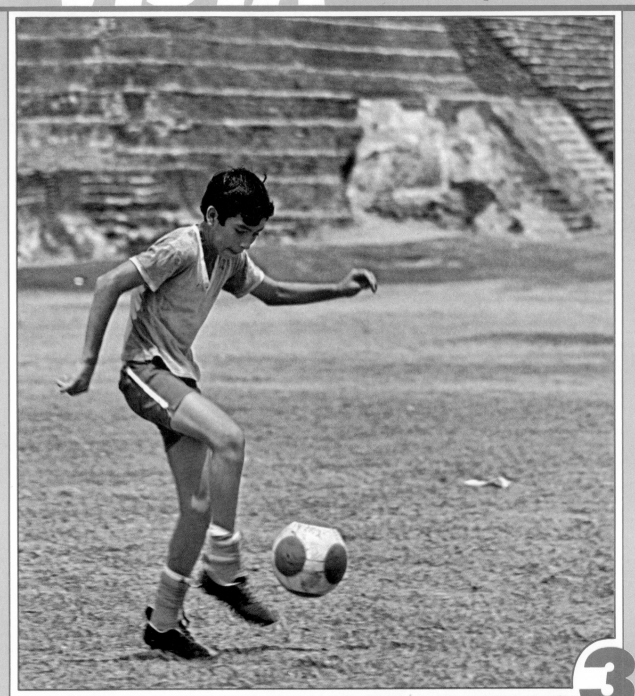

3

DEPORTES DE VERANO

 tenis

 natación

 windsurf

 esquí acuático

 vela

DEPORTES DE INVIERNO

 esquí

 patinaje

 hockey

EL BÉISBOL
es más popular en: México, Puerto Rico, Cuba, Venezuela, La República Dominicana, Nicaragua

Si el fútbol es número uno en Sudamérica y España, el béisbol es rey° en los países del Caribe; el deporte tiene equipos muy populares, especialmente en Venezuela y en la República Dominicana. Hay muchos jugadores° de origen hispánico en las grandes ligas de béisbol en los Estados Unidos.

El mundo° hispánico

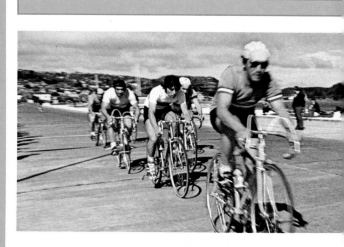

mundo *world* **deportes** *sports* **tan** *as* **rey** *king*
jugadores *players*

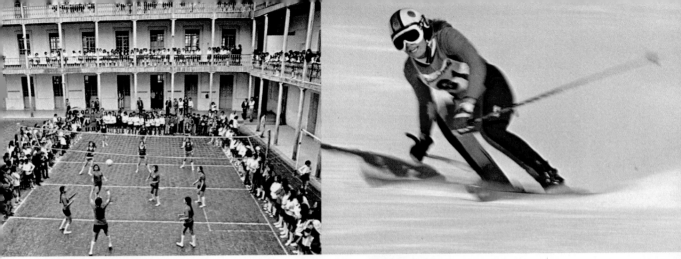

EL VOLIBOL
es más popular en: México, Cuba, Colombia, Bolivia

Este deporte y pasatiempo° cada día es más y más popular por todas partes.° Muchos profesores de educación física dicen que es excelente para los jóvenes, especialmente para las chicas. Hay varios grupos profesionales de chicas, pero en muchos barrios y parques, grupos mixtos de muchachos y muchachas lo juegan° simplemente como un pasatiempo.

EL ESQUÍ
es más popular en: Chile, Argentina, España

Cuando la gente en los Estados Unidos habla del esquí, habla de Colorado, de Vermont, de los Alpes, de los Pirineos y del Japón. Pero en Sudamérica, las montañas de los Andes son fantásticas para este deporte, especialmente en la Argentina y en Chile. En las Olimpíadas de Invierno de 1972 el español Francisco Fernández Ochoa ganó° la medalla de oro° en el slalom especial.

y los deportes°

En los países hispánicos los deportes son tan° populares como en los Estados Unidos, pero hay una gran variedad de deportes en diferentes países.

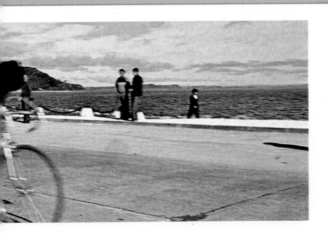

EL CICLISMO
es más popular en: Venezuela, México, Uruguay, Colombia, Chile, Costa Rica, Guatemala, Cuba

Éste es un deporte que tiene millones de aficionados en España y en América Latina. En España el evento principal es la «Vuelta». Es una carrera° de ciclismo que dura° dos o tres semanas durante el verano. Los competidores cruzan° ríos° y montañas con buen tiempo o con mal tiempo. La llegada° de los ciclistas es un evento nacional.

---

pasatiempo *pastime*   por todas partes *everywhere*   juegan *play*   ganó *won*
medalla de oro *gold medal*   carrera *race*   dura *lasts*   cruzan *cross*   ríos *rivers*   llegada *arrival*   **205**

EL FÚTBOL°
es más popular en: España, Chile, Uruguay, Argentina

Es el deporte° número uno en Sudamérica. En muchas ciudades grandes y pequeñas hay equipos° de fútbol y cada equipo tiene muchísimos aficionados.° Los partidos° nacionales tienen gran importancia en cada país, pero el gran evento es la Copa Mundial,° cada cuatro años. En 1982 unos dos billones de personas vieron° por televisión el partido final de la Copa Mundial. Este° partido se jugó° en España.

EL JAI ALAI
es más popular en: España, México, Cuba, Venezuela

Es un juego° de origen vasco° que quiere decir° «fiesta alegre». Es uno de los deportes más peligrosos° y rápidos; la pelota° viaja a velocidades de más de doscientos kilómetros por hora; por eso las canchas° tienen tres paredes° de catorce metros de altura° y son de cemento sólido. Hoy los mejores° jugadores de jai alai vienen a los Estados Unidos a jugar en las canchas de Florida y de Connecticut.

fútbol *soccer* **deporte** *sport* **equipos** *teams* **aficionados** *fans* **partidos** *matches*
Copa Mundial *World Cup* **vieron** *saw* **Este** *This* **se jugó** *was played* **juego** *game* **vasco** *Basque*
quiere decir *means* **peligrosos** *dangerous* **pelota** *ball* **canchas** *courts* **paredes** *walls*
altura *height* **mejores** *best*

LA CORRIDA DE TOROS
es más popular en: España, México, Colombia, Perú

Unos dicen que es un arte y otros dicen que es un deporte. Unos dicen que es un acto de barbarie° y otros que es un acto simbólico en que se oponen° la fuerza° bruta de un animal con la valentía° y la gracia del hombre. Ésta es una actividad que no se practica en muchos países del mundo: España, México, Colombia y a veces en el Perú y Guatemala.

EL TENIS
es más popular en: Argentina, México, Perú, Chile

El tenis se juega° hoy más que antes en el mundo hispánico. La popularidad de este° deporte es debida° en gran parte al notable éxito° de tenistas hispánicos. Todos conocen a jugadores° como Guillermo Vilas y José Luis Clerc (Argentina), Raúl Ramírez (México), Andrés Gómez (Ecuador) y José Higueras (España). Hoy estos campeones° se distinguen° en los principales torneos° internacionales, siguiendo las huellas° de tenistas como Pancho González (México) y Pancho Segura (Ecuador), campeones de la generación anterior.°

barbarie *savagery*   **se oponen** *are opposed*   **fuerza** *force*   **valentía** *courage*   **se juega** *is played*
este *this*   **debida** *due*   **éxito** *success*   **jugadores** *players*   **campeones** *champions*
se distinguen *distinguish themselves*   **torneos** *tournaments*
siguiendo las huellas *following in the footsteps*   **anterior** *previous*

207

¿QUÉ SABES DEL FÚTBOL?

¿Cuál es el deporte que llena° más estadios en el mundo, que tiene más jugadores profesionales y aficionados y que paga° más dinero a los equipos profesionales?

¡El fútbol! . . . y el fútbol es rey en los países hispánicos. En los Estados Unidos este deporte es cada día más popular. ¿Qué sabes tú del fútbol? Vamos a ver . . .

sí no

1. Un equipo de fútbol tiene once jugadores.
2. La duración de un partido es de dos partes de cuarenta y cinco minutos cada una.
3. Para° ser buen jugador es necesario ser alto.
4. El juego consiste en hacer entrar° la pelota en la portería° del equipo contrario.
5. Los jugadores toman la pelota con las manos.°
6. El fútbol es un deporte de origen hispánico.
7. Un gol vale° dos puntos.
8. En el fútbol los jugadores usan cascos.°
9. En general, un campo de fútbol es más grande que° un campo de fútbol americano.
10. En los Estados Unidos hay equipos profesionales de fútbol.

llena *fills*   **paga** *pays*   **Para** *In order*   **hacer entrar** *making enter*   **portería** *goal area*
manos *hands*   **vale** *is worth*   **cascos** *helmets*   **más grande que** *bigger than*

EL FÚTBOL

EL VOCABULARIO

campo	field
línea	line
puerta, portería	goal

camiseta

pelota, balón

calzoneta

botines

rodilleras

medias

canilleras

campo de fútbol

línea de puerta

área de puerta

120 m.

extremo

extremo

interior

delantero centro

interior

medio ala

medio ala

medio centro

defensa

portero

90 m.

las posiciones

pies *feet*   portero *goalie*   parar *stop*   209

GOLF

Nancy López, Estados Unidos

De origen mexicano-americano, Nancy López es una de las estrellas° más brillantes del golf mundial. A la edad° de veinte y un años y en su primer año como jugadora profesional, ella hizo° algo° increíble: ganar unos diez de los torneos° más difíciles en el circuito profesional norteamericano.

ACROBACIA EN EL AIRE

Miguel Vázquez, México

Delgado, pequeño . . . y muy fuerte,° Miguel Vázquez es un acróbata extraordinario. Es de una familia de actores del circo, maestro° del salto mortal° aéreo triple a la edad de trece años. Ahora a la edad de diez y siete años ha realizado° lo imposible: el salto mortal aéreo cuádruple. Y, ¿su ambición? . . . ¡El salto mortal aéreo quíntuplo, claro!

TOROS°

Conchita Cintrón, Perú

Es la primera mujer en la historia del toreo° y en abrir° làs puertas del toreo a otras mujeres, un deporte exclusivamente para hombres en el pasado.° Cintrón toreó° en su vida° más de cuatrocientos toros. Hoy día° hay varias° jóvenes famosas como Maribel Atienza, quien comenzó° a torear a la edad de diez y seis años.

estrellas *stars*   **edad** *age*   **hizo** *did*
algo *something*   **torneos** *tournaments*   **fuerte** *strong*
maestro *master*   **salto mortal** *somersault*   **ha realizado** *he has achieved*   **toros** *bulls*   **toreo** *bullfighting*
abrir *opening*   **pasado** *past*   **toreó** *fought*   **vida** *life*   **Hoy día** *Today*   **varias** *several*   **comenzó** *began*

TENIS
Guillermo Vilas, Argentina

Guillermo Vilas es uno de los principales tenistas profesionales del mundo.° Ganador° de muchos campeonatos° y torneos en Francia, en Inglaterra y en los Estados Unidos, este campeón forma parte de la excelente tradición hispánica en el tenis. Pero jugar° al tenis no es todo para Vilas. También es poeta. Uno de sus temas favoritos: el amor.

ATLETISMO
Alberto Salazar, Estados Unidos

De origen cubano, Alberto Salazar es ganador de muchas carreras,° incluso° los importantes maratones de Boston y de Nueva York. Tiene confianza° porque siempre está preparado. Su energía y diligencia lo hacen uno de los mejores° corredores° del mundo. Hoy es el favorito para ganar la medalla de oro° en la carrera de maratón de las próximas Olimpíadas.

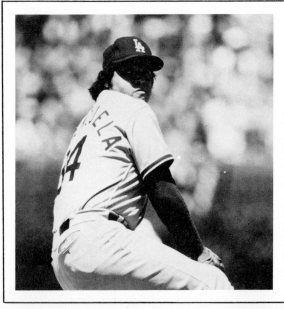

BÉISBOL
Fernando Valenzuela, Estados Unidos

Muchos equipos° de béisbol norteamericanos tienen estrellas hispánicas. Entre° ellas hay una superestrella: Fernando Valenzuela, lanzador° principal de los Dodgers. Es todavía° muy joven, pero ya° es famoso. A la edad de 21 años, ganó° sus primeros ocho partidos° y el partido decisivo en la Serie Mundial.° También ganó el título de Novato° del Año. Algunos° creen que es el mejor lanzador del momento y tal vez uno de los mejores de todos los tiempos.° En México, su país natal,° es más que una estrella de béisbol. ¡Es un héroe nacional!

---

mundo *world* **Ganador** *Winner* **campeonatos** *championships* **jugar** *to play* **carreras** *races*
incluso *including* **confianza** *confidence* **mejores** *best* **corredores** *runners* **medalla de oro** *gold medal*
equipos *teams* **Entre** *Among* **lanzador** *pitcher* **todavía** *still* **ya** *already* **ganó** *he won*
partidos *games* **Serie Mundial** *World Series* **Novato** *Rookie* **Algunos** *Some* **todos los tiempos** *all time*
natal *native*

Los deportes y tu personalidad

Nuestra preferencia por cierto° deporte dice mucho de nuestra personalidad.
Por ejemplo, un deporte de equipo°—el fútbol, el básquetbol, el volibol—atrae°
a personas que prefieren formar parte de un grupo. Un deporte individual—el
correr,° el tenis, el esquí—atrae a personas que prefieren realizar° un objetivo
personal. ¿Qué deportes practicas tú? ¿Cuál es tu deporte favorito? . . .
Primero decide qué tipo de persona eres; después ve° cuál es tu deporte.

SI TÚ ERES . . .	TU DEPORTE ES . . .	PORQUE . . .
• independiente y enérgico(a)	el correr	En las carreras tú compites contigo mismo.°
• inteligente y perseverante	el tenis	Juegas al tenis para ganar, y para ganar necesitas tener buenas tácticas.
• sociable	el ciclismo, la natación,° el esquí	El objetivo de estos deportes no es sólo ganar° sino° también hacer ejercicio con otra gente.
• agresivo(a)	el fútbol	Tienes que pegarle° a la pelota, pero ¡primero tienes que llegar a ella!
• seguro de ti mismo°	el básquetbol	No puedes esperar; tienes que saber° qué hacer con la pelota.
• perfeccionista	el volibol	Éste es un deporte que requiere disciplina y precisión.

cierto *a certain*   **equipo** *team*   **atrae** *appeals*   **correr** *running*   **realizar** *to attain*   **ve** *see*
contigo mismo *with yourself*   **natación** *swimming*   **ganar** *to win*   **sino** *but*   **pegarle** *kick*
seguro de ti mismo *sure of yourself*   **saber** *know*

El radio deportivo°

Tú estás solo en un desierto . . .
Tienes sólo un radio transistor.
Enciendes° el radio y . . . ¡caramba! ¡Una transmisión en español! ¡El radio está completamente loco!° En cada estación sólo habla de deportes. Tu única° posibilidad de pasar el tiempo es adivinar° qué deporte corresponde a las siguientes palabras:

1. Y ahora Gutiérrez toma la pelota, corre° en zig-zag y . . . Gooooooooooooool, Gooooooooooooooool de la Argentina . . . Dos del Uruguay, tres de la Argentina . . .

2. Santos lanza° . . . González conecta° una línea que se va . . . se va . . . se va . . . ¡y se fue!° ¡Jonrón para los Piratas!

3. Estamos en el último juego° del torneo° de dobles femeninos. Juanita Torres sirve una pelota° rapidísima . . . ¡Otro incojible!° ¡Cuarenta / quince!

4. Corona se aproxima° al final de las veinte y seis millas. Sólo le restan unas veinte yardas . . . ¡Llega el primero en dos horas ocho minutos y diez segundos! ¡Un nuevo record mundial!

5. El piloto Carlos Perea toma mal la curva: sólo hay humo° en la pista° . . . ¡Accidente en la pista! . . . ¡Una ambulancia, una ambulancia! . . .

6. Carmen Rey está a ocho bajo par, pero tiene un put difícil a quince pies del hoyo° diez y ocho. Prepara el golpe.° La pelota rueda° . . . se acerca° . . . ¡cae° en el hoyo! ¡Rey es la campeona!

RESPUESTAS: 1. fútbol 2. béisbol 3. tenis 4. maratón 5. carrera° de autos 6. golf

Actividades culturales

Actividades para cada estudiante

1. Make a list of ten baseball players with Hispanic names in the American and the National League. (Sources: newspapers, sports magazines)

2. List the Hispanic medal winners in the last four Summer Olympic Games. (Source: almanac)

Actividades para la clase

1. Look in newspapers and magazines for articles about Hispanic sports figures, and prepare a display.

2. Prepare a display that compares el fútbol and el fútbol americano. Indicate field size, team size, equipment, and scoring.

deportivo *of sports* Enciendes *You turn on* loco *crazy* única *only* adivinar *guess* corre *runs*
lanza *pitches* conecta *hits* ¡y se fue! *and it's gone!* juego *game* torneo *tournament*
pelota *ball* incojible *ace* se aproxima *nears* humo *smoke* pista *track* hoyo *hole* golpe *shot*
rueda *rolls* se acerca *approaches* cae *falls* carrera *race*

213

Unidad

6

Nuestras diversiones

Lección 1 El problema del dinero

¿Cuánto dinero te dan tus padres? ¿Te dan mucho? ¿Te dan poco? ¿Qué haces con tu dinero?

El problema del dinero es un problema universal. Todos los jóvenes del mundo tienen este problema. Hoy, cinco jóvenes hispanos nos van a hablar de este importante problema.

mundo: *world,* **este:** *this*

Carlos (Es del Uruguay y tiene quince años.)

Mis padres me dan cincuenta pesos cada semana. Con eso compro discos y revistas, y voy al cine de vez en cuando.

eso: *that*

María Victoria (Es la hermana de Carlos y tiene trece años.)

A mi hermano mis padres le dan cincuenta pesos cada semana. Pero a mí me dan sólo treinta. No es mucho y . . . ¡no es justo! ¡Yo también tengo gastos! ¡Yo también necesito comprar discos y revistas! ¡Yo también tengo ganas de ir al cine! . . . Pero no voy nunca . . . ¡No tengo suficiente dinero!

gastos: *expenses*

Elena (Es de México y tiene diez y seis años.)

A mí mi papá no me da nada. De vez en cuando mi mamá me da trescientos pesos . . . ¡especialmente cuando saco buenas notas en clase! Afortunadamente tengo amigos generosos. Me invitan al cine, a los conciertos, a tomar café . . . ¡Y yo no pago nada, por supuesto!

nada: *nothing*
trescientos: *three hundred,* **saco:** *get,* **notas:** *grades*
Afortunadamente: *Fortunately*
pago: *pay*

Guillermo (Es de Bolivia y tiene quince años.)

Mis padres me dan ochocientos pesos cada semana. ¿Crees que es mucho? Realmente es muy poco: Tengo muchas amigas . . . y cuando invito a una chica al café, claro, tengo que pagar por ella. ¡Después no tengo dinero el resto de la semana!

ochocientos: *eight hundred*

pagar: *to pay*

Esteban (Es de San Francisco y tiene diez y nueve años.)

¡Yo nunca pido dinero! ¡No me gusta pedir nada! . . . No necesito el dinero de mis padres. Trabajo en una estación de servicio. Soy mecánico y gano mucho. El dinero que gano no lo gasto. Lo ahorro para comprar una moto . . . una Kawasaki 500.

nunca: *never,* **pido:** *ask for*

gasto: *spend,* **ahorro:** *save*

CONVERSACIÓN

Ahora vamos a hablar de ti.

1. ¿**Te** dan mucho dinero tus padres?
   Sí, **me** dan . . . (No, no **me** dan . . .)
2. ¿**Te** dan dinero tus abuelos?
3. ¿**Te** dan dinero tus tíos?
4. ¿**Te** prestan sus discos tus amigos?
5. ¿**Te** prestan sus libros tus amigos?
6. ¿**Te** prestan sus revistas tus amigos?

OBSERVACIÓN

The questions to the left are addressed to you personally.

• Which object pronoun is used?

In the answers you refer to yourself.

• Which object pronoun do you use?

Notas culturales

¡Una cuestión de honor!

En los países hispánicos, cuando un grupo de amigos va al cine o al café, las muchachas nunca° pagan. Los muchachos pagan por° ellas. Para un joven hispánico es imposible aceptar dinero de una amiga. En la sociedad hispánica el hombre es la persona que tradicionalmente provee° el dinero. ¡Es una cuestión° de honor para él !

nunca *never*   **pagan por** *pay for*   **provee** *provides*
cuestión *matter*

¡Hay pesos y pesos!

El peso es la unidad de moneda en varios países de Latinoamérica. Claro, no tiene el mismo valor° en cada uno de esos° países. Abajo° están las correspondencias aproximadas entre° el valor de los pesos y del dólar norteamericano.

valor *value*   **esos** *those*   **Abajo** *Below*   **entre** *between*

EL PAÍS		CENTAVOS NORTEAMERICANOS
la Argentina	el peso argentino	$1/50,000$
Bolivia	el peso boliviano	½
Chile	el peso chileno	1½
Colombia	el peso colombiano	1½
la República Dominicana	el peso dominicano	100
México	el peso mexicano	1
el Uruguay	el peso uruguayo	5

Estructura

A. Los pronombres *me, te, nos*

Note the uses of the object pronouns in heavy print.

— ¿**Me** invitas al cine?	*Are you inviting **me** to the movies?*
— ¡Por supuesto **te** invito!	*Of course I am inviting **you.***
— ¿**Te** dan dinero tus padres?	*Do your parents give **you** (= to you) money?*
— Sí, pero no **me** dan mucho.	*Yes, but they don't give **me** (= to me) much.*
— ¿**Nos** llamas por teléfono, Luisa?	*Are you phoning **us**, Luisa?*
— ¿**Nos** prestas tu coche?	*Are you lending **us** (= to us) your car?*

> **Me** *(me, to me)*, **te** *(you, to you)* and **nos** *(us, to us)* may refer to nouns that are direct or indirect objects. These pronouns do not have separate direct and indirect forms like the pronouns you have already learned.

> The position of **me, te** and **nos** is the same as that of the other object pronouns:
>
> • Usually the pronouns come directly *before* the verb.
> • When used with an infinitive, the pronouns usually come *after* the infinitive and are attached to it. (They may come *before* the first verb.)

Voy a invitar**te** al cine.   ¿Vas a prestar**me** tu bicicleta?
(**Te** voy a invitar al cine.)   (¿**Me** vas a prestar tu bicicleta?)

> The object pronouns corresponding to **Ud.** and **Uds.** are the same as the third person object pronouns.

(usted)	**lo, la**	*(you)*	Srta. López, ¡no **la** comprendo!
	le	*(to you)*	Sr. Alonso, **le** vendo mi coche.
(ustedes)	**los, las**	*(you)*	Carlos y Felipe, **los** invito a mi fiesta.
	les	*(to you)*	¿**Les** vendo mis discos a Uds.?

---

vocabulario especializado   El dinero

un consejo	(piece of) advice	¿Te dan buenos **consejos** tus amigos?
el dinero	money	¿Tienes **dinero** para ir al cine?
un gasto	expense	No tengo dinero porque tengo muchos **gastos.**
el trabajo	work, job	¿Tienes **trabajo** de verano?
ganar	to earn (money)	Trabajo mucho pero no **gano** mucho.
pagar (por)	to pay for	¿Tienen los chicos que **pagar** por las chicas cuando van al cine?

For emphasis Spanish speakers may use the expressions **a mí, a ti,** and **a nosotros(as)** with the pronouns **me, te,** and **nos:**

A mí, mis padres no **me** dan dinero.

ACTIVIDAD 1 Diálogo: La vida de tus compañeros *(The life of your classmates)*

Ask your classmates about their relationships with the people in parentheses. You may use the expression **a menudo** in your questions and answers.

escribir (tus primos)   Estudiante 1: ¿Te escriben a menudo tus primos?
Estudiante 2: Sí, me escriben a menudo.
(No, no me escriben a menudo.)

1. escribir (tus abuelos; tu mejor amigo; tus tíos)
2. invitar (tus primos; tu mejor amiga; los chicos de la clase)
3. llamar por teléfono (tu mejor amiga; tu mejor amigo; tus primos)

4. comprender (tu mejor amigo; tus padres; tus profesores)
5. ayudar con tus tareas (tus profesores; tu mamá; tus hermanos)
6. hablar de sus problemas (los chicos de la clase; tus primos; tu mejor amigo)

ACTIVIDAD 2 Diálogo: ¡Favores!

Ask your classmates if they intend to do the following things for you. Use **me** in the questions and **te** in the answers.

invitar al cine   Estudiante 1: ¿Vas a invitarme al cine?
Estudiante 2: Sí, voy a invitarte al cine.
(No, no voy a invitarte al cine.)

1. invitar a tu casa
2. llamar por teléfono
3. ayudar con la tarea

4. hablar de tus planes
5. prestar tus discos
6. prestar tu bicicleta

gastar	to spend (money)	¿Cuánto **gastas** cuando vas al cine?
≠ **ahorrar**	to save (money)	Betsy está **ahorrando** para ir a España.
ser rico	to be rich	Los amigos de Gloria **son ricos.**
≠ **ser pobre**	to be poor	Mis amigos **son pobres.**
demasiado(a)	too much	En clase tenemos **demasiado** trabajo . . . y
demasiados(as)	too many	**demasiados** exámenes.

NOTA: Like **mucho, demasiado** agrees with the noun which follows.

ACTIVIDAD 3 La fiesta de cumpleaños de Carlos

Carlos is having a birthday party. His friends are asking him whether they are being invited. He says yes. Play both roles according to the model.

꒰ Luisa y Elena   Luisa y Elena: ¿Nos invitas a tu cumpleaños?
                              Carlos: ¡Claro, las invito!

1. Enrique
2. Mónica
3. Pablo y Paco

4. Sara y María
5. Felipe y Miguel
6. Tomás y Carmen

ACTIVIDAD 4   Preguntas personales

1. ¿Tienes un trabajo? ¿Cuánto ganas?
2. ¿Ahorras dinero? ¿Estás ahorrando para un viaje? ¿para comprar una bicicleta? ¿un tocadiscos? ¿una grabadora? ¿una calculadora?
3. ¿Gastas mucho dinero cuando vas al cine? ¿a la playa? ¿al concierto?
4. ¿Eres muy generoso(a)? Y tus padres, ¿son generosos?
5. ¿Son ricos tus amigos? ¿Son generosos?
6. ¿Cuánto pagas por una Coca-Cola en la cafetería? ¿Cuánto por un sándwich?
7. ¿Tienes demasiado trabajo en esta clase? ¿demasiadas tareas?

B. Palabras afirmativas y negativas

The words in columns A and B are opposites. Note the use of these words in the sentences below.

A	B	
siempre (*always*)	**nunca** (*never*)	—¿**Siempre** vas al cine los sábados? —No, **no** voy **nunca.**
alguien (*someone, anyone*)	**nadie** (*no one, not anyone*)	—¿Estás con **alguien?** —No, **no** estoy con **nadie.**
algo (*something, anything*)	**nada** (*nothing, not anything*)	—¿Le dices **algo** al profesor? —No, **no** le digo **nada.**
alguno (*some, any*)	**ninguno** (*no, not any, none*)	—¿Tienes **algunas** amigas en México? —No, **no** tengo **ninguna** amiga en México.

꒰ The negative words **nunca, nadie, nada** and **ninguno** may come before or after the verb. When they come after the verb, **no** is used before the verb.

Nunca vamos al cine. } *We **never** go to the movies.*
No vamos **nunca** al cine. }

⟫ **Alguno** and **ninguno** agree with the nouns they describe.
Before a masculine singular noun, they become **algún** and **ningún.**

No tengo **ningún** amigo en España.   *I don't have **any** friends in Spain.*
Algún día voy a visitar México.   *Someday I am going to visit Mexico.*

ACTIVIDAD 5   Diálogo: Esta noche *(Tonight)*

Ask your classmates about their plans for tonight. Use **alguien** in
sentences 1-5, and **algo** in sentences 6-10. Your classmates may answer
affirmatively or negatively.

⟫ invitar a   Estudiante 1: ¿Vas a invitar a alguien a la fiesta?
    la fiesta   Estudiante 2: Sí, voy a invitar a alguien a la fiesta.
                   (No, no voy a invitar a nadie a la fiesta.)

1. visitar
2. ver
3. invitar al cine
4. llevar al teatro
5. llamar por teléfono

6. hacer
7. leer
8. escribir
9. comprar
10. buscar

ACTIVIDAD 6   ¡No!

Today Felipe is in a very contrary mood. He says no to every one of
Isabel's questions. Play both roles according to the model.

⟫ hacer algo   Isabel: ¿Haces algo, Felipe?
                   Felipe: ¡No, no hago nada!

1. escribir algo
2. leer algo
3. comprar algo para tus amigos
4. invitar a alguien al cine
5. hablar de tus problemas con alguien
6. ir siempre al cine los domingos

7. trabajar siempre en clase
8. decir siempre la verdad *(truth)*
9. tener alguna amiga en España
10. tener algún disco bueno
11. desear ir a algún café
12. necesitar algún consejo

C. *Pedir* (e → i)

Note the forms of the verb **pedir** *(to ask for).*
Pay attention to the vowel of the stem of the verb.

INFINITIVE:	pedir		
PRESENT:			
(yo)	Pido cuatro pesos.	(nosotros)	Pedimos tu coche.
(tú)	Pides cinco pesos.	(vosotros)	Pedís un favor.
(él, ella, Ud.)	Pide dinero.	(ellos, ellas, Uds.)	Piden consejos.
PRESENT PARTICIPLE: pidiendo			

The verb **pedir** has regular **–ir** endings. Note, however, that the vowel **e** of the stem (**ped-**) changes to **i** in the **yo, tú, él** and **ellos** forms, and in the present participle. **Pedir** is called a *stem-changing verb*.

Although both **pedir** and **preguntar** may mean *to ask* in English, their uses are different:

- **Pedir** means *to ask for, to request, to order (something).*

  ¿Le **pides** el coche a tu papá?   *Do you **ask** your father **for** the car?*
  No, no le **pido** nunca el coche.   *No, I never **ask** him **for** the car.*

- **Preguntar** means *to ask (a question), to inquire (about something).*

  Cuando no comprendo   *When I don't understand*
    le **pregunto** al profesor.   *I **ask** the teacher.*

ACTIVIDAD 7   Regalos de cumpleaños

Say what the following people are asking for as birthday presents. Follow the model.

Isabel (un radio)   Isabel pide un radio.

1. Carlos (una guitarra eléctrica)
2. Manuela (una bicicleta)
3. Jaime (discos)
4. nosotros (un reloj)

5. Paco y Roberto (una moto)
6. yo (una calculadora)
7. tú (una cámara de cine)
8. María y Pilar (una raqueta de tenis)

ACTIVIDAD 8   Diálogo: ¿Qué pides? ¿Qué preguntas?

Ask your classmates whether they request (1-5) or ask (6-10) the following things of their family and friends. Use the indirect object pronouns **le** and **les** in your questions and answers.

pedir: dinero a tu mamá   Estudiante 1: ¿Le pides dinero a tu mamá?
                 Estudiante 2: Sí, le pido dinero.
                       (No, no le pido nunca dinero.)

preguntar: a tus padres si ganan mucho
                 Estudiante 1: ¿Les preguntas a tus padres si ganan
                         mucho?
                 Estudiante 2: Sí, les pregunto si ganan mucho.
                       (No, no les pregunto nunca si ganan
                       mucho.)

1. dinero a tus padres
2. el coche a tu papá
3. consejos a tu mejor amiga
4. sus discos a tus amigas
5. buenas notas (*grades*) a tus
   profesores

6. a tus padres si gastan mucho
7. a tus amigos si son ricos
8. a tus amigas si ahorran su dinero
9. a tus primos si necesitan dinero
10. a tus profesores si van a dar un
    examen difícil

Pronunciación   El sonido de la consonante *p* inicial

Model word: <u>p</u>oco
Practice words: <u>p</u>ago <u>p</u>ido <u>p</u>obre <u>p</u>erdón <u>p</u>reguntar <u>P</u>aco
Practice sentences: <u>P</u>aco le <u>p</u>ide un <u>p</u>eso a su <u>p</u>apá.
¿<u>P</u>or qué está <u>P</u>ablo siempre en la <u>p</u>laza?
En <u>P</u>anamá, no <u>p</u>ago con <u>p</u>esos.

In English, the sound / p / at the beginning of a word is pronounced with a puff of air. Hold your hand by your mouth as you say the English word "poke" and you should feel the air. Now say the English word "spoke": there is almost no puff of air. In Spanish, the sound / p / is always pronounced *without* a puff of air, even at the beginning of a word.

Entre nosotros

Expresiones para la composición	
regularmente	*regularly*
a menudo	*often*
a veces	*sometimes*
raras veces	*rarely, seldom*

Mini-composición   Mi problema con el dinero

Escribe un pequeño párrafo, explicando cómo resuelves el problema del dinero. Usa las preguntas como guía para la composición, y usa las expresiones para la composición.

Presupuesto de la semana

	pesetas
Transporte	30
Cine	70
Revistas	35
Café	50
Sellos	20
Teléfono	20
total	225

- ¿Te dan dinero regularmente tus padres? ¿Cuánto?
- ¿Les pides dinero a tus abuelos?
- ¿Recibes dinero cuando ayudas a tu papá o a tu mamá?
- ¿Tienes un trabajo? ¿Cuánto ganas?
- ¿Recibes dinero cuando sacas buenas notas *(grades)* en clase?
- ¿Vas al cine a menudo? ¿a los conciertos?
- ¿Compras discos? ¿periódicos? ¿revistas?
- ¿Tienes amigos generosos? ¿Te invitan al cine? ¿al teatro? ¿a la heladería *(ice cream parlor)*?

Regularmente mi mamá me da dinero. Cada semana, recibo dos dólares.
A veces mis abuelos me dan cinco o diez dólares . . .

¿Te gustan los deportes? . . . ¿Qué deporte te gusta más? . . . Cuatro jóvenes hispánicos (dos muchachos y dos muchachas) contestan:

Josefina

Me gusta nadar . . . Nado bastante bien . . . ¡Soy la campeona de mi escuela! También me gusta el tenis . . . Juego un poco, pero no juego muy bien.

Enrique

Me gusta el fútbol. Es mi deporte favorito. ¡Qué deporte! ¡Es sensacional! ¡Estupendo! ¡Fabuloso! . . . Juego al fútbol en la escuela. Tenemos un equipo tremendo . . . Con suerte, vamos a ser los campeones interescolares.

Benjamín

A mí también me gusta el fútbol . . . Soy un gran aficionado. Los domingos siempre asisto a los partidos de fútbol. Mi equipo favorito es el Real Madrid. ¡Son formidables! ¡Qué agilidad! ¡Viva el Real Madrid!

¿Me preguntas si juego al fútbol? ¿Yo? Bueno . . . no . . . No tengo tiempo para practicar. Me gusta más ver los partidos. Es más emocionante.

Ana María

A mí me gusta el boxeo . . . Me gusta el karate . . . Me gusta el judo . . . ¡Sí! Me gustan los deportes violentos . . . pero sólo verlos en la televisión.

En realidad, no soy una persona violenta y no practico deportes violentos . . . Yo juego al volibol. También me gustan el tenis y la natación.

Te gustan: *Do you like,* **deportes:** *sports*
contestan: *answer*

campeona: *champion*
Juego: *I play*

fútbol: *soccer*

equipo: *team*

interescolares: *interscholastic*

aficionado: *fan,* **Los domingos:** *On Sundays*
partidos: *games,* **equipo:** *team*
Viva: *Long live*

Me gusta más: *I prefer*
emocionante: *exciting*

boxeo: *boxing*

practico: *take part in*

natación: *swimming*

CONVERSACIÓN

Vamos a hablar de los deportes *(sports)*.

1. **¿Te gusta** el tenis?
   Sí, **me gusta**. . . (No, **no me gusta** . . .)
2. **¿Te gusta** el karate?
3. **¿Te gusta** el volibol?

4. **¿Te gustan** los deportes?
   Sí, **me gustan** . . . (No, **no me gustan** . . .)
5. **¿Te gustan** los deportes violentos?
6. **¿Te gustan** los partidos *(games)* de béisbol?

OBSERVACIÓN

Reread the above questions.

- What is the Spanish expression which corresponds to *do you like* when the question concerns a *single* activity such as tennis, karate, or volleyball?

- What expression is used when the question concerns *several* activities, such as sports or baseball games?

When you ask a Spanish speaker **¿Te gusta el tenis?** or **¿Te gusta el karate?** you are asking whether this person likes tennis or karate *in general*.

- Which word comes before **tenis** and **karate**?

- Does English use the definite article in constructions of this sort?

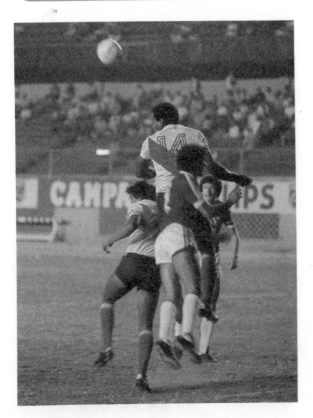

Nota cultural

¡Fútbol!

Hay fútbol y fútbol. El fútbol que juegan° los hispanohablantes no es como el fútbol norteamericano. En los Estados Unidos, el fútbol hispanoamericano se llama *soccer*.

En todas partes° donde hay espacios° abiertos,° los jóvenes hispánicos juegan al fútbol: en el estadio,° en la escuela, pero también en el campo, en la playa, en la calle. Los domingos, millones de aficionados° aplauden a sus equipos° favoritos: el Real Madrid en España, el Peñarol en el Uruguay, el Boca Juniors en la Argentina . . .

¡De veras, el fútbol es rey° en el mundo° hispánico!

juegan *play*   **en todas partes** *everywhere*   **espacios** *spaces*
abiertos *open*   **estadio** *stadium*   **aficionados** *fans*
equipos *teams*   **rey** *king*   **mundo** *world*

Estructura

vocabulario especializado   Los deportes (Sports)

Deportes individuales

el esquí

el tenis

la gimnasia

la natación

Deportes de equipo

el básquetbol

el béisbol

el volibol

el fútbol

el fútbol americano

un equipo	team	Nuestra escuela tiene un **equipo** de fútbol muy bueno.
un(a) jugador(a)	player	Hay once **jugadores** en un equipo de fútbol.
un partido	game, match	¿Vas a asistir al **partido** de béisbol mañana?
un(a) atleta	athlete	¿Hay muchos **atletas** buenos en tu escuela?
un aficionado(a) a	a fan (of)	Soy **aficionado** al fútbol. Mi hermana es **aficionada** al tenis.
deportista	active in sports, athletic	Carlos no es **deportista,** pero tiene dos hermanas que son muy **deportistas.**
deportivo(a)	(concerning) sports	¿Lees las revistas **deportivas?**
jugar (u → ue) a	to play (a sport)	¿**Juegas** bien al ping pong?

ACTIVIDAD 1 Preguntas personales

1. ¿Eres deportista? ¿Qué deportes practicas? ¿el tenis? ¿el básquetbol?
   ¿el esquí? ¿la natación?
2. ¿Eres aficionado(a) al béisbol? ¿al volibol? ¿a la gimnasia?
3. ¿Hay en tu escuela un equipo de fútbol? ¿de fútbol americano?
   ¿de básquetbol? ¿Son buenos los equipos?
4. ¿Miras los partidos de tenis en la televisión? ¿los partidos de béisbol?

ACTIVIDAD 2 Un sondeo de opinión *(Opinion poll)*

Vote for the best sports, the best athletes, the best teams. The results of
this class survey may be presented as percentages or in tabular form.

1. El mejor deporte individual es . . .
2. El mejor deporte de equipo es . . .
3. El mejor jugador de béisbol es . . .
4. El mejor jugador de básquetbol es . . .
5. El mejor jugador de tenis es . . .
6. La mejor jugadora de tenis es . . .
7. El mejor equipo de béisbol es . . .
8. El mejor equipo de básquetbol es . . .
9. El mejor equipo de fútbol americano es . . .

A. *Jugar* (u → ue)

Note the forms of the stem-changing verb **jugar** *(to play)*.
Pay special attention to the stem vowels.

INFINITIVE:	jugar		
PRESENT:			
(yo)	**Jueg**o al fútbol.	(nosotros)	**Jugamos al béisbol.**
(tú)	**Jueg**as al básquetbol.	(vosotros)	**Jugáis al ping pong.**
(él, ella, Ud.)	**Jueg**a al volibol.	(ellos, ellas, Uds.)	**Juegan al tenis.**
PRESENT PARTICIPLE:	jugando		

☞ The **u** of the stem (**jug-**) becomes **ue** in the **yo, tú, él** and **ellos** forms
of the present tense. Like all other stem-changing verbs, the endings
of **jugar** are regular.

☞ With the name of a sport, **jugar** is followed by the preposition **a**.

ACTIVIDAD 3 Hay buenos y malos jugadores

Roberto, the captain of the soccer team, wants your opinion of the players.
Express your opinion of each player according to the model.

☞ Alejandro: muy bien   Alejandro juega muy bien.

1. Lorenzo: mal
2. Gabriel: estupendamente
3. mis hermanos: bastante bien
4. Luis y yo: bien
5. Federico: muy mal
6. Alberto: muy bien
7. Roberto: bien, a veces
8. tú: muy mal
9. yo: bastante bien

B. El uso del artículo definido en el sentido general

Note the use of the definite article (**el, la, los, las**) in the following sentences.

El tenis es un deporte sensacional.	*Tennis (**in general**) is a sensational sport.*
No me gusta **la** violencia.	*I don't like violence (**in general**).*
Los hispanohablantes son aficionados al fútbol.	*Hispanic people (**in general**) are soccer fans.*
¿Son **las** chicas más deportistas que **los** chicos?	*Are girls (**in general**) more active in sports than boys (**in general**)?*

In Spanish, the definite article is used to introduce nouns used in a general sense. This is not the case in English.

ACTIVIDAD 4   Tu opinión de los deportes

Give your general opinion of the sports in column A, using one of the adjectives in column B. Your opinions may be positive or negative. (Note: The words marked with an asterisk (*) are feminine; all others are masculine.)

A		B	
tenis	ping pong	divertido	sano *(healthy)*
fútbol	esquí	aburrido	fácil *(easy)*
béisbol	natación*	violento	difícil
volibol	golf	artístico	peligroso *(dangerous)*
boxeo	gimnasia*	sensacional	espectacular
judo	fútbol americano		
karate	básquetbol		

tenis   El tenis (no) es un deporte sensacional (fácil, ...).

ACTIVIDAD 5   Otras opiniones personales

Give your general opinion of the following, according to the model.

música popular: ¿estupenda?   La música popular es estupenda.
(La música popular no es estupenda.)

1. música clásica: ¿divertida?
2. deportes de equipo: ¿violentos?
3. violencia: ¿terrible?
4. programas deportivos: ¿interesantes?
5. televisión: ¿una diversión intelectual?
6. dinero: ¿útil? *(useful)*
7. español: ¿difícil?
8. francés: ¿útil?
9. atletas: ¿personas interesantes?
10. chicos norteamericanos: ¿buenos atletas?
11. chicas norteamericanas: ¿buenas atletas?

ACTIVIDAD 6   Generalizaciones

Express your general opinion about the following topics. You may want to use adjectives such as **interesante, fantástico, fabuloso, estupendo, divertido, tonto, aburrido.** Your sentences may be affirmative or negative. (The feminine nouns are indicated by an asterisk.)

> violencia*   ¡La violencia (no) es tonta!

1. ciencia ficción*
2. novelas históricas*
3. novelas románticas*
4. historietas* *(comic strips)*
5. revistas deportivas*
6. comedias musicales*
7. jazz
8. rock
9. karate
10. deportes violentos

C. *Gustar*

Note the forms of **gustar** in the following questions and answers:

—¿**Te gusta** el tenis?	*Do you like tennis?*
—Sí, **me gusta** el tenis.	*Yes, I like tennis.*
—¿**Te gustan** los deportes violentos?	*Do you like violent sports?*
—No, **no me gustan** los deportes violentos.	*No, I don't like violent sports.*

> The expressions **me gusta (el tenis), me gustan (los deportes)** are equivalent to the English expression *I like (tennis, sports)*. Word for word, however, these expressions mean:
>
> *(Tennis) pleases me (is pleasing to me).*
> *(Sports) please me (are pleasing to me).*

> In the expression **me gusta(n), te gusta(n)** . . . **me** and **te** are object pronouns. The verb **gustar** does not agree with these pronouns, but with the following noun which is the subject.

> The expression **me gusta(n) más** means *I like better, I prefer.*
>
> Me gusta el fútbol pero **me gusta más** el volibol.

> When speaking to people whom you address as **Ud.** or **Uds.**, the pronouns to use are **le** and **les.**
>
> ¿**Le gusta** el tenis, Sra. de González?   *Do you like tennis . . . ?*
> ¿**Les gusta** el fútbol a Uds.?   *Do you like soccer . . . ?*

> When speaking for yourself and others, the pronoun to use is **nos.**
>
> A Jaime y a mí **nos gusta** la natación.   *. . . we like swimming.*

ACTIVIDAD 7   Diálogo: Preferencias personales

Ask your classmates what they prefer, according to the model.

📢 ¿el cine o el teatro?   Estudiante 1: ¿Qué te gusta más, el cine o el teatro?
                              Estudiante 2: Me gusta más el cine.
                                            (Me gusta más el teatro.)

1. ¿nadar o jugar al volibol?
2. ¿mirar la televisión o escuchar discos?
3. ¿el béisbol o el fútbol americano?
4. ¿el tenis o el ping pong?
5. ¿la televisión o el cine?
6. ¿la música clásica o la música popular?
7. ¿los deportes individuales o los deportes de equipo?
8. ¿las comedias musicales o los eventos deportivos?
9. ¿los chicos deportistas o los chicos intelectuales?
10. ¿los profesores estrictos o los profesores tolerantes?

Pronunciación   Los sonidos de las consonantes *g, j*

Model word: ju̱e̱go̱
Practice words: ju̱gador ju̱gadora g̱imnasia g̱ano g̱asto
               alg̱o alg̱uno
Practice sentences: J̱osé J̱iménez viaja con J̱uan G̱onzález.
                    ¿J̱uega bien Benj̱amín?
                    ¿Quién es el mej̱or jugador, J̱orge o J̱aime?

Remember: The "jota" sound is represented by: **j** in all positions
                                               g (before **e** and **i**).
          The / g / sound is represented by: **g** (before **a, o, u** and consonants).

Entre nosotros

Expresión para la composición

en mi opinión   *in my opinion*

Mini-composición   Mi deporte favorito

Prepara un pequeño párrafo describiendo tu deporte favorito. Usa las
preguntas como guía para la composición. Usa también la expresión
para la composición.

- ¿Cuál (What) es tu deporte favorito?
- ¿Es un deporte individual o un deporte de equipo? Si es un deporte de equipo, ¿cuántos jugadores hay en un equipo? ¿Hay un equipo en tu escuela? ¿Cómo se llama?
- ¿Es un deporte muy popular en los Estados Unidos? ¿en los países hispánicos?
- ¿Qué necesitas para practicar este deporte? ¿una raqueta? ¿una pelota *(ball)*? ¿un balón *(inflated ball)*?
- ¿Dónde lo practicas? ¿en tu escuela? ¿en el gimnasio? ¿en un estadio? ¿en el campo?
- ¿Cuándo lo practicas? ¿en el verano? ¿en el invierno? ¿en el otoño? ¿en la primavera? ¿en todas las estaciones?
- ¿Es un deporte para las muchachas y los muchachos?
- ¿Quiénes son los mejores atletas norteamericanos que lo practican? ¿y las mejores atletas?

Mi deporte favorito es el béisbol. . . . **En mi opinión,** los mejores
atletas norteamericanos que lo practican son. . . .

Lección 3 *Las diversiones y tú*

¿Hay una relación entre nuestra personalidad y las diversiones que preferimos? Vamos a ver.

entre: *between*
diversiones: *pastimes*

Para cada pregunta, escoge una respuesta (A, B, o C) y descubre tu personalidad.

escoge: *choose,*
respuesta: *answer,*
descubre: *discover*

prefieres: *do you prefer*

1. ¿Qué tipo de música prefieres?
   - ■ A.   Prefiero la música clásica.
   - ■ B.   Prefiero la música popular.
   - ■ C.   Prefiero las comedias musicales.
2. ¿Qué tipo de películas prefieres?
   - ■ A.   Prefiero los dramas psicológicos.
   - ■ B.   Prefiero las películas de aventuras.
   - ■ C.   Prefiero las películas románticas.

películas: *films*

3. ¿Qué programas de televisión prefieres?
   - ■ A.   Prefiero los programas científicos.
   - ■ B.   Prefiero los programas deportivos.
   - ■ C.   Prefiero los programas de variedades musicales.
4. ¿Qué prefieres leer en un periódico?
   - ■ A.   Prefiero leer la página editorial.
   - ■ B.   Prefiero leer la página deportiva.
   - ■ C.   Prefiero leer el horóscopo.

página: *page*

5. De las tres siguientes actividades, ¿cuál quieres hacer este fin de semana?
   - ■ A.   Quiero ir a un museo.
   - ■ B.   Quiero ir al estadio.
   - ■ C.   Quiero ir al campo con mis amigos.

cuál: *which,*
   quieres: *do you want*
este: *this*
estadio: *stadium*

6. De las tres siguientes actividades, ¿cuál quieres hacer durante las vacaciones?
   - ■ A.   Quiero estudiar una lengua extranjera.
   - ■ B.   Quiero trabajar para ganar dinero.
   - ■ C.   Quiero hacer un viaje a otro país.

lengua extranjera: *foreign language*

INTERPRETACIÓN

Ahora, suma el número de respuestas A, B y C.

Si tienes cuatro respuestas A (o más), eres un ratón de biblioteca.
Tienes una curiosidad intelectual muy grande.

Si tienes cuatro respuestas B (o más), tienes mucho sentido práctico.
Eres una persona dinámica y realista.

Si tienes cuatro respuestas C (o más), eres romántico(a) e idealista.

Si tienes menos de cuatro respuestas A, B o C, eres una persona
equilibrada, pero no tienes una personalidad muy fuerte.

suma: *add*

ratón de biblioteca:
*"bookworm" (lit.:
library mouse)*
sentido: *sense*

menos de: *less than*
equilibrada:
well-balanced,
fuerte: *strong*

CONVERSACIÓN

Vamos a hablar de las preferencias de la clase.

1. **¿Prefieren** Uds. estudiar francés o español?
   Preferimos . . .
2. **¿Prefieren** Uds. hablar español o inglés
   en clase?
3. **¿Prefieren** Uds. ir al cine o al teatro?
4. **¿Prefieren** Uds. vivir en una ciudad o en el
   campo?

OBSERVACIÓN

The questions and answers to the left use the
verb **preferir** *(to prefer)*.
- Does the stem of **preferir** change in the
  Uds. form? What is the change?
- Does it change in the **nosotros** form?

Nota cultural

El cine

¿Vas a menudo al cine? El cine es una de las
diversiones favoritas de la juventud° hispánica.

¿Qué ven los jóvenes hispánicos en el cine?
Puede° ser una película° mexicana, española o
argentina. España, Argentina y México son países
que producen muchas películas. También puede
ser una película norteamericana. Las películas
norteamericanas son muy populares en el mundo°
hispánico. Claro, tienen que ser en español. A
veces° las películas norteamericanas tienen
subtítulos. Otras veces están dobladas.°

Estos° son los títulos en español de algunas
películas norteamericanas muy famosas. ¿Puedes°
identificarlas?

juventud *youth* **Puede** *It may* **película** *film* **mundo** *world*
veces *times* **dobladas** *dubbed* **Estos** *These* **Puedes** *Can
you*

APOLLO

Vuelven las Grandes Aventuras!!

LOS CAZADORES DEL ARCA PERDIDA

PG

TITULOS EN ESPAÑOL

El mago de Oz (1939)
El puente sobre el Río Kwai (1951)
De aquí a la eternidad (1953)
La vuelta al mundo en ochenta días (1956)
Lo que el viento se llevó (1939)
Blancanieves y los siete enanitos (1937)
El día más largo (1962)
La guerra de las galaxias (1977)
Los cazadores del arca perdida (1981)
E. T. el Extraterrestre (1982)

Estructura

vocabulario especializado — Las diversiones

las diversiones	pastimes
el cine	
una película	film, movie
una película romántica	love movie
una película de aventuras	adventure movie
una película del oeste	western
una película policíaca	police or detective movie
el teatro	
una comedia musical	musical comedy
una obra de teatro	play
la televisión	
las noticias	news
un programa	program
un programa de variedades	variety show

un(a) comediante

un actor   una actriz

un(a) cantante

ACTIVIDAD 1   ¿Eres aficionado(a) al cine?

Give an example of each of the following.

> una película de horror   «Frankenstein» es una película de horror.

1. una película de aventuras
2. una película romántica
3. una película policíaca
4. una película del oeste
5. un actor norteamericano muy bueno
6. una actriz norteamericana muy buena
7. un actor extranjero *(foreign)*
8. una actriz extranjera

ACTIVIDAD 2   Tus diversiones

What we do often depends on where we are, what time it is, and how we feel. What would you do at the following times?

> Cuando estoy alegre . . .   Cuando estoy alegre, voy a ver una comedia.

1. Cuando estoy solo(a) en casa . . .
2. Cuando estoy en casa con mis amigos . . .
3. Cuando estoy con mi mejor amiga . . .
4. Cuando estoy con mi mejor amigo . . .
5. Cuando estoy triste . . .
6. A las siete de la noche . . .

A. ¿Cuál?

The question word **¿cuál?** *(which, what)* has the following forms:

SINGULAR	**¿cuál?**	**¿Cuál** es tu película favorita?
PLURAL	**¿cuáles?**	**¿Cuáles** son tus libros favoritos?

⚬ **¿Cuál?** is used instead of **¿qué?** before **ser** when a choice is asked for.

ACTIVIDAD 3   Diálogo: Tus favoritos

Ask a classmate about his or her favorites.

⚬ el programa de televisión

Estudiante 1: ¿Cuál es tu programa de televisión favorito?

Estudiante 2: Mi programa favorito es [Happy Days].

1. la película
2. los deportes
3. la comedia musical
4. los discos

5. las clases
6. el día de la semana
7. el actor
8. la actriz

9. el comediante
10. la comediante
11. el cantante
12. la cantante

B. Pensar, querer, preferir (e → ie)

The verbs **pensar** *(to think)*, **querer** *(to want)* and **preferir** *(to prefer)* are stem-changing verbs. Note their forms in the chart below.

INFINITIVE:	pensar	querer	preferir
PRESENT:			
(yo)	pienso	quiero	prefiero
(tú)	piensas	quieres	prefieres
(él) (ella) (Ud.)	piensa	quiere	prefiere
(nosotros)	pensamos	queremos	preferimos
(vosotros)	pensáis	queréis	preferís
(ellos) (ellas) (Uds.)	piensan	quieren	prefieren
PRESENT PARTICIPLE:	pensando	queriendo	prefiriendo

⚬ All the verb forms have regular endings.
⚬ The **e** of the stem becomes **ie** in the **yo, tú, él** and **ellos** forms of the present tense.

ACTIVIDAD 4   Un sondeo de opinión *(An opinion poll)*

A youth magazine wants to know what forms of entertainment teenagers prefer. Give the answers of the following people.

☞   Susana: las comedias   Susana prefiere las comedias.

1. Tomás y Rafael: los conciertos
2. los amigos de Rafael: las obras de teatro
3. Carmen: los programas de variedades
4. yo: las películas del oeste
5. tú: los dramas psicológicos
6. Uds.: las películas policíacas
7. Enrique y Luisa: las películas de horror
8. nosotros: las comedias musicales

Ellas Prefieren las Flores de . . . TRÍAS

---

vocabulario especializado   Verbos con cambios (e → ie)

verbos que terminan en –ar:

| empezar | to begin | ¿Cuándo **empieza** el verano? |
| **empezar a** | to begin to | ¿Cuándo **empieza a** tocar la orquesta? |

pensar	to think	¿Qué **piensas?**
pensar en	to think about	¿María, **en** qué **piensas?**
pensar de	to think of, about	¿Qué **piensas de** John Travolta?
pensar que	to think that	**Pienso que** John Travolta tiene mucho talento.
pensar + infinitive	to plan to	¿**Piensas ir** al cine mañana?

verbos que terminan en –er:

entender	to understand	¿**Entiendes** la película?
perder	to lose	¿**Pierdes** tus libros a menudo?
perder el tiempo	to waste time	Juan **pierde el tiempo** mirando la televisión.

querer	to want	¿**Quieres** mucho dinero?
querer a	to like, to love (someone)	¿**Quiere** Paco a María?
querer + infinitive	to want to	¿**Quieres ir** al cine con nosotros?
querer decir	to mean	¿Qué **quiere decir** la palabra «obra»?

verbos que terminan en –ir:

| preferir | to prefer | ¿**Prefieres** el teatro o el cine? |
| sentir | to feel | ¿**Sientes** mucha emoción cuando ves películas románticas? |

ACTIVIDAD 5   Viajes

Several students are discussing where they plan to go during vacation
and which cities they want to visit. Express this according to the model.

> Ramón: Puerto Rico / San Juan   Ramón piensa ir a Puerto Rico.
> Quiere visitar San Juan.

1. Isabel y Teresa: Francia / París
2. nosotros: Italia / Roma
3. Pablo: la Argentina / Buenos Aires
4. tú: el Japón / Tokio
5. Uds.: Venezuela / Caracas
6. nosotros: España / Barcelona
7. Enrique: Chile / Santiago
8. Pilar y Elena: el Canadá / Quebec
9. yo: Alemania / Berlín
10. ella: Costa Rica / San José

ACTIVIDAD 6   Diálogo: ¿Cómo son tus compañeros?

Ask your classmates questions, according to the model.

> entender: español   Estudiante 1: ¿Entiendes español?
> Estudiante 2: Sí, entiendo español.
> (No, no entiendo español.)

entender:
1. francés
2. inglés
3. italiano
4. al profesor

perder a menudo:
5. el tiempo
6. tus cosas

empezar a:
7. hablar español bien
8. pensar en español

sentir admiración por:
9. los artistas de cine
10. los deportistas profesionales
11. los cantantes

en el futuro, pensar:
12. ser actor (actriz)
13. hacer una película
14. escribir una novela

ACTIVIDAD 7   Entrevista con el representante de la clase

Use the questions in the preceding activity to interview a class
representative. This representative will answer for the group.

> entender español   Estudiante 1: ¿Entienden Uds. español?
> Estudiante 2: Sí, entendemos español.
> (No, no entendemos español.)

ACTIVIDAD 8   Creación

See how many logical sentences you can build in five minutes, using
elements of columns A, B and C. The sentences may be affirmative or
negative.

A	B	C	
yo	pensar	el dinero	inglés
mi mejor amigo(a)	entender	el tiempo	ir al teatro
nosotros	querer	español	ver una película
las personas inteligentes	perder		

∽ Mi mejor amigo no entiende español.

C. *Encontrar, poder, dormir* (o → ue)

Encontrar *(to find, to meet)*, **poder** *(can, to be able)*, and **dormir**
(to sleep) are stem-changing verbs. Note their forms in the chart below.

INFINITIVE:	encontrar	poder	dormir
PRESENT:			
(yo)	encuentro	puedo	duermo
(tú)	encuentras	puedes	duermes
(él) (ella) (Ud.)	encuentra	puede	duerme
(nosotros)	encontramos	podemos	dormimos
(vosotros)	encontráis	podéis	dormís
(ellos) (ellas) (Uds.)	encuentran	pueden	duermen
PRESENT PARTICIPLE:	encontrando	pudiendo	durmiendo

∽ All the verb forms have regular endings.

∽ The **o** of the stem becomes **ue** in the **yo, tú, él** and **ellos** forms of the
present tense.

ACTIVIDAD 9   ¡Imposible!

It is Sunday and there are many things the following young people would
like to do . . . but there is a big exam coming up and they have to study.
Say that they can't do what they want to do.

∽ Pablo: ir al cine   Pablo quiere ir al cine pero no puede.

1. Manuela: bailar
2. yo: ver una película
3. tú: jugar al tenis

4. Alfonso: visitar a sus amigos
5. mis primos: invitar a un amigo
6. nosotros: dormir

ACTIVIDAD 10   No pueden hacer nada

Say that the following people will not be able to do certain things if they
don't find what they need.

☞   Elena: sus libros / estudiar   Si Elena no encuentra sus libros no puede estudiar.

1. María: su cámara / sacar fotos
2. Esteban: su raqueta de tenis / jugar
3. nosotros: la pelota (ball) / jugar
4. ellas: a Miguel / hablarle
5. yo: la carta / contestarla
6. ellos: el tocadiscos / bailar

7. Uds.: el dinero / ir al cine
8. María: su bolso / comprar discos
9. nosotros: nuestros trajes de baño
    (swimsuits) / nadar
10. tú: a Tomás / invitarlo al estadio
    (stadium)

vocabulario especializado   Verbos con cambios (o →ue)

verbos que terminan en –ar

contar	to count	Emilio **cuenta** su dinero.
	to tell, to relate	Paco nos **cuenta** algo divertido.
costar	to cost	¿Cuánto **cuesta** ir al cine?
encontrar	to find (something that is lost)	No **encuentro** mis discos. ¿Los tienes tú?
	to meet, to run into	Inés **encuentra** a sus amigos a menudo.
recordar	to remember	No **recuerdo** cuándo empieza la película.

verbos que terminan en –er

poder	can, to be able to, may	Pepe, ¿**puedes** prestarme tu guitarra?
		Sr. Vargas, ¿**puedo** ayudarlo?
volver	to return, to go back	**Volvemos** a casa a las tres.

verbos que terminan en –ir

dormir	to sleep	Los niños **duermen** ahora.

REFRÁN

Querer es poder.

ACTIVIDAD 11 Preguntas personales

1. ¿A qué hora vuelves a casa cuando vas a una fiesta por la noche *(at night)*? ¿Y a qué hora vuelves a casa cuando sales de la escuela?
2. ¿Te gusta contar chistes *(jokes)*? ¿A quiénes les cuentas chistes?
3. ¿Recuerdas algún chiste?
4. ¿Recuerdas los nombres *(names)* de tus profesores del año pasado *(last year)*?
5. ¿Duermes bien o mal? ¿En tu casa duermen todos bien? ¿Quiénes duermen bien? ¿Quiénes duermen mal?
6. ¿Cuánto cuesta ir al cine?
7. ¿Cuánto cuesta una raqueta de tenis? ¿una bicicleta?

ACTIVIDAD 12 Creación

See how many logical sentences you can build in five minutes, using elements of columns A, B, and C. The sentences may be affirmative or negative.

A	B	C	
yo	contar	a casa	mal
tú	recordar	en casa	chistes *(jokes)*
Carlos	volver	a la una	cosas muy divertidas
nosotros	dormir	a las siete	dónde está el cine
mis amigos			el nombre *(name)*
			de la película

∑) No recuerdo los chistes.

Pronunciación   Los diptongos *ie, ue*

Model words: qu**ie**re   p**ue**do
Practice words: pref**ie**re emp**ie**zo ent**ie**nden p**ie**nsas
                d**ue**rmes c**ue**stan c**ue**nto v**ue**lve rec**ue**rdan
Practice sentences: ¿D**ue**rmes b**ie**n cuando ll**ue**ve o hace v**ie**nto?
                    No p**ie**rdo el t**ie**mpo cuando j**ue**go al tenis.
                    Man**ue**l enc**ue**ntra a Cons**ue**lo en P**ue**bla.
Pronounce the vowels **ie** and **ue** together in one syllable.

Entre nosotros

Mini-composición   El cine

Describe a tu actor (actriz) favorito(a). Usa las preguntas como guía para la composición. Usa también la expresión para la composición.

- ¿Cómo se llama?
- ¿Es norteamericano(a) o extranjero(a)?
- ¿Es joven o viejo(a)? ¿Cuántos años tiene?
- ¿Es guapo (bonita)? ¿rubio(a) o moreno(a)? ¿alto(a)? ¿delgado(a)?
- ¿En qué tipo de películas trabaja generalmente? ¿en películas del oeste? ¿películas románticas? ¿comedias musicales?
- ¿Canta él (ella) también?
- ¿Cómo se llama su última *(last)* película?
- ¿Cuál es su mejor película?

Su última película se llama _____, pero **a fin de cuentas** no es su mejor película. Su mejor película es _____.

Lección 4 Los sábados por la noche

Para nosotros los jóvenes, la noche del sábado es una noche muy especial. No tenemos que estudiar. No tenemos que hacer las tareas. No tenemos que aprender verbos irregulares y otras tonterías . . . Bueno, entonces ¿qué hacemos los sábados por la noche? Depende. No todos tenemos los mismos gustos ni . . . ¡los mismos padres!

tonterías: *foolishness*
Depende: *It depends*
gustos: *tastes,*
ni: *nor*

Rafael (quince años, de los Estados Unidos)

¿Qué hago los sábados? Casi siempre voy al cine con una chica. Conozco a muchas chicas simpáticas . . . ¿A quién voy a invitar el próximo sábado? ¿A Carmen? . . . ¿a Anita? . . . ¿a Silvia?

Conozco: *I know*

Tomás (diez y seis años, de Costa Rica)

Yo también conozco a muchas chicas simpáticas, pero no salgo con ellas. Salgo con mis amigos . . . Hay muchas cosas que podemos hacer juntos . . . Cuando tenemos bastante dinero, vamos al cine o a una cafetería. Si no, vamos a la casa de otro amigo y escuchamos discos.

salgo: *go out*

juntos: *together*

Carolina (quince años, del Perú)

Yo no salgo mucho. Mis padres son muy estrictos. Casi nunca me dan permiso para salir de noche. Así es que me quedo en casa mirando la televisión. Realmente no hago mucho los sábados por la noche.

permiso: *permission*
de noche: *at night*
  Así es que me quedo:
  Consequently I stay

María Luisa (diez y seis años, de México)

Yo no salgo tampoco. Mis padres no me permiten salir de noche. Por suerte, de vez en cuando me dan permiso para dar una fiesta. Invito a algunos amigos, ponemos discos y bailamos hasta las tres de la mañana . . . Es más divertido que mirar la televisión, ¿verdad?

tampoco: *either*
Por suerte: *Luckily*

ponemos: *we put on*
hasta: *until*
más divertido: *more fun*

Mario Lorenzo (diez años, hermano de María Luisa)

¿Qué hago los sábados por la noche?
Duermo . . . ¡como todas las noches!
Excepto cuando mi hermana invita a sus
amigos. ¡Hacen mucho ruido y es
absolutamente imposible dormir!

ruido: *noise*

CONVERSACIÓN

Vamos a hablar de tus diversiones.

1. ¿**Sales** a menudo los sábados por la noche?
   Sí, sal**go** . . . (No, no sal**go** . . .)
2. ¿**Sales** a menudo los domingos?
3. ¿**Sales** solo(a) o con amigos?
4. ¿**Pones** mucho énfasis en las diversiones?
   Sí, pon**go** . . . (No, no pon**go** . . .)
5. ¿**Pones** mucho énfasis en los deportes?
6. ¿**Pones** mucho énfasis en el dinero?

OBSERVACIÓN

In the questions and answers to the left you have
been using the verbs **salir** *(to go out)*
and **poner** *(to put).* Compare the **yo** and **tú**
forms of these verbs.

- Is the ending of the **tú** form regular?
- In which two letters does the **yo** form end?

Nota cultural

Solos no, en grupo sí

En los países hispánicos las relaciones entre°
un muchacho y una muchacha son generalmente
más formales que en los Estados Unidos.
Casi nunca sale° una muchacha sola con un
muchacho. Los jóvenes hispánicos habitualmente
salen en grupo. El grupo de amigos va a fiestas,
a la playa, al campo o al café y en estos°
lugares casi siempre encuentra a otros grupos de
amigos.

Los muchachos tienen más libertad que las
muchachas. Un muchacho puede salir solo de
noche cuando tiene quince años o más. Pero si él
sale mucho y siempre vuelve tarde° a casa, tiene
problemas con sus padres. Las chicas casi nunca
tienen permiso° para salir solas de noche. En todo
el mundo° hispánico, los padres son más estrictos
con las hijas. Y la supervisión de las hijas a
menudo continúa hasta° el matrimonio.°

entre *between*   **sale** *goes out*   **estos** *these*   **tarde** *late*
permiso *permission*   **mundo** *world*   **hasta** *until*
matrimonio *marriage*

Lección cuatro
243

Estructura

A. El artículo definido con los días de la semana

Note the use of the definite article in the question and answer below.

—¿Vas al cine **el sábado?**   *Are you going to the movies* **(on)** *Saturday?*

—No, no voy nunca al cine **los sábados.**   *No, I never go to the movies* **on Saturdays.**

The definite article is regularly used before days of the week, except after **ser.**

Hoy es **lunes.**   Mañana es **martes.**

---

vocabulario especializado   Expresiones con los días de la semana

DOMINGO	LUNES	MARTES	MIÉRCOLES	JUEVES	VIERNES	SÁBADO
		1	2	3	4 *Juanita*	5 *Carlos*
6 *Alberto*	7	8	9	10	11 *Angela*	12 *Luisa*
13 *Josefina*	14	15	16	17	18 *Esteban*	19 *Pedro*
20 *Rafael*	21	22	23	24	25 *José*	26 *Felipe*
28 *María*	29	30				

el lunes	(on) Monday
el próximo martes	next Tuesday
el miércoles pasado	last Wednesday
el jueves por la mañana	(on) Thursday morning
el viernes por la tarde	(on) Friday afternoon
el sábado por la noche	(on) Saturday night, evening
los domingos	(on) Sundays
los sábados por la noche	(on) Saturday nights
todos los días	every day

ACTIVIDAD 1   El horario

Complete the schedule of your weekly activities, as appropriate.

Miro la televisión . . .   Miro la televisión todos los días.

1. Tengo clases de inglés . . .
2. Tengo clases de español . . .
3. Tengo clases de matemáticas . . .

4. Practico deportes . . .
5. Voy al cine . . .
6. Visito a mis amigos . . .

B. Salir, poner, traer, oír

The verbs **salir** *(to go out, to leave)*, **poner** *(to put)*, **traer** *(to bring)* and **oír** *(to hear)* have the ending **-go** in the **yo** form of the present. Note the forms in the chart below.

INFINITIVE:	salir	poner	traer	oír
PRESENT:				
(yo)	sal**go**	pon**go**	trai**go**	oi**go**
(tú)	sales	pones	traes	oyes
(él) (ella) (Ud.)	sale	pone	trae	oye
(nosotros)	salimos	ponemos	traemos	oímos
(vosotros)	salís	ponéis	traéis	oís
(ellos) (ellas) (Uds.)	salen	ponen	traen	oyen
PRESENT PARTICIPLE:	saliendo	poniendo	trayendo	oyendo

⟩⟩ The endings of these verbs are regular.

ACTIVIDAD 2 Diálogo: ¿Qué hacen tus compañeros?

Ask your classmates whether they do the following things.

⟩⟩ salir los sábados por la noche

Estudiante 1: ¿Sales los sábados por la noche?
Estudiante 2: Sí, salgo los sábados por la noche.
(No, no salgo los sábados por la noche.)

salir:

1. mucho
2. con tus amigos a menudo
3. los domingos
4. con amigos hispánicos

poner:

5. tus libros en un bolso
6. tu dinero en el banco
7. tus fotos en un álbum
8. azúcar *(sugar)* en el café

traer:

9. revistas a la escuela
10. muchos libros a la clase
11. regalos para tus compañeros
12. regalos para tu profesor(a)

oír:

13. música ahora
14. cosas interesantes en clase
15. tonterías *(nonsense)*
16. chistes *(jokes)* buenos en la escuela

C. Conocer (c → zc)

Note the forms of **conocer** *(to know)* in the chart below.

INFINITIVE:	**conocer**		
PRESENT:			
(yo)	Conozco a tus amigos.	(nosotros)	Conocemos a Clara.
(tú)	Conoces a María.	(vosotros)	Conocéis San Juan.
(él, ella, Ud.)	Conoce a Paco.	(ellos, ellas, Uds.)	Conocen México.
PRESENT PARTICIPLE:	conociendo		

☞ In the present tense, many verbs ending in **-cer** and in **-cir** end in **-zco** in the **yo** form. The other forms of the present are regular.

☞ **Conocer** means *to know* in the sense of being acquainted with people and places.

—¿**Conoces** a María? —No, no la **conozco,** pero **conozco** a su hermana.
—¿**Conoces** México? —No, pero **conozco** San Juan.

ACTIVIDAD 3   Diálogo: ¿Los conocen?

Ask your classmates whether they know the following people and places.

☞ el profesor de francés   Estudiante 1: ¿Conoces al profesor de francés?
                             Estudiante 2: Sí, lo conozco.
                                            (No, no lo conozco.)

1. el (la) director(a) de la escuela
2. el padre de tu mejor amigo
3. la mamá de tu mejor amiga
4. los hermanos de tu mejor amigo
5. los amigos de tus amigos
6. tus vecinos *(neighbors)*
7. el presidente de los Estados Unidos
8. Nueva York
9. Los Ángeles
10. San Antonio

vocabulario especializado   Verbos con cambios (c → zc)

conocer	to know	**Conozco** la Argentina.
obedecer	to obey	No **obedezco** siempre a mis padres.
ofrecer	to offer	Te **ofrezco** mi ayuda *(help).*
conducir	to drive	**Conduzco** un coche francés.
traducir	to translate	**Traduzco** una carta de un amigo italiano.

ACTIVIDAD 4 Preguntas personales

1. ¿Obedeces a tu mamá siempre? ¿a tu papá? ¿a tus profesores?
2. ¿Les ofreces algo de beber a tus amigos cuando vienen a tu casa? ¿algo de comer?
3. Cuando lees algo en español, ¿traduces muchas palabras?
4. ¿Traduces cartas en español para tus amigos?
5. ¿Conduce bien tu papá? ¿tu mamá?
6. ¿Qué tipo de coche conducen tus padres?

ACTIVIDAD 5 Creación

See how many logical sentences you can build in five minutes, using elements of columns A, B, C and D. The sentences may be affirmative or negative.

A	B	C	D
yo	conducir	el coche	de francés
tú	conocer	un libro	de Pedro
Carlos	traducir	el tocadiscos	en la mesa (table)
mis hermanos	poner	música	en mi cuarto
	traer	ruido (noise)	de mis amigos
	oír	los padres	en la discoteca
		el profesor	
		las fotos	

∑⊃ Yo oigo música en la discoteca.

Pronunciación El sonido de la consonante d

Model words: <u>d</u>ía sába<u>d</u>o

Practice words: <u>d</u>omingo <u>d</u>ormir <u>d</u>eportes <u>d</u>inero con<u>d</u>ucir
tra<u>d</u>uce pasa<u>d</u>o to<u>d</u>os po<u>d</u>er obe<u>d</u>ece

Practice sentences: A<u>d</u>ela no pue<u>d</u>e tra<u>d</u>ucir mi carta.
El <u>d</u>omingo por la tar<u>d</u>e escucho la radio.
A<u>d</u>ela <u>d</u>esea con<u>d</u>ucir el coche <u>d</u>e su pa<u>d</u>re.

Remember that in the beginning of a word, and after **n** and **l,** the letter **d**
is like the **d** of the English "day." In other positions, the letter **d** is
pronounced / đ / like the **th** of the English "they."

Entre nosotros

Expresiones para la composición	
generalmente	
por lo general	*generally*
en general	

Mini-composición Fiestas

Describe las fiestas que das o que quieres dar. Puedes usar las
respuestas *(answers)* de las preguntas siguientes.

- ¿Das muchas fiestas?
- ¿Cuándo das fiestas?
- ¿Dónde das fiestas? ¿en la sala? ¿en el sótano *(basement)?* ¿o en el jardín?
- ¿A quiénes invitas? ¿A cuántas personas como máximo?
- ¿Sirves Coca-Cola? ¿limonada? ¿jugos *(juices)* de frutas?
- ¿Pones discos? ¿Qué tipo de música?
- ¿Bailan tus amigos?
- ¿Hacen mucho ruido *(noise)* tus amigos?
- ¿Quién limpia *(cleans up)* la mañana siguiente?

🖎 No doy muchas fiestas. Cuando doy fiestas, las doy **generalmente** el
sábado por la noche. . .

El correo del corazón

¿Con quién hablas tú cuando tienes un problema personal . . . o sentimental? ¿Con tu mejor amigo . . . o tu mejor amiga . . . o tal vez con tu mamá?

Puedes también escribirle a Perlita Paz, una consejera° de Caracas. Ella tiene soluciones para cada problema. Perlita Paz tiene una correspondencia extensa con muchachos y muchachas . . . Cada semana, les contesta° en su columna «El correo° del corazón».°

consejera: *advisor*

contesta: *she answers,*
correo: *mail,*
corazón: *heart*

Estimada consejera:

Soy un estudiante de intercambio° de los Estados Unidos. Ahora asisto al colegio Andrés Bello de Caracas. Me gustan mucho mis profesores y mis nuevos amigos. Especialmente me gusta una muchacha que es muy simpática y muy atractiva. Quiero invitarla al cine o llevarla a almorzar° a un restaurante bonito.

Pero hay un problema: sus padres. Cada vez° que llamo por teléfono a Carmen (así se llama mi amiga), me contesta su mamá, y me dice que su hija no está en casa. Yo creo que ella no me está diciendo la verdad,° porque Carmen siempre me dice que ella nunca sale, excepto para ir al colegio.

¿Qué puedo hacer en esta° situación? Necesito buenos consejos.

Desesperado,
Jim Newman

Querido° Jim:

Seguramente° eres un muchacho norteamericano muy simpático, pero aquí, no estás en los Estados Unidos; estás en Venezuela. Tenemos nuestro modo° de vivir que no es como el norteamericano. Aquí los padres de una muchacha no le dan permiso para salir sola con un muchacho, especialmente cuando no lo conocen. ¡Tienes que aceptar esta situación!

Perlita Paz

intercambio: *exchange*

almorzar: *to have lunch*
vez: *time*

verdad: *truth*

esta: *this*

Querido: *Dear*
Seguramente: *Surely*

modo: *style*

Estimada consejera:

Tengo quince años y soy del signo de Libra. Conozco a un muchacho muy simpático. Se llama Jorge y es del signo de Acuario. Ése es el problema. El horóscopo dice que los Acuarios son muy excéntricos y a mí, no me gustan las personas excéntricas.

¿Puede Ud. darme su opinión sincera sobre° mi problema?

Preocupada,°
Silvia Ortiz

sobre: about
Preocupada: Worried

Querida Silvia:

¿En qué tienes más fe?° ¿En el horóscopo o en tus sentimientos? ¡Tú tienes que decidir!

Perlita Paz

fe: faith

Estimada consejera:

Tengo diez y ocho años y trabajo como secretaria para una agencia de viajes. Mi novio tiene veinte años y trabaja como mecánico.

El problema es que tiene una moto nueva y ahora pasa más tiempo con su moto que° conmigo.

¿Puedo hacer algo para cambiar° esta situación?

Abandonada,
Luisa Morales

que: than
cambiar: to change

Querida Luisa:

Una moto es un objeto . . . y tú eres una persona. Si tu novio no puede entender la diferencia, ¡tienes que buscar a otro más atento!°

Perlita Paz

atento: attentive

Estimada consejera:

Tengo diez y seis años. Tengo muchos amigos que me comprenden. Y mis padres son fantásticos porque también me comprenden. Pero tengo un problema del que no puedo hablarles. Voy a contarle a Ud. este° problema.

En la escuela hay una muchacha que me gusta mucho y creo que ella me encuentra° simpático. En clase me mira a menudo, pero nunca me habla.

¿Por qué no me habla? ¿Por qué no me da la oportunidad que necesito para decirle que me gusta mucho?

Perplejo,°
Luis Ernesto López Paredes

este: this
me encuentra: she finds me
Perplejo: Perplexed

Querido Luis Ernesto:

¿Quién es más tímido? ¿Tú o ella? Si tu interés en ella es realmente muy grande, tienes que hablarle a esa° muchacha. . . Si no dices nada, tal vez ella va a perder la paciencia.

Perlita Paz

esa: that

Estimada consejera:

Soy una muchacha de diez y seis años. Salgo a menudo con un grupo de amigos, y hay un muchacho en particular que me gusta mucho. Creo que es muy simpático y atractivo.

Mi problema es mi hermana. Ella también cree que es muy atractivo. Tiene sólo doce años, pero pienso que ella está secretamente enamorada de° él. Cuando lo invito a mi casa, ella habla con él constantemente. Y él, como es muy atento,° no la ignora. Muchas veces° la invita a la heladería.° Yo no soy una persona celosa,° pero no puedo aceptar esta situación. Necesito su opinión y su ayuda,° Sra. Consejera.

Furiosa,
María Mercedes Lima

enamorada de: *in love with*
atento: *considerate*
veces: *times,*
    heladería: *ice cream parlor*
celosa: *jealous*
ayuda: *help*

Querida María Mercedes:

¿Cuál es realmente tu problema? ¿Tu hermana? ¡No, no es ella! ¿Recuerdas el refrán° que dice, «Donde hay amor, hay celos»?°

Sí, María Mercedes, creo que tú estás celosa. Pero es un sentimiento normal . . . como los sentimientos de tu hermana. Tienes que aceptarlos . . . y estar alegre de tener un amigo atento con todos.

Perlita Paz

refrán: *proverb,*
    celos: *jealousy*

El arte de la lectura

Enriching your vocabulary: cognates in -*ción*

Many Spanish nouns ending in **-ción** correspond to English nouns ending in -*tion*. These Spanish nouns are feminine. In the plural they end in **-ciones.**

(una) situa**ción**   *situation*
(una) solu**ción**   *solution*

Ejercicio

Complete the following cognates. Then fit them into the sentences below.

comunica ___, na ___, imagina ___, investiga ___, inven ___

1. Generalmente, los artistas tienen una gran _____.
2. México es una _____ hispánica.
3. El teléfono es un modo *(means)* de _____.
4. La policía hace una _____.
5. El avión es una _____ de los hermanos Wright.

Unidad 7

Los secretos de una buena presentación

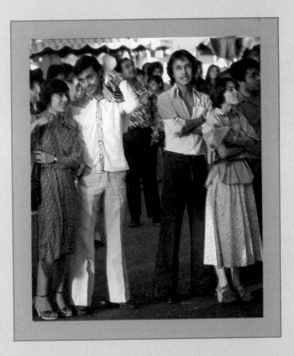

Modas para los jóvenes

Aquí están Carmen, Luisa, Inés, Juanita y Bárbara . . . cinco modelos que hoy presentan los últimos estilos de la moda para jóvenes.

estilos: *styles,*
moda: *fashion*

Carmen   Luisa   Inés   Juanita   Bárbara

¡Mira a Carmen!
Tiene sólo diez y siete años. ¡Es la más joven de las modelos!
Ahora, compara a Carmen con las otras modelos.
    ¿Es Carmen más alta que Luisa?
    ¿Es más delgada que Inés?
    ¿Es más (o menos) elegante que Juanita?
    ¿Es más (o menos) bonita que Bárbara?

¡Mira a todas las modelos!
De las cinco, ¿quién es
    . . . la más alta?
    . . . la más baja?
    . . . la más delgada?
    . . . la más elegante?
    . . . la más bonita?

Mira: *Look*
la más joven: *the youngest*

más alta que: *taller than*
delgada: *thin*

bonita: *pretty*

la más alta: *the tallest*

CONVERSACIÓN

Vamos a hablar de ti y de tu mejor amiga.

1. ¿Eres **más** alto(a) o **menos** alto(a) **que** ella? Soy **más** alto(a) **que** ella.
   (Soy **menos** alto(a) **que** ella.)
2. ¿Eres **más** delgado(a) o **menos** delgado(a) **que** ella?
3. ¿Eres **más** independiente o **menos** independiente **que** ella?
4. ¿Eres **más** tímido(a) o **menos** tímido(a) **que** ella?
5. ¿Eres **más** generoso(a) o **menos** generoso(a) **que** ella?
6. ¿Eres **más** individualista o **menos** individualista **que** ella?

OBSERVACIÓN

In the above questions and answers, you are using adjectives to compare yourself with another person.
- What are the two words which may be used *before* the adjective?
- Which word comes *after* the adjective (and before the word **ella**)?

Nota cultural

La elegancia hispánica

Para los jóvenes hispánicos es importante vestirse° bien y ser elegante. La ropa° no tiene que ser cara (en realidad la mayoría de las familias no tienen mucho dinero), pero tiene que ser de buen gusto.°

El buen gusto quiere decir no usar estilos exagerados o colores fuertes° que no van.° La ropa de las muchachas tiene que ser discreta siempre. La ropa de los chicos tiene que ser seria. Generalmente los jóvenes van a la escuela con uniforme: pantalones° y camisa° para ellos, falda° y blusa° para ellas.

vestirse *to dress*   **ropa** *clothes*   **gusto** *taste*   **fuertes** *bright*
no van *don't match*   **pantalones** *pants*   **camisa** *shirt*
falda *skirt*   **blusa** *blouse*

Estructura

A. Repaso: los adjetivos

Note the forms of the adjectives in the sentences below:

Pablo es **alto** y **elegante**.   Carlos y Felipe son **altos** y **elegantes**.
Manuela es **alta** y **elegante**.   Silvia y Ana son **altas** y **elegantes**.

⋙ If an adjective ends in **-o** in the masculine, the feminine form ends in **-a**.
Most adjectives ending in other letters have identical masculine and
feminine forms.

⋙ The plural of most adjectives is formed by adding **-s** to the singular
form if it ends in a vowel, or **-es** if it ends in a consonant.

⋙ Adjectives agree with the noun they describe in gender and number.

vocabulario especializado El aspecto exterior de una persona

El aspecto general Eres . . .

¿alto o bajo?

¿delgado o gordo?

¿fuerte o débil?

¿ joven o vieja?

¿elegante o informal?

¿bonita, linda o fea?

¿guapo o feo?

ACTIVIDAD 1   Personas y personajes famosos

Describe these famous persons and characters using adjectives listed in the
Vocabulario especializado under *El aspecto general*. For each person,
create three sentences. These may be affirmative or negative and you may
use adverbs like **muy, bastante** and **poco.**

Burt Reynolds es bastante guapo.
Burt Reynolds no es muy alto.
Burt Reynolds no es muy gordo.

1. Elizabeth Taylor
2. el Ratón Miguelito (*Mickey Mouse*)
3. el Pato Donaldo (*Donald Duck*)
4. Carlitos (*Charlie Brown*)

5. King Kong
6. los Rolling Stones
7. Robert Redford y Paul Newman
8. el Papá Noel (*Santa Claus*)

La cara   Tienes . . .   **el pelo** (hair)
¿**liso** (straight) o **rizado** (curly)?
¿**largo** o **corto**?

la frente (forehead)
¿**estrecha** (narrow) o **ancha** (wide)?

los ojos (eyes)
¿**pequeños** o **grandes**?

las orejas (ears)
¿**pequeñas** o **grandes**?

la nariz (nose)
¿**pequeña** o **grande**?

la boca (mouth)
¿**pequeña** o **grande**?

los dientes (teeth)
¿**pequeños** o **grandes**?

¿Tienes el pelo . . . **negro** (*black)*?   ¿**rubio** (*blond)*?   ¿**castaño** (*brown)*?
¿Tienes los ojos . . . **azules** (*blue)*?   ¿**verdes** (*green)*?   ¿**cafés** (*brown)*?

NOTAS: 1. **Largo** means *long;* **grande** means *large, big.*
    2. In Spanish, the definite article is often used before parts of the body.
       In English, we use the possessive adjective.
       Tengo **el pelo** corto. *My hair is short. (I have short hair.)*

ACTIVIDAD 2   Caras

Describe the faces of the following persons using the words listed in the **Vocabulario especializado** under *La cara*. For each person, create at least three sentences.

⟫ Mohamed Alí tiene el pelo corto.
Mohamed Alí tiene los ojos negros.
Mohamed Alí tiene el pelo rizado.

1. Drácula
2. La Mujer Maravilla (*Wonder Woman*)
3. mi padre
4. mi mamá
5. mi profesor(a)
6. mi mejor amigo
7. mi mejor amiga
8. yo

ACTIVIDAD 3   Un juego: ¿Quién es?

Choose a person who fits one of the following descriptions. Create six sentences describing this person as accurately as possible. When you are finished, read your sentences to your classmates who will try to guess who is the person you have chosen.

1. un actor famoso
2. una actriz famosa
3. un cantante famoso
4. una cantante famosa
5. un personaje (*character*) histórico
6. un(a) deportista famoso(a)
7. un(a) profesor(a)
8. un(a) político(a)

B. La forma comparativa

To make comparisons, you use the *comparative* form of the adjective. Note the following sentences.

Soy **más** alto **que** mi hermana.

*I am taller **than** my sister.*

Mis hermanas son **más** independientes **que** yo.

*My sisters are **more** independent **than** I.*

Carmen es **menos** generosa **que** Josefina.

*Carmen is **less** generous **than** Josefina.*

Soy **tan** inteligente **como** Uds.

*I am **as** intelligent **as** you.*

⟫ To express comparisons with adjectives, Spanish speakers use these constructions:

+ **más**			*more*		
− **menos**	+ adjetivo + **que**		*less*	+ *adjective* + ***than***	
= **tan**	+ adjetivo + **como**		*as*	+ *adjective* + ***as***	

⟫ In comparative constructions, the adjective agrees in gender and number with the noun or pronoun to which it refers.

ACTIVIDAD 4   Comparando precios *(Comparing prices)*

Imagine that you paid twenty-five dollars for a pocket calculator. Say
whether the following objects are more expensive, less expensive, or as
expensive as your calculator.

> una raqueta de tenis: $25   La raqueta de tenis es tan cara como la calculadora.
> una raqueta de tenis: $45   La raqueta de tenis es más cara que la calculadora.
> una raqueta de tenis: $10   La raqueta de tenis es menos cara que la calculadora.

1. un reloj: $30
2. un radio: $45
3. una cámara: $80
4. una revista: $1
5. un disco: $6

6. una maleta: $25
7. un bolso: $25
8. un libro: $10
9. un televisor: $150
10. una cinta: $4

---

vocabulario especializado   Adjetivos con comparativos irregulares

ADJETIVO	COMPARATIVO		
bueno	mejor	better	Carlos es **mejor** que yo en los deportes.
malo	peor	worse	Mis amigos son **peores** que yo en matemáticas.
grande	mayor	older	Soy **mayor** que mi hermano,
	más grande	larger, bigger	pero no soy **más grande** que él.
pequeño	menor	younger	Elena es **menor** que Alicia, y es **más**
	más pequeño	smaller	**pequeña** que ella.

NOTA: **Mayor** and **menor** are almost always used to refer to a person's age.
They do not refer to physical size.

ACTIVIDAD 5   Diálogo: Tu compañero(a)

Ask the student next to you to compare himself or herself to his or her
best male friend.

> alto   Estudiante 1: ¿Eres más alto(a) que tu mejor amigo?
> Estudiante 2: Sí, soy más alto(a) que él.
> (No, soy menos alto(a) que él.)
> (Soy tan alto(a) como él.)

1. delgado(a)
2. independiente
3. pequeño
4. grande
5. individualista

6. generoso(a)
7. fuerte
8. bueno(a) en español
9. bueno(a) en los deportes
10. buen(a) estudiante

ACTIVIDAD 6   Puntos de vista *(Points of view)*

Using the adjectives given, compare the following according to your own
personal point of view.

⨭ útil *(useful)*: el español / el inglés

El español es más útil que el inglés.
(El español es menos útil que el inglés.)
(El español es tan útil como el inglés.)

útil:

1. el francés / el español
2. las matemáticas / la filosofía
3. un reloj / una calculadora
4. un coche / una bicicleta

interesante:

5. el cine / la televisión
6. el béisbol / el fútbol
7. las películas románticas / las películas de aventuras
8. Nueva York / Los Ángeles
9. México / España

simpáticos:

10. los chicos / las chicas
11. los amigos intelectuales / los amigos deportistas
12. las personas divertidas / las personas generosas

ACTIVIDAD 7   Preguntas personales

1. ¿Tienes hermanos? ¿Cuántos? ¿Son mayores o menores que tú?
2. ¿Tienes hermanas? ¿Cuántas? ¿Son mayores o menores que tú?
3. ¿Eres mayor o menor que tu mejor amigo? ¿que tu mejor amiga?
4. ¿Quién es mayor, tu papá o tu mamá?

C. La forma superlativa

To compare a person or object with a group, you use the *superlative* form of the adjective. Note the following sentences.

Diego es **el** chico **más** popular de la clase.   *Diego is **the most** popular boy in the class.*

Manuela es **la** chica **más** bonita de la escuela.   *Manuela is **the prettiest** girl in the school.*

¿Quiénes son **los** actores **más** guapos del mundo?   *Who are **the most** handsome actors in the world?*

In Spanish, the superlative is expressed with the following construction:

$$\text{definite article (el, la, los, las)} + \text{(noun)} + \left\{\begin{array}{c}\textbf{más} \\ \textbf{menos}\end{array}\right\} + \text{adjective} + \textbf{de}$$

⠶ In a superlative construction, the word **de** expresses the idea of *in.*

⠶ **Mejor, peor, mayor** and **menor** are also used in superlative constructions. These words usually come before the noun:

¿Quién es **la mejor** actriz del mundo?

¿Quiénes son **los mejores** jugadores de tenis?

ACTIVIDAD 8   Un voto

Imagine you are preparing a special yearbook spread about your Spanish class. Vote for each of the suggested categories. (You may want to add other categories!)

⠶   el chico: divertido   El chico más divertido de la clase es . . .

el chico:
1. serio
2. elegante
3. bueno en español
4. bueno en inglés

la chica:
5. seria
6. elegante
7. buena en español
8. buena en inglés

los dos chicos:
9. simpáticos
10. generosos
11. populares

las dos chicas:
12. simpáticas
13. generosas
14. populares

ACTIVIDAD 9 Un sondeo de opinión (*An opinion poll*)

In a group of people, you can find the best and also the worst. Again as a class you are going to participate in an opinion poll to determine the best and the worst in the following categories. Cast your votes according to the model.

⊠ el actor: popular   El actor más popular es . . .
                       El actor menos popular es . . .

el actor:	el cantante:	el atleta:
1. guapo	5. bueno	9. bueno
2. bueno	6. popular	10. simpático

la actriz:	la cantante:	la atleta:
3. guapa	7. buena	11. buena
4. buena	8. popular	12. simpática

ACTIVIDAD 10 Otro sondeo de opinión

Now the opinion poll has to do with these things:

el programa de televisión:
1. apasionante (*thrilling*)
2. divertido (*entertaining*)

el deporte:
3. apasionante
4. violento

la canción (*song*):
5. bonita
6. popular

la clase:
7. difícil
8. interesante

11 NOMBRAMIENTOS PARA PREMIOS DE LA ACADEMIA
INCLUYENDO
LA MEJOR PELICULA

GANDHI

La Película de Toda una vida.

PG

Pronunciación   El sonido de la consonante *z*

Model word: a<u>z</u>ul
Practice words: nari<u>z</u> ri<u>z</u>ado actri<u>z</u> empe<u>z</u>ar
Practice sentences: No cono<u>z</u>co a Gon<u>z</u>alo Pérez.
                     El die<u>z</u> de mar<u>z</u>o voy a <u>Z</u>arago<u>z</u>a con Loren<u>z</u>o Lópe<u>z</u>.
                     Los <u>z</u>apatos de Constan<u>z</u>a son a<u>z</u>ules.

Remember: The letter **z** in Spanish always represents the sound / s / as in the English "yes."

Entre nosotros

Mini-composición   Los otros y yo

Escribe un párrafo comparándote con dos de las siguientes personas.
Si quieres, puedes usar los adjetivos entre paréntesis.

(guapo / alto / delgado / elegante / joven / fuerte /
débil / inteligente / divertido / serio / simpático)

Usa la expresión para la composición.

Las personas:
   King Kong
   Mohamed Alí
   Peter Pan
   Drácula
   la Mujer Maravilla
      (Wonder Woman)
   Carlitos *(Charlie
      Brown)*
   Blancanieves *(Snow
      White)*
   Jane Fonda
   Bill Cosby

✍   Soy más fuerte que Carlitos; **sin embargo** no soy tan fuerte como King Kong . . .

Lección 2   *La ropa es un problema*

¿Qué camisa voy a comprar? Bueno . . . ¿la azul o la verde? ¿o la amarilla? . . . ¿y por qué no la roja? . . . ¿o tal vez la blanca? ¿o la negra?

¡Qué problemas!

Escoger ropa es un problema para todos los chicos y todas la chicas del mundo . . .

En «El Pacífico», una tienda grande en Buenos Aires

Adela: ¡Mira, Pilar, ese bolso! Es elegante, ¿verdad?

Pilar: ¿Qué bolso? ¿El blanco o el negro?

Adela: ¡El negro! Es muy bonito, ¿verdad?

Pilar: ¡No! No me gusta. Es demasiado grande. No es práctico.

En «Los Gobelinos», un almacén en Santiago de Chile

Ana María: ¡Mamá! ¡Mira esa falda!

Sra. de Suárez: ¿La roja o la verde?

Ana María: ¡La roja! Es muy bonita.

Sra. de Suárez: ¿Esa falda? ¡Qué horror! ¡Es demasiado corta!

Ana María: ¡Pero mamá, está de moda!

Sra. de Suárez: ¡A mí no me gusta la moda de las faldas cortas!

Ana María: Pero mamá . . .

En «La Chouette», una tienda muy elegante en Bogotá

Sonia: Marina, mira esos zapatos. Son muy bonitos, ¿verdad?

Marina: ¡Chica! ¡Son fabulosos!

Sonia: Vamos a preguntar cuánto cuestan . . . Perdón, señorita, ¿cuánto cuestan aquellos zapatos?

camisa: *shirt*,
 la azul: *the blue one*
amarilla: *yellow*,
 roja: *red*,
 blanca: *white*
Escoger: *Choosing*

ese: *that*

almacén: *department store*

falda: *skirt*

corta: *short*
de moda: *in fashion*

esos zapatos: *those shoes*

aquellos: *those*

Srta.: Los rojos ... vamos a ver ...
cuestan ... dos mil pesos.

Sonia: ¡Dos mil pesos! ¡Dios mío! Me
gusta el color ... me gusta el
estilo ... pero ¡no me gusta el
precio!

estilo: *style*
precio: *price*

CONVERSACIÓN

Vamos a ver qué piensas de esta *(this)* clase.

1. ¿Te gusta **esta** clase? Sí, me gusta **esta** clase.
   (No, no me gusta **esta** clase.)
2. ¿Comprendes **esta** lección?
3. ¿Te gusta **este** libro?
4. ¿Te gusta **este** asiento *(seat)*?
5. ¿Tienes amigos en la clase? ¿Son buenos
   alumnos **estos** chicos?
6. ¿Tienes amigas en la clase? ¿Son buenas
   alumnas **estas** chicas?

OBSERVACIÓN

In these questions and answers, the words
in heavy print are used to point out specific
people and objects. They are called
demonstrative adjectives.

- What is the form of this demonstrative
  adjective before a *masculine singular* noun?
  before a *feminine singular* noun? before a
  masculine plural noun? before a *feminine
  plural* noun?

Nota cultural

La ropa

¿Qué significa la ropa° para ti? En una
encuesta° hecha° en la ciudad de México, el 95%
(noventa y cinco por ciento) de los jóvenes piensa
que la ropa refleja la personalidad. Por eso los
jóvenes del mundo hispánico cuidan° su ropa.

La selección de la ropa es a veces un problema.
Y es más serio cuando la mamá insiste en ir con
su hijo o su hija a comprarla. Muchos jóvenes
prefieren ir solos. Los gustos° de ellos son
modernos y los padres pueden° tener gustos
anticuados.° Sin embargo, la costumbre° de ir con
la mamá a comprar ropa es bastante común en los
países hispánicos porque los jóvenes no tienen su
propio° dinero.

ropa *clothes* **encuesta** *poll* **hecha** *taken* **cuidan** *take
care of* **gustos** *tastes* **pueden** *may* **anticuados**
old-fashioned **costumbre** *custom* **propio** *own*

Estructura

vocabulario especializado — La ropa (Clothing)

Para él

una camisa   (unos) calcetines

un traje   una corbata

Para ella

un vestido   una blusa

una falda

Para él o para ella

(unos) zapatos   (unos) blue-jeans   (unos) pantalones

(unos) anteojos

Para el invierno

un impermeable   un abrigo

una chaqueta

Para el verano

(unas) sandalias   un traje de baño

una camiseta

un suéter   un sombrero   (unos) pantalones cortos

(unos) anteojos de sol

llevar   to wear   Pedro **lleva** pantalones azules.

¿De qué color . . .?

amarillo   gris   verde

azul   negro   castaño

blanco   rojo

NOTA: The indefinite article (**un, una, unos, unas**) is often omitted before items of clothing
unless something specific is said about these items.

¿El profesor no lleva corbata?   *Isn't the teacher wearing **a** tie?*
Sí, lleva **una** corbata amarilla.   *Yes, he is wearing **a** yellow tie.*

266

ACTIVIDAD 1   Colores

Describe the colors of the clothes that
the following people are wearing.

⟴   mi mamá   Hoy mi mamá lleva una
                    falda azul, un suéter rojo
                    y unos zapatos negros.

1. yo
2. mi padre
3. el (la) profesor(a)
4. el (la) chico(a) a mi derecha (right)
5. el (la) chico(a) a mi izquierda (left)
6. mi mejor amigo
7. mi mejor amiga
8. la secretaria de la escuela

3er PISO NIÑOS Y NIÑAS
BEBES
CALZADO·JUGUETES
CUNAS·MUEBLES

2o PISO   MODAS
SOMBRERERIA
CORSETERIA·LENCERIA
CALZADO

1er PISO SASTRERIA
TRAJES·CALZADO
ARTICULOS DE VIAJE
DEPORTES·FOTOS
Salon de Belleza

PLANTA BAJA   REGALOS
ARTICULOS PARA CABALLEROS
PERFUMERIA·

OPTICA·RELOJERIA

BAJO PISO   HOGAR
ELECTRICOS·DISCOS
CRISTALERIA·LOZA·PELTRE··
MUEBLES DE COCINA

ACTIVIDAD 2   Ropa para cualquier ocasión
(Clothes for any occasion)

What you wear often depends on the occasion, the place where you are
going, and so on. Say what you generally wear on the following occasions.

⟴   Cuando voy a un concierto de rock . . .
      Cuando voy a un concierto de rock, llevo blue-jeans y sandalias.

1. Cuando voy a una fiesta . . .
2. Cuando voy a un restaurante elegante . . .
3. Cuando voy a la playa . . .
4. Cuando voy al campo . . .
5. Cuando voy a un partido de fútbol americano . . .
6. Cuando llueve . . .
7. Cuando nieva . . .
8. Cuando hace mucho calor . . .
9. Cuando hace mucho frío . . .
10. Cuando estoy en casa . . .

REFRÁN

El hábito
no hace
al monje.

ACTIVIDAD 3   Preguntas personales

1. ¿Cuál es tu color favorito?
2. ¿Lees revistas de modas *(fashion)*? ¿Cuáles?
3. ¿Usas anteojos?
4. ¿Usas anteojos de sol? ¿Cuándo?
5. ¿Quieres ser modelo?
6. ¿Vas a la moda? *(Do you dress fashionably?)*
7. ¿Cuál es más elegante para una chica, llevar pantalones o llevar falda?
8. ¿Cuáles son más elegantes, los vestidos cortos o los vestidos largos?

A. Los adjetivos demostrativos

There are three groups of demonstrative adjectives in Spanish. Note the forms of these adjectives in the chart below:

		this / these	*that / those*	
SINGULAR	masculine	**este** chico	**ese** chico	**aquel** chico
	feminine	**esta** chica	**esa** chica	**aquella** chica
PLURAL	masculine	**estos** chicos	**esos** chicos	**aquellos** chicos
	feminine	**estas** chicas	**esas** chicas	**aquellas** chicas

☞ Demonstrative adjectives always come before the noun.
They agree with it in gender and number, like all other adjectives.

☞ The choice of which demonstrative adjective to use depends on the location of the object or person with relation to the speaker. Look at the illustrations:

1. **¡Esta** blusa es muy bonita!
2. **¡Esa** blusa es muy bonita también!
3. **¡Aquella** blusa no es bonita!

- **Este** *(this)* is used by the speaker to point out people or things which are near him or her.
- **Ese** *(that)* is used to point out people or things that are near the person being spoken to.
- **Aquel** *(that . . . over there)* is used to point out people or things which are far from both the speaker and the person being spoken to.

ACTIVIDAD 4   ¿Cómo se llaman . . .?

Pedro has taken his girlfriend Marta to the cafeteria where he usually
goes. On the way to their table they pass other people. Marta wants to
know their names. Play Marta's role according to the model.

 𝄞   el chico   Marta: ¿Cómo se llama aquel chico?

1. la chica
2. el estudiante
3. las estudiantes
4. los muchachos

5. las muchachas
6. el profesor
7. la profesora
8. los señores

ACTIVIDAD 5   En «Galerías Preciados»

Imagine you are in the Spanish department store, «Galerías
Preciados». A customer is looking at various items and wants the
salesperson to bring over some other items. Play both roles, according to
the model.

 𝄞   un bolso: Cliente: Señorita, quiero ver ese bolso, por favor.
                      Empleada: ¿Este bolso?

1. una corbata
2. un vestido
3. unos zapatos
4. unos calcetines
5. un abrigo

6. un impermeable
7. un sombrero
8. una chaqueta
9. un suéter
10. una camisa

B. El uso del adjetivo como sustantivo

Note the use of the definite article and adjective in the answers to the
following questions.

—¿Te gusta el suéter blanco?
—No, prefiero **el rojo.**

Do you like the white sweater?
*No, I prefer **the red one.***

—¿Te gusta la camisa verde?
—Sí, pero prefiero **la azul.**

Do you like the green shirt?
*Yes, but I prefer **the blue one.***

—¿Y las faldas?
—**Las cortas,** por supuesto.
 Son más bonitas.

And the skirts?
***The short ones,** of course.*
They are prettier.

To avoid repeating a noun, Spanish speakers often use this construction:

> definite article
> **(el, la, los, las)** + adjective
> The equivalent English construction is:
> *the* + adjective + *one (ones)*

ACTIVIDAD 6   Obsesión

Arturo thinks that red is very fashionable. Whenever he goes shopping
with his sister Luisa, he declares his preference for that color. Play both
roles according to the model.

⊃⊂   la camisa verde   Luisa: ¿Vas a comprar la camisa verde?
                         Arturo: No, prefiero la roja.

1. la chaqueta blanca
2. el traje azul
3. los calcetines negros
4. la camisa blanca

5. los anteojos azules
6. las corbatas verdes
7. los pantalones blancos
8. los zapatos amarillos

ACTIVIDAD 7   Diálogo: Las preferencias de tus compañeros

Ask the classmates next to you what their preferences are.

⊃⊂   los zapatos: negros o rojos   Estudiante 1: ¿Prefieres los zapatos negros o los rojos?
                                     Estudiante 2: Prefiero los negros.
                                                   (Prefiero los rojos.)

1. las faldas: cortas o largas
2. los pantalones: anchos o estrechos
3. las películas: policíacas o románticas
4. los restaurantes: italianos o franceses
5. los coches: norteamericanos o europeos

6. la moda (fashion): norteamericana o
   europea
7. las tiendas: grandes o pequeñas
8. las corbatas: anchas o estrechas

vocabulario especializado   Los números de 100 a 1.000.000

100	**cien (ciento)**	400	**cuatrocientos(as)**	900	**novecientos(as)**
101	**ciento uno(a)**	500	**quinientos(as)**	1.000	**mil**
102	**ciento dos**	600	**seiscientos(as)**	1.500	**mil quinientos(as)**
200	**doscientos(as)**	700	**setecientos(as)**	2.000	**dos mil**
300	**trescientos(as)**	800	**ochocientos(as)**	1.000.000	**un millón**

NOTAS:
1. **Ciento** is used before numbers under 100.
   Cien dólares **más** (plus) **ciento** veinte dólares son doscientos veinte dólares.
2. The word **y** is not used after **ciento**:
   La bicicleta cuesta **ciento cincuenta** dólares.
3. Numbers above one thousand are always expressed with **mil**.
   ¿Dónde vas a estar en el año **mil novecientos noventa**?
4. Periods, not commas, are used in Spanish to mark off thousands.
5. The hundreds from two to nine hundred have masculine and feminine forms.
   They agree with the nouns they introduce.
   Doscient**os** pesos   Doscient**as** pesetas.
6. **Un millón** is followed by **de** before nouns.
   Miguel espera tener **un millón de** dólares.

ACTIVIDAD 8   En la tienda de ropa

The customer in a clothing store is asking the salesperson what the prices
of various items are. Play both roles, according to the model.

♫ el sombrero: 350   Cliente: Por favor, ¿cuánto cuesta este sombrero?
                    Vendedor: ¿Ese sombrero? Cuesta trescientos cincuenta pesos.

1. la camisa blanca: 300   4. el abrigo: 2.000   7. el impermeable: 1.000
2. los pantalones: 800   5. la falda azul: 600   8. el traje de baño: 250
3. los pantalones cortos: 500   6. los zapatos negros: 700   9. los zapatos blancos: 550

Pronunciación   **Los sonidos de las consonantes *l, ll***

Model words: mil millón
Practice words: aquel sandalias calcetines pantalones débil liso
                amarillo llevo ella calle llega llaman
Practice sentences: Las sandalias blancas son de Isabel.
                    Luisa lleva una blusa azul.
                    Guillermo lleva pantalones amarillos.
                    ¿Cómo se llama la calle donde está el Hotel Sevilla?

Remember: When you pronounce the Spanish **l**, imitate the **l** of the English
          "leaf" and touch the tip of your tongue to your upper front teeth.
          The Spanish **ll** is pronounced like the **y** of the English "yes."

Entre nosotros

> **Expresión para la composición**
>
> **por eso**   *therefore*

Mini-composición   Invitación
Imagina que vas a los siguientes eventos. Describe la ropa que vas a llevar.
Usa la expresión para la composición.

- la boda *(wedding)* de tu prima
- un baile de máscaras *(costume party)*
- una fiesta internacional donde los participantes tienen
  que llevar ropa típica de sus países

♫ Esta boda va a ser elegante. **Por eso,** debo *(I should)* llevar
un vestido nuevo . . .

7:10

El señor Ochoa se levanta.
Va al baño,
pero está ocupado...

se levanta: *gets up*

— Pam, pam, pam.
— ¿Sí?
— ¿Eres tú, Marina?
— ¡Sí, Ramón! . . . ¡Un momento!
  Me estoy peinando.

Me estoy peinando:
*I'm combing my
hair*

7:30

El señor Ochoa vuelve al baño.
Está todavía ocupado.

todavía: *still*

— Pam, pam, pam.
— ¿Sí?
— ¿Eres tú, Felipe?
— ¡Sí, papá! . . . ¡Un momentito!
  Me estoy lavando.

Me estoy lavando: *I'm
washing*

8:00

El señor Ochoa se pone los pantalones.
Vuelve al baño . . .
¡Todavía ocupado!

se pone: *puts on*

— Pam, pam, pam.
— ¿Sí?
— ¿Eres tú, Olga?
— Sí, papá. Un minuto, por favor.
  Me estoy bañando.

Me estoy bañando:
I'm taking a bath

El señor Ochoa se pone la camisa.
Vuelve al baño.
¡Está ocupado!

8:15

— Pam, pam, pam.
— ¿Sí?
— ¿Eres tú, Anita?
— ¡Sí, papá! . . . ¡Un momentito,
por favor!
Me estoy lavando el pelo.

Me estoy lavando el
pelo: *I'm washing
my hair*

Finalmente, el baño está libre.
Con mucha prisa, el señor Ochoa se lava,
se afeita, se peina.

libre: *free*
prisa: *haste*
se afeita: *shaves*

8:30

Después, va al comedor.
La familia está tomando café.

8:45

— ¿Quieres café, Ramón?
— Sí, claro . . . pero . . . ¿qué hora es,
Marina?
— Son las nueve menos cuarto, Ramón.
— ¡Las nueve menos cuarto!
¡Dios mío! ¡No tengo tiempo
para tomar café!
¡Adiós, Marina! ¡Adiós, chicos!

tiempo: *time*

. . . Y el señor Ochoa se va de la casa . . . sin tomar café.
¡El pobre señor Ochoa!

se va de : *leaves,*
sin : *without*

CONVERSACIÓN

Vamos a hablar de tu dinero. ¿Cómo lo gastas?

1. ¿**Te** compras libros?
  Sí, **me** compro . . . (No, no **me** compro . . .)

2. ¿**Te** compras discos?

3. ¿**Te** compras revistas?

4. ¿**Te** compras ropa?

5. ¿**Te** compras dulces *(candy)?*

OBSERVACIÓN

In the above questions you are asked about things you buy for yourself.

- What object pronoun is used to express the idea of *for yourself?*
- Do this pronoun and the subject of the answer (**yo**) refer to the same person?

Now reread the sample answers.

- What object pronoun expresses the idea of *for myself?*
- Do this pronoun and the subject of the question (**yo**) refer to the same person?

la campana — din don

el teléfono — rin, rin

el reloj — tic tac

el tren — cha-ca cha-ca cha-ca

Nota cultural

Los ruidos españoles

  ¿Qué ruido° hace una persona cuando llama a la puerta?° ¡Depende!° Si la persona es norteamericana, hace «knock, knock». Si la persona es francesa, hace «toc, toc, toc». Si la persona es alemana, hace «klopf, klopf».

  Pero si es española, hace «pam, pam, pam».

ruido *sound*   **llama a la puerta** *knocks on the door*
Depende *It depends*

Éstos son otros ruidos españoles:

el gato — miau

el perro — guau guau

una bomba — ¡bum!

el tambor — rata-plán

Estructura

A. Los pronombres reflexivos

Read the illustrated sentences below, noting the different pronouns used in situations A and B.

A   B

Inés tiene un coche.

Inés **lo** lava.   Después, Inés **se** lava.

Manuel tiene una amiga muy elegante.

Manuel **la** mira.   Después, Manuel **se** mira en el espejo.

Pedro tiene dos hermanas.

Pedro **les** compra dos sándwiches.   Después, Pedro **se** compra un sándwich.

- In sentences A, Inés, Manuel and Pedro perform an action on or for something or someone else:

  Inés washes her car, Manuel looks at a friend, Pedro buys sandwiches for his sisters.

  The pronouns **lo, la, les** represent persons or objects which are *different* from the subject.

- In sentences B, Inés, Manuel and Pedro are performing actions on or for *themselves:*

  Inés washes *herself,* Manuel looks at *himself* in the mirror, Pedro buys *himself* a sandwich.

  The pronoun **se** represents the same person as the subject. **Se** is called a *reflexive pronoun* because it indicates that the action is reflected back to the subject.

- Verbs which use a reflexive pronoun (**se lava, se mira, se compra**) are called *reflexive verbs.*

The following chart shows the reflexive pronouns and the present tense forms of **lavarse** *(to wash oneself)*.

SUBJECT PRONOUN	REFLEXIVE PRONOUN	lavarse	*to wash oneself*
(yo)	**me**	**me lavo**	*I wash myself*
(tú)	**te**	**te lavas**	*you wash yourself*
(él) (ella) (Ud.)	**se**	**se lava**	*he washes himself* *she washes herself* *you wash yourself*
(nosotros)	**nos**	**nos lavamos**	*we wash ourselves*
(vosotros)	**os**	**os laváis**	*you wash yourselves*
(ellos) (ellas) (Uds.)	**se**	**se lavan**	*they wash themselves* *you wash yourselves*

⟩⟩ Except for **se** (the third person reflexive pronoun), reflexive pronouns have the same forms as object pronouns.

⟩⟩ The reflexive pronouns **me, te,** . . . often correspond to the English pronouns *myself, yourself,* . . .

⟩⟩ Like object pronouns, reflexive pronouns usually come *before* the verb.

⟩⟩ In a dictionary or vocabulary listing, reflexive verbs are indicated with **se** attached to the infinitive: **lavarse, mirarse, comprarse.**

ACTIVIDAD 1 **Después del partido de básquetbol**

After the basketball game, some of the players wash up while others go directly home. Say who is washing up and who is not.

⟩⟩ Paco (no)   Paco no se lava.

1. Roberto (sí)
2. Luis y Pedro (no)
3. Clara (sí)
4. Elena y Carmen (sí)
5. yo (no)
6. tú (no)
7. nosotros (sí)
8. Uds. (no)

ACTIVIDAD 2   El espejo *(The mirror)*

There is a large mirror in the school hall. Some students look at themselves in it and admire themselves. Express this according to the model.

☞   Enrique (no)   Enrique no se mira en el espejo.
No se admira.

1. Elena (sí)
2. Eduardo y Tomás (sí)
3. Mónica (sí)
4. Luisa e Inés (no)
5. yo (sí)
6. tú (no)
7. Ud. (sí)
8. nosotros (no)

ACTIVIDAD 3   Con cinco dólares

There are many ways of spending five dollars. Say what the following people are buying for themselves.

☞   Ricardo: un disco   Ricardo se compra un disco.

1. yo: un sombrero
2. tú: una caja *(box)* de chocolates
3. el Sr. Vargas: una corbata
4. la Sra. de Durán: un bolso
5. Pedro y Felipe: unos anteojos de sol
6. Elena: unas revistas de modas
7. María y Luisa: unos dulces *(candy)*
8. nosotros: unos sombreros de sol
9. Uds.: un álbum para fotos
10. mis amigos: unos libros

BIENESTAR
LA REVISTA
DE LA
MUJER FELIZ

ACTIVIDAD 4   El costo de la vida *(The cost of living)*

Say what the following people buy themselves with certain amounts of money. Use elements from A, B and C to form logical sentences.

A	B	C	
45 centavos	yo	un coche	un traje de baño
1 dólar	tú	una guitarra	un disco
5 dólares	mi mejor amigo	una tarjeta	un tocadiscos
10 dólares	mis padres	un periódico	una entrada de
100 dólares		una revista	cine *(movie ticket)*
5.000 dólares		un sombrero	

☞   Con un dólar, te compras una revista (o cuatro periódicos, o cinco tarjetas, o un periódico y cuatro tarjetas ...).

B. Los verbos reflexivos: el arreglo personal *(Personal care)*

Compare the reflexive and non-reflexive uses of the verbs in the following pairs of sentences.

Mi papá **lava** el coche.	*My father **is washing** the car.*
Se lava.	*He **is washing** (himself).*
Clara **pone** la blusa en la mesa.	*Clara **puts** the blouse on the table.*
Se pone la blusa.	*She **puts** the blouse **on** (herself).*
Peino mi perro.	*I **am combing** my dog.*
Me peino.	*I **am combing** my hair.*

In Spanish, verbs relating to personal care are used reflexively when the subject performs the action on or for himself / herself.

In English, the reflexive pronouns *(myself, yourself, . . .)* are usually not expressed, although they are implied.

vocabulario especializado — El arreglo personal

bañarse
to take a bath

Me baño cada mañana.

lavarse
to wash (oneself)

¿Cuándo te lavas?

peinarse
to comb (one's hair)

Manuel se peina.

ACTIVIDAD 5 El baile *(The dance)*

Everyone is getting dressed for the school dance. Say what each of the following people is putting on, using the verb **ponerse.**

⟩⟩ Susana: una falda azul   Susana se pone una falda azul.

1. Ricardo: una camisa roja
2. nosotros: unos zapatos negros
3. mi hermano: una chaqueta elegante
4. Uds.: unos pantalones blancos
5. yo: un suéter amarillo
6. tú: una corbata gris
7. mis primos: unos pantalones azules
8. Ana: un vestido verde
9. Guillermo: un traje negro

ponerse
to put (something) on
   (oneself)

Isabel **se pone** los zapatos.

quitarse
to take (something) off
   (oneself)

Me quito el suéter.

vestirse (e → i)
to dress (oneself),
   to get dressed

¡**Te vistes** con mucha elegancia, María!

NOTA: Spanish speakers use the *definite article* before articles of clothing when it is clear
      who the possessor is. (In English, the possessive adjective is used.)
      Me pongo **el** suéter.   *I'm putting on **my** sweater.*
      El profesor se quita **el** sombrero.   *The teacher is taking off **his** hat.*

ACTIVIDAD 6   La ropa adecuada *(The right clothes)*

Which of the following items of clothing would you put on for the occasions mentioned below?

un suéter / blue-jeans / una camiseta / pantalones cortos / un vestido (traje) elegante / un impermeable / anteojos de sol / un traje de baño / una chaqueta de esquí

Ⓧ Cuando voy a la playa . . .   Cuando voy a la playa, me pongo una camiseta
                                  y pantalones cortos.

1. Cuando voy a la piscina . . .
2. Cuando hace mucho sol . . .
3. Cuando hace frío . . .
4. Cuando llueve . . .
5. Cuando nado . . .

6. Cuando esquío . . .
7. Cuando voy al restaurante . . .
8. Cuando voy a la casa de mis amigos . . .
9. Cuando tengo una cita . . .
10. Cuando voy al baile de mi escuela . . .

ACTIVIDAD 7   Diálogo: Todas las mañanas *(Every morning)*

There are things we do every morning, and others we don't do. Ask your classmates whether they do the following.

Ⓧ ponerse ropa elegante   Estudiante 1: ¿Te pones ropa elegante todas las mañanas?
                            Estudiante 2: Sí, me pongo ropa elegante.
                                          (No, no me pongo ropa elegante.)

1. ponerse perfume
2. mirarse en el espejo *(mirror)*
3. peinarse
4. lavarse

5. lavarse el pelo
6. vestirse
7. quitarse los pijamas
8. bañarse

Pronunciación   El sonido de la consonante *ch*

Model word: mu<u>ch</u>o
Practice words: o<u>ch</u>enta an<u>ch</u>o estre<u>ch</u>o no<u>ch</u>e <u>ch</u>ico mu<u>ch</u>a<u>ch</u>a
Practice sentences: ¿Quién es el mu<u>ch</u>a<u>ch</u>o <u>ch</u>ileno?
                    Marisol O<u>ch</u>oa come mu<u>ch</u>o <u>ch</u>ocolate.
                    <u>Ch</u>ina, <u>ch</u>ina
                    Capu<u>ch</u>ina
                    En esta mano
                    Está la <u>ch</u>ina.

In Spanish, **ch** is always pronounced like the **ch** of the English word "chicken."

Entre nosotros

Mini-composición   Los problemas del Sr. Ochoa

Imagina que tú eres el Sr. Ochoa. Ahora estás en la oficina *(office)*.
Escribe un pequeño párrafo contando a tus colegas *(colleagues)* los
problemas de la mañana.

Usa la expresión para la composición.

Me levanto a las siete. A las siete y diez, voy al baño. Está ocupado.
A las siete y media el baño **todavía** está ocupado . . .

Lección 4   *Una persona pulcra*

Una persona pulcra es limpia y elegante. Su presentación es siempre impecable. Para ella, la apariencia personal es muy importante.

pulcra: *perfectly dressed*, limpia: *clean*

¿Y para ti? ¿Es absolutamente necesario hacer las siguientes cosas para ser una persona pulcra?

siguientes: *following*

sí   no

- ■ ■   1. Bañarse todas las mañanas . . .
- ■ ■   2. Bañarse todas las noches . . .
- ■ ■   3. Lavarse las manos antes de comer . . .
- ■ ■   4. Lavarse el pelo todos los días . . .
- ■ ■   5. Cortarse el pelo frecuentemente . . .
- ■ ■   6. Ponerse perfume o colonia . . .
- ■ ■   7. Mirarse en el espejo frecuentemente . . .
- ■ ■   8. Cambiarse de ropa varias veces al día . . .
- ■ ■   9. Comprarse un traje de baño nuevo cada verano . . .
- ■ ■   10. Ponerse un traje o un vestido elegante cuando vas a una fiesta . . .

Lavarse las manos: *To wash one's hands*

Cortarse: *To cut*
colonia: *cologne*
espejo: *mirror*
Cambiarse: *To change*, veces: *times*

CONVERSACIÓN

Vamos a hablar de las cosas que vas a comprarte el verano próximo.

1. ¿Vas a comprar**te** anteojos de sol?
   Sí, voy a comprar**me** . . . (No, no voy a comprar**me** . . .)
2. ¿Vas a comprar**te** un traje de baño nuevo?
3. ¿Vas a comprar**te** pantalones cortos?
4. ¿Vas a comprar**te** blue-jeans nuevos?
5. ¿Vas a comprar**te** sandalias?

OBSERVACIÓN

In the above questions and answers you were talking about things you were going to buy for yourself.

- What is the position of the reflexive pronoun with respect to the infinitive?
- Is it the same position as that of other object pronouns?

Nota cultural

La apariencia personal

Hay un viejo refrán° español que dice: «El hábito no hace al monje».°

Sí . . . pero un joven hispánico que no es limpio° o que no se pone la ropa adecuada° para la ocasión está mal visto° por la familia y la sociedad. Por ejemplo,° las chicas pueden ir de compras° en pantalones, pero no a la iglesia. Para los muchachos el traje oscuro° (especialmente el azul marino°) es muy importante para las ocasiones especiales. Los pantalones cortos son adecuados en la casa, pero son inaceptables en la calle. Los blue-jeans son el uniforme universal de los jóvenes en la playa o en el campo . . . ¡pero no en ocasiones más formales!

Hay otro refrán viejo que dice:« Una persona bien vestida,° por todas partes° bien recibida».° ¡Si un día vas a un país hispánico, éste es un refrán que tienes que respetar!

refrán *proverb* **monje** *monk* **limpio** *clean* **adecuada** *appropriate* **mal visto** *looked on with disapproval* **Por ejemplo** *For example* **ir de compras** *go shopping* **oscuro** *dark* **azul marino** *navy blue* **vestida** *dressed* **por todas partes** *everywhere* **recibida** *received*

Estructura

A. El uso del artículo con las partes del cuerpo

Note the use of the definite article in the following sentences.

Tengo **el** pelo corto.	***My*** *hair is short. (I have short hair.)*
Me lavo **las** manos.	*I am washing **my** hands.*
Inés se corta **el** pelo.	*Inés is cutting **her** hair.*

> Spanish speakers use the definite article **el, la, los, las** before parts of the body, when it is clear whose body is referred to.

vocabulario especializado   **El cuerpo** *(The body)*

el pie izquierdo
el pie derecho
la pierna
la rodilla
la espalda
la cabeza
el brazo
la mano
los dedos

ACTIVIDAD 1　Después de acampar

The following people are back from a camping trip. They are now washing up. Express this according to the model.

꠹꠹　Elena: el pelo　　Elena se lava el pelo.

1. Roberto: la cara
2. Inés: las manos
3. Felipe y Carlos: los pies
4. nosotros: las piernas
5. tú: los brazos
6. yo: la espalda

ACTIVIDAD 2　El uso del cuerpo

Tell which parts of the body you use to perform the following activities.

꠹꠹　Para mirar. . .　　Para mirar, uso los ojos.

1. Para escuchar. . .
2. Para escribir . . .
3. Para jugar al básquetbol . . .
4. Para jugar al volibol . . .
5. Para jugar al fútbol . . .
6. Para nadar . . .
7. Para tocar la guitarra . . .
8. Para cantar . . .

B.　Verbos reflexivos: otros usos

Read each pair of sentences carefully. The same verbs are used with and without a reflexive pronoun. Note the differences of meaning in the English equivalents.

Elena va al cine.	*Elena **is going** to the movies.*
Se va de la casa a la una.	*She **leaves** home at one o'clock.*
Duermo bien de noche.	*I **sleep** well at night.*
Por eso no **me duermo** en la clase.	*Therefore I don't **fall asleep** in class.*
Llamo a Carlos.	*I **am calling** Carlos.*
Me llamo Isabel.	*My **name is** Isabel. (I call myself, or I am called Isabel.)*

Many Spanish verbs can be used with reflexive pronouns.

꠹꠹　Reflexive pronouns are used in Spanish to show that the action indicated by the verb reflects on the subject. In English, reflexive pronouns are not always expressed.

꠹꠹　With certain Spanish verbs, the use of a reflexive pronoun changes the meaning of the verb.

acostarse (o → ue) to go to bed	Los sábados **me acuesto** a las doce de la noche.
divertirse (e → ie) to enjoy oneself, to have fun	**Nos divertimos** mucho en esta clase.
dormirse (o → ue) to fall asleep	Cuando me acuesto, **me duermo** inmediatamente.
irse to go away, to leave	¿**Te vas** a México?
levantarse to get up	Los domingos **me levanto** a las diez.
quedarse to stay, remain	Paco **se queda** en casa porque está enfermo.
sentarse (e → ie) to sit down	¿**Te sientas** en el comedor para comer?
sentirse (e → ie) to feel	¿Por qué **se sienten** Uds. tristes hoy?

REFRÁN

Aunque la mona se vista de seda, mona se queda.

286

ACTIVIDAD 3 ¿Cómo se sienten?

Say how the following people are feeling today.

🔊 Manuel: cansado   Hoy Manuel se siente cansado.

1. Isabel: triste
2. tú: muy bien
3. yo: así, así
4. Uds.: nerviosos

5. nosotros: muy mal
6. ellas: un poco mal
7. Esteban: alegre
8. la Srta. Pérez: enferma

ACTIVIDAD 4 Preguntas personales

1. ¿A qué hora te acuestas los lunes? ¿los sábados? ¿los domingos?
2. ¿A qué hora te levantas los lunes? ¿los sábados? ¿los domingos?
3. ¿A qué hora te vas a la escuela?
4. ¿A qué hora se va tu papá al trabajo? ¿y tu mamá?
5. ¿Ahora te sientes bien o mal? ¿Cansado(a) o descansado(a) *(rested)?* ¿alegre o triste? ¿nervioso(a) o tranquilo(a) *(calm)?*
6. ¿Te sientes nervioso(a) antes de un examen? ¿Se siente nervioso(a) tu mejor amigo(a)?

ACTIVIDAD 5 Diálogo: Actividades

Ask your classmates whether they do the following things.

🔊 divertirse (con tus amigos)   Estudiante 1: ¿Te diviertes con tus amigos?
Estudiante 2: Sí, me divierto con mis amigos.
(No, no me divierto con mis amigos.)

divertirse

1. en casa
2. durante el fin de semana
3. en la clase de español

dormirse

4. mirando la televisión
5. en la clase de inglés
6. en la clase de matemáticas

sentirse

7. mal ahora
8. mal durante un examen
9. cansado(a) ahora

quedarse en casa

10. durante el fin de semana
11. durante las vacaciones
12. todos los domingos

ACTIVIDAD 6   Creación

You have five minutes to create as many logical sentences as you can, using an element from each column. Your sentences may be affirmative or negative.

A	B	C	
Pepe	acostarse	a las siete	bien
nosotros(as)	dormirse	a las diez	triste(s)
mis amigos(as)	irse	en casa	cansado(a)(s)
	quedarse	en la clase	un poco nervioso(a)(s)
	sentarse	hoy a México	en una silla *(chair)*
	sentirse	de la playa	en la cama *(bed)*

🕮   Pepe se acuesta a las diez.

C. El infinitivo de los verbos reflexivos

Note the position of the reflexive pronouns in the answers to the following questions.

¿Te lavas ahora, Miguel?	No, voy a lavar**me** después.
	(No, **me** voy a lavar después.)
¿Por qué no va Elena al cine?	Porque tiene que quedar**se** en casa.
	(Porque **se** tiene que quedar en casa.)

🕮   Reflexive pronouns, like other object pronouns, are usually placed *after* the infinitive and are attached to it. (They may also come *before* the *first* verb.)

ACTIVIDAD 7   La gripe *(The flu)*

Paco is in bed with a severe flu. In your opinion, is he going to do any of the following things tomorrow?

🕮   levantarse   Sí, va a levantarse.
                 (No, no va a levantarse.) .

1. bañarse
2. lavarse la cara
3. quedarse en casa
4. quedarse en la cama *(bed)*
5. divertirse
6. sentirse cansado
7. sentirse bien
8. dormirse temprano *(early)*

ACTIVIDAD 8   Diálogo: Los sábados

Ask your classmates whether they like to do the following things on Saturdays.

🕮   levantarse temprano *(early)*   Estudiante 1: ¿Te gusta levantarte temprano?
                 Estudiante 2: Sí, (No, no) me gusta levantarme temprano.

1. levantarse tarde *(late)*
2. quedarse en casa
3. divertirse con unos amigos
4. irse al campo
5. acostarse temprano
6. acostarse tarde

El sonido de la consonante v

Model words: v̲erde lav̲ar
Practice words: v̲estido v̲estirse v̲iejo v̲olv̲er v̲olibol
me div̲ierto te lev̲antas nos v̲estimos llev̲o jov̲en
Practice sentences: Me v̲oy a las nuev̲e.
Ev̲a llev̲a un v̲estido nuev̲o.
El v̲iernes, V̲íctor v̲a a V̲alencia.
¡V̲amos a v̲isitar a V̲icente V̲elásquez!
Remember: At the beginning of a word, or after **n** or **l**, the letter **v**
is pronounced like the **b** of the English "boy."
In all other positions, the letter **v** represents the sound / ƀ /,
in which the lips do not come together.

Entre nosotros

Expresión para la composición

por ejemplo   *for instance, for example*

Mini-composición   Mis sentimientos

Nuestros sentimientos *(feelings)* cambian *(change)* durante el día.
Escribe un pequeño párrafo describiendo tus sentimientos. Puedes usar
las siguientes expresiones:

- Me siento de buen humor . . .
- Me siento de mal humor . . .
- Me siento alegre . . .
- Me siento cansado(a) . . .
- Me siento libre *(free)* . . .
- Me siento triste . . .

Generalmente me siento de buen humor. **Por ejemplo,** me siento
alegre cuando me levanto y hace sol. . . .

Para mantenerte° en buena forma física necesitas perder las calorías superfluas.° ¿Cómo hacerlo? Hay una solución muy fácil: ¡practica un deporte!

Pero, ¿qué tipo de deporte?

Depende de° tu condición física . . . y de tu personalidad.

mantenerte: *to keep yourself*
superfluas: *extra*

Depende de: *It depends on*

150 calorías

Caminar

Puedes ir a pie a la escuela, al centro, al cine, a la playa . . . Caminar° es un ejercicio que no necesita ninguna aptitud física en particular . . . ¡y que no cuesta nada! Es excelente para las piernas, los músculos de la espalda, y el corazón.° También calma la tensión nerviosa.

. . . Y cuando caminas por° media hora, pierdes ciento cincuenta calorías.

Caminar: *Walking*

corazón: *heart*

por: *for*

400 calorías

Correr

Si piensas que caminar es un deporte demasiado fácil, puedes correr° . . . Es un ejercicio realmente vigoroso que necesita mucha energía. Practicando° ese deporte, ejercitas° los músculos de las piernas, del abdomen y de la espalda, y mejoras° las funciones cardiovasculares. Correr no es necesariamente un deporte solitario. Puedes practicarlo solo o con tus amigos.

. . . Y cuando corres por media hora, pierdes cuatrocientas calorías.

correr: *run*
Practicando: *By practicing*, ejercitas: *you exercise*
mejoras: *you improve*

300 calorías

La natación

La natación° es el deporte ideal. Cuando nadas, ejercitas no sólo las piernas y los brazos, sino° todos los músculos del cuerpo. La natación ayuda° al corazón y aumenta° la capacidad de los pulmones.° La natación es un deporte social que puedes practicar con tus amigos.

. . . Y cuando nadas por media hora, pierdes trescientas calorías.

La natación: *Swimming*
sino: *but*
ayuda: *helps*,
aumenta: *increases*,
pulmones: *lungs*

300 calorías

El ciclismo

¡Otro deporte excelente! Como nadar y correr, el ciclismo° mejora tu resistencia y tu energía, y usa todos los músculos. Puedes escoger° tu propio° ritmo,° rápido o lento.°

. . . Y cuando lo practicas por media hora, pierdes trescientas calorías.

el ciclismo: *bicycling*
escoger: *choose,*
  propio: *own,* ritmo:
  rhythm, lento:
  slowly

210 calorías

El tenis

Cuando juegas al tenis, usas todos los músculos del cuerpo y mejoras tu concentración y tu sentido° del equilibrio. El tenis es también un deporte intelectual: no sólo tienes que usar las manos, los brazos y las piernas, ¡tienes que usar la cabeza!

. . . Y cuando juegas al tenis por media hora, pierdes doscientas diez calorías.

sentido: *sense*

300 calorías

El esquí

El esquí es un deporte que necesita mucha agilidad y concentración. Tonifica° los músculos de los brazos y de las piernas. Pero, ¡cuidado!° El esquí puede ser un deporte peligroso.° ¡No te rompas° un brazo o una pierna!

. . . Y cuando esquías por media hora, pierdes trescientas calorías.

Tonifica: *It tones.*
¡cuidado!: *be careful!*
peligroso: *dangerous,*
  no te rompas:
  don't break

150 calorías

El juego de bolos

El juego de bolos° es otro deporte que necesita mucha concentración intelectual. Es un deporte excelente para calmar la tensión nerviosa, pero no es el deporte ideal para perder peso.°

. . . Y cuando lo practicas por media hora, pierdes ciento cincuenta calorías.

> El juego de bolos: *Candlepin bowling*
>
> perder peso: *lose weight*

El arte de la lectura

Enriching your vocabulary: adverbs in —*mente*

Many Spanish adverbs end in **-mente**. This ending usually corresponds to the English ending **-ly**.

realmente	*really*
necesariamente	*necessarily*

Most of the adverbs in **-mente** are formed as follows:

> feminine singular form of the adjective + **-mente**

sincero	**sincera**	¡No hablas **sinceramente**!
rápido	**rápida**	Juan trabaja **rápidamente**.
fácil *(easy)*	**fácil**	No aprendo **fácilmente**.

Ejercicio

Say that the following people act according to their characters.

⟯ Pablo es un chico alegre. Canta *alegremente*.

1. Mi hermano está loco. Está _____ enamorado de Carmen.
2. Tomás es tonto. Se expresa _____ .
3. Rafael es serio. Trabaja _____ .
4. Silvia es inteligente. Se expresa _____ .
5. Emilia y Luisa son francas. Hablan _____ .
6. Felipe y Carlos son sinceros. Hablan _____ .

VISTA

El mundo de las diversiones

4

Los pasatiempos favoritos

¿Qué haces tú cuando tienes tiempo libre?°
Éstos son los pasatiempos° de algunos chicos hispanos.

Johnny González, Nueva York

En los veranos tengo mucho tiempo libre; entonces voy con mis hermanos a tocar la conga y los tambores° al Parque Central. ¡Es increíble! A veces hay unas cien personas que se reúnen° a bailar o a escucharnos.

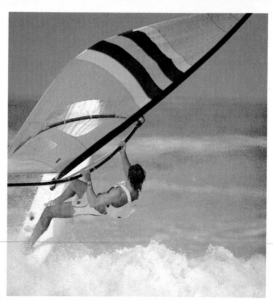

Esteban Herrera, Lima, Perú

Yo paso todo mi tiempo libre practicando el windsurf en el club Waikiki de Lima. Es un deporte difícil . . . ¡pero apasionante!° Las olas° son fantásticas, y me divierto mucho.

294 **tiempo libre** *free time* **pasatiempos** *pastimes* **tambores** *drums* **se reúnen** *gather*
apasionante *exciting* **olas** *waves*

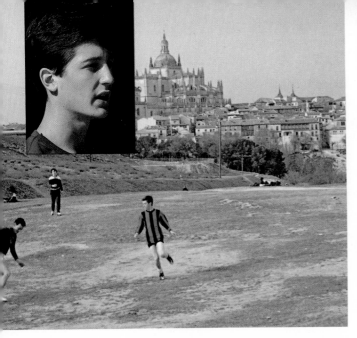

**José María Ordóñez,
Cádiz, España**
Como buen español, dedico parte de mi tiempo libre a jugar al ajedrez,° a jugar al fútbol los sábados y a charlar° con mis amigos en el café de la esquina.°

**Felipe Pérez,
Monterrey, México**
A mí me gusta leer. Por eso, paso mi tiempo libre en casa. Me gustan las revistas y las novelas. Pero me gustan más los cuentos de ciencia-ficción. Las grandes aventuras del espacio son fascinantes, ¿verdad?

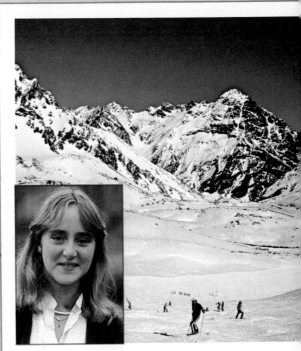

**Margarita MacKenzie,
Valparaíso, Chile**
A mí me gustan el aire puro, el sol y las montañas. En agosto siempre voy a esquiar con un grupo de chicos. En Chile tenemos los mejores lugares para esquiar. Otra cosa que me gusta mucho es tocar la guitarra. Yo llevo mi guitarra a todas partes.°

ajedrez *chess*   **charlar** *chat*   **esquina** *corner*   **a todas partes** *everywhere*

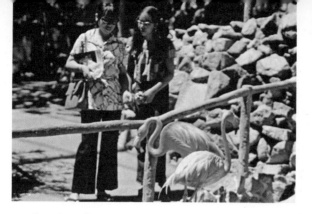

**Lupita Cabrera,
San Diego, California**
Mi pasatiempo favorito es ir al zoológico
con mis amigos y mirar los animales. Yo
creo que los animales también se divierten
mucho con nosotros.

**Alicia Durán,
Bogotá, Colombia**
Para muchos chicos bogotanos, el pasatiempo
favorito es ir al cine. ¿Por qué? . . . ¡porque en
Bogotá llueve mucho! A mí me encantan° las
películas mexicanas. Yo voy todos los domingos
por la tarde al cine con mis amigos.

me encantan / *love*

GALERÍA de ESTRELLAS

Ricardo Montalbán
*actor mexicano de cine
y de televisión*

Estrella° de muchas películas
norteamericanas, Montalbán
es hoy más conocido° por la
serie de televisión «Fantasy
Island». Este programa, en que
Montalbán hace el papel° del
misterioso Señor Roarke, es
popular en muchos países.
Montalbán también es el
fundador° de *Nosotros,* una
organización que ayuda a los
actores y las actrices
hispánicos en los Estados
Unidos.

José Feliciano
*cantante
puertorriqueño*

Educado° en Nueva York,
Feliciano es un fenómeno de la
canción popular. Cuando joven,
aprende solo a tocar la
guitarra. Ahora tiene 32
álbumes de oro, 2 premios
«Grammy» y numerosos
premios como guitarrista.
Aparece° en la televisión como
cantante y actor. Y es
compositor de muchas obras°
musicales. Este artista ciego°
es una de las estrellas más
brillantes de la música popular.

Fernando Bujones
*bailarín
cubano-americano*

Nativo de Miami, Bujones es
hoy uno de los bailarines
principales del American Ballet
Theatre en Nueva York. En la
Séptima Competición
Internacional de Ballet ganó°
una medalla de oro° y también
un premio° especial por su
técnica. Ahora está invitado
para bailar con las grandes
compañías de ballet por todo el
mundo.° Fernando Bujones es
en realidad uno de los
bailarines más notables de su
generación.

ESCUCHAR

LOS 10 DE ¡HOLA!

① CON LA MISMA PIEDRA
(Julio Iglesias).

Estrella *star* **conocido** *known* **hace el papel** *plays the role* **fundador** *founder*
Educado *Brought up* **Aparece** *He appears* **obras** *works* **ciego** *blind* **ganó** *he won*
medalla de oro *gold medal* **premio** *award* **por todo el mundo** *all over the world*

Carlos Santana
*guitarrista
mexicano*

Carlos Santana es el líder del grupo «Santana», uno de los grupos musicales más populares de los Estados Unidos. Su música combina los sonidos° latinoamericanos con el ritmo del «rock» norteamericano. Carlos Santana tiene muchos álbumes y canciones «hit» como «I'm Winning» y «Shango».

Sonia Manzano
*actriz
puertorriqueña*

Nativa de Nueva York, Sonia es conocida por millones de jóvenes norteamericanos. Hace el papel de María en el programa de TV «Plaza Sésamo». Es bilingüe, y en este programa habla inglés y español. Su simpatía° y energía explican su popularidad. Todos la admiran por su notable contribución a los programas juveniles de televisión.

MIRAR

hoy domingo

CANAL 13 TELEVISION

10:15	**ARREOLA Y SU CIRCUNSTANCIA** "LOPE DE VEGA" —SONETO—
10:45	**En Ensayo** CON LA ORQUESTA FILARMONICA DE LAS AMERICAS
11:45	**FUTBOL** DESDE GUADALAJARA, JAL GUADALAJARA VS. TOLUCA
2:00	**sép7imo día** REPORTAJES DE LA SEMANA Y NOTICIAS DE ULTIMA HORA
2:30	**UN CANTO A LA VIDA: SOR JUANA INES DE LA CRUZ**
3:00	**FUTBOL AMERICANO** DESDE GREEN BAY "VAQUEROS" DE DALLAS VS. "EMPACADORES" DE GREEN BAY
7:00	**LOS MUPPET'S** LA RANA RENE Y LA COCHINITA PIBIL
7:30	**deporT** CON JOSE RAMON FERNANDEZ
9:00	**LA LLAMADA DEL TROPICO** (PAUL GAUGUIN) "TAHITI"
10:00	**LO ESPECIAL DEL FUTBOL AMERICANO**
10:15	**Misterio en su casa** 1ª PARTE "LA CHICA QUE CAMINABA APRISA"
11:20	**NOCHES DE CINE** EL CINE POR NUESTRA PANTALLA CON EMILIO GARCIA RIERA

2 **THE GIRL IS MINE** (Paul McCartney and Michael Jackson).

3 **DON'T GO** (Yazoo).

4 **ANNIE, YO NO SOY TU PADRE** (Kid Creole and His Coconuts).

5 **MUSIC AND LIGHTS** (Imagination).

6 **BRAVO, MUCHACHOS** (Miguel Bosé).

7 **PASS THE DUTCHIE** (Musical Youth).

8 **AMOR DE HOMBRE** (Mocedades).

9 **HERE I GO AGAIN** (Whitesnake).

10 **DEVUELVEME MI LIBERTAD** (Camilo Sesto).

sonidos *sounds* **simpatía** *charm*

299

¿Qué sabes tú de la música hispánica?

La música en los países hispánicos es extraordinaria. ¿Por qué? . . . porque es la mezcla° del alma° de tres continentes: América, África y Europa. Por ejemplo, en los instrumentos, los tambores son de origen africano; las maracas y las flautas de origen indio; la guitarra, el arpa y el piano de origen europeo.

Éstos son algunos instrumentos usados en algunas composiciones hispánicas. ¿Sabes qué palabra corresponde a cada instrumento?

1. Maracas
2. Castañuelas
3. Guitarra
4. Flauta
5. Tambores
6. Acordeón
7. Marimba
8. Pandereta
9. Piano
10. Arpa

RESPUESTAS: 1-D, 2-J, 3-E, 4-F, 5-B, 6-C, 7-A, 8-I, 9-H, 10-G

EL PRÍNCIPE DE LA
CANCIÓN

Julio Iglesias... ¿Quién no conoce la voz romántica de España? Simpático, guapo, Julio Iglesias canta canciones de amor con mucho sentimiento y con una voz extraordinaria.

Julio Iglesias es español, pero tiene millones de admiradores por todo el mundo.° Personas de todas partes° y de todas las edades° compran sus discos.

Julio Iglesias es nativo de Madrid. Cuando joven juega al fútbol en un equipo profesional. Luego se dedica al Derecho.° Pero un accidente automovilístico cambia° el curso de su vida. En el hospital un amigo le regala° una guitarra y... ¡comienza su carrera de cantante!

Hoy sus discos tienen un éxito° fenomenal. Se venden por millones... ¡casi 70 millones en total! Lleva grabados° más de 100 álbumes. Canta en siete lenguas. ¡Y ahora tiene su primer álbum donde canta en inglés!

Muchos lo llaman «el príncipe español de la canción». En realidad, es el cantante hispánico más popular de todos los tiempos°... ¡una superestrella de la música popular!

por todo el mundo *all over the world*
de todas partes *everywhere* **edades** *ages*
Derecho *Law* **cambia** *changes*
regala *gives* **éxito** *success*
Lleva grabados *He has recorded*
todos los tiempos *all time*

CELEBRACIONES Y FIESTAS EN EL MUNDO HISPÁNICO

¡Música y baile° en el Parque Central!

NUEVA YORK, ESTADOS UNIDOS—Los organizadores del Día de San Juan invitan a todos los hispanohablantes a celebrar este día. La gran fiesta es este domingo, empezando a las diez de la mañana, en el Parque Central de la ciudad. El veinte y cuatro de junio es el Día de San Juan, el santo patrón° de San Juan, la capital de Puerto Rico. No importa° si bailas bien o mal. ¡Éste es un día para bailar en el parque!

¡Adiós, Sr. del Mal Humor!

MAZATLÁN, MÉXICO—Son muy famosos el Carnaval de Río de Janeiro y el Mardi Gras de Nueva Orleáns. Pero el carnaval de este puerto mexicano es uno de los más alegres. Además,° los tamales, los tacos, las enchiladas y los chiles rellenos son más irresistibles en las calles llenas de° flores,° confeti y serpentinas.° Como siempre, el Carnaval de Mazatlán comienza con el solemne entierro° del Sr. del Mal Humor. Este gran muñeco° que representa el mal humor, es enterrado° todos los años en las aguas° del Océano Pacífico. ¡Viva el Carnaval! ¡Viva el buen humor!

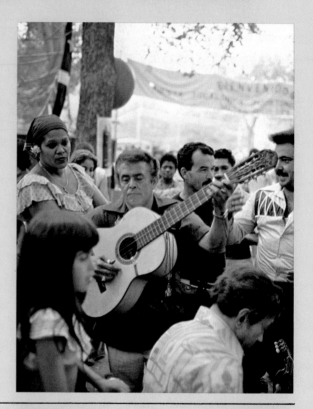

¡30.000 personas en una aventura diferente!

PAMPLONA, ESPAÑA—Esta ciudad del norte de España va a recibir la visita de treinta mil personas la próxima semana. Vienen jóvenes de todas partes de España y del mundo entero.° Todos van a participar en una aventura diferente: el tradicional «encierro».° El siete de julio, Día de San Fermín, a las siete de la mañana, los toros° de la corrida° de la tarde salen libres° por las calles que van del corral a la Plaza de Toros. Los jóvenes esperan con impaciencia el momento para correr° delante de° los toros.

baile *dance*   **santo patrón** *patron saint*   **No importa** *It doesn't matter*   **Además** *Besides*
llenas de *filled with*   **flores** *flowers*   **serpentinas** *streamers*   **entierro** *burial*   **muñeco** *dummy*
enterrado *buried*   **aguas** *waters*   **mundo entero** *entire world*   **encierro** *enclosure*   **toros** *bulls*
corrida *fight*   **libres** *free*   **correr** *run*   **delante de** *in front of*

La guitarra es uno de los instrumentos favoritos de los jóvenes hispanos modernos. Pero la guitarra es un instrumento muy viejo. Los árabes la llevan a España desde° el Oriente, y en España, durante muchos siglos,° tiene cambios° en forma y expresión.

Hay muchos tipos de guitarras. Algunas son de madera,° otras son de metal. Hay guitarras acústicas y hay guitarras eléctricas. Una guitarra casi siempre tiene seis cuerdas.° Pero también hay guitarras de cuatro, ocho y doce cuerdas. La variedad es infinita. Para seleccionar una guitarra, primero debemos preguntarnos: ¿vamos a usarla para tocar música de rock? . . . ¿música clásica? . . . ¿música folklórica? . . .

La guitarra folklórica es de madera y tiene seis cuerdas de acero.° Es la guitarra que tocan los artistas como Paul Simon, John Denver y Joan Baez.

La guitarra clásica también es de madera y tiene seis cuerdas. Pero tiene un tono suave,° dulce° y delicado. Es la guitarra de la música seria, la guitarra que tocan los artistas como Andrés Segovia, Narciso Yepes y Liona Boyd.

La guitarra flamenca tiene un tono muy brillante, para expresar la pasión del flamenco, la música típica del sur de España.

La guitarra eléctrica es la más popular. Si quieres expresar tus emociones creando° sonidos° y vibraciones electrónicas, ésta es tu guitarra. Es la guitarra para el «rock».

No digas° «Quiero una guitarra», si no sabes qué guitarra quieres.

Actividades culturales

Actividades para cada estudiante

1. *Get a Spanish newspaper, such as* El Diario, *and look at the movie section. Make a list of ten North American movies that you can identify, and give their Spanish and English titles.*

2. *Prepare a brief report on Andrés Segovia (Source: encyclopedia), on Pablo Casals (Source: encyclopedia), or on Plácido Domingo (Sources: recent magazine and newspaper articles).*

3. *Prepare a brief report on flamenco music, on the* mariachi *(Mexican street band), or on the* tuna *(student music group). (Sources: encyclopedia, book on music)*

4. *Prepare a brief report on Latin-American dance styles: for example, the rumba, conga, tango, mambo, salsa, cha-cha-cha, and* jarabe tapatío. *(Sources: encyclopedia, book on folk dancing, book on Latin America)*

Actividades para la clase

1. *Prepare a bulletin board exhibit of Hispanic actors and actresses. Use pictures from Hispanic magazines such as* Buenhogar, Estrellas, Semana, *or* ¡Hola!

2. *Using pictures from Hispanic magazines, prepare a bulletin board exhibit of Hispanic festivals and Hispanic folk dancing.*

---

desde *from*   **siglos** *centuries*   **cambios** *changes*   **madera** *wood*   **cuerdas** *strings*
acero *steel*   **suave** *soft*   **dulce** *sweet*   **creando** *by creating*   **sonidos** *sounds*   **No digas** *Don't say*

Unidad

8

La vida y sus sorpresas

Lección 1 *¡Estas cosas ocurren siempre!*

—¿Qué hace Pedro? ¿Juega al tenis?

—¡Ahora no! ¡Acaba de jugar . . . y ahora tiene un ojo morado!

Acaba de: *He has just*
ojo morado: *black eye*

—¿Qué hace Anita? ¿Esquía?

—¡Ahora no! ¡Acaba de esquiar . . . y ahora tiene una pierna rota!

rota: *broken*

—¿Qué hacen Manuela y Paco? ¿Bailan?

—¡Ahora no! ¡Acaban de bailar . . . y ahora están muy cansados!

—¿Qué mira Carlos? ¿La televisión?

—¡Ahora no! ¡Acaba de mirarla . . . y
ahora tiene un fuerte dolor de cabeza!

dolor de cabeza:
headache

—¿Qué escucha María? ¿Un concierto de
rock?

—¡Ahora no! ¡Acaba de escucharlo . . . y
ahora no oye nada!

—¿Qué hace el Sr. Montero? ¿Saca el
coche del garaje?

Saca: *Is he taking out*

—¡Ahora no! ¡Acaba de sacarlo . . . y de
estrellarlo contra un árbol!

estrellar: *to smash,*
contra: *against*

Vamos a hablar de las cosas que vas a hacer inmediatamente **después de** *(after)* la clase de español.

1. ¿**Vas a** ir a otra clase?
   Sí, **voy a** ir . . . (No, no **voy a** ir . . .)
2. ¿**Vas a** ver a tus amigos?
3. ¿**Vas a** ir a casa?
4. ¿**Vas a** mirar la televisión?
5. ¿**Vas a** comer un sándwich?

Ahora vamos a hablar de las cosas que acabas de hacer **recientemente**.

6. ¿**Acabas de** venir de otra clase?
   Sí, **acabo de** venir de . . .
   (No, no **acabo de** venir de . . .)
7. ¿**Acabas de** llegar a la escuela?
8. ¿**Acabas de** hablar con tus amigos?
9. ¿**Acabas de** comer algo?
10. ¿**Acabas de** beber una Coca-Cola?

OBSERVACIÓN

In questions 1-5, you are asked about things you *are going* to do.
- Which expression is used for *are you going?*
- Is the verb which follows an infinitive?

In questions 6-10, you are asked about things you *have just* done.
- Which expression is used for *have you just?*
- Is the verb which follows an infinitive?

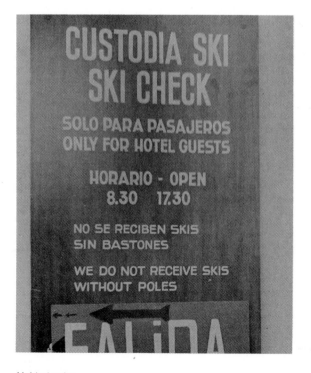

Nota cultural

El esquí, ¿un deporte hispánico?

¿Cómo imaginas Sudamérica? ¿Como un continente plano° donde hace siempre calor? La realidad es diferente. Claro, hay llanos° muy vastos, pero hay también montañas muy altas. En julio y agosto, que son meses de invierno en Sudamérica, hay mucha nieve° en aquellas montañas.

Así es que° hay muchos lugares ideales para esquiar en las montañas de los Andes, especialmente en Chile y en la Argentina. Muchos jóvenes van a esquiar en las «canchas° de esquí» de Portillo o de San Carlos de Bariloche. Los países hispánicos tienen excelentes esquiadores.° ¿Conoces a Francisco Fernández Ochoa que fue° campeón° olímpico de slalom especial?

plano *flat*   **llanos** *plains*   **nieve** *snow*   **Así es que** *So it is that*   **canchas** *resorts*   **esquiadores** *skiers* **fue** *was*   **campeón** *champion*

Estructura

A. El pasado inmediato: *acabar de* + infinitivo

Compare the following sentences.

Acabo de hablar español.
I have just spoken Spanish.

Voy a hablar inglés.
I am going to speak English.

Dolores **acaba de** salir.
Dolores has just gone out.

Va a comprar una revista.
She is going to buy a magazine.

Acabamos de volver a casa.
We have just come back home.

Vamos a mirar la televisión.
We are going to watch television.

To express an event which has just taken place, you may use the following construction:

> (present tense of) **acabar de** + infinitive

↝ **Acabar** is a regular **-ar** verb which agrees with the subject. By itself, it means *to finish, to end:* ¿Puedes **acabar** el trabajo a las seis?

↝ Remember, to express an event which is going to take place in the near future, Spanish speakers use the construction:

> (present tense of) **ir a** + infinitive

Lo que comienza mal, acaba mal.

ACTIVIDAD 1   ¿Por qué están cansados?

Algunos alumnos se están durmiendo en la clase de ciencias. Explícale al profesor por qué están cansados.

↝ Ramón: jugar al fútbol   Ramón acaba de jugar al fútbol.

1. Elena: jugar al tenis
2. Paco: jugar al volibol
3. yo: nadar
4. tú: correr *(run)* dos millas

5. Uds.: correr cinco millas
6. nosotros: tomar un examen muy difícil
7. Manuel y Carlos: hacer sus tareas
8. Carmen y Dolores: jugar al básquetbol

vocabulario especializado   La escuela

un examen (los exámenes)

contestar	to answer	Carmen **contesta** la pregunta del profesor.
tomar	to take (an exam)	Voy a **tomar** el examen de francés.
salir bien (en)	to pass (an exam)	**¿Sales bien** en los exámenes de inglés?
salir mal (en)	to flunk (an exam)	Sí, pero siempre **salgo mal** en los exámenes de matemáticas.

una nota	grade	
sacar	to get (a grade)	Pedro **saca** una buena nota en historia.
recibir	to receive	**Recibe** una mala nota en ciencias.

una tarea	assignment	
las tareas	homework	Tengo muchas **tareas** para mañana.
el fin	end	Espero el **fin** de la clase.

fácil ≠ difícil	easy ≠ difficult	La tarea de español no es **difícil**.
útil ≠ inútil	useful ≠ useless	¿Es **útil** estudiar francés?
feliz (felices)	happy	Carlos es un estudiante **feliz**.
enojado	upset, angry	Juan está **enojado**: acaba de sacar una «F».

ACTIVIDAD 2   ¡Qué pena! *(What a pity!)*

Carlos no tiene suerte: quiere hacer algo con Laura, y ella le dice que acaba
de hacerlo con Rafael. Haz los papeles de Carlos y Laura según el modelo.

> jugar al tenis   Carlos: ¿Quieres jugar al tenis conmigo?
> Laura: ¡Qué pena! Acabo de jugar al tenis con Rafael.

1. ir al cine
2. ir a la playa
3. escuchar discos
4. mirar la televisión
5. salir al parque
6. tomar café
7. ir de compras *(to go shopping)*
8. hacer las tareas
9. ir a nadar

ACTIVIDAD 3   Creación

Vamos a ver cuántas oraciones lógicas puedes crear en cinco minutos. Usa
un elemento de las columnas A, B, C y D.

A	B	C	D
yo			trabajar
Enrique	alegre(s)		jugar al fútbol
nosotros	estar triste(s)	porque ir a	hacer un viaje
mis amigos	cansado(a)(s)	acabar de	perder el partido de volibol
	enojado(a)(s)		sacar una buena (mala) nota
			tener un accidente
			encontrar a unos amigos

> Enrique está enojado porque acaba de sacar una mala nota.
> Nosotros estamos alegres porque vamos a hacer un viaje.

B. La duración de una acción: *hace* + el presente

Read carefully each of the following pairs of sentences. The first sentence in each group describes an activity or situation occurring now. The second sentence describes an activity or situation which began at some time in the past and which is still going on. Pay attention to the forms of the verbs, both in Spanish and in English.

Estudio español.
Hace seis meses que **estudio** español.

I study (am studying) Spanish.
I have been studying Spanish for six months.

Carlos **vive** en México.
Hace tres años que Carlos **vive** en México.

Carlos lives (is living) in Mexico.
Carlos has been living in Mexico for three years.

To express the duration of an action or a situation which began in the past and is still going on, you may use the construction:

> **hace** + period of time + **que** + (subject) + verb in the present

Note also the interrogative expression:

> **¿Cuánto tiempo hace que** (+ verb in the present)?

¿Cuánto tiempo hace que estudias español?

(For) How long have you been studying *Spanish?*

ACTIVIDAD 4 El Instituto de Estudios Profesionales

En el Instituto de Estudios Profesionales hay muchos estudiantes. Di *(Say)* cuánto tiempo hace que estudian, y qué estudian, las siguientes personas.

> Arturo: dos años / inglés   Hace dos años que Arturo estudia inglés.

1. Guillermo: tres años / la mecánica
2. Manuela: seis meses / italiano
3. Rafael: diez semanas / inglés
4. yo: un año / la fotografía
5. tú: cuatro meses / el piano
6. nosotros: un año / la decoración interior
7. Paco y Marisol: dos años / japonés
8. Uds.: seis semanas / la guitarra

ACTIVIDAD 5   Diálogo: ¿Cuánto tiempo hace que . . .?

Pregúntales a tus compañeros si hacen las siguientes cosas. Si contestan
afirmativamente, pregúntales también cuánto tiempo hace que las hacen.

tocar la guitarra   Estudiante 1: ¿Tocas la guitarra?
                        Estudiante 2: Sí, toco la guitarra. (No, no toco la guitarra.)
                        Estudiante 1: ¿Cuánto tiempo hace que tocas la guitarra?
                        Estudiante 2: Hace (seis meses) que toco la guitarra.

1. estudiar español
2. jugar al tenis
3. tocar el piano
4. tener un radio
5. tener una bicicleta
6. sacar buenas notas
7. hablar francés
8. asistir a esta escuela
9. estar cansado(a)
10. esperar el fin de la clase

Pronunciación   **Las vocales**

Model word: difícil
Practice words: comediante pantalones camiseta impermeable
Practice sentences: El mecánico trabaja en la estación de servicio.
                     El examen de matemáticas es muy difícil.
                     ¡Este artículo es maravilloso!

In English, the vowels in unstressed syllables are often pronounced "uh":
comedian, difficult. In Spanish, the vowels in unstressed syllables are
pronounced as distinctly as those in stressed syllables. Avoid the "uh"
sound when pronouncing longer Spanish words.

Entre nosotros

Mini-composición   Autobiografía

Imagina que acabas de ganar un gran premio *(prize)* deportivo en tu
deporte favorito. Un periodista quiere escribir un artículo sobre *(about)*
tus actividades. En un pequeño párrafo descríbele tus actividades y dile
(tell him) cuánto tiempo hace que haces estas actividades. Puedes usar
los siguientes verbos. Usa también la expresión para la composición.

vivir / estudiar / trabajar / jugar / asistir a / practicar

≫ Hace dos años que juego al tenis. **Además** sé *(I know how)* jugar al
ping pong y al básquetbol . . .

Lección 2   *Un día que no empezó bien*

Todos los días:	**Ayer:**	
Carlos Enrique se despierta a las seis y media. (Su despertador funciona bien siempre.)	Carlos Enrique se despertó a las nueve. (¡Su despertador no funcionó ayer!)	se despertó: *woke up* despertador: *alarm clock*, no funcionó: *didn't work*

Se levanta, se baña, se lava los dientes.	Se levantó, se bañó, se lavó los dientes . . . ¡con mucha prisa!	con mucha prisa: *in a hurry*

Después se desayuna.	Ayer, no se desayunó.	se desayuna: *he has breakfast*

A las siete y media, toma su
bicicleta . . .
y a las ocho, llega al colegio.

No tomó su bicicleta, tomó el
autobús . . .
y llegó al colegio a las diez.

Entró a la clase de francés y
buscó sus tareas . . . pero no las
encontró. (¡Caramba! Las olvidó
en el autobús.)

olvidó: *he forgot*

Sus profesores lo felicitan por
ser siempre muy puntual y
serio.

El profesor de francés no
felicitó a Carlos Enrique. Lo
castigó por llegar tarde y ser
negligente.

felicitan: *congratulate*

castigó: *punished,*
  por llegar tarde y
  ser negligente: *for
  arriving late and
  being careless*

Así empieza la rutina diaria de
Carlos Enrique, ¡estudiante
modelo!

¡Qué día! Realmente no empezó
bien para el pobre Carlos
Enrique . . . pero ¡así es la vida!

Así: *Thus,*
  rutina: *routine,*
  diaria: *daily,*
  empezó: *began*
así es la vida: *that's
  life*

CONVERSACIÓN

Vamos a hablar de tus actividades de los fines de semana.

Ahora, vamos a hablar del fin de semana pasado.

1. ¿Trabajas los fines de semana?
   Sí, trabajo. (No, no trabajo.)
2. ¿Estudias?
3. ¿Te levantas temprano *(early)*?
4. ¿Te quedas en casa?
5. ¿Visitas a tus amigos?
6. ¿Invitas a tus amigos a tu casa?

7. ¿Traba**jaste** el fin de semana pasado?
   Sí, trabajé. (No, no trabajé.)
8. ¿Estudi**aste**?
9. ¿Te levant**aste** temprano?
10. ¿Te qued**aste** en casa?
11. ¿Visit**aste** a tus amigos?
12. ¿Invit**aste** a tus amigos a tu casa?

OBSERVACIÓN

In questions 1-6, you are asked about what you *do on weekends* (any weekend). The verbs are in the *present tense*. In your answers, you also use verbs in the present tense.

In questions 7-12, you are asked about what you *did last weekend*. The verbs are in a *past tense*.

- In what four letters do the verbs in the **tú** form end?
- In what letter do the verbs in the **yo** form end?

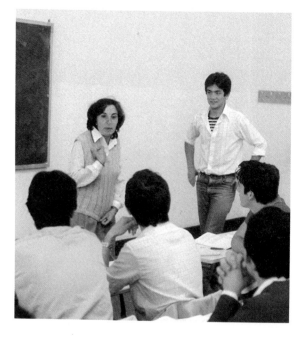

Nota cultural

La disciplina escolar

En los países hispánicos, la disciplina escolar es generalmente más fuerte que en los Estados Unidos. Cuando un alumno llega tarde° a la escuela, cuando no hace las tareas o cuando es negligente, generalmente recibe° un castigo.° ¿En qué consiste el castigo? Pues ... depende. A veces el alumno tiene que hacer una tarea suplementaria o memorizar un poema. A veces tiene que quedarse hasta más tarde,° e incluso° pasar° el sábado en la escuela.

tarde *late* **recibe** *receives* **castigo** *punishment* **hasta más tarde** *until later* **incluso** *even* **pasar** *spend*

Estructura

A. El pretérito: verbos que terminan en -ar

When you want to describe an action or event which took place in the past, you use a verb in a *past tense*. In Spanish, one such past tense is the *preterite*. Compare the present tense and the preterite tense forms of **visitar** in the following sentences, paying special attention to the endings.

	PRESENT	PRETERITE	PRETERITE ENDINGS
	Hoy,	Ayer,	
(yo)	**visito** un museo.	**visité** las tiendas.	**-é**
(tú)	**visitas** San Juan.	**visitaste** Mayagüez.	**-aste**
(él) (ella) (Ud.)	**visita** Valencia.	**visitó** Barcelona.	**-ó**
(nosotros)	**visitamos** El Paso.	**visitamos** San Antonio.	**-amos**
(vosotros)	**visitáis** San Francisco.	**visitasteis** Monterey.	**-asteis**
(ellos) (ellas) (Uds.)	**visitan** a sus amigos.	**visitaron** a sus primos.	**-aron**

⟫ To form the preterite of regular **-ar** verbs, the **-ar** ending of the infinitive is replaced by the endings shown above.

⟫ Note the English equivalents of the Spanish preterite tense:

Visité Madrid.   *I visited Madrid.*
                      I did visit Madrid.
No visité Madrid.   *I did not visit Madrid.*

ACTIVIDAD 1   María está enferma

Hace una semana que María está enferma. Ayer, varios amigos la llamaron por teléfono. Di *(Say)* quién la llamó.

⟫ Felipe   Felipe la llamó por teléfono.

1. Carlos
2. mis hermanos
3. mi primo
4. Ud.
5. yo

6. tú
7. nosotros
8. Ramón y su hermana
9. Dolores y Elena
10. Uds.

Verbos y expresiones

cambiar	to change	El tiempo **cambió** en la primavera.
dejar	to leave (something behind)	**Dejé** mi bicicleta en el garaje.
equivocarse	to make a mistake	Ana acaba de **equivocarse**.
olvidarse (de)	to forget	**Me olvidé** de la fecha del examen.
pasar	to spend (time)	**Pasé** el fin de semana en San Juan.
	to pass (by)	**Pasé** por Nueva York.
	to happen	¿Qué **pasó** en la fiesta?
anoche	last night	**Anoche,** miré un partido de béisbol.
ayer	yesterday	**Ayer,** me levanté a las siete.
a tiempo	on time	No llegó **a tiempo** a la escuela.
tarde	late	Llegó **tarde**.
temprano	early	Mis amigos llegaron **temprano**.
hasta	until	Esperé en casa **hasta** las tres.
durante	during	¿Qué pasó **durante** la semana?

REFRÁN

De rico a pobre pasé, y sin amigos me quedé.

ACTIVIDAD 2   El apagón *(The blackout)*

Las siguientes personas miran la televisión todas las noches. Anoche no la miraron a causa de *(because of)* un apagón. Expresa esta situación según el modelo.

› el Sr. Montoya   El Sr. Montoya mira la televisión todas las noches.
Anoche no la miró.

1. yo
2. tú
3. nosotros
4. Ingrid
5. la profesora

6. mis abuelos
7. la Sra. de Montoya
8. Diego y Alberto
9. Manuel y sus hermanas
10. Roberto

ACTIVIDAD 3　En la playa

Un grupo de amigos pasó el sábado en la playa. Di *(Say)* qué hizo *(did)* cada uno.

> María: nadar　　María nadó.

1. Manuela: tomar el sol *(to sunbathe)*
2. tú: nadar
3. Isabel y Luis: nadar
4. mis amigos: mirar a las chicas
5. Carmen: mirar a los chicos
6. nosotros: mirar a Carmen
7. Rafael: escuchar su radio transistor
8. el grupo: jugar al volibol

ACTIVIDAD 4　Diálogo: El sábado de tus compañeros

Pregúntales a tus compañeros si hicieron *(did)* estas cosas el
sábado pasado.

> estudiar　　Estudiante 1: ¿Estudiaste el sábado pasado?
> 　　　　　　Estudiante 2: ¡Sí, estudié! Siempre estudio los sábados.
> 　　　　　　　　　　　　(¡No, no estudié! Nunca estudio los sábados.)

1. trabajar
2. ayudar a tu mamá
3. ayudar a tu papá
4. comprar discos
5. gastar dinero
6. tomar el autobús de la escuela
7. mirar la televisión
8. nadar
9. esquiar
10. levantarse temprano

B.　El pretérito: verbos que terminan en –*car*, –*gar* y –*zar*

Compare the **tú** and **yo** forms of the preterite in the following questions
and answers.

tocar *(to play)*　　—¿**Tocaste** la guitarra ayer?
　　　　　　　　　　　—Sí, **toqué** la guitarra.

llegar *(to arrive)*　—¿A qué hora **llegaste** a la escuela?
　　　　　　　　　　　—**Llegué** a las ocho.

empezar *(to begin)*　—¿**Empezaste** el libro?
　　　　　　　　　　　—Sí, lo **empecé.**

> In the preterite, verbs ending in –**car**, –**gar** and –**zar** have a spelling
> change which occurs only in the **yo** form.

-car	c → qu	Busqué un libro.
-gar	g → gu	Pagué dos dólares por el libro.
-zar	z → c	Empecé este libro.

ACTIVIDAD 5   Preguntas personales

1. ¿Empezaste bien el día hoy?
2. ¿Llegaste a la escuela a tiempo?
3. ¿Jugaste al tenis el fin de semana pasado? ¿Con quién jugaste?
4. ¿Jugaste al volibol? ¿Jugaste bien o mal?
5. ¿Sacaste fotos? ¿de qué? ¿de quién?
6. ¿Tienes un radio? ¿Cuánto pagaste por tu radio?
7. ¿Tienes una bicicleta? ¿Cuánto pagaste por tu bicicleta?
8. ¿Tienes una cámara? ¿Cuánto pagaste por tu cámara?
9. ¿Tocas la guitarra? ¿La tocaste ayer?

ACTIVIDAD 6   Problemas

¿Cómo fue *(was)* el día de ayer para ti? ¿Bueno o malo? Di *(Say)* si tuviste
(you had) los siguientes problemas.

☟   levantarte tarde   Sí, me levanté tarde ayer.
                         (No, no me levanté tarde ayer.)

1. llegar tarde a la escuela
2. llegar tarde a una cita
3. dejar tus libros en el autobús
4. dejar tu almuerzo *(lunch)* en casa
5. dejar tus tareas en casa
6. olvidarte de una cita importante
7. sacar una mala nota
8. equivocarte en las tareas
9. pasar un día malo
10. hablar con alguien antipático

 Los sonidos /k/ y /g/

Practice syllables: ca co cu que qui
                     ga go gu gue gui
Model words: tocó toqué pagó pagué
Practice words: sacar contestar cuerpo busqué aquí
                llegar algo ninguno jugué guitarra
Practice sentences: ¿Por qué no toca la guitarra Carlos?
                    Carmen se equivocó en el cálculo.
                    Los jugadores del equipo ganaron el campeonato.

The consonants **c** and **g** before **a, o,** and **u** are pronounced like the hard
English **c** in "case" and the hard English **g** in "girl." To keep the "hard"
sound before **e** and **i,** the spellings **qu** and **gu** are used.
Occasionally the **u** after a **g** is to be pronounced as a vowel sound; it is
then marked with a dieresis (¨): **"pingüino," "bilingüe."**

Entre nosotros

Mini-composición   Mi diario

Escribe un párrafo en tu diario. Puedes hablar de lo que hiciste *(what you did)* realmente, o puedes imaginar que eras *(you were)* otra persona y describir sus actividades. Puedes usar los siguientes verbos:

levantarse / quedarse / tomar / mirar / visitar /
llegar / invitar / escuchar / llamar por téléfono /
buscar / comprar / gastar / trabajar / ayudar

Usa también la expresión para la composición.

> El domingo me levanté muy temprano. Llamé por teléfono a mi amigo y **entonces** lo invité a jugar al tenis. . . .

Lección 3   *¡Qué suerte!*

Las personas que tienen suerte, ¿son siempre las mismas? ¡Claro que no! A veces, todos tenemos suerte; otras veces, no. La suerte cambia. Varios jóvenes nos cuentan aquí un suceso (afortunado o desafortunado) que les ocurrió el mes pasado.

Buena suerte

Elena: Recibí tres mil pesetas de mis padrinos por cumplir quince años.

Pedro: Recibí una buena nota en el examen de inglés.

Isabel: Vendí mi bicicleta vieja a un precio muy bueno.

Doris: Le escribí una carta al famoso cantante Julio Iglesias, y me contestó con su foto y su autógrafo.

Esteban: Perdí mi cartera (con dos mil pesos y la foto de mi novia), pero la encontré dos días después.

Inés: Decidí participar en un concurso fotográfico y gané el primer premio: ¡un viaje a Roma!

suceso: *event*

Recibí: *I received,* padrinos: *godparents,* por cumplir quince años: *for my fifteenth birthday* precio: *price*

cartera: *wallet*

Decidí: *I decided,* concurso: *contest* premio: *prize*

Mala suerte

Benjamín: Recibí una nota muy mala en el examen de matemáticas.

Patricia: Le escribí una carta al famoso actor norteamericano Robert Redford, pero no me contestó.

Marisela: Perdí mi bolso (con veinte dólares y el permiso de conducir) y no lo encontré.

Diego: Conocí a una chica muy simpática, pero perdí su número de teléfono.

Felipe: Rompí una ventana jugando al béisbol.

Miguel: Me rompí la pierna jugando al fútbol y mi equipo perdió el campeonato.

permiso de conducir: *driver's license*

Conocí: *I met*

Me rompí: *I broke* campeonato: *championship*

CONVERSACIÓN

Vamos a hablar más del fin de semana pasado.

1. ¿Com**iste** en un restaurante español?
   Sí, com**í** en . . . (No, no com**í** en . . .)
2. ¿Com**iste** en casa de un amigo?
3. ¿V**iste** una película?
4. ¿V**iste** a tus primos?

5. ¿Asist**iste** a un concierto?
   Sí, asist**í** a . . . (No, no asist**í** a . . .)
6. ¿Escrib**iste** cartas?
7. ¿Recib**iste** una carta de una persona famosa?
8. ¿Sal**iste** el sábado por la noche?

OBSERVACIÓN

The above questions and answers have to do with events that may have taken place last weekend.

- Are the verbs in the *present* or the *preterite* tense?

The verbs in questions 1-4 have infinitives which end in **–er**.
The verbs in questions 5-8 have infinitives which end in **–ir**.

- Do all the verbs have the same endings in the **tú** form? What is the ending?
- Do all the verbs have the same endings in the **yo** form? What is the ending?
- Are these **tú** and **yo** endings the same as those of **–ar** verbs? How are they different?

Nota cultural

La quinceañera

Para una chica hispánica el cumpleaños más importante es el de los quince años. Es como el de los diez y seis años de una norteamericana. Sus padrinos° le dan regalos especiales. A menudo recibe joyas:° un collar° de perlas o un anillo° de oro.°

Sus padres organizan una gran fiesta, generalmente con música y baile.° La fiesta es en la casa de la quinceañera° o en un club social. En algunos países, la ocasión se anuncia° en el periódico. Todos los amigos y parientes se reúnen° para celebrar esta ocasión alegre y se divierten hasta las altas horas de la madrugada.°

padrinos *godparents* **joyas** *jewelry* **collar** *necklace*
anillo *ring* **oro** *gold* **baile** *dance* **quinceañera** *girl who is 15*
se anuncia *is announced* **se reúnen** *gather*
altas horas de la madrugada *early morning hours*

Lección tres
323

Estructura

A. El pretérito: verbos que terminan en –er y en –ir

In the preterite, regular – **er** and – **ir** verbs have the same endings:

INFINITIVE:	aprender	vivir	PRETERITE ENDINGS:
PRETERITE:			
(yo)	**Aprendí** español.	**Viví** en Sevilla.	**-í**
(tú)	**Aprendiste** francés.	**Viviste** en París.	**-iste**
(él) (ella) (Ud.)	**Aprendió** portugués.	**Vivió** en Río de Janeiro.	**-ió**
(nosotros)	**Aprendimos** japonés.	**Vivimos** en Tokio.	**-imos**
(vosotros)	**Aprendisteis** inglés.	**Visisteis** en Boston.	**-isteis**
(ellos) (ellas) (Uds.)	**Aprendieron** italiano.	**Vivieron** en Roma.	**-ieron**

⟫ The preterite of most –**er** and –**ir** verbs is formed by replacing the infinitive endings (–**er**, –**ir**) by the endings shown above.

vocabulario especializado Otros verbos que terminan en –er y en –ir

verbos que terminan en –er

deber + infinitive	should, ought to	¡**Debo** estudiar más!
romper	to break	María **rompió** sus esquís.
romperse + part of the body	to break one's (arm, etc.)	También **se rompió** la pierna.

verbos que terminan en –ir

descubrir	to discover	¿**Descubrió** América Cristóbal Colón?
recibir	to get, to receive	Por cumplir quince años, **recibí** un reloj.

ACTIVIDAD 1   Otros problemas

Di *(Say)* si tuviste *(you had)* los siguientes problemas el año pasado.

🖎   recibir malas noticias *(news)*   Recibí malas noticias.
    (No recibí malas noticias.)

1. recibir un regalo inútil
2. romper una ventana
3. romperte el brazo
4. romperte la pierna
5. perder tu cartera *(wallet)*
6. descubrir algo desagradable

ACTIVIDAD 2   ¿Eres aficionado(a) a la historia?

Escoge *(Choose)* a una de estas personas famosas y escribe un párrafo de
seis oraciones diciendo si hizo *(did)* las cosas siguientes:

Cristóbal Colón / Jorge Washington / William Shakespeare / Abraham
Lincoln / los hermanos Wright

1. vivir en los Estados Unidos
2. vivir en el siglo *(century)* veinte
3. escribir mucho
4. descubrir algo importante
5. transformar la sociedad
6. cambiar el curso de la historia

🖎   Cristóbal Colón: No vivió en los Estados Unidos. No vivió en el siglo veinte ...

ACTIVIDAD 3   Creación

Vamos a ver cuántas oraciones lógicas puedes crear en cinco minutos. Usa
un elemento de las columnas A, B y C. Empieza cada oración con **Ayer** y
usa el pretérito.

A	B		C
yo	aprender	asistir	un espejo *(mirror)*
Carlos	comer	escribir	un regalo estupendo
nosotros	beber	recibir	en un restaurante
mis amigos	perder	salir	con unos amigos
	romper(se)		un partido de tenis
	vender		

Columna C (continuación): una carta / la pierna / una guitarra / una Coca-Cola / algo bueno / una mala nota en un examen

🖎   Ayer mis amigos recibieron una carta.

B. El pretérito: *dar* y *ver*

Note the preterite forms of the verbs **dar** *(to give)* and **ver** *(to see)*.

(yo)	di	vi	(nosotros)	dimos	vimos
(tú)	diste	viste	(vosotros)	disteis	visteis
(él, ella, Ud.)	dio	vio	(ellos, ellas, Uds.)	dieron	vieron

🖎   In the preterite, **dar** and **ver** take the endings of the **–er** and **–ir**
    verbs, except that the accent mark is not used on the **yo** and **él**
    forms.

ACTIVIDAD 4   Los regalos de Navidad *(Christmas presents)*

Unos amigos comparan los regalos que recibieron y que dieron para
Navidad. Di qué recibió y qué dio cada uno.

🔊   María: una bicicleta / discos   María recibió una bicicleta. Dio discos.

1. mi primo: un abrigo / libros
2. tú: un tocadiscos / una caja *(box)* de chocolates
3. yo: una cámara / dulces *(candy)*
4. nosotros: dinero / camisas

5. Elena: una raqueta de tenis / sandalias
6. Carmen y Emilia: vestidos / discos
7. Enriqueta: un bolso / su foto
8. mis amigos: ropa / corbatas

ACTIVIDAD 5   Diálogo: El fin de semana

Pregúntales a tus compañeros si hicieron *(did)* las siguientes cosas el fin
de semana pasado.

🔊   ver una película mexicana   Estudiante 1: ¿Viste una película mexicana el fin de
                                                  semana pasado?
                                  Estudiante 2: Sí, vi una película mexicana.
                                                  (No, no vi una película mexicana.)
                                                  (No, no vi ninguna película.)

1. ver a una actriz de televisión en la calle
2. recibir una carta de un artista de cine
3. recibir un regalo fabuloso
4. comer en un restaurante muy elegante

5. salir con un amigo hispánico
6. aprender muchos verbos irregulares
7. asistir a un concierto de rock
8. dar una fiesta en tu casa

C. El pretérito: *caer, creer, leer* y *oír*

Note the preterite forms of the verbs **caer** (to fall), **creer** *(to believe),* **leer**
(to read) and **oír** *(to hear).*

INFINITIVE:	caer	creer	leer	oír
PRETERITE:				
(yo)	caí	creí	leí	oí
(tú)	caíste	creíste	leíste	oíste
(él, ella, Ud.)	cayó	creyó	leyó	oyó
(nosotros)	caímos	creímos	leímos	oímos
(vosotros)	caísteis	creísteis	leísteis	oísteis
(ellos, ellas, Uds.)	cayeron	creyeron	leyeron	oyeron

🔊   The **í** of the endings always has an accent mark.
     In the **él** and **ellos** forms, the **i → y.**

ACTIVIDAD 6   Las noticias

Los chicos leyeron las noticias en el periódico. Las oyeron también en la
radio. Expresa esto *(this)* según el modelo.

> ∑⊃   Carmen   Carmen leyó las noticias en el periódico.
>   Las oyó también en la radio.

1. tú   4. Paco y Luis   7. nosotros
2. Clara   5. yo   8. Ud.
3. Uds.   6. Isabel

Las vocales: *io, ío, ió*

Model words: d<u>io</u>   t<u>ío</u>   com<u>ió</u>
Practice words: v<u>io</u>   prec<u>io</u>   camb<u>io</u>   prec<u>io</u>so   romp<u>ió</u>   recib<u>ió</u>
                  m<u>ío</u>   fr<u>ío</u>   t<u>ío</u>
Practice sentences: ¡D<u>io</u>s m<u>ío</u>! ¡Hace mucho fr<u>ío</u>!
                     El secretar<u>io</u> le escrib<u>ió</u> a mi t<u>ío</u>.
                     Estud<u>ió</u> en el coleg<u>io</u> San Gregor<u>io</u>.
                     Mi t<u>ío</u> viv<u>ió</u> en el barr<u>io</u>.

The letters **io** represent a diphthong: the **i** is pronounced very much like
the **y** in "yoyo." When the diphthong **io** comes at the end of a word and is
to be stressed, an accent mark is placed over the **o**: **vivió**.
If the **i** and the **o** do not form a diphthong, that is, if they are pronounced
separately, an accent mark is placed on the **i**: **un tío**.

Entre nosotros

> **Expresión para la composición**
>
> **al mismo tiempo**   *at the same time*

Mini-composición   La suerte cambia

Describe cinco sucesos *(events)* afortunados y cinco sucesos
desafortunados que te ocurrieron a ti o a tus parientes el año pasado.
Si quieres, puedes usar los siguientes verbos:

> ganar / asistir / salir / escribir / recibir / descubrir / ver /
> romper / romperse / olvidarse / equivocarse / dejar / caer / caerse

Usa también la expresión para la composición.

> ∑⊃   Mi hermano se cayó de mi bicicleta y la rompió. **Al mismo tiempo** se
>   rompió la pierna.

¡Un millonario de doce años!

—DE LA PROVINCIA DE MURCIA

La semana pasada, el joven Roberto Ruiz descubrió un tesoro en una casa abandonada. Este tesoro consiste en dos mil monedas de oro antiguas . . .

Muerte de un anciano simpático.

—DE LA PROVINCIA DE BARCELONA

Ayer Ángel Molina, un anciano de ciento siete años de edad, murió en un accidente de bicicleta. Su hijo (de ochenta y cinco años de edad) nos contó que el Sr. Molina nunca se sintió enfermo ni cansado en toda su vida . . .

¡Un nuevo récord!

—DE LA PROVINCIA DE VALENCIA

La Sra. de Muñoz descubrió un tomate de más de cuatro kilos en su huerta. Un nuevo récord mundial . . . ¡para un tomate!

Un mono secretario

—DE LA PROVINCIA DE SEGOVIA

Ayer por la tarde, un mono se escapó del circo AMAR. Unas horas más tarde, la policía encontró el mono en la oficina del alcalde, escribiendo a máquina y usando el teléfono.

Un profesor cansado

—DE LA PROVINCIA DE LEÓN

Un profesor de la universidad de Salamanca se durmió durante un examen. La universidad nos pidió no revelar el nombre de este profesor cansado.

descubrió: *found*,
  tesoro: *treasure*

monedas: *coins*

oro: *gold*,
  antiguas: *ancient*,
  alcalde: *mayor*,
  escribiendo a
  máquina: *typing*

Muerte: *Death*,
  anciano: *old man*

edad: *age*,
  murió: *died*,

nombre: *name*

se sintió: *felt*

vida: *life*

descubrió: *found*

huerta: *vegetable
  garden*

mundial: *world's*

CONVERSACIÓN

Vamos a hablar del día de ayer. Esta vez *(this time)* imagina que un periodista te hace las preguntas. (Él usa **usted** contigo.)

1. ¿Jugó Ud. al volibol?
   Sí, jugué . . . (No, no jugué . . .)
2. ¿Jugó Ud. al básquetbol?
3. ¿Volvió Ud. a casa después de *(after)* la clase? Sí, volví . . . (No, no volví . . .)
4. ¿Volvió Ud. a casa con unos amigos?
5. ¿Se divirtió Ud. en clase?
   Sí, me divertí . . . (No, no me divertí . . .)
6. ¿Se divirtió Ud. después de la clase?
7. ¿Durmió Ud. bien anoche?
   Sí, dormí . . . (No, no dormí . . .)
8. ¿Durmió Ud. por la tarde?

OBSERVACIÓN

In the above questions, the verbs **jugar** *(to play)*, **volver** *(to return)*, **divertirse** *(to have fun)* and **dormir** *(to sleep)* are used in the preterite.
- Do these verbs have a stem change in the present?

Look carefully at the verbs in questions 1-4.
- What are the infinitives of these two verbs?
- In which letters do the infinitive forms end?
- Do these verbs have a stem change in the **yo** form of the preterite? in the **Ud.** form?

Now look carefully at the verbs used in questions 5-8.
- What are the infinitives of these two verbs?
- In which letters do the infinitive forms end?
- Do these verbs have a stem change in the **yo** form of the preterite? in the **Ud.** form? What is this change?

Nota cultural

Las provincias y las regiones de España

¿Eres norteamericano? ¡Por supuesto! Pero estás también orgulloso° de ser de California, de Florida, de Texas o de Nuevo México, ¿verdad?

Hoy España es un país de treinta y ocho millones de habitantes, dividido en cincuenta provincias y en trece regiones tradicionales. Cada región mantiene su originalidad, sus tradiciones . . . ¡y a veces su propio idioma!° Claro, son todos españoles, pero son también catalanes, vascos, andaluces . . .

orgulloso *proud*   **propio idioma** *own language*

Estructura

A. Repaso: el pretérito de los verbos que terminan en −ar, −er, −ir

The preterite forms of verbs in −ar, −er and −ir are summarized below:

INFINITIVE:	hablar	comer	escribir
PRETERITE:			
(yo)	hablé	comí	escribí
(tú)	hablaste	comiste	escribiste
(él, ella, Ud.)	habló	comió	escribió
(nosotros)	hablamos	comimos	escribimos
(vosotros)	hablasteis	comisteis	escribisteis
(ellos, ellas, Uds.)	hablaron	comieron	escribieron

The −ar and −er verbs which have a stem change in the present tense do not have this change in the preterite.

	hoy (presente)	ayer (pretérito)
pensar (e → ie)	Elena piensa ir a la playa.	Elena pensó ir al cine.
encontrar (o → ue)	Encuentro a Paco.	Encontré a Luis.
perder (e → ie)	Carlos nunca pierde nada.	Perdió su libro.
volver (o → ue)	Casi siempre vuelvo a casa a las tres.	Volví a las cuatro.

ACTIVIDAD 1 El viaje de Angélica del Río

Imagina que eres un(a) periodista (*journalist*) que trabaja para una revista argentina. Tienes que describir el viaje a Madrid de Angélica del Río, una famosa actriz de la televisión argentina. Éstas son tus notas del viaje. Están en el presente. Prepara tu artículo, cambiando tus notas al pretérito.

El lunes llega a Madrid.   El lunes llegó a Madrid.

1. Busca un buen hotel.
2. Por la tarde sale con una amiga.
3. El martes visita el Museo del Prado.
4. El miércoles come en el restaurante «Jockey».
5. Después asiste a un concierto flamenco.
6. El jueves da una fiesta.
7. El viernes recibe la visita de un periodista italiano.
8. Habla con él de su carrera en Buenos Aires.
9. El sábado se queda en el hotel.
10. Recibe un telegrama de su agente.
11. Llama por teléfono a la Argentina.
12. El domingo vuelve a Buenos Aires.

ACTIVIDAD 2   La vida no es siempre una fiesta

Los siguientes problemas están ocurriendo ahora. Descríbelos dos horas después.

Σ)   Elena se despierta tarde.   Elena se despertó tarde.

1. Miguel se despierta de mal humor.
2. Rafael pierde sus libros.
3. El profesor pierde la paciencia.
4. Carlos encuentra a su peor enemigo *(enemy)*.
5. Susana encuentra a su peor enemiga.
6. Felipe vuelve a casa muy tarde.
7. Isabel no juega con sus amigas.
8. Luisa no empieza a estudiar.
9. Carmen no entiende al profesor.
10. Miguel no recuerda la hora de su cita con María.

B. El pretérito: verbos con cambios que terminan en *–ir*

The –**ir** verbs which have a stem change in the present (and only these verbs) also have a stem change in the preterite. Note the change that takes place in the preterite forms of **sentirse** and **dormir**.

INFINITIVE:	sentirse	dormir
PRETERITE:		
(yo)	Me sentí bien.	Dormí bien.
(tú)	Te sentiste cansado.	Dormiste poco.
(él, ella, Ud.)	Se sintió en buena forma.	Durmió mucho.
(nosotros)	Nos sentimos cansados.	No dormimos bastante.
(vosotros)	Os sentisteis contentos.	Dormisteis bien.
(ellos, ellas, Uds.)	Se sintieron nerviosos.	No durmieron bastante.

Σ)   The –**ir** verbs which have a stem change in the present have the following stem change in the **él** and **ellos** forms of the preterite.

e → i	pedir	Manuel me pidió mi bicicleta.
o → u	dormir	Isabel no durmió bien anoche.

ACTIVIDAD 3   La fiesta de Margarita

Margarita invitó a muchos amigos a una fiesta, pero no todos se divirtieron. Di *(Say)* quién se divirtió y quién no.

Σ)   tú: no   No te divertiste.

1. Pablo: sí
2. Rebeca: no
3. yo: sí
4. nosotros: sí
5. mis amigos: no
6. los amigos de Carmen: sí
7. Lucía: sí
8. el novio de Lucía: no

vocabulario especializado En el café

las bebidas (drinks)

el agua   el café   el té   la leche   el jugo de frutas   el vino   la cerveza   la gaseosa

las comidas (food)

un sándwich   una hamburguesa   una ensalada   un helado   un pastel

servir (e → i)   to serve   Mis amigos **sirvieron** una gran comida.

tener sueño	to be sleepy
tener sed	to be thirsty
tener calor	to be hot
tener frío	to be cold
tener hambre	to be hungry

NOTA: In Spanish, expressions of how one feels physically usually use **tener.**
    Tengo hambre means *I am hungry* (or literally, *I have hunger).*

ACTIVIDAD 4   En la cafetería

Las siguientes personas están en la cafetería. Di qué pidieron estas personas.

➤ tú: un helado   Pediste un helado.

1. Paco: jugo de frutas
2. María: una hamburguesa
3. nosotros: cervezas
4. Guillermo: una ensalada
5. yo: un pastel
6. mi hermano: un sándwich
7. Uds.: gaseosas
8. las amigas de Juan: café
9. mi mamá: té
10. mi hermana menor: leche

ACTIVIDAD 5   Para cada ocasión

Completa las siguientes oraciones con el verbo **beber** o **comer** y la bebida o la comida apropiada.

1. Cuando tengo sed . . .
2. Cuando tengo hambre . . .
3. Cuando tengo frío . . .
4. Cuando tengo calor . . .
5. Cuando tengo sueño . . .
6. Cuando mis padres van al restaurante . . .
7. Los ingleses . . .
8. Los norteamericanos . . .
9. Los alemanes . . .
10. Los franceses . . .

ACTIVIDAD 6 La indigestión

Carlos celebró su cumpleaños en un restaurante, pero comió demasiado.
Cuenta qué le pasó a Carlos.

≫   Carlos decide ir a un restaurante.
    Carlos decidió ir a un restaurante.

1. Pide una hamburguesa.
2. Pide dos ensaladas.
3. Pide un helado.
4. Pide otro helado.
5. Come demasiado.
6. Bebe vino.
7. Bebe demasiado.
8. Se siente mal.
9. Vuelve a su casa.
10. Se siente muy enfermo.
11. Se acuesta.
12. Se duerme.
13. Duerme doce horas.
14. Se siente mejor cuando se levanta.

ACTIVIDAD 7 Conversación con el Dr. Ruiz

Carlos llamó al Dr. Ruiz por teléfono para contarle lo que le pasó. Haz el
papel de Carlos usando **decidir** y las oraciones de la actividad anterior.

≫   Carlos decide ir a un restaurante.   Decidí ir a un restaurante.

ACTIVIDAD 8 ¡Así es la vida!

Vamos a ver cuántos incidentes (afortunados o desafortunados) de la vida
puedes describir en cinco minutos. Usa los elementos de las columnas A, B
y C para crear oraciones afirmativas o negativas. Usa el pretérito.

A	B		C	
yo	encontrar	romperse	diez dólares	de mal humor
Juan	ganar	divertirse	el televisor	en la calle
nosotros	jugar	sentirse	dinero	en casa
Elena y Carmen	caer	salir	la pierna	enfermo(a)(s)
	perder	recibir	en la fiesta	malas notas
	romper		con unos amigos	en la clase

≫   Elena y Carmen se divirtieron en la fiesta.

Pronunciación   Las sílabas con acento

Model words: h<u>a</u>blo habl<u>ó</u>

Practice words: c<u>o</u>me dej<u>é</u>; cont<u>e</u>sto contest<u>ó</u>; s<u>a</u>lgo sali<u>ó</u>

Practice sentences: Hoy, compro el periódico. Ayer, mi papá lo compr<u>ó</u>.
Hoy, h<u>a</u>blo con Carlos. Ayer, mi amigo habl<u>ó</u> con él.
Hoy, le cont<u>e</u>sto al profesor. Ayer, mi hermano le contestó.

In the **yo** and **él** forms of the preterite, the accent falls on the last syllable. Be careful to stress the last syllable as you pronounce these verbs.

Entre nosotros

Expresión para la composición

luego   *then*

Mini-composición   La excusa

Imagina que un robo *(robbery)* ocurrió anoche en el barrio donde vives. La policía está interrogando a los vecinos *(neighbors)*. En un párrafo de diez oraciones describe tus actividades de ayer, entre las cinco y las once de la noche. Si quieres, puedes usar los siguientes verbos.

visitar / invitar / llamar por teléfono / mirar / escuchar / quedarse / estudiar / encontrar / jugar / comer / leer / asistir / escribir / pedir / salir / oír / volver / sentirse / acostarse / dormirse

Usa la expresión para la composición.

A las cinco, visité a un amigo. Volví a casa a las cinco y media y **luego** ...

335

Variedades

¿Qué hicieron?

Cada cual a su manera,° las siguientes personas influyeron en el mundo en que vivieron. ¿Puedes identificarlas?

Lee atentamente° cómo cada uno describe lo que° hizo.° Decide a qué retrato° corresponde cada descripción.

Cristóbal Colón
(1451-1506)

Roberto Clemente
(1934-1972)

Gabriela Mistral
(1889-1957)

Isabel la Católica
(1451-1504)

Pablo Picasso
(1881-1973)

Juan de la Cierva
(1896-1936)

(1) No, yo no soy español . . . Nací° en Italia. Pero hice muchas cosas por España, mi país adoptivo. Descubrí un continente nuevo, por ejemplo. (Claro, muchas personas envidiosas° dicen que yo no fui° el primer hombre blanco allí . . . pero, ¿dicen la verdad?) Lo cierto° es que hice° cuatro viajes al nuevo continente . . . y que millones de europeos vinieron después que yo.

(2) Yo soy español, ciento por ciento. Sin embargo, viví gran parte de mi vida fuera° de España. Nací en el siglo° XIX (diez y nueve) y fui° a Francia a la edad° de diez y nueve años. Allí me dediqué totalmente a mi arte y llegué a ser° el pintor más famoso de mi época. ¡Fui el artista que creó° el arte moderno!

(3) No soy español . . . sino° española. Fui una reina° . . . es decir° la mujer más importante de mi época. Pero no es por eso que la gente de hoy se acuerda de mí.° Es porque di mi ayuda° al hombre que descubrió América.

Unidad ocho
336

---

hicieron: *did they do*

Cada cual a su manera: *Each in his (her) own way*
atentamente: *carefully,*
lo que: *what,*
hizo: *did*
retrato: *portrait*

Nací: *I was born*

envidiosas: *envious,*
fui: *I was*
Lo cierto: *What is certain*
hice: *I made*

fuera: *outside,*
siglo: *century,*
fui: *I went*
edad: *age*
llegué a ser: *I became*
creó: *created*

sino: *but,*
reina: *queen,*
es decir: *that is to say*
se acuerda de mi: *remember me,*
ayuda: *help*

(4) Yo también soy una mujer hispánica, pero no soy española. Nací en Chile. Fui maestra . . . fui directora de escuela . . . fui embajadora° . . . fui escritora. Escribí muchos libros de poemas. Gané el premio° Nobel de literatura en 1945 (mil novecientos cuarenta y cinco). ¡Fui la primera persona de origen latinoamericano que recibió este famoso premio!

embajadora: *ambassador*
premio: *prize*

(5) No fui ni° explorador ni° poeta ni artista. . . . Fui deportista. Empecé a jugar al béisbol en Puerto Rico a la edad de seis años. Más tarde,° llegué a ser uno de los más famosos jugadores profesionales. Un año recibí el honor más grande de mi carrera: el título del jugador más valioso° . . . Pero el béisbol no fue el único° interés en mi vida.° Para mí, lo° más importante siempre fue ayudar a otros. Tal vez Uds. se acuerdan del terremoto° terrible que devastó Nicaragua en 1972 (mil novecientos setenta y dos) . . . Tomé un avión para ayudar a las víctimas, pero el avión tuvo° un accidente y . . .

ni . . . ni: *neither. . .nor*
más tarde: *later*

valioso: *valuable,*
único: *only*
vida: *life,*
lo: *the thing*
terremoto: *earthquake*
tuvo: *had*

(6) Hoy no hay mucha gente que se acuerda de mí. Sin embargo, Uds. pueden ver el resultado de mi invención en casi todos los aeropuertos del mundo. En los Estados Unidos, la policía lo usa para vigilar° el tráfico y salvar° a la gente en peligro.° Fui el ingeniero que inventó el autogiro, base° de los helicópteros modernos.

vigilar: *watch over*
salvar: *save,*
peligro: *danger*
base: *basis*

El arte de la lectura

Enriching your vocabulary: cognate patterns es → s

Many Spanish words which begin with **es-** correspond to English words beginning with **s-**.

España	*Spain*
español	*Spanish*
Estados Unidos	*United States*
escuela	*school*

Ejercicio

Determine the meanings of the following Spanish words and then use each one in an original sentence.

ADJECTIVES:	NOUNS:	VERBS:
espiritual	el(la) estudiante	estudiar
estupendo	la escultura	esquiar
espléndido	la estatua	
estricto	la estación	
especial	la escena	

Unidad 9

Buscando trabajo

9.1   ¿Tienes las habilidades necesarias?

9.2   Aspiraciones profesionales

9.3   Un trabajo de verano

9.4   ¿Cuál es su trabajo?

Variedades   ¿Qué profesión te conviene?

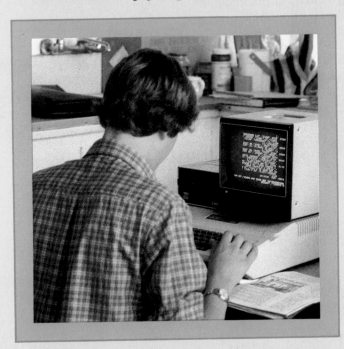

¿Tienes las habilidades necesarias?

¿Cuáles te gustan más . . . los trabajos manuales (como mecánico) o los trabajos intelectuales (como profesor)? Cada trabajo requiere aptitudes y habilidades especiales. ¿Tienes tú las habilidades necesarias para los siguientes trabajos?

habilidades: *abilities*

Para ser secretario(a) bilingüe . . .

- ¿Sabes hablar inglés?
- ¿Sabes hablar español?
- ¿Sabes hablar otros idiomas?
- ¿Sabes escribir a máquina?

Sabes: *Do you know how to*

idiomas: *languages*

escribir a máquina: *to type*

Para ser policía en una ciudad grande . . .

- ¿Sabes hablar español?
- ¿Sabes conducir un coche?
- ¿Conoces bien la ciudad?
- ¿Conoces los procedimientos de primeros auxilios en caso de accidente?

primeros auxilios: *first aid*

Para ser aeromozo(a) en una línea aérea internacional . . .

- ¿Sabes hablar español o francés?
- ¿Sabes ser diplomático(a) en toda ocasión?
- ¿Sabes cuidar a los niños?
- ¿Conoces bien las normas de cortesía?

cuidar: *take care of*

Para trabajar en una agencia de viajes . . .

- ¿Sabes hablar español?
- ¿Conoces el sistema métrico?
- ¿Conoces bien tu país?
- ¿Conoces otros países también?

INTERPRETACIÓN

Para cada trabajo . . .

- si contestaste afirmativamente tres o cuatro preguntas, eres muy buen(a) candidato(a).
- si contestaste afirmativamente una o dos preguntas, tienes habilidades para el trabajo, pero tienes muchas cosas que aprender.
- si contestaste negativamente todas las preguntas, no eres un(a) buen(a) candidato(a). No tienes las habilidades necesarias. Tienes que buscar otro trabajo.

CONVERSACIÓN

Vamos a ver a quién conoces y qué sabes.

1. **¿Conoces** a los padres de tu mejor amigo?
   Sí, **conozco** a . . . (No, no **conozco** a . . .)
2. **¿Conoces** al (a la) director(a) de la escuela?
3. **¿Conoces** bien a los otros alumnos de la clase?
4. **¿Conoces** a chicos hispánicos?
5. **¿Sabes** dónde vive tu mejor amigo?
   Sí, **sé** dónde . . . (No, no **sé** dónde . . .)
6. **¿Sabes** dónde trabaja su padre o su madre?
7. **¿Sabes** dónde está la oficina del (de la) director(a)?
8. **¿Sabes** cómo se llaman los otros alumnos de la clase?

OBSERVACIÓN

Both verbs **conocer** and **saber** mean *to know.*
- Which one means to know *people?*
- Which one means to know *certain information?*

Nota cultural

El español, ¡sí!

¿Sabes° que hay unos° quince millones de personas de origen hispánico en los Estados Unidos? El español es la lengua de las comunidades hispánicas en ciudades grandes como Nueva York, Los Ángeles, Chicago, San Francisco, Miami, San Antonio . . .

Por eso, si buscas trabajo y sabes español, tienes más ventajas° que muchos.° Saber° español es importante para los policías, para las enfermeras° y para otras personas que trabajan en los hospitales, para los trabajadores sociales, para las personas que trabajan en negocios° de importación y exportación . . .

Y si tienes amigos de origen hispánico ¿por qué no les dices ¡Hola! en vez de° *Hello!* . . . Así es que, ¡ adelante° con el español !

Sabes *Do you know*   **unos** *about*   **ventajas** *advantages*
muchos *many others*   **Saber** *Knowing*   **enfermeras** *nurses*
negocios *business*   **en vez de** *instead of*   **adelante** *forward*

Estructura

Trabajos

un oficio	job, trade	**una fábrica**	factory
una profesión	profession	**una oficina**	office

medicina

un(a) dentista	dentist
un(a) doctor(a)	doctor
un(a) enfermero(a)	nurse
un(a) veterinario(a)	veterinarian

servicios públicos y sociales

un(a) policía	police officer
un(a) trabajador(a) social	social worker

trabajos de oficina

un(a) dibujante	draftsman; designer
un(a) secretario(a)	secretary

turismo

un(a) aeromozo(a)	flight attendant
un(a) agente de viajes	travel agent
un(a) guía	guide

atender (e → ie)	to take care of, to wait on	Un aeromozo **atiende** a las personas en el avión.
dibujar	to draw	¿Te gusta **dibujar?**
escribir a máquina	to type	¿**Escribes** tus cartas **a máquina?**

NOTA: Remember that after **ser** the indefinite article (**un, una**) is not used with names of professions, unless the profession is modified by an adjective.

¿Es **veterinario** tu padre?   Sí, es **un veterinario muy bueno.**

¿Quieres ser **doctor?**   Sí, voy a ser **un doctor famoso.**

ACTIVIDAD 1   Preguntas personales

1. ¿Trabaja tu papá en una oficina? ¿en un hospital? ¿en una estación de servicio? ¿en una fábrica? ¿en casa?
2. ¿Trabaja mucho tu mamá? ¿Trabaja en casa? ¿Trabaja fuera *(outside)* de casa?
3. ¿Quieres ser aeromozo(a)? ¿profesor(a)? ¿doctor(a)? ¿policía? ¿trabajador(a) social? ¿enfermero(a)?
4. ¿Trabajaste en una oficina el verano pasado? ¿en una fábrica? ¿en una tienda? ¿en un restaurante?
5. ¿Dibujas bien? ¿Quieres ser dibujante?
6. ¿Escribes a máquina? ¿Escribes rápido?

ACTIVIDAD 2   ¿Cuál es su trabajo?

Describe el trabajo de cada persona en la columna A, usando un elemento de las columnas B, C y D.

A	B	C	D
un(a) aeromozo(a)	atender	a la gente	en un avión
un(a) doctor(a)	enseñar	a los alumnos	en una escuela
un(a) secretario(a)	escribir	a los enfermos	en un hospital
un(a) profesor(a)	dibujar	a los pasajeros *(passengers)*	en una oficina
un(a) enfermero(a)		a los animales	en la calle
un(a) policía		a los turistas	
un(a) veterinario(a)		cartas a máquina	
un(a) arquitecto(a)		planos	

Un profesor enseña a sus alumnos en una escuela.

A. *Conocer* y *saber*

In Spanish there are two verbs which mean *to know:* **conocer** (which you have already learned) and **saber.** Note the present tense forms and uses of these verbs in the following sentences.

INFINITIVE:	conocer	saber
PRESENT:		
(yo)	**Conozco** a Paco.	**Sé** que es de México.
(tú)	**Conoces** a Inés.	**Sabes** dónde vive.
(él, ella, Ud.)	**Conoce** al Dr. Suárez.	**Sabe** que es un buen dentista.
(nosotros)	**Conocemos** a esta chica.	**Sabemos** cómo se llama.
(vosotros)	**Conocéis** a María.	**Sabéis** de dónde es.
(ellos, ellas, Uds.)	**Conocen** a Pedro.	**Saben** que es un buen chico.
PRESENT PARTICIPLE:	**conociendo**	**sabiendo**

↝ **Conocer** and **saber** have irregular **yo** forms. All other present tense forms have regular –**er** endings.

↝ Although **conocer** and **saber** both correspond to the English verb *to know*, their meanings and uses are quite different. **Conocer** and **saber** may not be substituted for one another.

The following chart summarizes the uses of these two verbs.

conocer	+	people places things	**Conozco** a Felipe. **¿Conoces** Los Ángeles? **¿Conoce** Ud. esta novela?
saber	+	**que** **si** interrogative expressions	**Sé que** el padre de Paco es profesor. **¿Sabes si** su mamá trabaja? **¿Sabes dónde** está Luisa? No **sé cómo** se llama su hermana. No **sabemos a qué hora** empieza la película.
saber	+	fact	**¿Sabe** Ud. la **hora**?
saber	+	infinitive	**¿Sabes escribir** a máquina?

↝ **Conocer** means *to know* in the sense of *to be acquainted* or *familiar with*. It is almost always used with nouns (or pronouns) designating *people* and *places*.
It may sometimes be used with nouns designating *objects* or *facts*.

↝ **Saber** means *to know* in the sense of *to have information, to know a fact*. It is followed by nouns designating facts and by *clauses*.

Saber may also be followed by an infinitive. It then means to know how to do something.

¿Sabes nadar? ⎰ *Do you know how to swim?*
⎱ *Can you swim?*

ACTIVIDAD 3   Diálogo: ¿Tienen talento tus compañeros?

Pregúntales a tus compañeros si saben hacer estas cosas.

≫ nadar   Estudiante 1: ¿Sabes nadar?
                Estudiante 2: Sí, sé nadar.
                              (No, no sé nadar.)

1. bailar   6. sacar fotos
2. esquiar   7. hablar español
3. jugar al tenis   8. hablar otros idiomas *(languages)*
4. reparar un reloj   9. escribir a máquina
5. reparar un coche   10. dibujar

ACTIVIDAD 4   Raúl

Raúl es un estudiante de intercambio *(exchange)* que acaba de llegar de
México. Algunas personas lo conocen y saben que es de México. Otras no.
Di quién lo conoce y quién no, según el modelo.

≫ Linda: no   Linda no conoce a Raúl.
                    No sabe que es de México.

1. Luis: sí
2. yo: sí
3. nosotros: sí
4. tú: no
5. mis amigos: no
6. el profesor de francés: sí
7. mis padres: no
8. la profesora de inglés: no

ACTIVIDAD 5   Diálogo: ¿Los conocen?

Pregúntales a tus compañeros si conocen a las siguientes personas o los
siguientes lugares *(places)*.

≫ el (la) director(a) de la escuela   Estudiante 1: ¿Conoces al (a la) director(a) de la
                                                       escuela?
                                         Estudiante 2: Sí, lo (la) conozco.
                                                       (No, no lo (la) conozco.)

1. el doctor de tu mejor amigo
2. el dentista de tus padres
3. el jefe *(boss)* de tu padre
4. tus vecinos *(neighbors)*
5. la familia de tu profesor(a)
6. la ciudad de Nueva York
7. la ciudad de Los Ángeles
8. la ciudad de San Antonio

ACTIVIDAD 6   Ana María

Ana María es una alumna nueva en tu clase. Tu compañera Julia la
conoce mejor que tú. Hazle a Julia estas preguntas sobre Ana María
usando **conocer** o **saber** correctamente.

> ¿Ana María?   ¿Conoces a Ana María?

1. ¿dónde vive?
2. ¿su casa?
3. ¿de dónde es?
4. ¿si tiene hermanos?
5. ¿su familia?
6. ¿sus abuelos?
7. ¿cómo se llama su mamá?
8. ¿qué le gusta hacer los fines de semana?
9. ¿su mejor amiga?
10. ¿bien a su padre?
11. ¿qué hace ella?
12. ¿dónde trabaja?

B. El pronombre *lo*

In the following answers, note the pronoun used to replace the underlined words.

| ¿Sabes <u>dónde trabaja Carlos?</u> | No, no **lo** sé. *I don't know **that**.* |
| Luisa es la mejor alumna de <u>la clase, ¿verdad?</u> | No **lo** creo. *I don't believe **it**.* |

> The neuter pronoun **lo** is used to replace a clause or part of a
> sentence (rather than just a noun). It is often used with verbs such as
> **saber, esperar, creer, decir.**

ACTIVIDAD 7   Preguntas personales

1. ¿Sabes si vas a sacar una «A» en español?
2. ¿Sabes si vas a visitar México este verano?
3. ¿Sabes dónde está tu primo ahora?
4. ¿Sabes dónde trabaja tu tío?
5. ¿Sabes qué profesión vas a tener en el futuro?
6. ¿Sabes si vas a ser profesor(a)?

Pronunciación   Las terminaciones −ción, −sión

Model words: conversación   profesión
Practice words: estación televisión observación posición
Practice sentences: Mi papá trabaja en una estación de televisión.
            ¿Cuál es la conclusión de esta observación?
            Tomó la decisión de cambiar de profesión.

When saying **-ción** and **-sión,** be sure you use an / s / sound for **c** and **s** and not the / sh / sound of the English "conversation" or "profession."

Entre nosotros

Expresión para la composición

sin duda   *doubtless*

Mini-composición   Entrevistas *(Interviews)*

Imagina que trabajas para una agencia de empleos *(employment agency)*. Tu trabajo consiste en preparar las entrevistas para uno de los siguientes trabajos:

- secretario(a) bilingüe
- vendedor(a) viajero(a) *(traveling salesperson)*
- enfermero(a)
- policía

Las preguntas para las entrevistas son similares a las preguntas de la sección «Información Profesional» del formulario *(form)* a la derecha *(right)*. Prepara cinco preguntas, usando la expresión para la composición.

Ud. desea trabajar como secretaria bilingüe.
    ¿Sabe Ud. hablar inglés?
    ¿Sin duda sabe escribir a máquina? . . .

LÍNEAS AÉREAS PANAMERICANAS «LAPA»

Solicitud de trabajo

Nombre y apellidos _____

Nacionalidad _____

Lugar de nacimiento _____ Fecha de nacimiento _____

Dirección _____ Teléfono _____

EDUCACIÓN

	sí	no
Escuela primaria completa	⎯⎯	⎯⎯
Escuela secundaria completa	⎯⎯	⎯⎯
Estudios universitarios	⎯⎯	⎯⎯

INFORMACIÓN PROFESIONAL

	sí	no
¿Sabe hablar inglés?	⎯⎯	⎯⎯
¿Sabe hablar francés?	⎯⎯	⎯⎯
¿Sabe hablar alemán?	⎯⎯	⎯⎯
¿Sabe atender al público?	⎯⎯	⎯⎯
¿Conoce otros países?	⎯⎯	⎯⎯

¿Qué países? _____

	sí	no
¿Sabe escribir a máquina?	⎯⎯	⎯⎯
¿Sabe conducir un coche?	⎯⎯	⎯⎯

Trabajo que solicita _____

EXPERIENCIA PROFESIONAL ANTERIOR

Nombre de la empresa	Puesto	Fechas
_____	_____	_____
_____	_____	_____
_____	_____	_____

REFERENCIAS (Nombre y dirección)

Personales _____

_____

Profesionales _____

_____

Firma del solicitante _____ Fecha _____

Lección 2   *Aspiraciones profesionales*

Cuatro jóvenes hispánicos, dos muchachos y dos muchachas, hablan de sus aspiraciones. Escúchalos y escucha los consejos que reciben.

Pablo Hurtado, diez y seis años, de Ponce, Puerto Rico
Quiero ser taxista. Por el momento no tengo coche. Por eso, tengo que aprender a conducir con el coche de mi hermano mayor. Me gusta conducir a gran velocidad.

taxista: *cab driver*

a gran velocidad: *very fast*

Un taxista tiene que ser cortés y prudente. En vez de conducir rápidamente, necesitas aprender a conducir prudentemente. Es necesario para ser buen taxista.

cortés: *courteous*
En vez de: *Instead of*

María Ortega, diez y seis años, de Burgos, España
Me gusta viajar. Tengo ganas de ser aeromoza de Iberia. Desafortunadamente, no tengo mucha facilidad para los idiomas extranjeros.

idiomas extranjeros: *foreign languages*

Para ser aeromoza en una línea aérea internacional es indispensable hablar bien uno o dos idiomas extranjeros. ¿Por qué no tratas de pasar las próximas vacaciones en Francia o en Inglaterra para mejorar tu pronunciación?

tratas de: *try to*

mejorar: *improve*

Esteban Menéndez, quince años, de Valparaíso, Chile

La mecánica me gusta mucho. Pero no quiero ser mecánico como mi padre. Creo que tengo talento artístico. Me gusta dibujar. Mi padre dice que es mejor ser mecánico. Dice que es muy difícil tener éxito como artista. ¡No sé qué decidir!

éxito: *success*

Una persona con tu talento puede tener éxito en muchas profesiones. Puedes ser decorador o dibujante y trabajar para una agencia de publicidad o para una revista de modas.

modas: *fashion*

Silvia Miranda, diez y seis años, de Córdoba, Argentina

Quiero ser periodista. Los periodistas viajan y conocen a muchas personas diferentes e interesantes, cosas que me gustan mucho . . . Pero desafortunadamente, no puedo expresar mis ideas claramente. Mis profesores dicen que tengo un estilo muy malo.

estilo: *style*

Para ser periodista, una persona tiene que escribir bien y con facilidad. Si tú no puedes escribir bien, tienes que pensar en otra profesión. Tú puedes ser fotógrafa, vendedora viajera, aeromoza . . . Ellas también viajan y conocen a muchas personas diferentes.

vendedora viajera: *traveling salesperson*

CONVERSACIÓN

Vamos a hablar de tus aspiraciones profesionales.

1. ¿Quieres **ser** mecánico?
    Sí, quiero . . . (No, no quiero . . .)
2. ¿Quieres **ser** doctor(a)?
3. ¿Quieres **trabajar** en una estación de televisión?

Ahora vamos a hablar de las cosas que aprendes a hacer.

4. ¿Aprendes **a conducir**?
    Sí, aprendo **a** . . . (No, no aprendo **a** . . .)
5. ¿Aprendes **a tocar** el piano?
6. ¿Aprendes **a jugar** al tenis?

Finalmente, vamos a hablar de las cosas que tratas de *(you try to)* hacer en la escuela.

7. ¿Tratas **de hablar** español siempre?
    Sí, trato **de** . . . (No, no trato **de** . . .)
8. ¿Tratas **de ser** un(a) alumno(a) modelo(a)?
9. ¿Tratas **de sacar** buenas notas?

OBSERVACIÓN

In the above questions, the verbs which come after **quieres, aprendes** and **tratas** are in the infinitive form.

- Is **quieres** immediately followed by the infinitive?
- Is **aprendes** immediately followed by the infinitive? Which word comes between **aprendes** and the infinitive?

- Is **tratas** immediately followed by the infinitive? Which word comes between **tratas** and the infinitive?

Nota cultural

¡Coches!

¿Por qué quiere ser taxista Pablo Hurtado? ¿Para ganar dinero? . . . ¿o para conducir un coche?

En los países hispánicos, el coche es más que un medio° de transporte. ¡Es un lujo!° No todas las familias pueden comprarse un coche.

Y cuando una familia tiene un coche, no se lo° presta a sus hijos. ¡Así es que° para muchos jóvenes hispánicos, conducir un coche es solamente° un sueño!°

medio *means*   **lujo** *luxury*   **se lo** *it to them*
Así es que *So it is that*   **solamente** *only*   **sueño** *dream*

Estructura

A. Construcción: verbo + infinitivo

When a Spanish verb is followed by another verb, the second verb is usually an infinitive.

The most common pattern is: verb + infinitive.

deber	Debo **trabajar.**	*I should **work.***
desear	Deseo **trabajar.**	*I wish **to work.***
esperar	Espero **trabajar.**	*I hope **to work.***
necesitar	Necesito **trabajar.**	*I need **to work.***
pensar	Pienso **trabajar.**	*I plan **to work.***
poder	Puedo **trabajar.**	*I can **work.***
preferir	Prefiero **trabajar.**	*I prefer **to work.***
querer	Quiero **trabajar.**	*I want **to work.***
saber	Sé **trabajar.**	*I know how **to work.***

Some verbs follow the pattern: verb + preposition + infinitive.

aprender a	Aprendo **a trabajar.**	*I am learning **to work.***
empezar a	Empiezo **a trabajar.**	*I begin **to work.***
ir a	Voy **a trabajar.**	*I am going **to work.***
salir a	Salgo **a trabajar.**	*I go out **to work.***
venir a	Vengo **a trabajar.**	*I come **to work.***
acabar de	Acabo **de trabajar.**	*I have just **worked.***
dejar de	Dejo **de trabajar.**	*I stop **working.***
olvidarse de	Me olvido **de trabajar.**	*I forget **to work.***
tratar de	Trato **de trabajar.**	*I try **to work.***

> To remember the above patterns, try to learn the main verb with the preposition (if any) which follows it. (For instance, try to remember **aprender a,** rather than simply **aprender.**)

> In the English equivalent of the Spanish construction verb + infinitive, the second verb may have an *-ing* ending.

Prefiero **trabajar** contigo.
{ *I prefer **to work** with you.*
{ *I prefer **working** with you.*

ACTIVIDAD 1 Diálogo: ¿Qué aprenden tus compañeros?

Pregúntales a tus compañeros si aprenden a hacer estas cosas.

⤿ cantar   Estudiante 1: ¿Aprendes a cantar?
               Estudiante 2: Sí, aprendo a cantar. (No, no aprendo a cantar.)

1. esquiar
2. bailar
3. jugar al tenis
4. sacar fotos
5. conducir un coche
6. cocinar *(to cook)*
7. escribir a máquina
8. dibujar
9. reparar coches
10. ser piloto de avión

ACTIVIDAD 2 ¿Tienes buena memoria?

No tenemos una memoria perfecta. A veces nos olvidamos de hacer cosas importantes. Di si te olvidas de hacer las siguientes cosas. Puedes usar expresiones como **nunca, a veces, a menudo, siempre.**

⤿ hacer las tareas   Siempre (a veces, a menudo, nunca) me olvido de
                         hacer las tareas.

1. pedir dinero a mis padres
2. decir la verdad *(truth)*
3. hacer la cama *(make my bed)*
4. ayudar a mi mamá
5. prepararme para los exámenes
6. ser cortés *(polite)*
7. lavarme las manos antes de comer
8. ir a la escuela
9. pagar en la cafetería
10. ser paciente

ACTIVIDAD 3 Aspiraciones personales

Todos tenemos aspiraciones para el futuro. Describe tu actitud hacia *(toward)* las siguientes cosas. Puedes empezar tus oraciones con **(no) espero, (no) quiero, (no) voy a, (no) deseo, (no) pienso.**

1. tener un trabajo interesante
2. tener mucho dinero en el banco
3. ganar mucho dinero
4. ser famoso(a)
5. ser presidente
6. trabajar en un país hispánico
7. hacer un viaje alrededor del mundo *(around the world)*
8. hacer un viaje a la luna *(moon)*
9. tener muchos hijos
10. tener una casa muy grande
11. vivir en otro planeta
12. vivir mil años

ACTIVIDAD 4 La popularidad

Todo el mundo no quiere ser popular. Expresa la actitud de las siguientes personas completando las oraciones con: **(a, de) ser popular.**

⤿ Paco no quiere . . .   Paco no quiere ser popular.

1. Luisa espera . . .
2. Elena va . . .
3. Esteban no trata . . .
4. Raquel necesita . . .
5. Pedro siempre sabe . . .
6. Rafael desea . . .
7. Paco no aprende . . .
8. Guillermo no puede . . .

vocabulario especializado Otros trabajos

comercio

un(a) empleado(a)	employee, clerk
un(a) gerente	manager
un(a) vendedor(a) [viajero(a)]	[traveling] salesperson

radio y televisión

un(a) fotógrafo(a)	photographer
un(a) locutor(a)	radio or TV announcer
un(a) periodista	journalist

justicia

un(a) abogado(a)	lawyer

ciencias y técnicas

un(a) ingeniero(a)	engineer
un(a) programador(a)	programmer
un(a) científico(a)	scientist

ACTIVIDAD 5 Consejos profesionales

Imagina que eres un(a) consejero(a) vocacional. Tus clientes te dicen qué
les gusta hacer y tú les dices qué tipo de trabajos pueden considerar,
usando las palabras del vocabulario de las páginas 343 y 355.

⟡ trabajar en una oficina   Cliente: Me gusta trabajar en una oficina.
                               Tú: Ud. puede ser secretario(a) o gerente.

1. atender al público
2. escribir
3. sacar fotos
4. hablar en público
5. viajar
6. vender
7. trabajar en una estación de televisión
8. trabajar en un hospital
9. atender a los animales
10. escribir a máquina
11. dibujar
12. hacer experimentos científicos
13. trabajar con números
14. administrar

B. Construcción: preposición + infinitivo

Note the use of the infinitive in the following sentences.

Estudio español **para visitar** México. *I study Spanish **in order to visit** Mexico.*

Quiero ir a la universidad **para aprender**
una profesión.

*I want to go to the university **(in order)**
to learn a profession.*

Antes de ir a la universidad,
quiero viajar.

*Before going to the university,
I want to travel.*

No quiero trabajar inmediatamente
después de graduarme.

*I don't want to work immediately
after graduating.*

En vez de estudiar francés,
estudio español.

*Instead of studying French,
I am studying Spanish.*

Sin estudiar, no puedo aprender. *Without studying, I can't learn.*

⟡ After all prepositions, Spanish speakers use the infinitive form of the
verb. After prepositions, English speakers often use a verb ending in *-ing*.

vocabulario especializado — Preposiciones

antes de	before	Me lavo las manos **antes de** comer.
después de	after	Miro la televisión **después de** estudiar.
en vez de	instead of	Escucho discos **en vez de** hacer mis tareas.
para	in order to, for	Estudio **para** recibir buenas notas.
sin	without	Pablo saca buenas notas **sin** estudiar.

REFRÁN

Sin comer, no hay placer.

ACTIVIDAD 6   Primero una, entonces otra

Antes de hacer algunas cosas, tenemos que hacer otras. En los siguientes
casos, escoge la acción que lógicamente hay que hacer primero y expresa el
orden de las acciones según el modelo (Nota: **hay que** = *one has to*).

ir a la escuela secundaria / ir a la universidad
> Antes de ir a la universidad hay que ir a la escuela secundaria.

1. hablar / pensar
2. lavarse las manos / comer
3. sacar fotos / saber usar la cámara
4. estudiar / tomar un examen
5. ir a México / obtener una tarjeta de turista
6. ser médico / obtener un diploma
7. conducir / aprender a conducir
8. tener dinero / pagar algo

ACTIVIDAD 7   Ellos no están contentos

Las siguientes personas no están contentas porque quieren hacer otras
cosas. Di qué quieren hacer en vez de lo que están haciendo.

Manuel va al cine. (al teatro)   Manuel quiere ir al teatro en vez de ir al cine.

1. Yo voy a la playa. (a la piscina)
2. Carolina aprende francés. (español)
3. Mi mejor amigo trabaja en un
   restaurante. (en una oficina)
4. Tú aprendes a tocar el piano. (la guitarra)
5. Arturo sale con María. (con Elena)
6. Mi hermana vive en una casa grande.
   (en un apartamento)

ACTIVIDAD 8 Ayer

Piensa en cinco cosas que hiciste *(you did)* ayer y ponlas *(put them)*
en orden cronológico según este modelo. Usa otros verbos (como **comer,
escuchar discos, mirar la televisión** . . .) ¡y tu imaginación!

Después de levantarme, me lavé.
Después de lavarme, me vestí.
Después de vestirme, tomé café.
Después de tomar café, salí de casa.
Después de salir de casa, tomé el autobús de la escuela.

ACTIVIDAD 9 ¿Por qué?

Imagina que quieres estas cosas. Di por qué las quieres, completando cada
oración y usando **para** + infinitivo.

Quiero tener un coche . . .   Quiero tener un coche para ser más independiente.

1. Quiero tener una moto . . .
2. Quiero ser rico(a) . . .
3. Quiero ir a la universidad . . .
4. Quiero ir a México . . .
5. Quiero hablar español bien . .

C. La preposición *para*

Note the use of **para** in the following sentences.

¿Estudias **para** recibir buenas notas?   *Do you study (in order) to get good grades?*
¿Es el telegrama **para** ti o **para** mí?   *Is the telegram for you or for me?*

Para is often used to express an objective or goal.
Note that this objective may be . . .

- *an action*   Carmen estudia **para** ser ingeniera.
- *a person*   Carlos trabaja **para** el Sr. Vargas.
- *a place*   ¿Dónde está el autobús **para** Madrid?
- *a point in time* Tienes que aprender la lección **para** mañana.

ACTIVIDAD 10 Requisitos profesionales

¿Qué requisitos *(requirements)* son necesarios para los siguientes trabajos?
Expresa tu opinión en tres oraciones. Usa los requisitos de la columna B y
la expresión **Es necesario** o **No es necesario.**

A	B
trabajador(a) social	ir a la universidad
abogado(a)	tener ganas de viajar
electricista	tener aptitudes manuales
científico(a)	tener aptitudes intelectuales
programador(a)	ser bueno(a) en matemáticas
profesor(a)	ser paciente
empleado(a) de banco	ser amable *(friendly)*
locutor(a)	hablar bien
periodista	escribir a máquina
gerente	escribir bien
vendedor(a)	

Para ser ingeniero(a) es necesario ir a la universidad.
Para ser ingeniero(a) es necesario ser bueno(a) en matemáticas.
Para ser ingeniero(a) no es necesario tener ganas de viajar.

EMPRESA IMPORTANTE SOLICITA
VENDEDOR VIAJERO
CON LOS SIGUIENTES REQUISITOS:
- Experiencia en ventas de mayoreo (de preferencia en mueblerías)
- Automóvil propio

OFRECEMOS:
- Sueldo y comisiones atractivas
Interesados favor de presentarse en: AV. CIENCIA No. 28, Cuautitlán Izcalli Edo. de México o concertar cita a los TELS.: 565-71-22 ó LADA 91-591-2-10-55. RELACIONES INDUSTRIALES.

Pronunciación
El sonido de la consonante *r* en posición final y después de otra consonante

Model word: trabajar
Practice words: fábrica secretaria escribir programador
   doctor saber atender dibujar vendedor
Practice sentences: Víctor va a salir con Leonor.
   La secretaria trabaja en una fábrica de productos químicos.
   Salvador no quiere ser vendedor.
   El doctor tiene que examinar al señor Forner.

If you have trouble pronouncing the Spanish "flap" **r** after another
consonant, try slipping an extra vowel between the consonant and the **r**:
ta-ra-ba-jo. Once you are producing a "flap" **r**, try to drop the extra vowel.
At the end of a word or a group of words, the "flap" **r** is pronounced
more softly.

Entre nosotros

Querido amigo norteamericano:

Me llamo Conchita Palomo. Vivo en Madrid y soy alumna del Colegio Monfort. Mis profesores piensan que tengo talento para expresarme y por eso quiero ser periodista.

Si quiero ser periodista no es para hablar de modas ni para describir crímenes sensacionales ni para entrevistar a artistas famosos. Quiero comprender el mundo de hoy y describirlo para la gente tal como es. Hoy, la característica más importante de este mundo es su diversidad. Por eso antes de empezar a escribir artículos para un periódico, quiero viajar por todo el mundo para conocer a la gente de otros países.

Como muchos jóvenes españoles, tengo muchas ganas de conocer los Estados Unidos. Deseo saber dónde vives, dónde estudias y qué esperas del futuro. Y si vienes a España, claro que te quiero conocer.

Cordialmente,   Conchita

Mini-composición   Una carta a una chica española

Contéstale a Conchita. Antes de escribir tu carta, lee su carta
otra vez *(again)*. Puedes decirle . . .

- cómo te llamas
- dónde eres alumno(a)
- qué tipo de trabajo quieres hacer
- por qué quieres hacer este trabajo.

Usa las expresiones para la correspondencia.

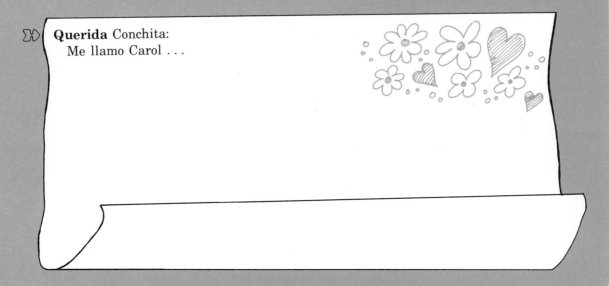

Querida Conchita:
    Me llamo Carol . . .

El siguiente anuncio apareció ayer en el *ABC*, un periódico español.

anuncio:
advertisement,
aparecíó: *appeared*

¡ATENCIÓN ESTUDIANTES!

¿QUIEREN UDS. GANAR DINERO
DURANTE EL VERANO PRÓXIMO?

LA AGENCIA MADRILEÑA DE TURISMO

necesita

quince estudiantes

para trabajar como guías de turismo

en julio y agosto

—trabajo interesante
—buen salario

Requisitos

• hablar inglés y francés perfectamente
• ser amable y atento
• tener buena presentación

Los estudiantes interesados pueden
escribir carta manuscrita
al APARTADO 40.169 MADRID
dando datos personales y número de teléfono

manuscrita:
handwritten

La respuesta de Patty

Patty Scott, estudiante norteamericana, se interesó en la oferta. Después de leer el anuncio, escribió la siguiente carta:

se interesó: *was interested*, oferta: *offer*

> Estimados señores:
>
> Leí su anuncio en el ABC y estoy muy interesada en su oferta de trabajo.
>
> Soy estudiante norteamericana. Ahora tomo cursos avanzados de español en la Escuela Central de Idiomas de Madrid. El año pasado pasé seis meses en Francia. Fui también a Alemania y aprendí un poco de alemán.
>
> Antes de venir a Europa fui traductora en el departamento internacional de una agencia de publicidad en Nueva York. Traduje anuncios del inglés al español.
>
> Tengo buena presentación y sé atender al público. Por eso creo que tengo las aptitudes necesarias para ser guía de turismo.
>
> Mi número de teléfono es 674.27.15. Espero su llamada.
>
> atentamente,
> Patty Scott

avanzados: *advanced*

Idiomas: *Languages*

Fui: *I went*

Traduje: *I translated*

llamada: *call*

Ahora debes saber mucho de Patty Scott. ¿Puedes contestar estas preguntas?
Vamos a ver . . .

1. ¿**Fue** secretaria Patty Scott?
   Sí, **fue** . . . (No, no **fue** . . .)
2. ¿**Fue** estudiante de alemán?
3. ¿**Fue** traductora antes de venir a España?
4. ¿**Fue** agente de viajes una vez?

5. ¿**Fue** a Alemania?
   Sí, **fue** . . . (No, no **fue** . . .)
6. ¿**Fue** a Francia?
7. ¿**Fue** a los Estados Unidos cada verano?
8. ¿**Fue** a Inglaterra para aprender inglés?

OBSERVACIÓN

In the above questions you were asked about what Patty Scott *was* and where
she *went*.
- Is the same verb form used in all the questions?
- What does the verb in questions 1-4 mean?
- What does the verb in questions 5-8 mean?

Nota cultural

El turismo en España

Cada año, millones de turistas franceses, ingleses, alemanes y norteamericanos visitan España. ¿Qué es lo que° los atrae° allí? ¡La famosa hospitalidad española! Pero, los atrae también el sol, el clima y las playas.

¿A ti te gusta lo histórico? Si quieres ver las ruinas romanas, debes visitar el acueducto romano de Segovia. Si quieres contemplar los palacios árabes, debes visitar la Alhambra de Granada. Si quieres admirar un palacio español, debes visitar el Escorial.

¿O prefieres lo moderno? Si deseas ver una iglesia extraordinaria, tienes que visitar la Sagrada° Familia en Barcelona. Si deseas ver un monumento estupendo, tienes que visitar el Valle de los Caídos.°

¡Hay mucho que hacer y ver en España!

lo que *that which* **atrae** *attracts* **Sagrada** *Holy* **Caídos** *Fallen*

El Escorial

Patio de los leones,
La Alhambra

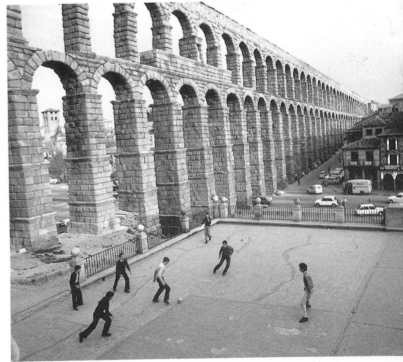

El acueducto romano,
Segovia

La catedral de la Sagrada
Familia *(facing page)*

Estructura

A. Pretéritos irregulares: *ir* y *ser*

The verbs **ir** (*to go*) and **ser** (*to be*) have the same preterite forms:

	ser	ir
(yo)	**Fui** estudiante en España.	**Fui** a Madrid.
(tú)	**Fuiste** estudiante en el Uruguay.	**Fuiste** a Montevideo.
(él) (ella) (Ud.)	**Fue** estudiante en el Paraguay.	**Fue** a Asunción.
(nosotros)	**Fuimos** estudiantes en Chile.	**Fuimos** a Santiago.
(vosotros)	**Fuisteis** estudiantes en el Ecuador.	**Fuisteis** a Quito.
(ellos) (ellas) (Uds.)	**Fueron** estudiantes en Colombia.	**Fueron** a Bogotá.

> The context makes it clear whether these verbs are preterite forms of **ir** or **ser**.
>
> Mi abuelo **fue** dentista. *My grandfather **was** a dentist (but isn't now).*
> David **fue** al dentista ayer. *David **went** to the dentist yesterday.*

> Note that the **yo** and **él** forms in the preterite of **ser** and **ir** have no accent marks. This is also true of other verbs with irregular preterites.

El año pasado siempre fue mejor.

ACTIVIDAD 1   Vacaciones en el mundo hispánico

Las siguientes personas pasaron sus vacaciones en ciudades hispánicas para mejorar *(improve)* su español. Di adónde fueron.

> Linda: Lima   Linda fue a Lima.

1. yo: Buenos Aires
2. nosotros: Barcelona
3. tú: Bogotá
4. el amigo de Clara: México
5. mi hermano: Madrid
6. mis primos: Sevilla
7. Uds.: Santiago
8. nuestras amigas: Guatemala

vocabulario especializado

¿Cuántas veces?

la vez (veces)	time	Va a hacerlo, la próxima **vez.**
una vez	once, one time	Fui a Puerto Rico **una vez.**
esta vez	this time	**Esta vez,** fui a Ponce.
otra vez	again	Voy a visitar Ponce **otra vez** en julio.
dos veces	twice	Fui a México **dos veces.**
a veces	sometimes	Voy al cine **a veces** solo y **a veces** con mis amigos.
¿cuántas veces?	how many times?	¿**Cuántas veces** leíste la carta?
muchas veces	many times, often	Fui a Nueva York **muchas veces.**
de vez en cuando	from time to time	**De vez en cuando,** estoy muy impaciente.

ACTIVIDAD 2   Diálogo: Diversiones

Una agencia de publicidad te ha pedido (*has asked you*) hacer una
encuesta (*survey*) de tus compañeros. Pregúntales si fueron a los siguientes
lugares el mes pasado y cuántas veces. (Luego la clase puede presentar los
resultados en un cuadro (*table*) estadístico.)

≫   a un restaurante   Estudiante 1: ¿Fuiste a un restaurante el mes pasado?
Estudiante 2: Sí, fui. (No, no fui.)
Estudiante 1: ¿Cuántas veces fuiste?
Estudiante 2: Fui una vez (dos veces . . .).

1. al cine
2. al teatro
3. a un concierto
4. al campo
5. a ver un partido de fútbol
6. a la playa
7. a un museo
8. a nadar
9. a un club deportivo
10. a una heladería (*ice cream parlor*)

B. Pretéritos irregulares: *conducir, decir* y *traer*

The verbs **conducir** (*to drive*), **decir** (*to say*), and **traer** (*to bring*) have irregular preterite forms.

INFINITIVE:	**conducir**	**decir**	**traer**
(yo)	conduje	dije	traje
(tú)	condujiste	dijiste	trajiste
(él) (ella) (Ud.)	condujo	dijo	trajo
(nosotros)	condujimos	dijimos	trajimos
(vosotros)	condujisteis	dijisteis	trajisteis
(ellos) (ellas) (Uds.)	condujeron	dijeron	trajeron

> In the preterite, the above verbs have a stem which ends in **j**, and the same endings.

> Other verbs ending in **-ucir** take the same preterite forms as **conducir**.

Traduje un artículo del español al inglés.

ACTIVIDAD 3   El accidente

Carlos tomó el coche de su papá y salió con sus amigos. Desafortunadamente, tuvieron (*they had*) un accidente. Después, no todos los muchachos dijeron la verdad (*truth*). Di quién les dijo a sus padres la verdad y quién no.

> Carlos: sí   Carlos dijo la verdad.

1. yo: sí
2. tú: no
3. Miguel: sí

4. Carmen y Luisa: sí
5. nosotros: sí
6. Ramón: no

ACTIVIDAD 4   La fiesta del Día de los Enamorados *(The Valentine's Day Party)*

Ayer fue la fiesta del Día de los Enamorados. Di qué trajeron los muchachos a la fiesta.

> Alejandro: un tocadiscos   Alejandro trajo un tocadiscos.

1. yo: unos discos de rock
2. Enrique: un pastel
3. tú: tu guitarra

4. Raquel y Emilia: unos sándwiches
5. Silvia: unos discos en español
6. nosotros: unas gaseosas

C. La preposición *por*

Note the use of **por** in the sentences below.

Voy a trabajar como guía **por** dos meses.	*I am going to work as a guide **for** two months.*
Me gusta viajar **por** avión.	*I like to travel **by** plane.*

The preposition **por** has many different uses. It can be used to express:

• duration

Voy a trabajar en España **por** tres meses.	*I am going to work in Spain **for** three months.*

• manner or means

Carlos le habla a Clara **por** teléfono.	*Carlos talks to Clara **by** telephone.*

• movement through or along a place

Entra **por** la puerta principal.	*Enter **through** the main door.*
Me gusta conducir **por** las calles sin tráfico.	*I like to drive **along** streets without traffic.*

• exchange

Te vendo mi tocadiscos **por** veinte dólares.	*I am selling you my record player **for** twenty dollars.*
¿Cuánto pagaste **por** este libro?	*How much did you pay **for** this book?*

ACTIVIDAD 5   El Rastro de Madrid *(Madrid flea market)*

El Rastro de Madrid es un lugar donde la gente puede comprar muchas
cosas diferentes. Di cuánto dinero las siguientes personas pagaron por las
cosas que compraron.

Elena: 70 pesetas / el disco   Elena pagó setenta pesetas por el disco.

1. Alberto: 100 pesetas / el libro
2. Carmen: 80 pesetas / las fotos
3. Enrique: 50 pesetas / las tarjetas
4. Luis: 250 pesetas / el pájaro
5. Isabel: 800 pesetas / el mono
6. Inés: 1.500 pesetas / la cámara

ACTIVIDAD 6   Diálogo: De venta *(For sale)*

Pregúntales a tus compañeros cuánto dinero quieren por las siguientes
cosas.

tu libro de español   Estudiante 1: ¿Cuánto dinero quieres por tu libro de español?
                        Estudiante 2: ¿Por mi libro de español? Quiero ___ dólares.

1. tu bicicleta   4. tus discos
2. tu tocadiscos   5. tus revistas
3. tu radio   6. tu lápiz

ACTIVIDAD 7   Creación

Vamos a ver cuántas oraciones lógicas puedes crear en cinco minutos, usando los elementos de A, B, C y D. Usa el pretérito de los verbos en la columna B.

A	B	C	D
yo	entrar	a México	por la ventana
María	ir	en México	por 20 dólares
nosotros	vender	el tocadiscos	por avión
mis amigos	viajar	en la casa	por teléfono
	quedarse	a Clara	por dos semanas
	llamar	la carta	por dos horas
	mandar		

≫   María llamó a Clara por teléfono.

Pronunciación   El sonido /k/

Model word: ¿Cuánto?
Practice words: cuando químico contesto cambiar calor
Practice sentences: El periódico cuesta cinco sucres.

¿Cuánto cuesta el coche de Carmen?
No quiero comprar el periódico.
¿Quieres escuchar discos?
No conozco a Clara Camacho.

Like the Spanish consonant **p**, the Spanish sound / k / is pronounced without a puff of air, even at the beginning of a word. Compare the English words "Kate" and "skate": with "Kate" you produce a puff of air, and with "skate" you do not. Try to make the Spanish / k / sound similar to the **k** of "skate."

Entre nosotros

Expresiones para telefonear

¡Aló!	*Hello*
Es . . .	*This is . . .*
¿Puedo hablar con . . .	*May I talk to . . .*
Un momentito	*Just a minute*
Adiós	*Good-by*

Mini-composición   Una conversación por teléfono

ATENCIÓN ESTUDIANTES

Necesitamos jóvenes para atender al público en nuestra tienda de discos.

REQUISITOS:
— excelente presentación
— ser amable y atento
— poder hablar de música popular y clásica con los clientes.

Las personas interesadas pueden llamar al 563-20-15 para hacer una cita. Deben preguntar por el Sr. Roberto Díaz.

Tú deseas el trabajo que ofrece el anuncio que acabas de leer. Llamas al Sr. Roberto Díaz para hacer una cita con él. Escribe la conversación por teléfono, usando el siguiente modelo como guía.

Sr. Díaz: ¿Aló?

Tú: ¿Es el Sr. Díaz?

Sr. Díaz: Sí, cómo no, ¿quién habla?

Tú: Es ___. Soy ___. Estudio ___. Deseo ___.

Sr. Díaz: ¿Ud. cree que está preparado(a) para este trabajo?

Tú: Sí, porque yo ___.

Sr. Díaz: Bueno, muy bien. ¿Cuándo puede venir a verme?

Tú: ___.

〽 —¿**Puedo hablar con** el Sr. Díaz?
—**Un momentito,** por favor.

Lección 4 ¿Cuál es su trabajo?

Mira a las personas que aparecen en las fotos. Tienen trabajos muy diferentes. Cada persona dice lo que hizo ayer. ¿Puedes adivinar cuál es el trabajo de estas personas?

lo que: what, hizo: he or she did, adivinar: guess

Salvador Molina (veinte y ocho años, de Mérida, México)

—Yo trabajo por todas partes . . . Por supuesto, trabajo en un estudio . . . Pero trabajo también en la calle, a veces en el campo, a veces en la playa . . . Ayer, por ejemplo, fui a la playa con todo un equipo submarino y saqué fotos para el Instituto Oceanográfico.

por todas partes: everywhere

todo un equipo submarino: diving equipment

¿Es Salvador Molina . . .

    a) un vendedor viajero?
    b) un mecánico?
    c) un fotógrafo?
    d) un electricista?

Teresa Bosque (treinta y un años, de Caracas, Venezuela)

—Yo soy . . . Bueno . . . ¡Un momento! ¡Eso tienes que adivinarlo tú! Sólo voy a decirte lo que hice ayer. Hice una entrevista con Raquel Espinosa, la famosa actriz mexicana. Me habló de la película que hizo en los Estados Unidos con Roberto Chávez. Me habló del viaje que hizo recientemente a Italia. Por la tarde quise entrevistar a Ramón Iglesias, el campeón de fútbol. Lo llamé por teléfono, pero no pude hablar con él. Está de vacaciones en Rio de Janeiro.

Eso: That
hice: I did, Hice: I had
entrevista: interview

hizo: she made

quise: I tried

no pude: I was unable, Está de vacaciones: He's on vacation

¿Es Teresa Bosque . . .

    a) una actriz?
    b) una periodista?
    c) una secretaria?
    d) una directora de cine?

Ramón Montero (cincuenta y tres años, de Vigo, España)

—Ayer salí de casa a las seis de la tarde con Joaquín, mi hijo mayor. Fuimos al puerto y preparamos el barco . . . No hizo mucho viento y pudimos coger un mar de sardinas que pusimos en cajas . . . Cuando volvimos al puerto a las cinco de la mañana, trajimos las cajas al mercado y vendimos todas las sardinas.

¿Es Ramón Montero . . .

   a) un actor?
   b) un jugador de béisbol?
   c) un pescador?
   d) un vendedor de barcos?

puerto: *port*
barco: *boat*
  No hizo: *There wasn't*
pudimos: *We were able*, coger: *to catch*, un mar de: *a lot of*
pusimos: *we put*, cajas: *boxes*
mercado: *market*

pescador: *fisherman*

Dolores García (veinte y ocho años, de San Juan, Puerto Rico)

—Ayer yo no salí porque hago mi trabajo en casa. ¿Qué hice? Hice mucho. Por la mañana terminé una falda y dos vestidos. Por la tarde vino la Sra. de Gómez por uno de los vestidos. Se lo puso y se fue muy contenta. Después vinieron la Sra. de Machado y su hija a preguntarme si hago vestidos de boda. . .

¿Es Dolores García . . .

   a) una decoradora?
   b) una modista?
   c) una profesora de matemáticas?
   d) una trabajadora social?

vino: *she came*
Se lo puso: *She tried it on*

vestidos de boda: *wedding gowns*

modista: *seamstress*

CONVERSACIÓN

Vamos a hablar de lo que pasó ayer.

1. ¿Hiciste tus tareas?
   Sí, hice . . . (No, no hice. . .)
2. ¿Hiciste nuevos amigos?
3. ¿Hiciste algo especial?

4. ¿Viniste a la escuela en moto?
   Sí, vine . . . (No, no vine . . .)
5. ¿Viniste en autobús?
6. ¿Viniste a pie?

7. ¿Estuviste en la escuela?
   Sí, estuve . . . (No, no estuve . . .)
8. ¿Estuviste en casa?
9. ¿Estuviste de buen humor?

10. ¿Tuviste que estudiar mucho?
    Sí, tuve . . . (No, no tuve . . .)
11. ¿Tuviste que ayudar en casa?
12. ¿Tuviste alguna sorpresa (surprise)?

OBSERVACIÓN

The verbs in the above questions and answers are in the preterite.

- Are the **tú** forms of **hacer, venir, estar** and **tener** regular?
- What vowel is common to the preterite stems of **hacer** and **venir?**
- What vowel is common to the preterite stems of **estar** and **tener?**

Nota cultural

La modista

Todo el mundo° no va a la tienda de ropa para comprar su ropa. Muchas mujeres hispánicas mandan a hacer su ropa a la modista.° Así es que° la modista es una persona siempre muy ocupada.° Hace vestidos, faldas, trajes a la moda de París, de Roma o de Londres.

En muchas familias, las chicas aprenden a coser° y hacen su ropa con la ayuda° de su mamá. ¡Es muy importante tener una máquina de coser° en una casa hispánica!

Todo el mundo *Everyone* **modista** *seamstress* **Así es que** *This is why* **ocupada** *busy* **coser** *to sew* **ayuda** *help* **máquina de coser** *sewing machine*

Estructura

A. El pretérito: otros verbos irregulares

Note the preterite forms of **hacer** *(to do)* and **estar** *(to be)*.

INFINITIVE:	hacer	estar	PRETERITE ENDINGS:
(yo)	**hic**e	**estuv**e	**-e**
(tú)	**hic**iste	**estuv**iste	**-iste**
(él) (ella) (Ud.)	**hiz**o	**estuv**o	**-o**
(nosotros)	**hic**imos	**estuv**imos	**-imos**
(vosotros)	**hic**isteis	**estuv**isteis	**-isteis**
(ellos) (ellas) (Uds.)	**hic**ieron	**estuv**ieron	**-ieron**

⟩⟩ **Hacer** and **estar** have the same preterite endings.

⟩⟩ The following verbs have an **i** in their preterite stem and use the endings in the chart above:

INFINITIVE:	PRETERITE STEM:	
hacer	**hic-**	¿Qué **hiciste** la semana pasada?
querer	**quis-**	**Quise** ir al campo.
venir	**vin-**	Víctor y sus amigos **vinieron** a mi casa.

⟩⟩ The following verbs have a **u** in their preterite stem and use the endings in the chart above:

INFINITIVE:	PRETERITE STEM:	
estar	**estuv-**	Ayer **estuvimos** en la playa.
poder	**pud-**	No **pude** llamarte por teléfono.
poner	**pus-**	¿Dónde **pusiste** mis discos?
saber	**sup-**	Carlos no **supo** lo que pasó.
tener	**tuv-**	**Tuvimos** que estudiar mucho para este examen.

⟩⟩ Some of these verbs have special meanings in the preterite:

supe	I found out	**quise**	I tried
tuve	I received, got	**no quise**	I refused
no pude	I could not (I tried but failed)		

ACTIVIDAD 1   Excusas

Nadie vino a ayudar a Felipe a pintar *(paint)* su cuarto. Di que sus amigos no pudieron ayudarlo y di qué excusas dieron.

⟂ Manuel: estudiar   Manuel no pudo ayudar a Felipe.
                        Tuvo que estudiar.

1. yo: trabajar
2. Ana: hacer sus tareas
3. tú: visitar a tu abuelo
4. mis primos: estudiar
5. Diego: ayudar en casa
6. Enrique: reparar su moto
7. Elena y Carlos: ir de compras
8. nosotros: organizar una fiesta

ACTIVIDAD 2   Unos alumnos perezosos *(Lazy students)*

Los siguientes alumnos tuvieron un examen hoy. Anoche no quisieron estudiar porque siempre tienen buena suerte. Esta vez no fue así. Di lo que les pasó.

⟂ Isabel   Isabel no quiso estudiar anoche.
             Hoy tuvo un examen.
             No supo contestar las preguntas.

1. Mario   5. mis amigos
2. nosotros   6. tú
3. Rosita y Arturo   7. Uds.
4. yo   8. el novio de Lucía

ACTIVIDAD 3   Diálogo: Confesiones

A veces todos somos víctimas de nuestras pequeñas debilidades *(weaknesses)*. Pregúntales a tus compañeros si hicieron las cosas siguientes el mes pasado.

⟂ estar de mal humor   Estudiante 1: ¿Estuviste de mal humor?
                          Estudiante 2: Sí, estuve de mal humor.
                                        (No, no estuve de mal humor.)

1. estar impaciente
2. estar antipático(a)
3. hacer cosas tontas
4. hacer el payaso *(to clown around)* en clase
5. hacer algo malo
6. tener una discusión *(argument)* con tus amigos
7. tener una discusión con tus padres

REFRÁN

No todo lo que brilla es oro.

B. *Lo que*

Note the use of the expression **lo que** in the following sentences.

No creo **lo que** dices.	*I do not believe **what (the things that)** you are saying.*
No sé **lo que** Carlos hizo ayer.	*I do not know **what (the things that)** Carlos did yesterday.*
¿Comprendes **lo que** dice Juan?	*Do you understand **what (the things that)** Juan is saying?*

> **Lo que** corresponds to the English *what* when it means *the things that.*

ACTIVIDAD 4 El mundo ideal

En el mundo ideal, cada uno puede hacer lo que quiere. Describe este mundo ideal según el modelo.

> Hacemos . . .   Hacemos lo que queremos.

1. Hago . . .
2. Dices . . .
3. Carlos estudia . . .
4. Elena compra . . .
5. Mis amigos hacen . . .
6. Ud. come . . .
7. Uds. dicen . . .
8. Carmen hace . . .

ACTIVIDAD 5 Creación

Vamos a ver cuántas oraciones lógicas puedes escribir en cinco minutos, con los elementos de A, B, C, D y E. Usa el pretérito de los verbos en las columnas B y D.

A	B	C	D	E
yo	comprender		hacer	Elena
tú	decir	lo que	tener	Uds.
Carlos	querer		decir	
mis amigos	hacer			
	saber			

> Yo no comprendí lo que hizo Elena.

vocabulario especializado   Oficios

Un **carpintero** hace muebles *(furniture)*.

Una **modista** hace vestidos.

Un **mecánico** repara coches.

Un **electricista** repara aparatos eléctricos.

Un **pescador** coge pescados *(catches fish)*.

ACTIVIDAD 6   ¿Adónde vas?

Di adónde vas en las siguientes situaciones.

 Necesito una falda.   Voy a ver a la modista.

1. Deseo comprar pescado *(fish)*.
2. Mi coche no funciona bien.
3. Necesito muebles *(furniture)*.
4. Tengo un aparato eléctrico que no funciona.
5. Deseo un vestido nuevo.

EN CASO DE URGENCIA

números de teléfono

DOCTOR_____

FARMACÉUTICO_____

DENTISTA_____

POLICÍA_____

BOMBEROS_____

TAXI_____

AMBULANCIA_____

ELECTRICISTA_____

CARPINTERO_____

PLOMERO_____

Unidad nueve
378

Las consonantes c, z

Practice syllables: za zo zu   ce ci
Model words: hizo hice   empezar empecé
Practice words: zapato cerveza hiciste aeromozo
Practice sentences: Alicia no conoce a Vicente.
El aeromozo trae la cerveza francesa.
El diez de marzo, Cecilia va a Zaragoza.

The consonant **c** is "soft"; that is, it is pronounced / s /, before the vowels **e** and **i**.
To keep the "soft" sound before **a, o** and **u,** the letter **z** is used.

Entre nosotros

Expresiones para la composición

primero	*first*
después	*later, after that*

Mini-composición   Mi trabajo

Imagina que eres una de las siguientes personas:

- un(a) astronauta
- un(a) taxista
- un(a) pescador(a)
- un(a) piloto
- un(a) periodista
- un(a) policía

Escribe un pequeño párrafo describiendo tus actividades de ayer. Si quieres, puedes usar el pretérito de los siguientes verbos en oraciones afirmativas o negativas.

- ir (¿adónde? ¿con quién? ¿cuándo?)
- estar (¿nervioso(a)? ¿de buen humor? ¿de mal humor? ¿cansado(a)?)
- tener (¿un accidente? ¿buena suerte? ¿mala suerte?)
- tener que (¿hacer algo especial? ¿qué?)
- poder (¿ver algo espectacular? ¿qué? ¿ver a personas interesantes? ¿quiénes?)
- ponerse (¿un uniforme? ¿qué tipo de ropa?)
- querer (¿hacer algo especial? ¿qué?)

Soy pescador. Ayer llevé **primero** los pescados al mercado. **Después** fui al centro. . . .

Variedades

¿Qué profesión te conviene?

Antes de escoger° una profesión, una persona tiene que conocerse° bien. Así° va a saber si su personalidad es compatible con la profesión que piensa empezar. Por ejemplo, si a ti no te gusta viajar, no te conviene° ser un(a) vendedor(a) viajero(a). O si no te gusta hablar en público, no te conviene ser político(a), abogado(a) o profesor(a).

Para saber qué profesión te conviene, analiza tu personalidad.

1. ¿Qué películas te gustan más?
  A. las películas de acción y aventura
  B. las películas románticas
  C. los dramas psicológicos
  D. los documentales científicos

2. ¿Qué deporte te gusta mirar (o practicar) más?
  A. el fútbol
  B. la equitación°
  C. el tenis
  D. el juego de bolos°

3. ¿Qué pasatiempo te gusta más?
  A. organizar fiestas
  B. sacar fotos
  C. cuidar° animales
  D. coleccionar sellos°

4. ¿Deseas visitar otros países? ¿Por qué?
  A. para hacer cosas nuevas
  B. para visitar los museos
  C. para conocer a gente nueva y diferente
  D. para aprender otro idioma°

5. Cuando sacas fotos, ¿qué prefieres?
  A. escenas de acción
  B. paisajes°
  C. gente
  D. monumentos

---

escoger: *choosing,*
conocerse: *know himself/herself*

Así: *In that way*

no te conviene: *it is not appropriate for you*

equitación: *horseback riding*

juego de bolos: *bowling*

cuidar: *to take care of*
sellos: *stamps*

idioma: *language*

paisajes: *landscapes*

6. Si tu escuela va a presentar una comedia musical,
¿qué prefieres ser?

   A. el actor o la actriz principal

   B. el (la) escenógrafo(a)°

   C. un actor o una actriz secundaria

   D. el (la) encargado(a)° de la iluminación

escenógrafo(a): *set designer*

encargado(a): *person in charge*

7. Si estás haciendo un viaje muy largo en autobús,
¿cómo pasas el tiempo?

   A. conociendo a los otros pasajeros°

   B. mirando el paisaje

   C. conversando con el pasajero a tu lado°

   D. leyendo una novela

pasajeros: *passengers*

a tu lado: *next to you*

8. Si estás en casa y quieres ayudar, ¿qué haces?

   A. limpias° todo el garaje

   B. decoras tu cuarto

   C. ayudas a tus hermanos menores a hacer sus tareas

   D. ayudas a tu padre a arreglar° el coche

limpias: *you clean*

arreglar: *to fix*

INTERPRETACIÓN

Cuenta tus respuestas A, B, C y D.

Si tienes cinco respuestas A o más,
   eres muy dinámico(a) y ambicioso(a). Quieres estar donde hay
   acción y te gusta la gente. Algunas profesiones que te convienen
   son: vendedor(a), piloto de avión, director(a) de relaciones
   públicas.

Si tienes cinco respuestas B o más,
   eres sensitivo(a) y romántico(a). Tienes buen talento artístico y te
   interesa el arte y la perfección. Algunas profesiones que te
   convienen son: actor o actriz, diseñador(a)° de modas,° decorador(a)
   de interiores.

diseñador(a): *designer,* modas: *fashion*

Si tienes cinco respuestas C o más,
   eres muy sociable y generoso(a). Te gusta conocer a la gente y
   ayudarla. Algunas profesiones que te convienen son: doctor(a),
   enfermero(a), psiquiatra, trabajador(a) social, abogado(a).

Si tienes cinco respuestas D o más,
   eres el tipo de persona que quiere comprender el «porqué» de las
   cosas. Si tienes una orientación intelectual, puedes escoger una
   profesión científica. Puedes ser ingeniero(a), químico(a) o
   programador(a) de computadoras. También puedes ser buen
   arquitecto(a). Si tienes una orientación manual, puedes ser un(a)
   excelente mecánico(a) o electricista.

Si tienes menos de cinco respuestas A, B, C o D,
son muchas las cosas que te interesan. No te conviene escoger una
profesión muy especializada. Algunas profesiones que te convienen
son: periodista, fotógrafo(a), escritor(a), ejecutivo(a) en una compañía
industrial o comercial.

Enriching your vocabulary: Word families

You may have noticed that in Spanish, as in English, certain words are
related to others: they belong to the same family. For instance,

dibujante *(draftsman, designer)*	is related to **dibujar** *(to draw),*
trabajador *(worker)*	is related to **trabajar** *(to work),*
vendedor *(salesperson)*	is related to **vender** *(to sell).*

Often you will discover the meaning of a word you have not seen before if
you can relate it to a word which you already know.

Ejercicio: Las profesiones

Can you determine the meaning of the profession in italics from the
meaning of the words in heavy print? When you know what the new word
means, say whether you would like that profession yourself.

> **escribir** → *escritor(a)*   (No) Quiero ser escritor(a).

1. **explorar** → *explorador(a)*
2. **inventar** → *inventor(a)*
3. **comprar** → *comprador(a)*
4. **traducir** → *traductor(a)*
5. **pintar** → *pintor(a)*
6. **bailar** → *bailarín(a)*
7. **investigar** → *investigador(a)*
8. **peinarse** → *peinador(a)*
9. **cantar** → *cantante*
10. **conducir** → *conductor(a)*

VISTA

El mundo
íntimo y social

5

Preguntas y Respuestas

PROBLEMAS JUVENILES

P Estimada Doctora: Necesito su ayuda.° Mi madre y yo siempre peleamos.° Yo hago lo que ella dice, pero ella cambia de opinión° cada cinco minutos. Ella está siempre de mal humor. Si las cosas continúan así,° no sé qué puedo hacer. Yo quiero a mi mamá, pero es muy difícil vivir con ella. ¿Qué hago?

VÍCTIMA INOCENTE
El Salvador

R Querida Víctima Inocente: El problema es la comunicación. ¿Hablas tú con tu madre sin pelear° con ella? Tal vez tu madre está un poco sola y triste. Habla con ella. Ella necesita sentirse importante en tu vida.

P Estimada Doctora: Mi problema es mi primo. Con él jugamos al tenis y hablamos de chicas. ¡Pero cada vez que él viene a mi casa, deja mi cuarto en un desorden° terrible! Los zapatos, los calcetines, la raqueta, las pelotas, todo fuera de lugar.° ¿Qué hago?

FRUSTRADO
Panamá

R Querido Frustrado: Dile a tu primo que a ti te gusta tu cuarto en orden y que el desorden te enoja° mucho. Si tu primo continúa con el desorden, busca a otro amigo.

P Estimada Doctora: Me gusta mucho un chico de mi barrio, pero a mis padres no les gusta. Ellos se enojan° conmigo cuando nos vemos. Pero nosotros nos vemos secretamente en el parque. Yo lloro° todos los días porque no sé qué hacer. Ayúdeme por favor.

MISERABLE
Argentina

R Querida Miserable: Es importante preguntarles a tus padres por qué no les gusta el chico. ¡Tal vez ellos tienen razón!° ¿Por qué vas sola al parque? Así° tus padres pierden la confianza en ti. En vez de llorar todo el día, ¡abre° los ojos y mira a otros chicos!

P Estimada Doctora: Mis hermanos menores tienen la mala costumbre de leer mi diario y de comentarlo a la hora de comida, en público. ¿Qué hago?

SIN SECRETOS
Florida

R Querida Sin Secretos: ¿Dónde está tu diario? ¿Pueden los chicos encontrarlo y leerlo fácilmente? Si continúan leyéndolo, habla con ellos y diles° que todo el mundo° tiene secretos y que es importante respetarlos.

---

ayuda help   **peleamos** we fight   **cambia de opinión** changes her mind   **así** like this
sin pelear without fighting   **desorden** mess   **fuera de lugar** out of place   **te enoja** annoys you
se enojan they become angry   **lloro** cry   **tienen razón** they're right   **Así** In that way   **abre** open
diles tell them   **todo el mundo** everyone

384

EL zodíaco y tu carácter

Aries
21 marzo-20 abril

Tauro
21 abril-21 mayo

Géminis
22 mayo-21 junio

Cáncer
22 junio-22 julio

Leo
23 julio-23 agosto

Virgo
24 agosto-23 septiembre

Libra
24 septiembre-23 octubre

Escorpión
24 octubre-22 noviembre

Sagitario
23 noviembre-21 diciembre

Capricornio
22 diciembre-20 enero

Acuario
21 enero-18 febrero

Piscis
19 febrero-20 marzo

¿Cuál es tu Signo?

SIGNO	CUALIDAD	DEFECTO	SIGNO	CUALIDAD	DEFECTO
Aries	Coraje°	Impulsividad	**Libra**	Disciplina	Crítica
Tauro	Paciencia	Obstinación	**Escorpión**	Sociabilidad	Celos°
Géminis	Diligencia	Locuacidad°	**Sagitario**	Bondad°	Vanidad
Cáncer	Sensibilidad°	Capricho°	**Capricornio**	Perseverancia	Pesimismo
Leo	Generosidad	Autoritarismo	**Acuario**	Altruismo	Anarquía
Virgo	Exactitud	Pequeñez°	**Piscis**	Abnegación°	Negligencia

Coraje *Courage*   **Locuacidad** *Talkativeness*   **Sensibilidad** *Sensitivity*   **Capricho** *Unreliability*
Pequeñez *Pettiness*   **Celos** *Jealousy*   **Bondad** *Goodness*   **Abnegación** *Self-sacrifice*

Un día en la vida de ANITA GÓMEZ

Anita Gómez vive en México, en Guadalajara; Anita tiene quince años y va a la escuela Benito Juárez. Éste es un día típico en la vida de muchas jóvenes hispánicas.

—¡Adiós! ¡Que tengan° un buen día! ¡Nos vemos en el almuerzo!°

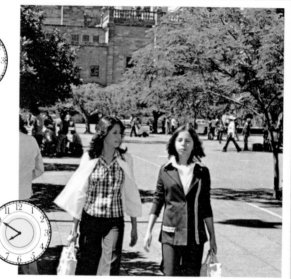

—Todas las mañanas camino° al colegio con Constanza Galindo, mi mejor amiga.

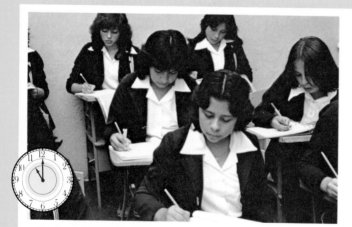

—Biología, química, diez minutos para tomar un poco de leche y comer un plátano;° matemáticas, castellano . . . ¡y tareas para mañana!

—Mamá, ¿qué hay para comer?
—Chile con carne, arroz,° tortillas, plátanos fritos° y un aguacate.°

Que tengan *Have*   **almuerzo** *lunch*   **camino** *I walk*   **plátano** *banana*   **arroz** *rice*   **fritos** *fried*
aguacate *avocado*

—Hoy ganamos el juego de volibol
contra° las chicas mayores del cuarto
año. ¡El partido fue sensacional!

—Para mañana todas las chicas deben tener sus
cuadernos en orden y todas deben traer una
composición de dos páginas sobre° «El viejo y el
mar» de Hemingway.

—Vamos a tomar un helado con Mona, Inés,
Teresa y una chica nueva.

—Nos vemos en la heladería cerca del colegio, y
planeamos la excursión del sábado.

—Esta noche tomamos café con leche y
unos sándwiches.

—¡Caramba! Esta tarea de inglés es muy
larga,° yo tengo mucho sueño, y no puedo
ver mi programa favorito de televisión . . .

contra *against*   **sobre** *about*   **larga** *long*

387

Y TÚ
¿Qué piensas del amor?

José Martínez:
A mí me gustan las chicas que tienen un buen sentido° del humor y que son alegres.

Marcos Castellanos:
Yo creo en el amor a primera vista.°

Margarita González:
Es mejor pensar mucho las cosas antes de enamorarse.°

María Consuelo Rojas:
Lo más importante es ser sincero.

Eugenia Trujillo:
Es necesario hablar mucho y conocerse antes de enamorarse.

Pablo J. Gómez:
¡Por amor yo hago cualquier° cosa y voy a cualquier lugar!

sentido *sense*   vista *sight*   enamorarse *falling in love*   cualquier *any*

EL LENGUAJE DE LOS COLORES

Amarillo: Fuerza° física y moral, Actividad

Azul: Honestidad, Romanticismo

Blanco: Sinceridad, Pureza°

Negro: Misterio, Romanticismo

Morado: Melancolía, Sufrimiento°

Rojo: Amor, Pasión

Verde: Esperanza,° Suerte

¿Cuál es tu color preferido? ¿El rojo? ¿El azul? ¿El negro? Los colores, como tu ropa, como las palabras con que hablas, como tus gestos,° dicen algo de ti, de tu grupo de amigos, de la región donde vives.

En diferentes países, los colores significan cosas diferentes y corresponden a una disposición particular.

Piensa en estos colores. ¿Estás de acuerdo?°

YO ME SONROJO° . . .

• *Cuando digo mentiras.°*

• *Cuando me caigo y alguien se ríe.°*

• *Cuando cierto chico me mira a los ojos por largo tiempo.*

• *Cuando el profesor me hace una pregunta y me equivoco.*

• *Cuando un chico guapo me dice un piropo° en la calle.*

En los países hispánicos, los chicos les dicen «piropos» a las chicas cuando pasan por la calle:
«¡Qué ojos tan lindos tienes!» «¡Qué bonita estás hoy!»
También las chicas pueden responder con una sonrisa° o con una respuesta desdeñosa:° «¡Qué tonto!»

Fuerza *Strength*　**Pureza** *Purity*　**Sufrimiento** *Suffering*　**Esperanza** *Hope*　**gestos** *gestures*
¿Estás de acuerdo? *Do you agree?*　**me sonrojo** *I blush*　**mentiras** *lies*　**se ríe** *laughs*
piropo *compliment*　**sonrisa** *smile*　**desdeñosa** *scornful*

389

LA CALLE

La calle en los países hispánicos es algo muy especial. Es un lugar lleno de vida.° Es lugar de citas, es lugar de compras, es lugar donde la gente pasa las horas sin sentirlas y es un lugar donde tú vas a encontrar a tus amigos y mirar a otros. Vamos a mirar algunas escenas en la calle . . .

De 7 a.m. a 10 a.m.
Tilín-Tilín, Tilín-Tilín, Tilín-Tilín
¡Aaaaaarrrrrreglooooo zapatooooooos!
¡Zapatooooooos viejooooooos!
¡Diario° de la mañanaaaaaa! ¡Diario de la mañanaaaaaa!
¡Buenos días, Señora Gómez!
¡Buenos días, Señora García!
Mmmm, ¡Qué olor° a pan caliente!°
¿Compra fruta, señora? ¡Fruta fresca!
¡Diario de la mañanaaaaa! Tilín-Tilín
¡Aaaaaarrrrreglooo zapatooooos!

De 10 a.m. a 1 p.m.
Pasa un chico. Corre° a tomar el autobús. Va un poco tarde a clase . . . La señora de Gómez y la señora de García van a comprar pan. Hablan del pan, hablan de la leche, hablan de sus hijos, hablan de la vecina,° hablan y hablan y luego, ¡hablan más con el panadero!° La calle se llena° de ruidos° de autos. La calle se llena de ruidos de gente.

De 1 p.m. a 3 p.m.
Cierran° las tiendas. La calle está vacía.°
¿Dónde está la gente? ¿Dónde están los autos?
¿Dónde está el ruido? . . . Todos almuerzan° y toman un descanso° o una siesta . . .

De 3 p.m.
Un grupo de chicos viene calle arriba.°
Un grupo de chicas viene calle abajo.°
Ellos ríen y comentan en voz alta.°
Ellas están todas muy bonitas y comentan en voz baja.° ¡Ellas van° a la última° moda!°
Los chicos pasan calle arriba.
Las chicas pasan calle abajo.
Ellos les dicen cosas bonitas, ellas se ríen un poco y aunque° no los miran, saben que hay uno alto, otro bajo, uno moreno y otro rubio . . .
Una moto pasa y se oyen° un ¡Hola!, dos ¡Holas!, tres ¡Holas!
¿Vamos a tomar Coca-Cola?
Sí, vamos . . . ¡Qué bueno!

Por la noche . . .
Después del trabajo o del estudio° la gente no va a casa directamente. Los señores hablan en los cafés de las noticias° del día, de la política, de los negocios° y miran pasar a la gente. Si tú estás en la calle a las ocho o nueve de la noche, siempre oyes una guitarra, un tocadiscos, un radio o simplemente a la gente que habla hasta tarde, muy tarde . . .

lleno de vida *filled with life*   **Diario** *Daily paper*   **olor** *odor*   **pan caliente** *hot bread*
Corre *He runs*   **vecina** *neighbor*   **panadero** *baker*   **se llena** *is filled*   **ruidos** *noises*
Cierran *Close*   **vacía** *empty*   **almuerzan** *are eating lunch*   **descanso** *rest*
arriba *up*   **abajo** *down*   **voz alta** *loud voices*   **baja** *low*   **van** *are dressed*   **última** *latest*
moda *fashion*   **aunque** *although*   **se oyen** *one hears*   **estudio** *studies*
noticias *news*   **negocios** *business*

Una red de amistad

6 de enero de 1982

Soy estudiante del segundo año de bachillerato. Deseo iniciar una red° de amistad° con chicos y chicas norteamericanos. Me interesa intercambiar estampillas° y tarjetas postales.

María Ferreira
Colegio Juan Ramón Jiménez
Bogotá, Colombia S.A.

4 de febrero de 1982

Tengo 16 años y me gustan mucho los paisajes° de otros países. Deseo intercambiar ideas, estampillas y calendarios.

John D. Hooper
2242 24th St.
San Francisco, CA U.S.A.

SI QUIERES AMIGOS en tu país o en el otro extremo del mundo, escríbenos (adjuntando 30 pesetas en sellos) y te informaremos: "SIN FRONTERAS". Apartado 35.064. Madrid (España).

INTERCAMBIO

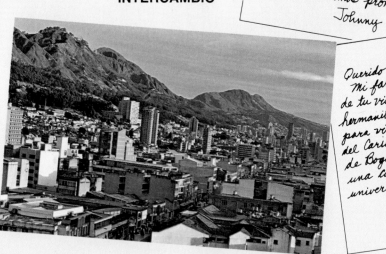

10 de mayo de 1983

Querida María:
Aquí estamos muy felices por nuestra próxima° visita a Colombia. ¡Qué bueno conocerte en persona, después de todas las cartas y tarjetas postales! El 15 de junio llegamos a Bogotá. ¿Qué regalo quieres de los Estados Unidos?
Nos vemos pronto,°
Johnny

María Ferreira
Colegio Juan Ramón Jiménez
Bogotá, Colombia
S.A.

USA 13c

24 de mayo de 1983

Querido Johnny:
Mi familia está encantada° de tu visita con tus padres y hermanita. Tenemos planes para visitar con Uds. la costa del Caribe y las montañas cerca de Bogotá. Por favor, ¡deseo una camiseta de alguna universidad norteamericana!
Hasta pronto,
María

COLOMBIA $20 ARMAS DE SANTAFE DE BOGOTA

John D. Hooper
2242 24th St.
San Francisco, CA 94107
U.S.A.

red *network*   **amistad** *friendship*   **estampillas** *stamps*   **paisajes** *landscapes*   **próxima** *upcoming*
pronto *soon*   **encantada** *delighted*

391

los animales y sus cualidades

La gente dice que los animales tienen cualidades. También a la gente le gusta comparar a otra gente con esos animales. Por ejemplo en español decimos:

Es alto como una jirafa

Es astuto° como un zorro

Está loco° como una cabra

Es feo como un sapo

Es rápido como un ciervo

Es engañoso° como una culebra

Es manso° como un cordero

Es fuerte como un toro

Es alegre como un pájaro

Es lento° como una tortuga

astuto *clever*   **loco** *crazy*   **engañoso** *tricky*   **manso** *gentle*   **lento** *slow*

¿Qué dices?

Imagínate° que estás en España. Te encuentras en las siguientes° situaciones. ¿Qué vas a decir?

1. Un amigo te llama por teléfono. Contestas el teléfono, pero no puedes entender bien. Dices:
   - A. ¿De veras?
   - B. ¿Cómo?
   - C. Adiós.

2. Estás en el autobús. Le pisas° el pie a alguien. Dices:
   - A. De nada.
   - B. ¡Qué suerte!
   - C. Perdón.

3. Estás en una fiesta. Alguien te ofrece un cigarrillo, pero no fumas. Dices:
   - A. Con mucho gusto.
   - B. Por favor.
   - C. No, gracias.

4. Estás en la playa. Un amigo te presenta° a otra persona. Dices:
   - A. Encantado(a).°
   - B. Lo siento.°
   - C. Gracias.

5. Un amigo acaba de sacar una mala nota en un examen. Dices:
   - A. ¡Idiota!
   - B. ¡Qué lástima!
   - C. ¡Felicidades!°

RESPUESTAS: 1-B; 2-C; 3-C; 4-A 5-B

Actividades culturales

Actividades para cada estudiante

1. Look through some Hispanic magazines (¡Hola!, Buenhogar, Semana, for example) and prepare a report about Hispanic teenagers. List the differences you notice between Hispanic and U.S. teenagers: ways of dressing, gestures, general expressions, attitudes, activities.

2. Keep a diary of your activities for two weeks.

Actividades para la clase

1. Using pictures from Hispanic magazines (Buenhogar, Fascinación, Temas, for example), prepare a bulletin board exhibit that shows Hispanic people at work and at play. Write a short caption in Spanish for each picture.

2. Prepare a bulletin board exhibit of the zodiac signs. Indicate which of your classmates fall under each sign.

Imagínate *Imagine*   **siguientes** *following*   **pisas** *you step on*   **presenta** *introduces*
Encantado(a) *Delighted*   **Lo siento** *I'm sorry*   **Felicidades** *Congratulations*

Unidad 10

Día a día

¿Quieres preparar un refresco delicioso para tus amigos? Sírveles un refresco de plátanos. Ésta es la receta.

refresco: *cold drink*

receta: *recipe*

Los ingredientes

3   plátanos

1   taza de leche

1/4   taza de azúcar

1/4   taza de jugo de limón

1/2   cucharadita de vainilla

8   cubitos de hielo

Un aparato

una licuadora

azúcar: *sugar*

hielo: *ice*

La preparación

1. Pela los plátanos y córtalos en cubitos.
2. Pon los plátanos, la leche, el azúcar, el jugo de limón y la vainilla en la licuadora. Mézclalos.
3. Añade los cubos de hielo y mézclalos con los otros ingredientes.
4. Vierte la mezcla en cuatro vasos.
5. Sírveles el refresco a tus amigos.

Pela: *Peel,* córtalos: *cut them*
Pon: *Put*
Mézclalos: *Mix them*
Añade: *Add*
Vierte: *Pour,* mezcla: *mixture,* vasos: *glasses*

CONVERSACIÓN

Vamos a hablar de los consejos que te dan tus padres. ¿Te dicen ellos las siguientes cosas?

1. **¡Estudia** mucho!
   Sí, me lo dicen. (No, no me lo dicen.)
2. **¡Trabaja** mucho!
3. **¡Respeta** a tus profesores!
4. **¡Ayuda** a tus hermanos menores!
5. **¡Gasta** tu dinero en cosas útiles!
6. **¡Escucha** nuestros consejos!

OBSERVACIÓN

Commands are used to give orders and advice, to make suggestions and more generally to tell people what to do (*affirmative commands*) and what not to do (*negative commands*). In sentences 1-6, your parents are giving you advice. They are using the familiar (**tú**) form of the affirmative command.

- Is this form the same as the **tú** form of the present tense?
- Is this form the same as the **él** form of the present tense?

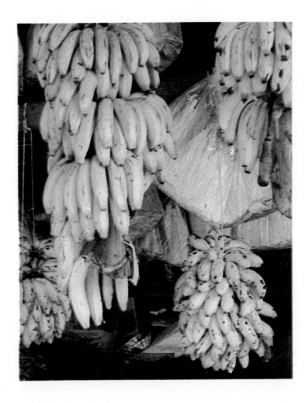

Nota cultural

El plátano, base de la cocina° del Caribe

¿Qué es el plátano? ¿Una fruta tropical originaria del Caribe? ¡No! El plátano es originario de la India, pero hoy crece° en abundancia en muchos países de Hispanoamérica.

Hay mil variedades de plátanos: amarillos, verdes, rojos ... Hay también mil maneras de cocinar° plátanos ... En los países hispanoamericanos, la gente los come principalmente fritos° y los sirve con arroz° o con carne,° con pollo° o con jamón,° con salsas picantes° o con azúcar,° con frijoles° o con ensalada ... ¡De veras, el plátano es una de las bases de la cocina del Caribe!

cocina *cooking* **crece** *grows* **cocinar** *to cook* **fritos** *fried*
arroz *rice* **carne** *meat* **pollo** *chicken* **jamón** *ham*
salsas picantes *hot sauces* **azúcar** *sugar* **frijoles** *beans*

Estructura

A. Repaso: los pronombres directos e indirectos

As you read the following sentences, compare the form and position of the
direct and indirect object pronouns which replace the nouns in parentheses.

	DIRECT	INDIRECT
(Carlos)	**¿Lo** invitas? *Do you invite **him**?*	**¿Le** escribes? *Do you write (to) **him**?*
(tus amigos)	**¿Los** invitas? *Do you invite **them**?*	**¿Les** escribes? *Do you write (to) **them**?*

The following chart summarizes the direct and indirect object pronouns
corresponding to the subject pronouns.

SUBJECT PRONOUNS	DIRECT OBJECT PRONOUNS		INDIRECT OBJECT PRONOUNS	
yo	**me**	*me*	**me**	*(to or for) me*
tú	**te**	*you*	**te**	*(to or for) you*
él, Ud.	**lo**	*him, it, you* ⎫	**le**	*(to or for) him, her, it, you*
ella, Ud.	**la**	*her, it, you* ⎭		
nosotros(as)	**nos**	*us*	**nos**	*(to or for) us*
vosotros(as)	**os**	*you*	**os**	*(to or for) you*
ellos, Uds.	**los**	*them, you* ⎫	**les**	*(to or for) them, you*
ellas, Uds.	**las**	*them, you* ⎭		

➠ In general, object pronouns come before the verb.

➠ Spanish speakers may use an indirect object pronoun in a sentence
that also contains an indirect object noun.

Le hablo **a Carlos.**	*I am speaking **to Carlos.***
Les escribo **a mis amigos.**	*I am writing **to my friends.***
Le compro un regalo **a Ana.**	*I am buying a gift **for Ana.***

ACTIVIDAD 1 Diálogo: ¿Eres generoso(a)?

Pregúntales a tus compañeros si prestan las siguientes cosas.

➠ tu tocadiscos   Estudiante 1: ¿Prestas tu tocadiscos?
                   Estudiante 2: Sí, lo presto.
                                 (No, no lo presto.)

1. tus libros	4. tus revistas	7. tu cuaderno de español
2. tus discos	5. tu reloj	8. tu chaqueta
3. tu dinero	6. tu bicicleta	

ACTIVIDAD 2   Los contactos

¿Te mantienes *(Do you keep)* en contacto con las siguientes personas
durante las vacaciones? Di si lo (la) llamas por teléfono y si le escribes
a cada persona.

> tu mejor amigo   (No) Lo llamo por teléfono.
>   (No) Le escribo.

1. tu mejor amiga
2. tus compañeros de clase
3. tus compañeras
4. tus profesores
5. tu profesor(a) de español
6. tu profesor(a) de matemáticas
7. tus amigos
8. tus amigas

B. Mandatos afirmativos: la forma *tú*

In Spanish, commands may be familiar or formal. *Familiar commands* are
for people one normally addresses in the **tú** form.
Look carefully at the sentences below. The sentences on the left describe
what Isabel *is doing:* the verb is in the **él** form of the *present tense.* In the
sentences on the right, Carlos is telling Isabel *what to do:* the verb
expresses a *command* in the familiar affirmative form. Compare the verbs
in each group of sentences.

Isabel:

Invita a sus amigos.
  *(She **invites** her friends.)*

Saca una foto.
  *(She **takes** a picture.)*

Lee una revista deportiva.
  *(She **reads** a sports magazine.)*

Pide una gaseosa.
  *(She **asks for** a soft drink.)*

Carlos a Isabel:

—¡**Invita** al profesor!
  *(**Invite** the professor!)*

—¡**Saca** una foto del museo!
  *(**Take** a picture of the museum!)*

—¡**Lee** el libro de español!
  *(**Read** the Spanish book!)*

—¡**Pide** una gaseosa para mí también!
  *(**Ask for** a soft drink for me, too!)*

> For most verbs (regular and irregular), the affirmative form of the
> familiar **tú** command is the same as the **él** form of the present tense.

> Familiar command endings are:

-a	for **–ar** verbs
-e	for **–er** and **–ir** verbs

REFRÁN

Si quieres tener enemigos, presta dinero a tus amigos.

ACTIVIDAD 3 Un chico tímido

Roberto es un poco tímido y por eso hay muchas cosas que no hace. Pero Manuela le dice que tiene que hacer estas cosas. Haz el papel de Manuela según el modelo.

⚡ Roberto no habla con el profesor.   ¡Habla con el profesor!

1. Él no habla con Elena.
2. Él no invita a María.
3. Él no llama a Ricardo por teléfono.
4. Él no canta.
5. Él no cuenta chistes (jokes).
6. Él no juega al tenis.
7. Él no saca fotos.
8. Él no lee revistas deportivas.
9. Él no escribe cartas.
10. Él no aprende a bailar.

ACTIVIDAD 4 Querer es poder (Where there's a will there's a way)

Carlos le dice a Luisa que él quiere hacer ciertas cosas. Luisa le dice que las haga (to do them). Haz cada papel según el modelo.

⚡ viajar   Carlos: Quiero viajar a México.
             Luisa: Entonces, ¡viaja a México!

1. trabajar durante las vacaciones
2. comprar una moto
3. vender mi bicicleta
4. aprender francés
5. aprender a bailar
6. vivir en el Perú
7. escribir una novela
8. jugar al tenis
9. beber café
10. comer un helado
11. pedir un jugo de frutas
12. dormir

MUSEO DE
ARTE MODERNO
CHAPULTEPEC

INBA

Nº 267334

VALOR $ 10.00

Unidad diez
400

C. La posición de los pronombres con los mandatos afirmativos

Note the position of object and reflexive pronouns with affirmative commands.

Isabel:	Amalia:
¿Invito a María?	¡Sí, invítala!
¿Le escribo a Juan?	¡Sí, escríbele!
¿Te invito a mi fiesta?	¡Sí, invítame!
¿Me quedo en casa?	¡Sí, quédate en casa!

In affirmative commands, object and reflexive pronouns always come *after* the verb and *are attached to it*.

꙳ When the object pronoun is attached to the command form, an accent mark is used to retain the original stress pattern of the verb:

invítame   mándale

ACTIVIDAD 5   Invitaciones

Lolita está organizando una fiesta. Ella ya *(already)* tiene una lista de algunas personas, pero quiere confirmarla con Manuel. Haz los papeles.

꙳ Luisa   Lolita: ¿Invito a Luisa?
               Manuel: ¡Sí, invítala!

1. Rebeca
2. Ricardo
3. Benjamín
4. Paco y Enrique
5. tus primos

6. María y Pilar
7. Diego, Lucía y Maribel
8. las amigas de Carlos
9. la profesora de español
10. el profesor de francés

ACTIVIDAD 6   Diálogo: ¿Tienes buenos compañeros?

Pídeles a tus compañeros que te hagan *(they do)* los siguientes favores. Ellos van a contestar.

꙳ invitar al café   Estudiante 1: ¡Invítame al café!
                     Estudiante 2: Por supuesto, voy a invitarte al café.
                               (No, no voy a invitarte al café.)

1. llamar por teléfono
2. ayudar
3. escribir
4. visitar
5. prestar tus discos
6. dar tu foto
7. mandar regalos
8. comprar un helado
9. vender tu bicicleta
10. prestar tus revistas

un vaso

una taza

una cucharita

un plato

un platillo

un tenedor

una cuchara

un cuchillo

ACTIVIDAD 7   En el restaurante

Imagina que trabajas en un restaurante. Un camarero *(waiter)* nuevo te
dice lo que piden los clientes. Dile qué necesita traerles para poner
la mesa.

 Un cliente pidió café.   Tráele una taza, un platillo y una cucharita.

1. Un cliente pidió té.
2. Una cliente pidió una gaseosa.
3. Un cliente pidió un bistec *(steak)*.
4. Una cliente pidió una ensalada.
5. Un cliente pidió una hamburguesa.

Pronunciación   **Las sílabas con acento**

Model sentences: ¡Esc<u>u</u>cha el disco! ¡Esc<u>ú</u>chalo!
Practice sentences: ¡Inv<u>i</u>ta a María! ¡Inv<u>í</u>tala!
¡Escr<u>i</u>be la carta! ¡Escr<u>í</u>bela!
¡Pr<u>e</u>sta tus discos! ¡Pr<u>é</u>stalos!
¡M<u>a</u>nda las cartas! ¡M<u>á</u>ndalas!

Normally, the stress in Spanish falls on the next-to-last syllable in words
which end on a vowel, an **n** or an **s.** When a pronoun is added to the
command form of a verb, an accent mark is used to show that the stress
falls on the originally stressed syllable.

When one pronoun is added to an infinitive, the accent mark is not needed
because the stress naturally falls on the next-to-last syllable:

   Voy a escuchar el disco.   Voy a escucharlo.

Entre nosotros

Expresiones para la composición

por favor	
hazme el favor de + infinitivo	} *please*
¡mil gracias!	*a thousand thanks*
¡un millón de gracias!	*a million thanks*

Mini-composición   De vacaciones

Imagina que tu mejor amigo y tu mejor amiga fueron a países
extranjeros *(foreign)* durante las vacaciones. Tu mejor amigo fue a
España (donde vive tu primo). Tu mejor amiga fue a México (donde vive
tu prima). Mándales dos tarjetas postales y pídele a cada uno tres
favores. Puedes usar los siguientes verbos.

escribir / mandar / comprar / llamar por teléfono /
invitar / visitar / sacar fotos / hablar / buscar

Usa dos de las expresiones para la composición.

Querido Eduardo:
Mándame un disco de música popular, **por favor.** Si puedes,
hazme el favor de llamar por teléfono a mi primo Miguel . . .**¡Mil gracias!**

El A-B-C de la salud

salud: *health*

¿Estás en buena forma física y psicológica? ¿Sí? . . . ¡Qué bueno! Y quieres estar sano siempre, ¿verdad? Entonces observa algunas normas elementales:

sano: *healthy*
normas: *rules*

¡Come moderadamente!
¡Come muchas frutas y vegetales!
¡Bebe agua o jugo de frutas!
¡Usa la bicicleta a menudo!
¡Levántate temprano!
¡Acuéstate temprano!
¡Todas las noches, organiza tus
   actividades del siguiente día!

¡No comas demasiado!
¡No comas entre comidas!
¡No bebas gaseosas!
¡No te levantes después de las
   nueve! (aun los domingos)
¡No te acuestes después de las
   once!
¡No duermas durante el día
   (especialmente en la clase de
   español)!
¡No mires la televisión más de
   una hora al día!
¡No te enojes inútilmente!
¡En realidad, no te enojes nunca!

entre: *between,*
   comidas: *meals*

aun: *even*

te enojes: *get upset*

CONVERSACIÓN

Otra vez vamos a hablar de los consejos que te dan tus padres. ¿Te dicen ellos las siguientes cosas?

1. ¡No **mires** la televisión siempre!
   Sí, me lo dicen. (No, no me lo dicen.)
2. ¡No **invites** a tus amigos a casa cuando tienes que estudiar!
3. ¡No **comas** cosas que no son buenas para ti!
4. ¡No **comas** demasiado!
5. ¡No **gastes** todo tu dinero en diversiones!
6. ¡No **escuches** malos consejos!

OBSERVACIÓN

In sentences 1-6, your parents are giving you advice.
- Are they using *affirmative* or *negative* commands?

Look at the forms of the verbs used in the *negative* **tú** commands.
- Are these verb forms the same as those used in **affirmative** commands?
- How do they differ from the affirmative commands?

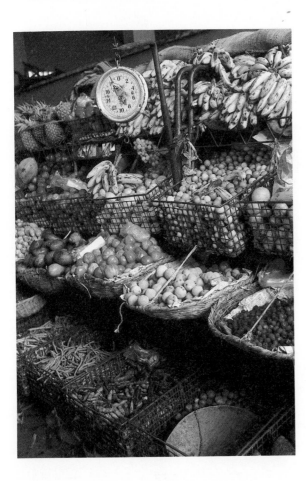

Nota cultural

Las comidas° en los países hispánicos

El hispanohablante generalmente se desayuna° entre las siete y las ocho de la mañana. El desayuno incluye sólo dos cosas: café con leche y diferentes tipos de pan,° a veces con jalea° y mantequilla.°

La comida del mediodía° se llama *almuerzo* en Hispanoamérica y *comida* en España. El hispanohablante generalmente almuerza° (o come) a la una o más tarde, y es cuando más come: sopa, carne,° vegetales, ensalada, postre.°

La comida de la tarde es la *merienda.* El hispanohablante merienda típicamente en el café a las cinco o seis de la tarde. A esta hora come un sándwich o un pastel y bebe un refresco° o un café.

La comida de la noche es la *cena.* En Hispanoamérica mucha gente cena a las ocho, pero en España nadie cena antes de las nueve. A esta hora la gente también come una comida completa, pero la cena es una comida menos fuerte° que el almuerzo.

comidas *meals* **se desayuna** *has breakfast* **pan** *bread*
jalea *jelly* **mantequilla** *butter* **mediodía** *noon* **almuerza**
lunches **carne** *meat* **postre** *dessert* **refresco** *cold drink*
fuerte *heavy*

Estructura

vocabulario especializado

La comida

los alimentos (foods)
  la carne (meat)

el pollo (chicken)

un bistec (steak)

el jamón (ham)

las frutas y los vegetales

el arroz (rice)

los frijoles
(beans)

el maíz (corn)

las papas (potatoes)

los tomates
(tomatoes)

las peras (pears)

las naranjas (oranges)

los plátanos
(bananas)

las manzanas (apples)

las comidas	meals	
el desayuno	breakfast	
desayunarse	to have breakfast	**Me desayuno** a las siete y media.
el almuerzo	lunch	
almorzar (o → ue)	to have lunch	**Almuerzo** a las doce.
la merienda	late afternoon snack	
merendar (e → ie)	to have a snack	**Meriendo** después de las clases.
la cena	dinner	
cenar	to have dinner	**Ceno** a las siete.

los postres (dessert)

un pastel
(pastry)

un helado
(ice cream)

una torta (cake)

otros alimentos

el pan
(bread)

un huevo (egg)

la sal (salt)

la mantequilla
(butter)

el queso (cheese)

la pimienta
(pepper)

el aceite (oil)

el azúcar (sugar)

el vinagre (vinegar)

TABLA DE CALORÍAS

(calorías por cada 100 gramos o por cada 3½ onzas)

VERDURAS		PESCADO	
Lechuga	15	Sardinas en aceite	300
Tomates	30	Salmón	175
Zanahorias	40	Bacalao fresco	175
		FRUTAS	
		Uvas	70
LEGUMBRES		Plátanos	55
Garbanzos	360	Naranjas	50
Arroz	120	Peras	55
		Manzanas	60
CARNE			
Jamón	240	QUESO	
Carne de cerdo	300	Queso de crema	185
Carne de res	250	Queso suizo	365

ACTIVIDAD 1 Preguntas personales

1. ¿A qué hora te desayunaste hoy?
2. ¿A qué hora te desayunas los domingos?
3. ¿A qué hora almuerzas?
4. ¿Almuerzas en la cafetería de la escuela?
5. ¿A qué hora cenas?
6. ¿Meriendas cuando vuelves a casa?
7. ¿Te gusta la comida italiana? ¿francesa? ¿mexicana?
8. ¿Te gusta la comida picante *(hot)*?

ACTIVIDAD 2 Diálogo: A cada uno, su gusto *(Each to his own taste)*

Pregúntales a tus compañeros qué prefieren.

∞ ¿pollo o bistec?   Estudiante 1: ¿Prefieres pollo o bistec?
                       Estudiante 2: Prefiero pollo (bistec).

1. ¿frutas o vegetales?
2. ¿jamón o bistec?
3. ¿plátanos o naranjas?
4. ¿queso o huevos?
5. ¿peras o manzanas?
6. ¿frijoles o papas?

GRADO A PEQUEÑOS

Huevos Frescos

DE LA FLORIDA

39¢   DOCENA

PANTRY PRIDE — TODOS LOS SABORES
Yogurts Naturales . 3 TAZAS DE 8 ONZ. **89¢**
SARGENTO - DOMESTICO EDAM O
Queso Gouda . . . . POR PEDAZO LB. **$2²⁹**
FLO — SUN
Jugo de Naranja . . . . . 3 CTOS. **99¢**
PANTRY PRIDE
Leche Descremada . . . MEDIO GAL. **79¢**

DAK LASQUEADO - IMPORTADO

Jamón Danés

69¢   PQT. DE 4-ONZ.

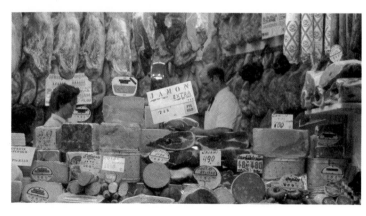

ACTIVIDAD 3 Vamos a cocinar *(Let's cook)*

Imagina que quieres preparar los siguientes platos. Un amigo va a comprar los ingredientes necesarios. Dile qué ingredientes tiene que comprar.

∞ para una ensalada de tomates   Compra tomates, vinagre y aceite.

1. para una ensalada de frutas
2. para una tortilla de huevos *(omelet)*
3. para un «banana split»
4. para un sándwich

A. Mandatos negativos: la forma *tú*

Look carefully at the sentences below. In the sentences on the left, Felipe says what he's doing. He uses the **yo** form of the present tense. In the sentences on the right, Anita tells him not to do these things. She uses the negative form of the familiar **tú** command. Compare the verbs in each group of sentences.

	Felipe:	Anita a Felipe:
(–ar verbs)	**Compro** una revista.	**¡No compres** esa revista!
	Pienso en Luisa.	**¡No pienses** en esa chica!
(–er verbs)	**Bebo** té.	**¡No bebas** té!
	Pongo un disco de jazz.	**¡No pongas** ese disco tan aburrido!
(–ir verbs)	**Escribo** una carta.	**¡No escribas** esa carta!
	Salgo con Isabel.	**¡No salgas** con ella!

For most verbs (regular and irregular), the negative form of the familiar **tú** command is derived as follows:

> stem of the **yo** form of the present
> (**yo** form minus **-o**) + { -es (for –ar verbs)
> { -as (for –er, –ir verbs)

Note the spelling changes in the following groups of verbs.

c → qu
-car   tocar   ¡No **toques** el piano!

g → gu
-gar   jugar   ¡No **juegues** al béisbol!

z → c
-zar   empezar   ¡No **empieces** esta novela!

These changes are made to keep the sound of the stem.

REFRÁN

De lo que no sabes, no hables.

ACTIVIDAD 4   ¡Ahora no!

Pepe tiene que hacer sus tareas pero está pensando en otras cosas. Su mamá le dice que ahora no puede hacer esas cosas. Haz los dos papeles según el modelo.

🔀   invito a Pedro a casa   Pepe: Invito a Pedro a casa.
                                    Su mamá: ¡No, no invites a Pedro ahora!

1. invito a Carmen a casa   7. visito a un amigo
2. llamo a Inés por teléfono   8. leo una novela
3. miro la televisión   9. salgo con Isabel
4. escucho música   10. pongo discos
5. juego al básquetbol   11. ceno
6. reparo mi bicicleta   12. duermo

ACTIVIDAD 5   La dieta

Un amigo está a dieta *(on a diet)*. Dile que puede (o no puede) comer las siguientes cosas.

🔀   mantequilla   ¡No comas mantequilla!
      frutas   ¡Come frutas!

1. azúcar   9. pasteles
2. papas fritas *(French fries)*   10. helado
3. tomates   11. manzanas
4. pan   12. naranjas
5. maíz   13. peras
6. jamón   14. queso
7. pollo   15. tortas
8. ensaladas   16. yogur

ACTIVIDAD 6 **El ángel y el diablo** *(The angel and the devil)*

Pedro está indeciso *(undecided)*. El ángel le da buenos consejos. El diablo le da malos consejos. Haz los papeles del ángel y del diablo según el modelo. (El ángel tiene que expresar mandatos afirmativos con las frases 1-7 y negativos con las frases 8-12. El diablo hace lo contrario.)

trabajar   Ángel: ¡Trabaja!
             Diablo: ¡No trabajes!

1. ayudar a tus amigos
2. escuchar los consejos de tus padres
3. estudiar tus lecciones
4. visitar a tus abuelos
5. respetar a las personas mayores
6. contestar bien en clase
7. aprender español
8. comer demasiado
9. fumar *(smoke)* en el baño
10. gastar tu dinero en chocolates
11. beber cerveza
12. perder el tiempo

B. La posición de los pronombres con los mandatos negativos

Compare the position of object and reflexive pronouns in the affirmative and negative commands below.

Lupe:	Carlos:	Manuel:
¿Invito a **Luis?**	Sí, invíta**lo**.	No, no **lo** invites.
¿Escribo a **Carmen?**	Sí, escríbe**le**.	No, no **le** escribas.
¿**Me** quedo en casa?	Sí, quéda**te**.	No, no **te** quedes.

In affirmative commands, object and reflexive pronouns come *after* the verb and are attached to it.

In negative commands, they come *before* the verb.

REFRÁN

No te dejes dar gato por liebre.

ACTIVIDAD 7   Las maletas de Ricardo

Ricardo va a pasar el verano en España. En sus maletas, puede llevar sólo veinte kilos. Dile las cosas que puede y las que no puede llevar.

  la guitarra   ¡Llévala!
(¡No la lleves!)

1. el tocadiscos
2. el radio
3. el televisor
4. las camisas
5. el traje de baño
6. los pantalones
7. los suéteres
8. la raqueta de tenis
9. la grabadora
10. los libros de matemáticas

ACTIVIDAD 8   ¡Sí y no!

Irene les cuenta a sus amigos qué va a hacer. Roberto está de acuerdo (agrees) pero Tomás, no. Haz los tres papeles según el modelo.

  llamar a Laura   Irene: Voy a llamar a Laura.
Roberto: ¡Excelente idea! ¡Llámala!
Tomás: ¿Llamar a Laura? ¡No, no la llames!

1. comprar una bicicleta
2. escribirle a Camila
3. hablarle al profesor
4. vender mi tocadiscos
5. visitar a Conchita
6. ayudar a Víctor y su novia
7. traer los discos
8. ayudar a Jaime
9. quedarme en casa
10. dormirme

Pronunciación   El sonido de la consonante t

Model word: torta
Practice words: taza   tenedor   tomate   tarde   temprano
Practice sentences: Tomás no tiene tocadiscos.
El tío de Teresa es agente de arte.
¿Cuánto cuesta tu televisor?

Like the Spanish consonant **p,** the consonant **t** is also pronounced without a puff of air. Compare the English words "till" and "still": with "till" you produce a puff of air, and with "still" you do not. Try to make the Spanish **t** sound similar to the **t** of "still." Your tongue should touch the back of your upper front teeth.

Entre nosotros

Expresión para la composición

a propósito   *by the way*

Mini-composición   Consejos

Imagina que tu mejor amigo(a) está en una de las siguientes
situaciones. Escríbele una tarjeta y dale seis consejos, tres afirmativos y
tres negativos. Si quieres, puedes usar los verbos entre paréntesis. Usa
la expresión para la composición.

- Tu mejor amigo(a) está en casa con gripe *(flu)*.
  (beber, comer, quedarse, levantarse,
  acostarse, dormir, estudiar, leer)
- Tu mejor amigo(a) ha invitado *(has invited)* a
  un amigo vegetariano a comer.
  (comprar, preparar, olvidar, llevar, empezar,
  servir)
- Tu mejor amigo(a) quiere preparar una
  comida típicamente norteamericana para
  amigos hispanos.
  (comprar, preparar, olvidar, llevar, empezar,
  servir)

Querido Juan:
   Estás enfermo. ¡Qué lástima! **A propósito,** tengo unos consejos
para ti: bebe mucho té . . .

Lección 3

¡Bravo, Sra. de Ortiz!

En su casa, el Sr. Ortiz es un dictador absoluto . . . Pero un día . . .

Sr. Ortiz: ¡Pásame la sal!

Sra. de Ortiz: Momento . . . te la paso en seguida.

en seguida: *right away*

Sr. Ortiz: ¡Dame el vino!

Sra. de Ortiz: Espérate . . . te lo doy en seguida.

Sr. Ortiz: ¡Tráeme el pan!

Sra. de Ortiz: Sí, sí . . . te lo traigo en seguida.

Sr. Ortiz: ¡Tráeme la ensalada!

Sra. de Ortiz: Bueno . . . te la traigo en seguida.

Sr. Ortiz: ¡Tráeme los espaguetis!

Sra. de Ortiz: Los espaguetis . . . ¡voy a traértelos!

Sra. de Ortiz: ¡Aquí tienes los espaguetis!

CONVERSACIÓN

Un verdadero *(true)* amigo es generoso. Siempre presta sus cosas alegremente.
¿Te presta sus cosas tu mejor amigo? Vamos a ver.

1. ¿Te presta su tocadiscos?
   Sí, **me lo** presta. (No, no **me lo** presta.)
2. ¿Te presta su bicicleta?
3. ¿Te presta su reloj?
4. ¿Te presta sus discos?
5. ¿Te presta sus revistas?

OBSERVACIÓN

Reread the suggested answers to the first question. In each answer there are two object pronouns.

- Which one is the *direct* object pronoun? Which one is the *indirect* object pronoun?
- Which pronoun comes first, the direct object pronoun or the indirect object pronoun?

Nota cultural

El apellido de la mujer casada°

¿Notaste el nombre° de la señora en la historia? No se llama señora Ortiz, sino° señora *de* Ortiz. Generalmente cuando una mujer hispánica se casa,° conserva° su apellido.° Por ejemplo, si Isabel Montero se casa con Miguel Ortiz, su apellido va a ser Isabel Montero de Ortiz. Los hijos se van a llamar° Pablo y Ana Ortiz Montero.

casada *married* **nombre** *name* **sino** *but* **se casa** *gets married* **conserva** *she keeps* **apellido** *maiden name* **se van a llamar** *are going to be called*

Estructura

A. Mandatos irregulares (I)

Some verbs have irregular command forms in the affirmative but regular command forms in the negative.

	AFFIRMATIVE (IRREGULAR)	NEGATIVE (REGULAR)	
decir	di	no digas	¡Di la verdad, Antonio! ¡No me digas tonterías!
hacer	haz	no hagas	¡Haz la tarea, Miguel! ¡No hagas las tareas difíciles!
poner	pon	no pongas	¡Pon los discos aquí, por favor! ¡No pongas los pies allí!
salir	sal	no salgas	¡Sal con tus amigos esta noche! ¡No salgas mal en el examen!
tener	ten	no tengas	¡Ten paciencia, Jaime! ¡No tengas miedo *(fear)*, chico!
venir	ven	no vengas	¡Ven aquí inmediatamente! ¡No vengas a esta fiesta!

> Note that these are the verbs which have the **-go** ending in the **yo** form of the present tense.

> Remember that in affirmative commands, pronouns follow the verb, but in negative commands they precede it!
> Pon los discos aquí.   Pon**los** aquí.
> No hagas las tareas.   No **las** hagas.

REFRÁN

Haz lo que digo... ...no hagas lo que hago.

ACTIVIDAD 1 ¡El pobre Arturo!

Como Arturo es el menor de la familia, sus dos hermanas siempre le dan órdenes. Y estas órdenes casi siempre son contrarias. Haz los papeles de las dos hermanas.

𝔇 sal con Miguel (Antonio)   Hermana 1: Sal con Miguel.
Hermana 2: No salgas con Miguel. Sal con Antonio.

1. haz la tarea de español (de inglés)
2. pon los libros aquí (allí)
3. di cosas divertidas (cosas serias)
4. ten la taza (el plato)
5. ven a la cocina (al comedor)
6. sal a las dos (a las tres)

ACTIVIDAD 2 El hermano mayor

Fernando siempre le dice a su hermanito qué cosas debe hacer. Haz el papel de Fernando.

𝔇 decir la verdad   Fernando: ¡Di la verdad, Carlitos!

1. hacer las tareas
2. poner la mesa
3. tener cuidado (be careful)
4. venir aquí
5. decir adónde vas
6. salir con tu hermana
7. tener paciencia
8. salir bien en tus exámenes

B. Mandatos irregulares (II)

Two verbs have irregular negative command forms, but regular affirmative forms.

	AFFIRMATIVE (REGULAR)	NEGATIVE (IRREGULAR)	
dar	da	no des	¡Dame tu reloj! ¡No me des tu libro!
estar	está	no estés	Está aquí a las siete. ¡No estés tan nerviosa, Luisa!

Two verbs have both irregular affirmative and irregular negative command forms.

	AFFIRMATIVE (IRREGULAR)	NEGATIVE (IRREGULAR)	
ir	ve	no vayas	¡Ve al cine con nosotros! ¡No vayas a la playa conmigo!
ser	sé	no seas	¡Sé un buen estudiante! No seas siempre malo con ellos.

ACTIVIDAD 3   Tus consejos

Tú das consejos a tu amiga Estela sobre las siguientes cosas. Dile que sí o que no, según el modelo.

𝔇 darles dinero a todos: no   No les des dinero a todos.

1. dar un regalo a tus amigos: sí
2. dar consejos: no
3. ir al parque: sí
4. ir a casa: no

5. ser buena: sí
6. ser mala: no
7. estar nerviosa: no
8. estar contenta: sí

ACTIVIDAD 4   El ángel y el diablo

Otra vez, Pedro está indeciso. El ángel le da buenos consejos. El diablo le da malos consejos. Haz los papeles del ángel y del diablo, según el modelo.

𝔇 decir la verdad   Ángel: ¡Di la verdad!
                              Diablo: ¡No digas la verdad!

1. hacer las tareas
2. hacer una pregunta tonta
3. dar un regalo a tu mamá
4. dar postres al gato
5. ser tolerante
6. ser cruel
7. tener paciencia
8. venir a casa temprano

9. decir cosas buenas
10. decir cosas ofensivas
11. poner los dedos en la comida
12. poner sal en el café
13. estar de buen humor
14. estar de mal humor
15. ir a clase tarde
16. ir a la iglesia

C. La posición de los pronombres directos e indirectos

Note the position of the direct (2) and indirect (1) objects in the following questions and answers.

1	2		1 2
¿**Me** prestas **tu cámara?**			Sí, **te la** presto.
¿**Me** das **tus revistas?**			No, no **te las** doy.
¿**Me** vendes **tu reloj?**			Sí, **te lo** vendo.

𝔇 When two object pronouns appear in the same sentence, the indirect object pronoun comes *before* the direct object pronoun.

𝔇 In affirmative commands, these pronouns come *after* the verb and are attached to it. They may also come *after* the infinitive and be attached to it. An accent mark is used to retain the original stress pattern of the verb.

¡Tengo nuevos discos!   { ¡Préstamelos!
                          ¿Quieres vendérmelos?
                          (¿Me los quieres vender?) }

ACTIVIDAD 5   Diálogo: ¿Me prestas . . . ?

Pídeles a tus compañeros los siguientes objetos.

>> tu libro de español   Estudiante 1: ¿Me prestas tu libro de español?
Estudiante 2: Sí, te lo presto.
(No, no te lo presto.)

1. tu reloj
2. tu radio
3. un dólar

4. dos dólares
5. tus cintas
6. tu lápiz

ACTIVIDAD 6   Carlos, el comprador

A Carlos le gustan las cosas de sus amigos y siempre quiere comprarlas.
Los amigos aceptan sus ofertas (offers) . . . por cierto precio (price). Haz los
dos papeles según el modelo.

>> tu bicicleta / 50 dólares   Carlos: Véndeme tu bicicleta.
Su amigo: Te la vendo por cincuenta dólares.

1. tu reloj / 10 dólares
2. tus discos / 5 dólares
3. tu guitarra / 15 dólares
4. tu abrigo / 20 dólares
5. tu tocadiscos / 50 dólares

6. tu cámara / 30 dólares
7. tus libros / 5 dólares
8. tu radio / 10 dólares
9. tu raqueta de tenis / 25 dólares
10. tus anteojos de sol / 5 dólares

ACTIVIDAD 7   Preparando la fiesta

Estás preparando una fiesta con un amigo. Él te pregunta si quieres ciertas
cosas. Contéstale afirmativamente según el modelo.

>> ¿Quieres los pasteles?   Sí, pásamelos, por favor.

1. ¿Quieres el té?
2. ¿Quieres el jugo de frutas?
3. ¿Quieres la leche?
4. ¿Quieres las gaseosas?
5. ¿Quieres el helado?
6. ¿Quieres los plátanos?

Model sentences: ¡Pré́stame el libro!   ¡Pré́stamelo!

Voy a prest<u>a</u>rte el libro.   Voy a prestártelo.

Practice sentences: No quiero prest<u>a</u>rte mis discos.   No quiero prestártelos.

Voy a mand<u>a</u>rte la carta.   Voy a mandártela.

¿Vas a compr<u>a</u>rme un helado?   ¿Vas a comprármelo?

When two pronouns are added to a command form of the verb or to an infinitive, an accent mark is used to show that the originally stressed syllable is still stressed.

Entre nosotros

Expresión para la composición

de todas maneras   *in any case*

Mini-composición   Citas

Imagina que una amiga española tiene una cita con una de las siguientes personas:

- un chico norteamericano que va a invitarla a un restaurante muy elegante
- un chico muy aburrido
- un periodista que quiere hablar con ella
- un empleado del departamento de inmigración

Dale a esa chica algunos buenos consejos. Si quieres, puedes usar las siguientes expresiones en oraciones afirmativas o negativas.

- ponerse: ¿qué ropa?
- dar: ¿qué información?
- decir: ¿qué cosas? ¿la verdad? ¿chistes *(jokes)*?
- estar: ¿cómo?
- ir: ¿adónde?

Usa la expresión para la composición.

§§ ¿Tienes una cita con un chico muy aburrido? ¡No estés triste!
De todas maneras, . . .

Lección 4

Una conspiración: un mini-drama en cuatro actos

Rafael tiene un mal hábito. Nunca devuelve las cosas que pide prestadas. Por eso sus amigos no están dispuestos a prestarle nada.

devuelve: *returns*
pide prestadas:
   borrows,
dispuestos: *inclined*

Acto 1. Rafael, Juan Pablo

Rafael: Oye, Juan Pablo, tienes un tocadiscos nuevo, ¿verdad?

Juan Pablo: Sí, ¿por qué?

Rafael: Préstamelo . . . ¡por favor!

Juan Pablo: Lo siento, pero no puedo prestártelo.

Rafael: ¿Por qué no?

Juan Pablo: ¡Porque se lo presté a Antonio!

Rafael: ¿Puedo pedírselo?

Juan Pablo: ¡Sí, si quieres!

Acto 2. Rafael, Antonio

Rafael: Oye, Antonio, ¿puedes prestarme el tocadiscos de Juan Pablo? Él dice que tú lo tienes.

Antonio: Ya no lo tengo.

Rafael: ¿Ya no lo tienes? ¿Se lo devolviste a Juan Pablo?

Antonio: ¡No! María me lo pidió y se lo di a ella.

Ya: *Anymore*

Acto 3. Rafael, María

Rafael: ¡Oye, María! Antonio te prestó el tocadiscos de
        Juan Pablo, ¿verdad?

María: Sí, me lo prestó.

Rafael: ¿Lo necesitas?

María: ¡No!

Rafael: Entonces, ¿puedes prestármelo?

María: ¡Qué lástima!, pero se lo presté a Margarita.

Acto 4. Rafael, Margarita

Rafael: ¡Oye, Margarita! ¿Tienes el tocadiscos de Juan Pablo?

Margarita: No . . . ya no lo tengo.

Rafael: ¿A quién se lo diste?

Margarita: Se lo devolví a Juan Pablo.

Rafael: ¿A Juan Pablo? . . . ¿Cuándo te lo pidió?

Margarita: Me lo pidió la semana pasada.

Rafael: ¡No me digas! ¡Creo que es una conspiración!

CONVERSACIÓN

Y tú . . . ¿eres una persona generosa?
¿Prestas tus cosas a tus amigos? Vamos a ver.

1. ¿Le prestas tu bicicleta **a tu mejor amigo?**
    Sí, **se** la presto (No, no **se** la presto.)
2. ¿Le prestas tu grabadora a tu mejor amigo?
3. ¿Le prestas tu reloj a tu mejor amigo?
4. ¿Le prestas tus discos a tu mejor amigo?
5. ¿Le prestas tus revistas a tu mejor amigo?

OBSERVACIÓN

Reread the model answer to question one.

- What is the direct object pronoun used to replace **tu bicicleta?**
- What is the indirect object pronoun used to replace **a tu mejor amigo?**

Posesiones

Un joven hispánico generalmente no es dueño° de muchas cosas. Raras veces° tiene tantas° cosas como un joven norteamericano. El joven hispánico tiene menos ropa. Tal vez tiene un radio. Pero, ¿un tocadiscos? . . . ¡Sólo si es de familia rica!

La mayoría de las personas trabajan mucho y ganan poco. Ganan bastante menos que una persona con un trabajo similar en los Estados Unidos. Así es que° una familia hispánica no siempre puede comprarle a un joven muchas cosas. Y cosas como un tocadiscos, una bicicleta o una cámara son verdaderamente° artículos de lujo° para muchos jóvenes hispánicos.

dueño owner   **Raras veces** Rarely   **tantas** as many
Así es que That is why   **verdaderamente** really   **lujo** luxury

Estructura

A. El pronombre se

Note the form of the indirect object pronoun used in the answers below to replace the nouns in heavy print.

¿**Le** prestas tu guitarra **a Carlos?**	Sí, **se** la presto.
¿**Le** das tu reloj **a María?**	Sí, **se** lo doy.
¿**Les** enseñas tus fotos **a tus amigos?**	No, no **se** las enseño.
¿**Les** dices la verdad **a tus amigas?**	Sí, **se** la digo.

» **Se** replaces **le** and **les** before the other pronouns which begin with **l**. As an indirect object pronoun, it always comes *first*.

» Remember that with affirmative commands, object pronouns always come *after* the verb. They may also come *after* an infinitive.

¿**Le** doy mi cuaderno **a Luis?**	¡Sí, dá**se**lo!
¿Vas a prestar**le** tus discos **a Carmen?**	Sí, voy a prestár**se**los. (Sí, **se** los voy a prestar.)

ACTIVIDAD 1   ¡Lo siento! *(Sorry!)*

Manuel le pide ciertas cosas a Isabel. Ella le dice que no las tiene porque
se las prestó a sus amigos. Haz los dos papeles según el modelo.

> el tocadiscos / Rafael   Manuel: Por favor, Isabel, préstame tu tocadiscos.
>   Isabel: Lo siento, pero no lo tengo. Se lo presté a Rafael.

1. la guitarra / Teresa
2. la raqueta de tenis / Luis
3. el radio / Ramón y Clara
4. el reloj / Elena
5. los anteojos de sol / Susana
6. los discos / mis amigas
7. el televisor / mis primos
8. el coche / Carmen y Luisa

ACTIVIDAD 2   El ángel y el diablo

Pablo encontró varias cosas que son de sus amigos. ¿Va a devolverlas
(give them back) o va a quedarse con ellas? El ángel le da buenos consejos
y el diablo le da malos consejos. Haz los tres papeles según el modelo.

> la guitarra de María   Pablo: Encontré la guitarra de María.
>   Ángel: ¡Devuélvesela!
>   Diablo: ¡No se la devuelvas!

1. el tocadiscos de Manuela
2. los discos de Carlos
3. la bicicleta de Luis
4. las revistas de Carmen
5. la cámara de mis primos
6. el reloj del profesor
7. el radio de mis amigas
8. el televisor de Paco

ACTIVIDAD 3   Tú, el generoso

Imagina que eres muy rico(a). ¿A cuál de estos chicos vas a dar las
siguientes cosas?

- A Carlos le gusta la música.   • A Felipe y a Luis les gusta leer.
- A María le gustan los deportes.   • A Rita y a Silvia les gusta la ropa.

> el tocadiscos   Se lo doy a Carlos.

1. el libro
2. los discos
3. las camisas
4. las novelas
5. los esquís
6. la revista
7. los vestidos
8. la raqueta de tenis
9. la guitarra
10. los zapatos
11. la pelota *(ball)*
12. los blue-jeans

B. Expresiones de lugar

To indicate the physical position of people or things in relation to other
people or things, we use prepositions of place. In Spanish, prepositions of
place may consist of one or several words. Note the prepositions in the
vocabulary below.

vocabulario especializado   Preposiciones de lugar

al lado de

sobre
encima de

lejos de

Raúl

en

detrás de

debajo de

cerca de

hacia

alrededor de

delante de

Ana   María   Paco

a la izquierda de   a la derecha de

Paco está **a la derecha de** María.
Ana está **a la izquierda de** María.
Los chicos están **delante de** la casa.
Los chicos van **hacia** la casa.
El árbol está **al lado de** la casa.
El perro está **debajo de**l árbol.
El gato está **sobre** (**encima de**) la casa.

La mamá está **en** la casa.
Hay un jardín **alrededor de** la casa.
Raúl está **detrás de** la casa.
Laura está **cerca de** la casa.
El coche está **lejos de** la casa.

NOTA: The expressions with **de** are used before nouns. When they are used alone
(without a noun), the **de** is dropped.

La escuela está **cerca de** mi casa.
La escuela está **cerca**.

*The school is **near** my house.*
*The school is **near** (nearby).*

ACTIVIDAD 4   Preguntas personales

1. En clase, ¿quién se sienta a tu izquierda? ¿a tu derecha? ¿delante de ti? ¿detrás de ti?
2. ¿Quiénes viven a la izquierda de tu casa? ¿a la derecha de tu casa?
3. ¿Vives cerca de la escuela? ¿lejos?
4. ¿Trabaja tu padre lejos de casa? ¿cerca? ¿Y tu mamá?

ACTIVIDAD 5   El edificio de apartamentos

Imagina que eres el portero *(doorman)* de este edificio. Explícales a los visitantes dónde viven las personas que buscan.

> el Sr. Pérez
> El Sr. Pérez vive al lado de la Sra. de García.
> (El Sr. Pérez vive a la izquierda de la Sra. de García.)
> (El Sr. Pérez vive debajo de la Srta. Ochoa.)
> (El Sr. Pérez vive encima de la Srta. Aparicio.)

1. la Srta. Ochoa
2. el Sr. Pacheco
3. el Sr. Domínguez
4. la Sra. de García
5. la Srta. Amaya
6. las Srtas. Gómez
7. la Srta. Aparicio
8. los hermanos Méndez

la Srta. Ochoa   el Sr. Pacheco   el Sr. Domínguez

el Sr. Pérez   la Sra. de García   la Srta. Amaya

la Srta. Aparicio   las Srtas. Gómez   los hermanos Méndez

vocabulario especializado   **Los muebles** (Furniture)

la lámpara

la cama

el estante

la silla

la mesa

ACTIVIDAD 6   El cuarto de Carmen

Describe la posición de todos:

✗   el gato   El gato está sobre el estante.

1. el perro
2. la guitarra
3. la lámpara
4. Carmen

5. la raqueta
6. los libros
7. los zapatos

Pronunciación   **El sonido de la consonante** *rr*

Model words: Rafael   perro
Practice words: reloj   romper   recibir   rojo   rico   recordar
                    guitarra   cigarro   cigarrillo
Practice sentences: Roberto rompió la guitarra de Ricardo.
                    Raúl vive en el barrio puertorriqueño.
                    El reloj es de Rosa.

In the middle of a word, the "trilled" **r** or **"erre"** is written **rr**. At the beginning of a word, it is written **r**.

Entre nosotros

Mini-composición

Imagina que un chico de quien no te fías *(you have no confidence)* te
pide dos de los siguientes objetos.

- tu cuaderno de español
- tu bicicleta
- tus discos
- tu tocadiscos
- tu cámara
- tu reloj

Escríbele una nota diciéndole que no. Por cada cosa, dale una excusa.
Si quieres, puedes usar los siguientes verbos:

    dar / vender / prestar / mandar / devolver *(return)*

Usa las expresiones para la composición.

⋈ ¿Deseas usar mi guitarra? Lo siento. No la tengo. Se la presté a
Antonio y **desafortunadamente** no me la devolvió.

El lenguaje de las manos

¿Necesitamos siempre palabras para comunicarnos con otros? ¡Claro que no! Por ejemplo, cuando queremos decir que sí o que no, podemos mover la cabeza verticalmente u horizontalmente. Nos expresamos usando la cabeza o la boca, o los ojos, o las manos . . .

Los hispanohablantes también usan las manos para expresarse, y las usan más que nosotros: hablan con las manos.

Mira las ilustraciones. En cada ilustración, la persona expresa algo diferente con las manos. ¿Cuál es el significado de este mensaje?° ¿Es A? B? o C?

mensaje: *message*

A. ¿Quieres comer algo?
B. ¡Háblame de tu problema!
C. ¡Lávate los dientes!

1. los dedos juntos° delante de la boca

juntos: *together*

A. ¡Lávate las manos!
B. ¡Dame el dinero!
C. ¡Ven aquí!

2. el pulgar° y los dedos juntos

pulgar: *thumb*

A. ¡No te quedes en casa!
B. ¡No salgas ahora!
C. ¡Espera un momento!

3. la mano abierta° y los dedos juntos

abierta: *open*

A. ¡Mírame!
B. ¡No hagas eso!
C. ¡Dime tu nombre!°

nombre: *name*

4. el índice° levantado°

índice: *index finger,*
levantado: *raised*

A. ¡No digas mentiras!°
B. ¡Cuidado!° ¡Ojo!
C. ¡Pásame mis anteojos!

mentiras: *lies*
Cuidado: *Careful*

5. el índice debajo del ojo

A. ¡No estés tan nervioso(a)!
B. ¡Piensa!
C. ¡No digas nada a tus amigos!

6. el índice en la frente

Y ahora las respuestas correctas: 1-A, 2-B, 3-C, 4-B, 5-B, 6-B

El arte de la lectura

Enriching your vocabulary: cognate patterns *ar* → *ate*

Many English verbs in *–ate* correspond to Spanish verbs in **–ar**.

communicate   comunic**ar**
create   cre**ar**

Ejercicio

Use the following verbs in original sentences. If you wish, you may use the suggestions given.

celebrar: ¿el cumpleaños de quién? ¿cuándo?
ilustrar: ¿un libro? ¿cómo?
decorar: ¿tu cuarto? ¿cómo?

imitar: ¿a quién? ¿cómo?
participar: ¿en un juego? ¿con quién?

APPENDIX 1 Los números

A. Cardinal numbers

0	cero	16	diez y seis (dieciséis)	90	noventa
1	uno (un)	17	diez y siete (diecisiete)	100	cien (ciento)
2	dos	18	diez y ocho (dieciocho)	101	ciento uno(a)
3	tres	19	diez y nueve (diecinueve)	102	ciento dos
4	cuatro	20	veinte	200	doscientos
5	cinco	21	veinte y uno (veintiuno)	201	doscientos uno
6	seis	22	veinte y dos (veintidós)	300	trescientos
7	siete	23	veinte y tres (veintitrés)	400	cuatrocientos
8	ocho	30	treinta	500	quinientos
9	nueve	31	treinta y uno	600	seiscientos
10	diez	40	cuarenta	700	setecientos
11	once	41	cuarenta y uno	800	ochocientos
12	doce	50	cincuenta	900	novecientos
13	trece	60	sesenta	1.000	mil
14	catorce	70	setenta	2.000	dos mil
15	quince	80	ochenta	1.000.000	un millón (de)

NOTE:
1. **Uno** becomes **un** before a masculine noun: **treinta y un** chicos
   una before a feminine noun: **treinta y una** chicas
2. **Cien** is used alone, before nouns, and before **mil**: **cien** dólares, **cien** mil dólares
3. **Ciento** is used before numbers under 100: **ciento** veinte
4. The hundreds from two to nine hundred agree with the nouns they introduce: **doscientas** pesetas

B. Ordinal numbers

1°	primero(a)	5°	quinto(a)	9°	noveno(a)
2°	segundo(a)	6°	sexto(a)	10°	décimo(a)
3°	tercero(a)	7°	séptimo(a)		
4°	cuarto(a)	8°	octavo(a)		

NOTE:
1. **Primero** becomes **primer** before a masculine singular noun: **el primer** libro
2. **Tercero** becomes **tercer** before a masculine singular noun: **el tercer** papel

APPENDIX 2 Los verbos

A. Regular verbs

	PRESENT		PRETERITE	
hablar	hablo	hablamos	hablé	hablamos
(to talk, to speak)	hablas	habláis	hablaste	hablasteis
	habla	hablan	habló	hablaron
comer	como	comemos	comí	comimos
(to eat)	comes	coméis	comiste	comisteis
	come	comen	comió	comieron
vivir	vivo	vivimos	viví	vivimos
(to live)	vives	vivís	viviste	vivisteis
	vive	viven	vivió	vivieron

    hablar: habl**ando**
    comer: com**iendo**
    vivir: viv**iendo**

    hablar: habl**a**, no habl**es**
    comer: com**e**, no com**as**
    vivir: viv**e**, no viv**as**

B. Stem-changing verbs

The endings of stem-changing verbs are regular.

Present

The stem change affects the **yo, tú, él** and **ellos** forms of the present.

e → ie

pensar	pienso	pensamos
(to think)	piensas	pensáis
	piensa	piensan

verbs conjugated like **pensar:**

atender *(to take care of, to wait on)*
divertirse *(to enjoy oneself, to have fun)*
empezar *(to start, to begin)*
entender *(to understand)*
merendar *(to snack)*
perder *(to lose)*
preferir *(to prefer)*
sentarse *(to sit, to sit down)*
sentir(se) *(to feel)*

o → ue

contar	cuento	contamos
(to count, to	cuentas	contáis
tell, to relate)	cuenta	cuentan

verbs conjugated like **contar**:

acostarse *(to go to bed)*
costar *(to cost)*
dormir *(to sleep)*
encontrar *(to meet)*
recordar *(to remember)*
volver *(to come back)*

u → ue

jugar	juego	jugamos
(to play)	juegas	jugáis
	juega	juegan

e → i

pedir	pido	pedimos
(to ask for,	pides	pedís
to request)	pide	piden

verbs conjugated like **pedir:**

servir *(to serve)*
vestirse *(to dress oneself,*
                to get dressed)

Preterite

Verbs in –**ar** and –**er** which have a stem change in the present do not have a stem change in the preterite.

pensar → pensé, pensaste, pensó, pensamos, pensasteis, pensaron
perder → perdí, perdiste, perdió, perdimos, perdisteis, perdieron
contar → conté, contaste, contó, contamos, contasteis, contaron
volver → volví, volviste, volvió, volvimos, volvisteis, volvieron

Verbs in –**ir** which have a stem change in the present also have a stem change in the **él** and **ellos** forms of the preterite.

e → i
sentir → sentí, sentiste, sintió, sentimos, sentisteis, sintieron
o → u
dormir → dormí, dormiste, durmió, dormimos, dormisteis, durmieron

C. Irregular forms

Certain verbs have one or several irregular forms.

	PRESENT		PRETERITE	
caer *(to fall)*	**caigo** caes cae	caemos caéis caen	caí **caíste** **cayó**	**caímos** **caísteis** **cayeron**
conducir *(to drive)*	**conduzco** conduces conduce	conducimos conducís conducen	**conduje** **condujiste** **condujo**	**condujimos** **condujisteis** **condujeron**
like **conducir**: **traducir** *(to translate)*				
conocer *(to know)*	**conozco** conoces conoce	conocemos conocéis conocen	conocí conociste conoció	conocimos conocisteis conocieron
like **conocer**: **obedecer** *(to obey)*, **ofrecer**: *(to offer)*				
dar *(to give)*	**doy** das da	damos dais dan	**di** **diste** **dio**	**dimos** **disteis** **dieron**
decir *(to say, to tell)*	**digo** **dices** **dice**	decimos decís **dicen**	**dije** **dijiste** **dijo**	**dijimos** **dijisteis** **dijeron**
estar *(to be)*	**estoy** **estás** **está**	estamos estáis **están**	**estuve** **estuviste** **estuvo**	**estuvimos** **estuvisteis** **estuvieron**
hacer *(to do, to make)*	**hago** haces hace	hacemos hacéis hacen	**hice** **hiciste** **hizo**	**hicimos** **hicisteis** **hicieron**

ir	**voy**	**vamos**	**fui**	**fuimos**
(to go)	**vas**	**vais**	**fuiste**	**fuisteis**
	va	**van**	**fue**	**fueron**
oír	**oigo**	**oímos**	**oí**	**oímos**
(to hear)	**oyes**	**oís**	**oíste**	**oísteis**
	oye	**oyen**	**oyó**	**oyeron**
poder	**puedo**	podemos	**pude**	**pudimos**
(to be able)	**puedes**	podéis	**pudiste**	**pudisteis**
	puede	**pueden**	**pudo**	**pudieron**
poner	**pongo**	ponemos	**puse**	**pusimos**
(to place, to put)	pones	ponéis	**pusiste**	**pusisteis**
	pone	ponen	**puso**	**pusieron**
querer	**quiero**	queremos	**quise**	**quisimos**
(to want, to like)	**quieres**	queréis	**quisiste**	**quisisteis**
	quiere	**quieren**	**quiso**	**quisieron**
saber	**sé**	sabemos	**supe**	**supimos**
(to know)	sabes	sabéis	**supiste**	**supisteis**
	sabe	saben	**supo**	**supieron**
salir	**salgo**	salimos	salí	salimos
(to leave,	sales	salís	saliste	salisteis
to go out)	sale	salen	salió	salieron
ser	**soy**	**somos**	**fui**	**fuimos**
(to be)	**eres**	**sois**	**fuiste**	**fuisteis**
	es	**son**	**fue**	**fueron**
tener	**tengo**	tenemos	**tuve**	**tuvimos**
(to have)	**tienes**	tenéis	**tuviste**	**tuvisteis**
	tiene	**tienen**	**tuvo**	**tuvieron**
traer	**traigo**	traemos	**traje**	**trajimos**
(to bring)	traes	traéis	**trajiste**	**trajisteis**
	trae	traen	**trajo**	**trajeron**
venir	**vengo**	venimos	**vine**	**vinimos**
(to come)	**vienes**	venís	**viniste**	**vinisteis**
	viene	**vienen**	**vino**	**vinieron**
ver	**veo**	vemos	**vi**	vimos
(to see)	ves	veis	viste	visteis
	ve	ven	**vio**	vieron

The Spanish-English Vocabulary lists the words and expressions in SPANISH FOR MASTERY. This includes words and expressions in the lessons, in the *Variedades*, and in the *Vistas* (except for specialized vocabulary glossed where it occurs). Only perfect cognates have been omitted. Active vocabulary—that is, the words and expressions that students are expected to know—is followed by a number. The number **(2.1)**, for example, indicates that the item is active in Unit 2, Lesson 1. Nouns referring to persons are given in the masculine and feminine forms if the English word is the same for both (**un compañero, una compañera,** companion). If the English word is different (**un tío,** uncle; **una tía,** aunt), the words are listed separately. Adjectives are listed in the masculine singular form. Irregular feminine or plural forms are noted in parentheses. Verbs are listed in the infinitive form. Some irregular or unfamiliar verb forms are listed separately. An asterisk (*) in front of a verb means that the verb has irregular forms. See the verb charts in Appendix 2. Asterisks also precede irregular compound verbs. For conjugation of these verbs refer to their root forms found in Appendix 2.

The following abbreviations are used:

adj.	adjective	*f.*	feminine	*obj.*	object	*pres.*	present
adv.	adverb	*fam.*	familiar	*part.*	participle	*pron.*	pronoun
conj.	conjunction	*inf.*	infinitive	*pl.*	plural	*rel.*	relative
dir.	direct	*m.*	masculine	*prep.*	preposition	*sing.*	singular

a

a at **(1.4)**; to **(2.1)**; *not translated when used before a personal dir. obj.* **(4.1)**
  a cada uno su gusto each to his or her own taste
  a casa home **(4.2)**
  a causa de because of
  a fin de cuentas all in all **(6.3)**
  a gran velocidad very fast
  a la casa de . . . to . . .'s (house) **(4.2)**
  a (la) clase to class
  a la derecha (de) on (to) the right (of) **(10.4)**
  a la edad de at the age of, at . . . years of age
  a la escuela to school
  a la hora de comida at mealtime
  a la izquierda (de) on (to) the left (of) **(10.4)**
  a la moda de after the fashion of, in the style of

  a la una at one o'clock **(1.4)**
  a las (dos) at (two) o'clock **(1.4)**
  a menudo often **(5.1)**
  a (mi) lado next to (me)
  a pie on foot **(4.4)**
  a propósito by the way **(10.2)**
  ¿a qué hora? (at) what time? **(1.4)**
  ¿a quién(es)? whom? **(4.1)**; to whom? **(5.1)**
  a tiempo on time **(8.2)**
  a veces sometimes **(5.1)**
  a ver let's see **(5.1)**
abajo below
  calle abajo down the street
abandonado abandoned
abierto open
la **abnegación** self-sacrifice
un **abogado, una abogada** lawyer **(9.2)**
un **abrazo** hug
abre open *(command)*
un **abrigo** overcoat **(7.2)**
abril April **(1.5)**

abrir: en abrir in opening
absolutamente absolutely
una **abuela** grandmother **(5.2)**
un **abuelo** grandfather **(5.2)**
  los abuelos grandparents
aburrido boring **(3.2)**
acabar to finish, end **(8.1)**
  acabar de (+ *inf.*) to have just (done something) **(8.1)**
un **accidente** accident
el **aceite** oil **(10.2)**
un **acento** accent, accent mark
la **acentuación** stress(ing), accentuation
el **acero** steel
el **acondicionamiento de aire** air conditioning
acordarse (o→ue) de to remember
un **acordeón** *(pl. acordeones)* accordion
acostarse (o→ue) to go to bed **(7.4)**
una **actitud** attitude
una **actividad** activity
activo active
un **acto** act

un **actor** actor **(6.3)**
    un actor de cine movie
      actor
    un actor principal
      starring actor, leading
      man
    un actor secundario
      supporting actor
una **actriz** actress **(6.3)**
    una actriz de cine y
      teatro actress of the
      stage and screen
    una actriz principal
      starring actress, leading
      lady
    una actriz secundaria
      supporting actress
un **acueducto** aqueduct
acuerdo: estar de acuerdo
    to agree
acústico acoustic
adecuado appropriate
    la ropa adecuada the
      right clothes
adelantado early, ahead
adelante forward, onward
    ¡adelante con el español!
      (let's get) on with
      Spanish!
además moreover, in addition
    (8.1)
¡adiós! goodby! so long!
    (1.2)
adivinar to guess
un **adjetivo** adjective
    los adjetivos numerales
      ordinales ordinal
      number adjectives
adjuntar to enclose *(in a
    letter)*
administrar to administer
    (be an administrator)
admirar to admire
admirarse to admire oneself
¿adónde? where (to where?)
    (4.2)
adoptivo adopted
un **aduanero, una aduanera**
    customs officer
un **adulto, una adulta** adult
aéreo air
    una línea aérea airline
un **aeromozo, una aeromoza**
    flight attendant **(9.1)**
un **aeropuerto** airport
afeitarse to shave (oneself)

aficionado a fond of
un **aficionado, una aficionada**
    fan *(enthusiast)* **(6.2)**
    un(a) aficionado(a) al
      (fútbol) (soccer) fan
afirmativamente
    affirmatively, saying "yes"
afirmativo affirmative
afortunadamente
    fortunately
afortunado lucky, fortunate
África Africa
africano African *(also noun)*
una **agencia** agency
    una agencia de empleos
      (publicidad, turismo,
      viajes) employment
      (advertising, tourist,
      travel) agency
un **agente, una agente** agent
    un(a) agente de arte art
      dealer
    un(a) agente de viajes
      travel agent **(9.1)**
la **agilidad** agility
agosto August **(1.5)**
agresivo aggressive
el **agua** *(f.)* water **(8.4)**
ahora now **(2.1)**
    ahora no not now
ahorrar to save *(money)*
    (6.1)
el **aire** air
    el aire puro clean air,
      fresh air
el **ajedrez** chess
    jugar al ajedrez to play
      chess
al (a + el) to the, at the, the
    *(with personal dir. obj.
    noun)* **(4.1)**
    al centro downtown, into
      town
    al día a (per) day
    al lado on (at, to) the side
      (10.4)
    al lado de next to, beside,
      on (at, to) the side of
      (10.4)
    al mismo tiempo at the
      same time
    del (inglés) al (español)
      from (English) into
      (Spanish)
ala: el medio ala halfback
    (soccer)

un **alcalde, una alcaldesa**
    mayor
alegre happy **(4.3)**; merry,
    joyous, cheerful, lively
alegremente happily,
    cheerfully
alemán *(f.* **alemana)** German
    (also noun)
el **alemán** German *(language)*
Alemania Germany
un **alfabeto** alphabet
algo something, anything
    (6.1)
    algo de comer (beber)
      something to eat (drink)
alguien someone, anyone
    (6.1)
algún some, any *(used for
    * **alguno** *before m. sing.
    noun)* **(6.1)**
    algún día someday
alguno some, any **(6.1)**
la **Alhambra** *palace of the
    Moorish Kings near
    Granada, Spain*
los **alimentos** foods **(10.2)**
el **alma** *(f.)* soul
un **almacén** *(pl.* **almacenes)**
    department store
almorzar (o→ue) to have
    (eat) lunch **(10.2)**
el **almuerzo** lunch **(10.2)**
¡aló! hello! *(answering the
    phone)* **(9.3)**
una **alpaca** alpaca *(South
    American animal related to
    the llama)*
los **Alpes** the Alps
alrededor (de) around
    (10.4)
alto tall **(3.2)**; loud *(voice)*
el **altruismo** altruism,
    unselfishness
altura: (catorce) metros de
    altura (fourteen) meters
    high
un **alumno, una alumna**
    student, pupil **(3.1)**
allí there **(4.2)**
amable friendly
    ser amable con to be
      kind to
amarillo yellow **(7.2)**
una **ambición** *(pl.* **ambiciones)**
    ambition
ambicioso ambitious

el **ambiente** atmosphere

una **ambulancia** ambulance

América America *(North or South America)*

   la **América Latina** Latin America

americano American *(from North or South America; also noun)*

   el **fútbol americano** football *(sport)* **(6.2)**

un **amigo,** una **amiga** (close) friend **(3.1)**

la **amistad** friendship

el **amor** love

analizar to analyze

la **anarquía** anarchy, disorder(liness)

un **anciano** old man

ancho wide **(7.1)**

   (dos) metros de ancho (two) meters wide

andaluz *(f.* **andaluza;** *pl.* **andaluces)** Andalusian *(from Andalusia, in southern Spain; also noun)*

los **Andes** Andes *(mountain system extending for 4000 miles along western coast of South America)*

un **anillo** ring

anoche last night **(8.2)**

unos **anteojos** eyeglasses **(7.2)**

   unos anteojos de sol sunglasses **(7.2)**

anterior previous

antes before *(time)* **(5.1)**

   antes de before *(time)* **(9.2)**

anticuado old-fashioned

antiguo old, ancient

antipático unpleasant **(3.2)**

la **antropología** anthropology

anuncia: se anuncia (it) is announced

un **anuncio** advertisement, announcement

añadir to add

un **año** year **(1.5)**

   (ciento siete) años de edad (one hundred and seven) years old

   ¿cuántos años tiene? how old is he (she)?

   el año pasado last year

   los (quince) años (fifteenth) birthday

tener *(number)* **años** to be *(number)* years old **(3.4)**

(una muchacha) de (diez y seis) años (sixteen)-year-old (girl)

un **apagón** *(pl.* **apagones)** blackout

un **aparato (eléctrico)** (electrical) appliance

aparecer (c→zc) to appear

la **apariencia** appearance

un **apartado** post office (P.O.) box

un **apartamento** apartment **(5.3)**

   un edificio de apartamentos apartment building

   viviendo en apartamentos apartment living

apasionante thrilling

un **apellido** last name, maiden name

   nombre y apellidos full name *(first name and last name)*

aplaudir to applaud

apreciar to appreciate

aprender to learn **(5.1)**

   aprender a + *inf.* to learn (how) to **(9.2)**

el **aprendizaje** apprenticeship

apropiado appropriate

aproximado approximate

   aproximado a close to

aproximadamente *adv.* approximately

aquel, aquella; aquellos, aquellas that; those *(over there)* **(7.2)**

aquí here **(1.1)**

árabe Arab, Arabic, Moorish *(architecture) (also noun)*

un **árbol** tree **(5.3)**

el **área** *(f).* area

   el área de puerta goal area *(soccer)*

argentino Argentinean *(also noun)*

árido arid, dry

un **armadillo** armadillo *(South American animal with an armorlike covering)*

un **arpa** *(f.)* harp

un **arquitecto,** una **arquitecta** architect

arreglar to fix, repair

arreglo: el arreglo personal personal care

arriba: calle arriba up the street

el **arroz** rice **(10.2)**

el **arte** art

un **artículo** article

un **artista,** una **artista** artist

   un(a) artista de cine movie star

artístico artistic

así so, thus, like this (that), in this (that) way

   así, así so-so **(1.2)**

   así es la vida that's life

   así es que so (it is that), this (that) is why, consequently

asiático Asian

un **asiento** seat

una **asignatura** subject, course *(in school)*

asistir a to attend, go to **(5.1)**

un **aspecto** appearance, aspect

   el aspecto exterior outward appearance

una **aspiración** *(pl.* **aspiraciones)** aspiration, ambition

un **astronauta,** una **astronauta** astronaut

astuto clever, sly

un **asunto** topic, subject, matter

atender (e→ie) to take care of, wait on **(9.1)**

   atender al público to wait on (take care of) people

atentamente carefully, attentively; sincerely, yours truly *(closing a formal letter)*

atento polite, considerate

   atento con attentive to, considerate towards

Atlántico: el Océano Atlántico Atlantic Ocean

un **atleta,** una **atleta** athlete **(6.2)**

el **atletismo** athletics

atrae (it) attracts

atraen: se atraen (they) attract

atrasado late, behind

aumentar to increase, augment

aun even

aunque although

australiano Australian *(also noun)*

un **auto** automobile, car

una **autobiografía** autobiography

un **autobús** *(pl.* **autobuses)** bus **(4.4)**

un **autógrafo** autograph

automotriz: la mecánica automotriz automotive mechanics

el **autoritarismo** authoritarianism

auxilios: los primeros auxilios first aid

avanzado advanced

una **avenida** avenue

aventuras: una película de aventuras adventure movie **(6.3)**

un **avión** *(pl.* **aviones)** airplane **(4.4)**

por avión by plane

¡ay! oh, no!

ayer yesterday **(8.2)**

ayer por la tarde yesterday afternoon

de ayer yesterday's

el día de ayer yesterday

la **ayuda** help, aid

ayudar to help *(something or someone)* **(5.4)**; to help out

ayudar a *(+inf.)* to help (someone) to

ayúdeme help me

azteca Aztec *(of the Aztec Indians of Mexico)*

el **azúcar** sugar **(10.2)**

azul blue **(7.1)**

azul marino navy blue

b

el **bacalao** codfish

un **bachiller** high school graduate *(college bound)*

el **bachillerato** *college preparatory curriculum in Hispanic secondary schools*

bailar to dance **(2.2)**

un **bailarín, una bailarina** (ballet) dancer

un **baile** dance, dancing

un baile de máscaras costume party

bajo short **(3.2)**; low *(voice)*

la planta baja ground floor, first floor *(USA)*

bajo *(prep.)* below **(1.6)**

un **balón** *(pl.* **balones)** ball

un **banco** bank

bañarse to take a bath **(7.3)**

un **baño** bathroom **(5.3)**

un traje de baño bathing suit **(7.2)**

barato inexpensive **(3.3)**

una **barba** beard

la **barbarie** savagery

un **barco** boat, ship **(4.4)**

un **barril** barrel

un **barrio** neighborhood **(4.2)**

una **base** basis; base *(baseball)*

el **básquetbol** basketball *(sport)* **(6.2)**

bastante rather, quite *(+ adj. or adv.)*, enough *(+ noun)* **(3.2)**; considerably

beber to drink **(5.1)**

algo de beber something to drink

las **bebidas** drinks **(8.4)**

el **béisbol** baseball *(sport)* **(6.2)**

un partido de béisbol baseball game

belga *(m. and f.)* Belgian *(also noun)*

la **belleza** beauty

un salón de belleza beauty salon

biblioteca: un ratón de biblioteca bookworm

una **bicicleta** bicycle **(3.3)**

en bicicleta by (on a) bicycle

bien well, fine **(2.1)**

salir bien en (un examen) to pass (an exam) **(8.1)**

¡bienvenido! welcome!

bilingüe bilingual

la **biología** biology

un **bistec** steak **(10.2)**

blanco white **(7.2)**

unos **blue-jeans** jeans **(7.2)**

una **blusa** blouse **(7.2)**

una **boa** boa constrictor *(large South American snake)*

una **boca** mouth **(7.1)**

una **boda** wedding

un vestido de boda wedding gown

bogotano of (from) Bogotá

una **bola** ball

un **bolígrafo** (ball-point) pen **(3.3)**

el **bolívar** the bolivar *(monetary unit of Venezuela)*

boliviano Bolivian *(also noun)*

bolos: el juego de bolos (candlepin) bowling

un **bolso** bag **(3.3)**

los **bomberos** fire department

la **bondad** goodness

bonito nice-looking, pretty **(3.2)**; pretty, nice *(object or place)*

estar bonita to be (look) pretty

un **boxeador** boxer

el **boxeo** boxing

el **Brasil** Brazil

brasileño Brazilian *(also noun)*

un **brazo** arm **(7.4)**

brillante brilliant, bright

brillar to shine, glitter

bruto brute

buen good *(used for* **bueno** *before m. sing. noun)* **(3.2)**

bueno good **(3.2)**

buenas noches good evening, good night **(1.2)**

buenas tardes good afternoon **(1.2)**

bueno ... well ... **(3.1)**

¡bueno! all right! **(3.1)**

buenos días good morning **(1.2)**

¡qué bueno! great! **(1.6)**

¡qué bueno ...! how great (it will be) ...!

un **bus** bus *(Colombia)*

busca look for *(command)*

buscar to look for **(4.1)**

c

un **caballo** horse

las carreras de caballos horse racing

una cabeza head **(7.4)**
    un dolor de cabeza headache
    un juego de cabeza header *(soccer)*
una cabra goat
cada each, every **(4.4)**
    a cada uno su gusto each to his or her own taste
    cada cual a su manera each in his or her own way
    cada uno, cada una each one, every one
* **caer** to fall **(8.3)**
    dejar caer to drop
* **caerse (de)** to fall down (from), fall off (of)
café brown *(eyes)* **(7.1)**
el café coffee **(8.4)**
    el café con leche café au lait *(coffee with an equal part of hot milk)*
un café cafe **(4.2)**
una cafetería cafeteria
los Caídos the Fallen *see* **Valle**
caigo: me caigo (I) fall down
una caja box
unos calcetines socks **(7.2)**
una calculadora calculator
el cálculo calculation, calculus *(math)*
caliente hot, warm
calmar to calm, soothe
calor: hace (mucho) calor it's (very) warm (hot) *(weather)* **(1.6)**
    tener calor to be (feel) hot **(8.4)**
una caloría calorie
una calle street **(4.2)**
    calle arriba (abajo) up (down) the street
una cama bed **(10.4)**
    hacer la cama to make the (one's) bed
    quedarse en la cama to stay in bed
una cámara camera **(3.3)**
    una cámara de cine movie camera
una camarera waitress
un camarero waiter
cambia change, conjugate *(command)*
cambiar to change **(8.2)**

cambiar de + *noun* to change (something)
cambiarse: cambiarse de ropa to change one's clothes
un cambio change
    los verbos con cambios stem-changing verbs, spelling-changing verbs
caminar to walk
un camión *(pl.* **camiones)** bus *(Mexico)*
una camisa shirt **(7.2)**
una camiseta T-shirt **(7.2)**
una campana bell
un campeón *(pl.* **campeones),** **una campeona** champion
un campeonato championship
el campo country(side) **(4.2);** field
    un campo de fútbol soccer field
el Canadá Canada
canadiense Canadian *(also noun)*
un canario canary
una canción *(pl.* **canciones)** song
una cancha court *(sports)*
una «cancha de esquí» ski resort
cansado tired **(4.3)**
un cantante, una cantante singer **(6.3)**
cantar to sing **(2.1)**
una capacidad capacity
una capital capital
el capricho unreliability, unpredictability
una cara face **(7.1)**
el carácter character *(personal attributes)*
una característica characteristic
¡caramba! wow! hey! what! **(5.3)**
una carga charge *(soccer)*
caribe Caribbean
el Caribe the Caribbean
el carnaval carnival *(period of feasting and merrymaking before Lent)*
la carne meat **(1.2)**
    la carne de cerdo pork
    la carne de res beef
caro expensive **(3.3)**
un carpintero, una carpintera carpenter **(9.4)**
una carrera career; race

las carreras de autos auto racing
las carreras de caballos horse racing
una carrera de bicicletas bicycle race
una carrera de ciclismo bicycle race
un carro car *(Puerto Rico, Mexico),* railroad car
una carta letter **(5.1)**
una cartera wallet
una casa house, home **(4.2)**
    a casa home **(4.2)**
    a la casa de . . . to . . .'s (house) **(4.2)**
    en casa at home **(4.2)**
    en casa de . . . at . . .'s (house) **(4.2)**
    mi casa es su casa make yourself at home
    salir de casa to leave the house
    una casa de campo country house
    una casa individual private (single-family) home
    volver a casa to return (go, get) home
casado married
casarse (con) to get married, marry (someone)
un casco helmet
casi almost **(4.4)**
un caso case
castaño brown *(hair)* **(7.1)**
unas castañuelas castanets
el castellano Castilian, Spanish *(language)*
castigar to punish
un castigo punishment
Castilla Castile
catalán *(f.* **catalana)** Catalan, Catalonian *(from Catalonia, in northeastern Spain; also noun)*
un catálogo catalog
una catedral cathedral
una categoría category
católico Catholic
causa: a causa de because of
celebran: se celebran (they) are held; are celebrated
celebrar to celebrate
los celos jealousy

celoso jealous

  estar celoso to be jealous
    (feel jealous)

  ser celoso to be jealous
    (a jealous person)

el cemento cement, concrete

la cena dinner (10.2)

  cenar to have (eat) dinner
    (10.2)

un centavo cent

centígrado centigrade

un centímetro centimeter *(1/100
  of a meter)*

el centro downtown (4.2);
  center *(soccer)*

  el delantero centro
    center forward *(soccer)*

  el medio centro center
    halfback *(soccer)*

  ir al centro to go
    downtown, into town

cerca (de) near, close (to)
  (4.2); nearby (10.4)

cerdo: la carne de cerdo
  pork

cerrar (e→ie) to close

la cerveza beer (8.4)

el ciclismo bicycling

un ciclista, una ciclista cyclist

cien (ciento) a (one) hundred
  (1.3)

  ciento uno (dos) one
    hundred and one (two)
    (7.2)

  (ciento) por ciento (one
    hundred) percent

una ciencia science

  la ciencia-ficción science
    fiction

  las ciencias science

  las ciencias físico-
    químicas physics and
    chemistry

  un cuento de ciencia-
    ficción science-fiction
    story

científico scientific

un científico, una científica
  scientist (9.2)

ciento *see* cien

¿cierto? really? are you sure?
  (4.3)

  cierto certain, a certain

  es cierto que it's true
    that

  lo cierto what is certain

un ciervo deer

un cigarrillo cigarette

un cigarro cigar

un cine movie theater (4.2)

el cine movies (6.3)

  ir al cine to go to the
    movies

  un actor de cine movie
    actor

  un artista de cine movie
    star

  un(a) director(a) de cine
    movie director

  una cámara de cine
    movie camera

  una entrada de cine
    movie ticket

una cinta tape *(recording)* (3.3)

un circo circus

un circuito circuit

una cita date (1.4); appointment

una ciudad city (4.2)

  la ciudad de México
    Mexico City

  la ciudad natal hometown

una civilización *(pl.* civilizaciones)
  civilization

claramente clearly

la claridad clarity

  con (mucha) claridad
    (very) clearly

claro clear

claro clearly, of course

  ¡claro! of course! (2.2)

  claro que . . . of course . . .

  ¡claro que no! of course
    not! (2.2)

una clase class, classroom

  a (la) clase to class

  después de la clase after
    class

  en clase in class

  en la clase in the
    classroom

  en la clase de (español)
    in (Spanish) class

  un(a) compañero(a) de
    clase classmate

  un día de clases day in
    school

  una clase de (español)
    (Spanish) class

clásico classical

  un bachillerato clásico
    high school *(college
    preparatory)* diploma

un cliente, una cliente
  customer, client

el clima climate, weather

la cocina kitchen (5.3);
  cooking

  cocinar to cook

un cocodrilo crocodile

un coche car (3.3)

  en coche by (in a) car

  coger to catch

una colección *(pl.* colecciones)
  collection

  coleccionar to collect

un colega, una colega colleague

un colegio school, secondary
  school (high school, junior
  high school, middle school)

  colombiano Colombian *(also
    noun)*

una colonia cologne

color: ¿de qué color . . .?
  what color . . .? (7.2)

  un pez de color goldfish

un collar necklace

una comedia comedy

  una comedia musical
    musical comedy (6.3)

un comediante, una comediante
  comedian (6.3)

un comedor dining room (5.3)

  comentar to discuss,
    comment, make comments
    (about)

  comenzar (e→ie) to begin
    (6.3); start

comer to eat (5.1); to have
  (eat) lunch *(Spain)*

  algo de comer something
    to eat

comercial commercial

  una escuela comercial
    business school

el comercio commerce, business

cómicas: las historietas
  cómicas comics, comic
  strips

la comida meal, food, lunch
  (Spain)

  a la hora de comida at
    mealtime

  la comida del mediodía
    (de la tarde, de la
    noche) midday
    (afternoon, evening)
    meal

  las comidas food (8.4)

como like, as **(2.1)**; such as
como (mecánico) as a
(mechanic)
tal como as, just as
tan ... como as ... as
(7.1)
tanto *(noun)* **como** as
much *(pl.* many) ... as
como *(conj.)* as, since
¿cómo? how? **(2.3)** what?
(4.1)
¿cómo es (son) ...? what
is (are) ... like? **(3.2)**
¿cómo está usted? how
are you *(formal)?* **(1.2)**
¿cómo estás? how are
you *(fam.)?* **(1.2)**
¿cómo se llama? what's
his (her) name? what is
he (she) called? **(3.1)**;
what is it called?
¿cómo se llaman? what
are their names? what
are they called? **(3.1)**
¿cómo se llama(n) ...?
what is (are) the
name(s) of ...? what is
(are) ... called?
¿cómo te llamas? what's
your name? **(1.1)**
¡cómo no! of course! **(2.2)**
un **compañero, una compañera**
companion, pal, classmate
**un(a) compañero(a) de
clase** classmate
una **compañía** company
compara compare *(command)*
comparar to compare
comparativo comparative
un **competidor, una
competidora** competitor
compiten (they) compete
compites (you) compete
completa complete
(command)
completamente completely
completar to complete, finish
completo complete, finished,
full *(meal)*
una **composición**
(pl. **composiciones)**
composition
una **compra** purchase
(pl. purchases, shopping)
ir de compras to go
shopping

un **comprador, una compradora**
buyer
comprar to buy **(4.1)**
comprarse to buy
(something) for oneself, buy
oneself (something) **(7.3)**
comprender to understand
(5.1)
la **comprensión** understanding,
comprehension
**computadoras: un(a)
programador(a) de
computadoras** computer
programmer
común *(pl.* **comunes)**
common, widespread
comunicar to communicate
(something)
comunicarse to communicate
(between persons)
una **comunidad** community
con with **(2.1)**
con acento accented,
stressed
con cambios stem-
changing, spelling-
changing
con facilidad with ease
con impaciencia
impatiently
con (mucha) elegancia
(very) elegantly
con (mucha) prisa
hurriedly, in a (great)
hurry
con mucho gusto with
pleasure **(1.3)**
con uniforme in a
uniform
conmigo with me **(2.4)**
contigo with you *(fam.)*
(2.4)
concentra: se concentra
(they) are concentrated
un **concierto** concert
un **concurso** contest
un concurso fotográfico
photograpy contest
un **cóndor** condor *(very large
bird of the Andes)*
* **conducir (c→zc)** to drive
(6.4)
un permiso de conducir
driver's license
un **conductor, una conductora**
driver, conductor

la **confianza** confidence, trust
perder la confianza en
to lose one's confidence
(trust) in, stop trusting
(someone)
confirmar to confirm
confortable comfortable
una **conga** conga *(tall, narrow
bass drum beaten with the
hands)*
conmigo with me **(2.4)**
* **conocer (c→zc)** to know *(be
acquainted or familiar with)*
(6.4); to meet, get to know
* **conocerse (c→zc)** to know
oneself, to (get to) know
each other (one another)
conocí (I) met
un **consejero, una consejera**
advisor, counselor
**un consejero (una
consejera) vocacional**
vocational counselor
un **consejo** (piece of) advice
(6.1)
los consejos advice **(6.1)**
conservar to keep, retain
considerar to consider
consistir en to consist of, in
una **consonante** consonant
una **conspiración**
(pl. **conspiraciones)**
conspiracy, plot
constantemente constantly
un **consultor, una consultora**
consultant
el **contacto** contact
mantenerse en contacto
to keep in contact
(touch)
contar (o→ue) to count, to
tell, relate **(6.3)**
contemplar to look (gaze) at,
contemplate
el **contenido** contents
contento happy, content
(4.3)
contesta answer *(command)*
una **contestación** *(pl.* **contestaciones)**
answer
contestar to answer **(8.1)**
contigo with you *(fam.)*
(2.4)
contigo mismo with
yourself *(fam.)*
un **continente** continent

continuar (u→ú) to continue
contra against
una contracción
        (pl. contracciones)
        contraction
contrario contrary, opposite
    lo contrario the opposite
una convención (pl. convenciones)
        convention
convenir to suit, be
        appropriate
una conversación
        (pl. conversaciones)
        conversation
conversar to converse, chat,
        talk
una copa cup (trophy)
        la Copa Mundial World
        Cup
el coraje courage
un corazón (pl. corazones)
        heart
        el Sagrado Corazón
        Sacred Heart
una corbata necktie (7.2)
un cordero lamb
cordialmente cordially
        (closing an informal letter)
        (9.2)
un corral corral, pen (for
        animals)
correctamente correctly
correcto correct, right
el correo mail
        el correo del corazón
        advice to the lovelorn
        (newspaper column)
correr to run
        correr a + inf. to run to
        correr en zigzag to run
        zigzag
        correr las olas to surf
        el correr running
la correspondencia
        correspondence (exchange of
        letters), letters, mail
        tener una
        correspondencia to
        carry on a correspondence
corresponder (a) to
        correspond (to)
una corrida (de toros) (bull)fight
cortar to cut
cortarse to cut (one's hair, etc.)
cortés courteous, polite
la cortesía courtesy

corto short (hair, etc.)
una cosa thing (3.3)
        cualquier cosa anything
coser to sew
una costa coast
costar (o→ue) to cost (6.3)
costarricense Costa Rican
        (also noun)
el costo cost
        el costo de la vida cost
        of living
una costumbre habit, custom
        tener la costumbre de +
        inf. to have the habit
        of . . . ing
crear to create
crecer (c→zc) to grow
creer to believe, think (5.1)
        creo que . . . I think that . . .
        (4.4)
        ver para creer seeing is
        believing
un crimen (pl. crímenes) crime
Cristóbal Colón Christopher
        Columbus
la crítica criticism, faultfinding
criticado criticized
criticar to criticize
cronológico chronological
un crucigrama crossword puzzle
una cruz (pl. cruces) cross
cruzar to cross
un cuaderno notebook (3.3)
cuadrado square
un cuadro table (chart)
¿cuál(es)? what? which? (6.3)
        ¿cuál es la fecha de hoy
        (mañana)? what is
        today's (tomorrow's) date?
        (1.5)
una cualidad quality
cualquier(a) any
        cualquier cosa (cualquier
        lugar) anything
        (anywhere)
cuando when (2.3)
        de vez en cuando once in
        a while (5.1); from time
        to time (9.3)
¿cuándo? when? (2.3)
¿cuánto(s)? how much?
        (pl. how many?) (3.3)
        ¿cuánto es? how much is
        it (that)? (1.3)
        ¿cuántas veces? how
        many times? (9.3)

¿cuánto cuesta . . .? how
        much does . . . cost?
¿cuánto tiempo hace que
        + (verb in the present)?
        (for) how long . . .? (8.1)
¿cuántos años tiene?
        how old is he (she)?
un cuarto quarter (1.4);
        bedroom (5.3); room
        (son las dos) menos
        cuarto (it's) quarter to
        (two) (1.4)
        (son las dos) y cuarto
        (it's) quarter after (two)
        (1.4)
cuatrocientos four hundred
        (7.2)
cubierto covered
        cubierto de covered with
un cubito (small) cube
        un cubito de hielo ice
        cube
un cubo cube
una cuchara spoon (soupspoon,
        tablespoon) (10.1)
una cucharada spoonful
una cucharadita teaspoonful
una cucharita teaspoon (10.1)
un cuchillo knife (10.1)
        cuenta tell, relate, count
        (command)
        cuentas: a fin de cuentas all
        in all (6.3)
un cuento story (5.1)
        un cuento policíaco
        detective story
una cuerda string
un cuerpo body (7.4)
        el Cuerpo de Paz Peace
        Corps
        cuesta: ¿cuánto cuesta . . .?
        how much does . . . cost?
una cuestión (pl. cuestiones) matter
        cuidado: ¡cuidado! be
        careful! watch out!
        tener cuidado to be
        careful
cuidar to take care of
una culebra snake
un cultivador, una cultivadora
        cultivator, grower
una cultura culture
un cumpleaños birthday (1.5)
        cumplir: por cumplir
        (quince) años for my
        (fifteenth) birthday

443

la **curiosidad** curiosity
curioso curious
un **curso** course
una **curva** curve
el **Cuzco** Cuzco *(former imperial capital of the Incas, in Peru)*

ch

una **chacra** farm *(Argentina)*
una **chaqueta** jacket **(7.2)**
    una **chaqueta de esquí** ski jacket
charlar to chat
una **chica** girl **(3.1)**
    ¡chica! hey! wow!
un **chico** boy **(3.1)**
    ¡chico! my boy!
un **chile** chili pepper *(red pepper used as a very hot seasoning)*
    el **chile con carne** *highly spiced Mexican dish*
    un **chile relleno** stuffed chili pepper *(Mexican dish)*
    chileno Chilean *(also noun)*
una **china** pebble
una **chinchilla** chinchilla *(small South American animal valued for its fur)*
    chino Chinese *(also noun)*
un **chiste** joke
el **chocolate** hot chocolate
un **chuteo** shot *(at goal, in soccer)*

d

da give *(command)*
***dar** to give **(5.4)**
    dar permiso para to give (someone) permission to, permit (someone) to
los **datos** information, facts, data
    los **datos personales** personal particulars, details about oneself
de of, from **(2.1)**; about **(4.2)**; in **(7.1)**; than, with

de acuerdo in agreement
de compras shopping
de (diez) años (ten)-year-old
¿de dónde? from where? (where . . . from?) **(3.4)**
¿de dónde eres? where are you from?
de él (ella, Ud., ellos, etc.) his (her, your [*formal*], their, etc.)
de habla española Spanish-speaking
de la mañana in the morning, a.m. **(1.4)**
de la noche in the evening, at night, p.m. **(1.4)**
de la tarde in the afternoon, p.m. **(1.4)**
de mal humor in a bad mood
de nada you're welcome **(1.3)**
de noche at night
de (Olivia) (Olivia)'s
de paseo walking down the street
¿de qué color . . .? what color . . .? **(7.2)**
¿de quién es? whose is it?
¿de quién(es)? whose? **(5.1)**
de repente suddenly
de todas maneras in any case **(10.3)**
de todos los días everyday
de una manera (diferente) in a (different) way
de vacaciones on vacation
de venta for sale
¿de veras? really? **(1.5)**
¡de veras! really! truly!
de vez en cuando once in a while **(5.1)**; from time to time **(9.3)**
de viaje on a trip
de vuelta going back
debajo (de) under, underneath, beneath, below **(10.4)**
debemos (we) must, should
deber (+ *inf.*) should, ought to **(8.3)**

debes (you) should, ought to
débil weak **(7.1)**
una **debilidad** weakness
debo (I) must, should
decidir to decide
un **decímetro** decimeter *(1/10 of a meter)*
    ***decir** to say, to tell **(5.3)**
    decir que sí (no) to say yes (no) **(5.3)**
    decir un piropo to pay a compliment, make a flattering remark
    es decir that is to say
    querer decir to mean **(6.3)**
decoración: la decoración interior interior decorating
un **decorador, una decoradora** decorator
    un(a) decorador(a) de interiores interior decorator
decorar to decorate
dedicado a devoted to
dedicar to devote, dedicate
dedicarse (a) to devote oneself (to), dedicate oneself (to)
los **dedos** fingers **(7.4)**
un **defecto** fault, defect
el **defensa** fullback *(soccer)*
definido definite
dejar to leave (something behind) **(8.2)**
    dejar caer to drop
    dejar de (+ *inf.*) to stop **(9.2)**
dejarse to let (allow) oneself
del (de + el) of the, from the, about the *(sometimes translated as of, from, about)* **(4.1)**
    del que about which
delante (de) in front (of) **(10.4)**
el **delantero centro** center
delgado thin **(3.2)**
delicado delicate
delicioso delicious
demasiado too much *(pl. too many)* **(6.1)**
demasiado *(adv.)* too (+ *adj.*) **(3.2)**; too much
demostrativo demonstrative

un **dentista, una dentista**
dentist **(9.1)**
un **departamento** department
depender to depend
depende (de) it (that)
depends (on)
un **deporte** sport **(6.2)**
la página de los deportes
sports page
un deporte de equipo
team sport
deportista athletic, active in
sports **(6.2)**
un **deportista, una deportista**
athletic person, person
active in sports
deportivo (concerning) sports
(6.2)
la **derecha** right, right side
a la derecha (de) on (to)
the right (of) **(10.4)**
derecho right **(7.4)**
desafortunadamente
unfortunately **(10.4)**
desafortunado unlucky,
unfortunate
desagradable unpleasant,
disagreeable
desayunarse to have (eat)
breakfast **(10.2)**
el **desayuno** breakfast **(10.2)**
descansado rested
un **descanso** rest
describir to describe
una **descripción** *(pl.* **descripciones)**
description
descubierto discovered
descubrir to discover **(8.3);**
to find
desde from
desdeñoso scornful,
disdainful
desear to want, wish, desire
(2.3)
un **deseo** wish, desire
desesperado desperate
desgracia: por desgracia
unfortunately **(10.4)**
un **desierto** desert
el **desorden** mess, disorder
un **despertador** alarm clock
despertarse (e→ie) to wake
(oneself) up
después later **(5.1);** after
that **(9.4);** then,
afterward(s)

después de *(prep.)* after
(9.2)
después que *(conj.)* after
determinado determined
detrás (de) behind, in back
(of) **(10.4)**
devastar to devastate,
destroy
devolver (o→ue) to return,
give back
D.F. *abbreviation of* **Distrito**
Federal, Federal District
see **México**
di (I) gave (*see* **dar**)
di say, tell (*command; see*
decir)
un **día** day **(1.5)**
al día a (per) day
algún día someday
buenos días good
morning **(1.2)**
el día de ayer yesterday
el Día de la Madre
Mother's Day
el Día de los Enamorados
Valentine's Day
el día del santo saint's
day, name day
el día de mi santo my
saint's day
el Día de San Fermín
Saint Fermín's Day
(July 7)
el Día de San Juan Saint
John the Baptist's Day
(June 24)
todos los días every day
(6.4)
un día one day, someday
un día de clases day in
school
un día de fiesta holiday
un **diablo** devil
un **diagrama** chart, diagram
un **diálogo** dialog
diario daily
un **diario** diary, daily newspaper
el diario de la mañana
morning newspaper
un **dibujante, una dibujante**
draftsman, designer **(9.1)**
dibujar to draw **(9.1)**
el **dibujo** drawing *(art)*
un **diccionario** dictionary
¿dices ...? do you say ...?
diciembre December **(1.5)**

los **dientes** teeth **(7.1)**
lavarse los dientes to
brush one's teeth
dieta: a dieta on a diet
una **diferencia** difference
diferente different
difícil difficult **(8.1)**
digas: no digas don't say
(command)
¡no me digas! you don't
say! **(4.3)**
la **diligencia** diligence
dinámico dynamic, energetic
el **dinero** money **(6.1)**
¡Dios mío! gosh! **(5.3)**
una **dirección** *(pl.* **direcciones)**
address
directamente directly,
straight
directo direct
un **director, una directora**
principal *(school),* director
la **disciplina** discipline
disciplinado disciplined
un **disco** record **(2.1)**
una **discoteca** discotheque
discreto discreet
una **discusión** *(pl.* **discusiones)**
argument, discussion
un **diseñador, una diseñadora**
designer
un(a) diseñador(a) de
modas fashion designer
disgusta: me disgusta I
(really) dislike
una **disposición**
(pl. **disposiciones)**
disposition, temperament
dispuesto a inclined to
la **distancia** distance
la **diversidad** diversity
una **diversión** pastime, leisure
activity, hobby
las diversiones pastimes
(6.3)
divertido amusing, fun
(3.2); entertaining
divertirse (e→ie) to enjoy
oneself, have fun **(7.4)**
dividido divided
doblado dubbed *(film)*
dobles: un torneo de dobles
femenino women's
doubles tournament *(tennis)*
un **doctor, una doctora** doctor
(9.1)

un **documental** documentary
el **dólar** dollar *(monetary unit)*
un **dólar** dollar *(coin or bill)*
dolor: un dolor de cabeza
   headache
**Dolores: Nuestra Señora de
   los Dolores** Our Lady of
   the Sorrows
**doméstico: un animal
   doméstico** pet
un **domicilio** residence
la **dominación** domination, rule
dominar to dominate
domingo Sunday **(1.5)**
   el domingo (on) Sunday **(6.4)**
   los domingos (on)
      Sundays **(6.4)**
dominicano Dominican *(from
   the Dominican Republic;
   also noun)*
donde where **(2.3)**; in which
¿dónde? where? **(2.3)**
   ¿adónde? where? (to
      where?) **(4.2)**
   ¿de dónde? from where?
      (where . . . from?) **(3.4)**
   ¿de dónde eres? where
      are you from?
dormir (o→ue) to sleep **(6.3)**
dormirse (o→ue) to fall
   asleep **(7.4)**
dos two **(1.3)**
   dos mil two thousand **(7.2)**
   dos veces twice **(9.3)**
doscientos two hundred **(7.2)**
Dr., Dra. *abbreviation of*
   doctor, doctora
un **drama** play, drama
el **driblar** dribbling *(soccer)*
duda: sin duda doubtless **(9.1)**
un **dueño, una dueña** owner
dulce sweet
los **dulces** candy
la **duración** duration
durante during **(8.2)**
durar to last
duro: un huevo duro hard-
   boiled egg

e

e and *(used for* **y** *before
   words beginning with* **i** *or* **hi)**

la **economía** economics
económico economic
ecuatoriano Ecuadorian *(also
   noun)*
la **edad** age
   **a la edad de (diez y
      nueve) años** at the
      age of (nineteen), at
      (nineteen) years of age
un **edificio** building
   **un edificio de
      apartamentos**
      apartment building
la **educación** education
egipcio Egyptian *(also noun)*
egoísta selfish
¡eh! hey!
un **ejecutivo, una ejecutiva**
   executive
ejemplo: por ejemplo for
   instance, for example **(7.4)**
un **ejercicio** exercise
   hacer ejercicio to
      exercise
ejercitar to exercise
el *(pl.* **los)** the *(m.)* **(3.1)**
   el de that of
   el (dos) de (mayo) the
      (second) of (May) **(1.5)**
   el (lunes) on (Monday)
      (6.4)
   el (rojo) the (red) one *(m.)*
   **el (sábado) por la mañana
      (tarde, noche)** (on)
      (Saturday) morning
      (afternoon, night *or*
      evening) **(6.4)**
   el (15) de (junio) on
      (June) (15)
él he **(2.2)**; him *(after prep.)*
   (2.4)
la **electricidad** electricity
un **electricista, una electricista**
   electrician **(9.4)**
eléctrico electric
   un aparato eléctrico
      (electrical) appliance
la **electrónica** electronics
electrónico electronic
la **elegancia** elegance
   con (mucha) elegancia
      (very) elegantly
elegante elegant
elemental elementary
un **elemento** element

eliminar to eliminate, get rid
   of
ella she **(2.2)**; her *(after
   prep.)* **(2.4)**
ellas they *(f.)* **(2.2)**; them
   (f.; after prep.) **(2.4)**
ellos they *(m.)* **(2.2)**; them
   (m.; after prep.) **(2.4)**
la **emancipación** emancipation
un **embajador, una embajadora**
   ambassador
embargo: sin embargo
   however, nevertheless **(7.1)**
emocionante exciting
emparentado related
empezar (e→ie) to begin
   (6.3)
   empezar a + *inf.* to begin
      to **(6.3)**
empieza start, begin
   (command)
un **empleado, una empleada**
   employee, clerk **(9.2)**;
   salesperson
**empleos: una agencia de
   empleos** employment
   agency
una **empresa** firm, company
en in **(2.1)**; at **(4.2)**; on, of,
   about, into
   **en avión (barco, tren,
      autobús, auto o coche,
      bicicleta)** by plane
      (boat, train, bus, car,
      bicycle) **(4.4)**
   en buena forma fit, in
      good shape
   en casa at home **(4.2)**
   en casa de . . . at . . .'s
      (house) **(4.2)**
   en clase in class
   en general generally
      (6.4)
   en grupo in a group
   en la clase in the
      classroom
   en la escuela in (at)
      school
   en mi opinión in my
      opinion **(6.2)**
   en moto by (on a)
      motorcycle
   en orden in order, tidy
   en seguida right away,
      immediately

en toda ocasión on all occasions, at all times

en todas partes everywhere

en todo throughout

en total in all, altogether

en vez de instead of **(9.2)**

en voz alta (baja) in a loud (low) voice

enamorado in love

el Día de los Enamorados Valentine's Day

estar enamorado de to be in love with

enamorarse to fall in love

encantado (de) delighted *(by, with)*

encantan: me encanta(n) I love

un **encargado, una encargada** person in charge

enciendes (you) turn on *(the radio)*

un **encierro** penning *(driving bulls into pen before bullfight)*

encima (de) on top (of), above, over **(10.4)**

encontrar (o→ue) to find *(something lost),* to meet *(by chance),* run into **(6.3);** to find *(consider),* think

me encuentra simpático (she) thinks I'm nice

una **encuesta** survey, poll

un **enemigo, una enemiga** enemy

la **energía** energy, vigor

enérgico energetic

enero January **(1.5)**

el **énfasis** emphasis

un **enfermero, una enfermera** nurse **(9.1)**

enfermo sick **(4.3)**

un **enfermo, una enferma** sick person, patient

engañoso tricky, slippery *(deceitful)*

enojado upset, angry **(8.1)**

enojar to upset, annoy, make (someone) mad

enojarse (con) to get angry (with), get mad (at)

enorme enormous, huge

una **ensalada** salad **(8.4)**

enseñar to teach **(4.1);** to show, point out **(4.1)**

entender (e→ie) to understand **(6.3)**

enterrado buried

entero whole, entire

del mundo entero from all over the world

un **entierro** burial

entonces then **(8.2)**

entonces . . . well, then . . . **(3.4)**

entra enter *(command)*

una **entrada de cine** movie ticket

entrar (a, en) to enter, go into (something)

entre between, among

entre paréntesis in parentheses

una **entrevista** interview

entrevistar to interview

envidioso envious

una **época** time *(period of time)*

equilibrado well-balanced

el **equilibrio** balance, equilibrium

un **equipo** team **(6.2);** equipment

un deporte de equipo team sport

un equipo de (fútbol) (soccer) team

todo un equipo submarino diving equipment, complete diving outfit

la **equitación** horseback riding

equivocarse to make a mistake **(8.2)**

eras (you) were

es (he, she, it) is, (you, *formal)* are **(3.1)**

es . . . this is . . . *(on the phone)* **(9.3)**

es de (Rosa) it belongs to (Rosa), it's (Rosa)'s

es decir that is to say

es el (doce) de (octubre) it's the (twelfth) of (October), it's (October) (12) **(1.5)**

es importante (imposible, mejor, necesario, posible, útil, etc.) it is important (impossible,

better, necessary, possible, useful, etc.)

esa that *(f.)* **(7.2)**

esas those *(f.)* **(7.2)**

escaparse to escape, run away

una **escena** scene

un **escenógrafo, una escenógrafa** set designer

escoge choose *(command)*

escoger to choose, pick (out)

escolar school *(adj.)*

un año escolar school year

el **Escorial** *former royal residence near Madrid, Spain*

escribe write *(command)*

escríbenos write (to) us

escribir to write **(5.1)**

escribir a máquina to type **(9.1)**

un **escritor, una escritora** writer

escúchalos listen to them

escuchar to listen (to) **(2.1)**

¡escucha! listen!

una **escuela** school **(4.2)**

a la escuela to (at) school

en la escuela in (at) school

irse a la escuela to leave for school

la cafetería de la escuela the school cafeteria

una escuela comercial business school

una escuela primaria (secundaria) elementary (secondary) school

una escuela técnica technical school

una **escultura** sculpture

ese that *(m.)* **(7.2)**

ése that (one) *(m.)*

eso that *(neuter)*

por eso therefore, that's why **(2.4);** because of that

esos those *(m.)* **(7.2)**

un **espacio** space

los **espaguetis** spaghetti

una **espalda** back **(7.4)**

España Spain **(3.4)**

español *(f.* **española)**
Spanish *(also noun)* **(3.4)**
el **español** Spanish *(language)*
(una clase) de español
Spanish (class)
especial special
especializado specialized
especialmente especially
un **espejo** mirror
la **esperanza** hope
esperar to hope **(2.3);** to
wait for **(4.1)**
espérate hold on, hold your
horses
espiritual spiritual
espléndido splendid
una **esposa** wife **(5.2)**
un **esposo** husband **(5.2)**
el **esquí** skiing **(6.2)**
una **«cancha de esquí»**
ski resort
un **esquí** *(pl.* **esquís)** ski
un **esquiador, una esquiadora**
skier
esquiar (i→i) to ski
una **esquina** corner
esta this *(f.)* **(7.2)**
esta noche tonight
esta vez this time **(9.3)**
ésta this (one) *(f.)*
está: está nublado it's
cloudy **(1.6)**
estable stable, firm
una **estación** *(pl.* **estaciones)**
season **(1.6);** station
una estación de servicio
service station, gas station
un **estadio** stadium
estadístico statistical
un **estado** state
los Estados Unidos
United States **(3.4)**
una **estampilla** stamp
un **estante** bookcase **(10.4)**
* **estar** to be, be located **(4.2)**
estar a dieta to be on a
diet
estar de moda to be in
fashion, be in style
estar bonita to be (look)
pretty
estar celoso to be jealous
estar de acuerdo to agree
estar de vacaciones to
be on vacation

estar dispuesto a + *inf.*
to be inclined to
estar en buena forma to
be in good shape,
be fit
estar enamorado de to
be in love with
estar *(pres. tense)* + *pres.*
part. to be . . .ing
estas these *(f.)* **(7.2)**
éstas *(pron.)* these *(f.)*
una **estatua** statue
este this *(m.)* **(7.2)**
éste this (one) *(m.)*
el **este** east
un **estilo** style
estimado dear *(opening a*
formal letter)
esto this *(neuter)*
estos these *(m.)* **(7.2)**
éstos *(pron.)* these *(m.)*
estrecho narrow **(7.1)**
una **estrella** star
estrellar to smash, crash
estricto strict
una **estructura** structure
un **estudiante, una estudiante**
student **(3.1)**
estudiar to study **(2.1)**
estudiar mucho to study
hard
un **estudio** study, studio
los estudios studies
un estudio de televisión
television (TV) studio
un período de estudio
study period
estupendamente
stupendously, terrifically
estupendo stupendous,
terrific **(5.4)**
¡qué (chico) tan
estupendo! what a
terrific (boy)! **(5.4)**
estúpidamente stupidly
europeo European *(also*
noun)
un **evento** event
exactamente exactly
la **exactitud** exactitude,
punctuality
exacto exact, right
exagerado exaggerated
un **examen** *(pl.* **exámenes)** test,
exam **(8.1)**

un examen de (inglés)
(English) test
examinar to examine
excedió (he) surpassed
excelente excellent
excéntrico eccentric
excepcional exceptional
excepto except
exclusivamente exclusively
una **excursión** *(pl.* **excursiones)**
outing, trip, excursion
el **éxito** success
tener éxito to succeed
explica explain *(command)*
una **explicación**
(pl. **explicaciones)**
explanation
explicar to explain
un **explorador, una exploradora**
explorer
explorar to explore
la **exportación** exporting,
exportation
expresa express *(command)*
expresar to express
expresarse to express oneself
una **expresión** *(pl.* **expresiones)**
expression
extenso extensive
exterior: el aspecto exterior
outward appearance
extranjero foreign
un **extranjero, una extranjera**
foreigner
extraordinario extraordinary
el **extremo** wing *(soccer)*
un **extremo** end, side

f

una **fábrica** factory **(9.1)**
fabuloso fabulous **(5.4)**
¡qué (chica) tan fabulosa!
what a fabulous girl! **(5.4)**
fácil easy **(8.1)**
la **facilidad** facility, ability
con facilidad with ease
la facilidad para los
idiomas facility
(ability) in languages

fácilmente easily

una **falda** skirt **(7.2)**

falso false

una **familia** family **(5.2)**

familiar family *(adj.)*

famoso famous

fantástico fantastic, terrific

¡fantástico! great! **(2.1)**

¡qué (profesor) tan fantástico! what a fantastic (teacher)! **(5.4)**

un **farmacéutico, una farmacéutica** pharmacist, druggist

un **favor** favor

hazme el favor de + *inf.* please . . . **(10.1)**

por favor please **(1.3)**

favorito favorite

la **fe** faith

febrero February **(1.5)**

la **fecha** date *(on the calendar)* **(1.5)**

¿cuál es la fecha de hoy (mañana?) what is today's (tomorrow's) date? **(1.5)**

felicitar to congratulate

feliz *(pl.* felices*)* happy **(8.1)**

Feliz Navidad Merry Christmas

femenino feminine, women's

fenomenal terrific, phenomenal

feo ugly, plain **(3.2)**

un **ferrocarril** railroad

la línea del ferrocarril railroad tracks

fiarse (i→i) de to trust

la **ficción** fiction

la ciencia-ficción science fiction

una **fiesta** party, festival

un día de fiesta holiday

la **filosofía** philosophy

el **fin** end **(8.1)**

a fin de cuentas all in all **(6.3)**

los fines de semana on (the) weekends

un fin de semana weekend **(1.5)**

un **finalista, una finalista** finalist *(sports)*

finalmente finally

una **finca** farm

una **firma** signature

la **física** physics

físico physical

el **flamenco** *vigorous, rhythmic dance style of the gypsies of southern Spain*

una **flauta** flute

flojo poor *(quality)*

una **flor** flower

Florida: la Pascua Florida Easter

folklórico folk

la **forma** form, shape, (physical) fitness

(estar) en buena forma (to be) in good shape, (be) fit

mantenerse en forma to keep (oneself) in shape, keep (oneself) fit

la **formalidad** formality

formar: formar parte de to be (a) part of

formidable terrific

un **formulario** form *(document)*

una **fortaleza** fortress

una **foto** photo, picture **(3.3)**

sacar fotos to take pictures **(4.1)**

la **fotografía** photography

fotográfico: un concurso fotográfico photography contest

un **fotógrafo, una fotógrafa** photographer **(9.2)**

francamente frankly

francés *(f.* francesa*)* French *(also noun)* **(3.4)**

el **francés** French *(language)*

(un profesor) de francés French (teacher)

Francia France

franco frank

una **frase** sentence

la **frecuencia** frequency

con (mucha) frecuencia (very) frequently, (very) often

frecuente frequent

frecuentemente frequently

una **frente** forehead **(7.1)**

fresco fresh

los **frijoles** beans **(10.2)**

el **frío** cold

hace frío it's cold *(weather)* **(1.6)**

tener frío to be cold **(8.4)**

frito fried

las papas fritas French fries

una **frontera** border *(between countries)*

frustrado frustrated

las **frutas** fruit(s) **(10.2)**

el jugo de frutas fruit juice **(8.4)**

fue (he, she, it) was

fue: se fue (she) left, went away

fuera de outside (of)

fuera de casa outside the home

fuera de lugar out of place

fueron (they) were

fuerte strong **(7.1)**; bright *(color)*, bad *(headache)*, heavy *(meal)*

la **fuerza** force, strength

fui (I) was, went

fumar to smoke

funcionar to work *(function)*

el **fútbol** soccer **(6.2)**

el fútbol americano football *(sport)* **(6.2)**

el **futuro** future

el futuro próximo near future

futuro future

g

una **galería** gallery

una **gallina** hen

un **gallo** rooster

ganador *(f.* ganadora*)* winning

el país ganador winning country

un **ganador, una ganadora** winner

ganar to earn *(money)* **(2.2)**; to gain, to win
(el) ganar winning
ganas: tener ganas de + *inf.* to feel like . . . ing **(3.4)**; to want to
un **garaje** garage **(5.3)**
   la venta en el garaje (de Luisa) (Luisa's) garage sale
los **garbanzos** chickpeas
una **gaseosa** carbonated beverage, soft drink **(8.4)**
una **gasolinera** gas station (Mexico)
gastar to spend *(money)* **(6.1)**
un **gasto** expense **(6.1)**
un **gato** cat **(5.2)**
un **gemelo, una gemela** twin
generaı general
   en general generally **(6.4)**
   por lo general generally **(6.4)**
   generalmente generally **(6.4)**
la **generosidad** generosity
generoso generous
la **gente** people **(3.1)**
   la gente de hoy people today
la **geografía** geography
un **gerente, una gerente** manager **(9.2)**
un **gesto** gesture
la **gimnasia** gymnastics **(6.2)**
un **gimnasio** gym(nasium)
un **gobierno** government
un **gol** goal *(sports)*
gordo fat, chubby **(3.2)**
una **grabadora** tape recorder **(3.3)**
la **gracia** grace
gracias thank you, thanks **(1.3)**
   ¡mil gracias! a thousand thanks! **(10.1)**
   ¡un millón de gracias! a million thanks! **(10.1)**
un **grado** degree **(1.6)**
graduarse (u→ú) to graduate
un **gramo** gram *(1/1000 of a kilogram, or about 1/28 of an ounce)*

gran great *(used for* **grande** *before sing. noun)* **(3.3)**; large, big
grande big, large **(3.3)**; great
   (la ciudad) más grande biggest (city)
   uno de los grandes one of the greats
grandísimo very big (large)
una **granja** farm *(Spain)*
gratis free *(of charge)*
gregario sociable, gregarious
griego Greek *(also noun)*
la **gripe** flu
gris gray **(7.2)**
un **grupo** group
   en grupo in a group
una **guagua** bus *(Puerto Rico, Cuba)*
guapo handsome *(m.),* goodlooking *(m. and f.)* **(3.2)**
una **guerra** war
un **guía, una guía** guide *(leader)* **(9.1)**
   un(a) guía de turismo tour guide
una **guía** guide *(model)*
una **guitarra** guitar
   la guitarra flamenca *guitar used to accompany flamenco dancing*
   la música de guitarra guitar music
un **guitarrista, una guitarrista** guitarist
gustar to please, be pleasing **(6.2)**
   ¿le gusta(n)? do you *(formal)* like?
   ¿les gusta(n)? do you *(pl.)* like?
   me gusta(n) más I like better, I prefer **(6.2)**
   ¿me gustan las matemáticas? do I like math?
   (no) me gusta(n) I (don't) like **(2.4) (6.2)**
   (no) te gusta you (don't) like

   ¿(no) te gusta(n)? do you (don't you) like? **(2.4) (6.2)**
   nos gusta we like
   ¿qué deporte te gusta más? what sport do you like best (prefer)?
   ¿te gusta(n) más? do you like better? do you prefer?
el **gusto** taste
   a cada uno su gusto each to his or her own taste
   con mucho gusto with pleasure **(1.3)**

h

ha: ha invitado (he, she) has invited
ha pedido has asked
Habana: La Habana Havana *(capital of Cuba)*
   la Pequeña Habana Little Havana
una **habilidad** ability
un **habitante, una habitante** inhabitant
un **hábito** habit *(monk's robe)*
habitualmente habitually
habla: de habla española Spanish-speaking
hablar to speak **(2.1)**; to talk
   hablar con to speak with, talk to
   hablar de to talk about
   hablar (español) bien, hablar bien el (español) to speak (Spanish) well
* **hacer** to do, to make **(5.2)**
   ¿cuánto tiempo hace que + *(verb in the present)?* (for) how long . . .? **(8.1)**
   hace buen (mal) tiempo the weather's nice (bad) **(1.6)**
   hace (calor, mucho calor, frío, sol, viento) it's (warm [hot], very warm [very hot], cold, sunny, windy) *(weather)* **(1.6)**

hace *(period of time)* **que** *(verb in the present)* I have *(etc.)* been ... ing for ...

hacer ejercicio to exercise

hacer el payaso to clown around

hacer entrar to make *(something)* enter

hacer la cama to make the (one's) bed

hacer la maleta to pack a suitcase **(5.2)**

hacer la tarea to do the assignment **(5.2)**

hacer las tareas to do homework **(5.2)**

hacer un viaje to go on a trip **(5.2)**; to make a voyage

hacer una entrevista to have an interview

hacer una pregunta to ask a question

¿qué tiempo hace? what's the weather like? **(1.6)**

tener (mucho) que hacer to have (a lot) to do

hacia toward(s) **(10.4)**

hambre: tener hambre to be hungry **(8.4)**

una **hamburguesa** hamburger **(8.4)**

un **hámster** hamster

hasta until **(8.2)**

hasta la vista so long **(1.2)**

hasta luego see you later **(1.2)**

hasta pronto see you soon

hasta tarde until late (at night)

quedarse hasta más tarde to stay after *(school)*

Hawai Hawaii

hay there is, there are **(3.1)**

(hay) mucho que (hacer) (there is) a lot (to do)

hay que one has to

no hay there is (are) no **(3.3)**

no hay de qué you're welcome **(1.3)**

haz: haz el papel (los papeles) de ... play the part (parts) of ...

hazle una pregunta ask him (her) a question

hazme el favor de + inf. please ... **(10.1)**

hecho taken

una **heladería** ice cream parlor

un **helado** ice cream **(8.4)**

la **herencia** heritage

una **hermana** sister **(5.2)**

una **hermanita** little sister

un **hermanito** little brother

un **hermano** brother **(5.2)**

los **hermanos** brothers, brother(s) and sister(s)

hice (I) did, made

hicieron (they) did

¿qué hicieron? what did they do?

hiciste (you) did

el **hielo** ice

una **hija** daughter **(5.2)**

un **hijo** son **(5.2)**

los **hijos** children, son(s) and daughter(s)

un **hipódromo** racetrack *(horses)*

hispánico Hispanic

hispano Hispanic *(also noun)*

los **hispanos** Hispanic people

Hispanoamérica Spanish America

hispanoamericano Spanish-American *(also noun)*

hispanohablante Spanish-speaking *(also noun)*

la **historia** history, story

histórico historical

lo histórico historical things, what is historical

las **historietas (cómicas)** comics, comic strips

hizo (he, she) did, made, took *or* went on *(trip)*

¡hola! hi! hello! **(1.2)**

un **hombre** man **(3.1)**

hondureño Honduran *(also noun)*

la **honestidad** honesty

una **hora** hour, time **(1.4)**

a la hora de comida at mealtime

¿a qué hora? (at) what time? **(1.4)**

las altas horas de la madrugada early morning hours

media hora a half hour, half an hour

por hora per hour

un **horario** schedule

un horario de clases class schedule

horizontalmente horizontally, from side to side

el **horóscopo** horoscope

horror: ¡qué horror! how horrible! how awful!

un **hospicio** orphanage

un **hospital** hospital

la **hospitalidad** hospitality

hoy today **(1.5)**

hoy día today, nowadays

hoy no not today

la gente de hoy people today

una **huerta** vegetable garden

un **huevo** egg **(10.2)**

un huevo duro hard-boiled egg

el **humo** smoke

el **humor** mood, humor

(estar) de buen (mal) humor (to be) in a good (bad) mood

el buen humor good mood, high spirits

el mal humor bad mood, ill humor

un sentido del humor sense of humor

húngaro Hungarian *(also noun)*

i

ibérico Iberian

la Península Ibérica the Iberian Peninsula (Spain and Portugal)

idealista idealistic

idéntico identical

identificar to identify

un **idioma** language

una **iglesia** church **(4.2)**

ir a la iglesia to go to church

ignorar to ignore

una **iguana** iguana *(large South American lizard)*

la **iluminación** lighting
el (la) **encarcado(a) de la iluminación** lighting director *(theater)*
ilustrar to illustrate
imagina imagine *(command)*
la **imaginación** imagination
imaginar to imagine
imitar to imitate
impaciencia: con impaciencia impatiently
impecable impeccable
un **impermeable** raincoat **(7.2)**
importa: no importa it doesn't matter
la **importación** importing, importation
los **negocios de importación** importing business
la **importancia** importance
importante important
imposible impossible
lo **imposible** the impossible
la **impulsividad** impulsiveness
inaceptable unacceptable
un **inca, una inca** Inca *(an Indian of the group of peoples that ruled Peru before the Spanish conquest)*
incluso even, including
incluye (it) includes
incluyen (they) include
increíble incredible
indeciso undecided
indefinido indefinite
la **independencia** independence
independiente independent
indicar to indicate
un **índice** index finger
indiferente indifferent
indio Indian *(also noun)*
indirecto indirect
individual individual
una **casa individual** private (single-family) home
la **individualidad** individuality
individualista individualistic
un **infinitivo** infinitive
una **influencia** influence
influyeron en (they) influenced

la **información** information
informal informal **(7.1)**
la **informalidad** informality
un **ingeniero, una ingeniera** engineer **(9.2)**
Inglaterra England
inglés (*f.* **inglesa**) English *(also noun)* **(3.4)**
el **inglés** English *(language)*
(una clase) **de inglés** English (class)
inicial initial (at the beginning of a word)
iniciar to initiate, start
inmediatamente immediately
inmediato immediate
la **inmigración** immigration
insistir en + *inf.* to insist on ... ing
una **institución** (*pl.* **instituciones**) institution
un **instituto** secondary school (high school, junior high school, middle school)
un **instrumento** instrument
un **instrumento de música** musical instrument
intelectual intellectual
inteligentemente intelligently
intercambiar to exchange
un **intercambio** exchange
un(a) **estudiante de intercambio** exchange student
un **programa de intercambio (de estudiantes)** (student) exchange program
un **interés** (*pl.* **intereses**) interest
interesado interested
interesante interesting **(3.2)**
interesar to interest, be of interest to, appeal to
interesarse (en) to be interested (in)
interescolar interscholastic
el **interior** inside *(soccer)*
interiores: un(a) decorador(a) de interiores interior decorator
internacional international
una **interpretación** (*pl.* **interpretaciones**) interpretation

un **intérprete, una intérprete** interpreter
interrogar to interrogate, question
interrogativo interrogative *(asking a question)*
íntimo intimate, private
introdujeron (they) introduced
inútil useless **(8.1)**
inútilmente needlessly, for no (good) reason
inventar to invent
investigar to investigate
el **invierno** winter **(1.6)**
las **Olimpíadas de Invierno** Winter Olympics
una **invitación** (*pl.* **invitaciones**) invitation
invitado: ha invitado (he, she) has invited
invitar to invite **(4.1)**
invitar a + *inf.* to invite (someone) to (do something)
* **ir** to go **(4.2)**; to match *(colors)*
ir a + *inf.* to be going to **(4.2)**; to go to
ir a la escuela to go to school
ir a la iglesia to go to church
ir a pie to go on foot, walk **(4.4)**
ir al centro to go downtown, into town
ir al cine to go to the movies
ir de compras to go shopping
ir en avión (barco, tren, autobús, auto o coche, bicicleta) to go by plane (boat, train, bus, car, bicycle) **(4.4)**
Irlanda Ireland
irlandés (*f.* **irlandesa**) Irish *(also noun)*
* **irse** to go away, leave **(7.4)**
irse de to leave *(go out of something)*
irse a la escuela (al trabajo) to leave for school (work)

una **isla**   island
    la «**Isla Encantada**»
      Enchanted Isle *(= Puerto Rico)*
    Italia   Italy
    italiano   Italian
el **italiano**   Italian *(language)*
la **izquierda**   left, left side
    a la izquierda (de)   on (to) the left (of)   **(10.4)**
    izquierdo   left   **(7.4)**

j

un **jaguar**   jaguar *(large South American cat similar to a leopard)*
el **jai alai**   jai alai *(extremely fast court game originating among the Basques of Spain)*
la **jalea**   jelly
el **jamón**   ham   **(10.2)**
el **Japón**   Japan
el **japonés**   Japanese *(language)*
un **jardín** *(pl.* **jardines)**   garden **(5.3)**
un **jefe, una jefa**   boss
un **jinete**   jockey
una **jirafa**   giraffe
    joven *(pl.* **jóvenes)**   young **(7.1)**
un **joven**   young man   **(3.1)**
    los jóvenes   young people
una **joven**   young woman   **(3.1)**
una **joya**   jewel
    unas joyas   jewelry
    juegan   (they) play
    juegas   (you) play
un **juego**   game
    el juego de bolos   (candlepin) bowling
    los Juegos Olímpicos   Olympic Games
    los Juegos Panamericanos   Pan-American Games
    un juego de cabeza   header *(soccer)*
    jueves   Thursday   **(1.5)**
    el jueves   (on) Thursday **(6.4)**
    los jueves   (on) Thursdays **(6.4)**

un **jugador, una jugadora**   player   **(6.2)**
    el jugador más valioso   most valuable player
    un(a) jugador(a) de (tenis)   (tennis) player
jugar (u→ue)   to play   **(6.2)**
    jugar a   to play *(sport)* **(6.2)**
    jugar al ajedrez   to play chess
un **jugo**   juice
    el jugo de frutas   fruit juice   **(8.4)**
    el jugo de naranja (limón)   orange (lemon) juice
julio   July   **(1.5)**
junio   June   **(1.5)**
juntos   together
la **justicia**   justice, law *(profession)*
justo   fair, just
juveniles: los problemas juveniles   young people's problems
la **juventud**   youth *(young people)*

k

un **kilo (gramo)**   kilo, kilogram *(1000 grams, or 2.2 pounds)*
un **kilómetro**   kilometer *(1000 meters)*

l

la *(pl.* **las)**   the *(f.)*   **(3.1)**
    la (roja)   the (red) one *(f.)*
la *(obj. pron.)*   her, it *(f.)* **(4.4)**; you *(f. formal)*   **(6.1)**
un **laboratorio**   laboratory
    un laboratorio de lenguas   language laboratory
Láctea: la Vía Láctea   Milky Way *(galaxy containing the solar system)*
lado: a (mi) lado   next to (me)
    al lado   on (at, to) the side **(10.4)**
    al lado de   next to, beside, on (at, to) the side of   **(10.4)**

una **lámpara**   lamp   **(10.4)**
un **lápiz** *(pl.* **lápices)**   pencil **(3.3)**
    largo   long   **(7.1)**
    (doscientos) metros de largo   (two hundred) meters long
    las   the *(f. pl.)*   **(3.3)**
    las que   those *(f.)* which
    las (rojas)   the (red) ones *(f.)*
las *(obj. pron.)*   them *(f.)* **(4.4)**; you *(f. pl.)*   **(6.1)**
lástima: ¡qué lástima!   too bad!   **(2.1)**
latino   Latin American *(also noun)*
    la América Latina   Latin America
    Latinoamérica   Latin America
    latinoamericano   Latin American *(also noun)*
lavar   to wash
lavarse   to wash (oneself) **(7.3)**
    lavarse el pelo (las manos)   to wash one's hair (hands)
le   to (for) him, to (for) her **(5.4)**; to (for) you *(formal)* **(6.1)**; to (for) it
    ¿le gusta(n)?   do you *(formal)* like?
una **lección** *(pl.* **lecciones)**   lesson
la **lectura**   reading   **(5.1)**
    un ejercicio de lectura   reading exercise
la **leche**   milk   **(8.4)**
la **lechuga**   lettuce
lee   read *(command)*
leer   to read   **(5.1)**
legendario   legendary
las **legumbres**   vegetables
lejos (de)   far (from)   **(4.2)**
una **lengua**   language
    un laboratorio de lenguas   language laboratory
un **lenguaje**   language
lento   slow
un **léon** *(pl.* **leones)**   lion
les   to (for) them   **(5.4)**; to (for) you *(pl.)*   **(6.1)**
    ¿les gusta(n)?   do you *(pl.)* like?
    levanta: se levanta   (he) gets up

levantado raised
levantarse to get up **(7.4)**
la **libertad** liberty, freedom
un **libertador, una libertadora**
liberator
Libra Libra *(zodiac sign)*
libre free
una **librería** bookstore
un **libro** book **(3.3)**
　　un libro de (castellano)
　　(Spanish) book
un **liceo** secondary school (high
　　school, junior high school,
　　middle school)
una **licuadora** blender
un **líder, una líder** leader
una **liebre** hare
una **liga** league
　　las grandes ligas major
　　leagues *(baseball)*
　　ligero: el peso ligero
　　lightweight *(boxing)*
un **limón** *(pl.* **limones)** lemon
una **limonada** lemonade
limpiar to clean, clean up
　　(out)
limpio clean, neat
lindo pretty **(7.1)**
una **línea** line
　　una línea aérea airline
　　la línea de puerta goal
　　line *(soccer)*
　　la línea del ferrocarril
　　railroad tracks
Lisboa Lisbon *(capital of
Portugal)*
liso straight *(hair)* **(7.1)**
la **literatura** literature
lo *(neuter pron.)* the, that, it
　　lo cierto what is certain
　　lo contrario the opposite
　　lo histórico (moderno)
　　historical (modern)
　　things, what is historical
　　(modern)
　　lo imposible the
　　impossible
　　lo más importante the
　　most important thing
　　lo mismo the same
　　(thing)
　　lo moderno modern
　　things, what is modern
　　lo que what *(the things
　　that)* **(9.4)**; that which

lo siento (I'm) sorry
(no) lo creo I (don't)
　　believe it (that)
(no) lo sé I (don't) know
　　(that)
por lo general generally
　　(6.4)
lo *(obj. pron.)* him, it *(m.)*
　　(4.4); you *(m. formal)* **(6.1)**
locamente madly
loco crazy, mad
la **locuacidad** talkativeness
un **locutor, una locutora** radio
　　or TV announcer **(9.2)**
lógicamente logically
lógico logical
Londres London
la **longitud** length
los the *(m. pl.)* **(3.3)**
　　los (domingos) on
　　(Sundays) **(6.4)**
　　los (rojos) the (red) ones
　　(m.)
los *(obj. pron.)* them **(4.4)**;
　　you *(pl.)* **(6.1)**
luego then **(8.4)**
　　hasta luego see you later
　　(1.2)
un **lugar** place **(4.2)**
　　cualquier lugar
　　anywhere, anyplace
un **lujo** luxury
　　un artículo de lujo
　　luxury
la **luna** moon
lunes Monday **(1.5)**
　　el lunes (on) Monday
　　(6.4)
　　los lunes (on) Mondays
　　(6.4)

ll

una **llama** llama *(South American
animal related to the camel)*
una **llamada** (telephone) call
llamar to call **(5.4)**
　　llamar a la puerta to
　　knock at the door
　　llamar por teléfono to
　　call on the phone **(5.4)**
　　llamarse to be called, be
　　named, call oneself

¿cómo se llama? what's
　　his (her) name? what is
　　he (she) called? **(3.1)**;
　　what is it called?
¿cómo se llaman? what
　　are their names? what
　　are they called? **(3.1)**
¿cómo te llamas? what's
　　your name? **(1.1)**
me llamo my name is
　　(1.1)
se llama his (her) name
　　is, (it) is called
si te llamas if your name
　　is
un **llano** plain
una **llegada** arrival
llegar to arrive **(4.1)**
　　llegar a + *noun or pron.*
　　to reach, get to
　　llegar a ser to become
llenar to fill
llenarse de to fill (be filled)
　　with
lleno (de) full (of), filled
　　(with)
llevar to take (someone or
　　something), carry
　　(something) **(4.1)**; to wear
　　(7.2)
llorar to cry, weep
llueve it's raining **(1.6)**; it
　　rains

m

la **madera** wood
una **madre** mother **(5.2)**
　　el Día de la Madre
　　Mother's Day
madrileño of (from)
　　Madrid
la **madrugada** early morning
　　**las altas horas de la
　　madrugada** early
　　morning hours
un **maestro, una maestra**
　　teacher **(3.1)**
　　**la práctica hace al
　　maestro** practice
　　makes perfect
magnífico terrific, great,
　　magnificent **(5.4)**

¡qué (regalo) tan
magnífico! what a
great (gift)! (5.4)
el maíz corn (10.2)
mal bad *(used for* malo
before m. sing. noun) (3.2)
mal *(adv.)* bad (1.2); badly,
poorly (2.1)
mal visto looked on with
disapproval
muy mal very bad,
terrible (1.2)
salir mal en (un examen)
to flunk (an exam) (8.1)
sentirse mal to feel bad
(sick)
una maleta suitcase
hacer la maleta to pack a
suitcase (5.2)
malo bad (3.2)
¡qué malo! that's bad! (1.6)
ser malo to be bad
(naughty), misbehave
la mamá mother (5.2)
manda send *(command)*
mandar to send (5.4)
mandar a hacer su ropa a
la modista to have
one's clothes made by a
seamstress
un mandato command
mándenos (Ud.) send (to) us
una manera manner, way
cada cual a su manera
each in his or her own
way
de todas maneras in any
case (10.3)
de una manera (diferente)
in a (different) way
un maní *(pl.* maníes *or* manises)
peanut
una mano hand (7.4)
con las manos with his
(their) hands
lavarse las manos to
wash one's hands
manso gentle
* mantener (e→ie) to
maintain, keep
mantener contacto to
maintain contact, keep
in touch
* mantenerse (e→ie) to keep
(maintain) oneself

mantenerse en contacto
to keep in contact
(touch)
mantenerse en forma to
keep (oneself) in shape,
keep (oneself) fit
la mantequilla butter (10.2)
manuscrito handwritten
las manzanas apples (10.2)
mañana tomorrow (1.5)
una mañana morning
de la mañana in the
morning, a.m. (1.4)
el (jueves) por la mañana
(on) (Thursday) morning
(6.4)
por la mañana in the
morning
un mapa map
una máquina machine; car
(Puerto Rico)
escribir a máquina to
type (9.1)
una máquina de coser
sewing machine
el mar sea (4.2)
un mar de a lot of, loads
of
una maraca *gourdlike instrument
usually played in pairs*
maravilloso marvelous
marcar to score *(sports)*
una marimba *kind of xylophone*
martes Tuesday (1.5)
el martes (on) Tuesday
(6.4)
los martes (on) Tuesdays
(6.4)
marzo March (1.5)
más more, most (4.4); and,
plus *(addition)*
el (la, los, las) + *noun* +
más + *adj.* the most
(adj.) (noun), the -est
(noun)
(los deportes) más
peligrosos y rápidos
fastest and most
dangerous *(sports)*
más de *(number)* more
than
más (estrictos) more
(strict), (strict)er
más grande larger, bigger
(7.1)

más pequeño smaller
(7.1)
más . . . que more . . .
than, -er than (7.1)
más tarde later
me gusta(n) más I like
better, I prefer (6.2)
¿te gusta(n) más? do you
like better? do you
prefer?
máscaras: un baile de
máscaras costume party
masculino masculine, men's
un match match *(sports)*
las matemáticas math
(una clase) de
matemáticas math
(class)
el matrimonio marriage
máximo maximum
mayo May (1.5)
el cinco de mayo the
Fifth of May *(Mexican
national holiday)*
mayor older (5.2) oldest
(7.1); elderly, largest
el (la) mayor, los (las)
mayores the oldest
las personas mayores
grown-ups, adults
mayor que older than
una hermana mayor
older sister, big sister
la mayoría majority
me to (for) me (6.1); myself,
to (for) myself (7.3)
me caigo (I) fall down
me disgusta I (really)
dislike
me encanta(n) I love
me gusta(n) más I like
better, I prefer (6.2)
me levanto (I) get up
me llamo my name is
(1.1)
me quedo I stay
(no) me gusta(n) I
(don't) like (2.4) (6.2)
la mecánica mechanics
mecánico mechanical
un mecánico, una mecánica
mechanic
una medalla medal
la medalla de oro gold
medal

455

media: (es la una) y media
(it's one) thirty, (it's) half
past (one) **(1.4)**
medial medial (in the middle
of a word, between vowels)
la medicina medicine
(profession)
un médico, una médica doctor,
physician
una medida measure,
measurement
medio half (a), middle
medio: el medio ala
halfback *(soccer)*
el medio centro center
halfback *(soccer)*
el peso medio
middleweight *(boxing)*
un medio means
un medio de transporte
means of transportation
el mediodía noon, midday
mejor better, best **(7.1)**
**el (la) mejor, los (las)
mejores** the best
mejor que better than
mejorar to improve
(something)
la melancolía melancholy
un melón *(pl.* **melones)** melon
una memoria memory
memorizar to memorize
menor younger **(5.2)**
youngest **(7.1)**
**el (la) menor, los (las)
menores** the youngest
menor que younger than
un(a) hermano(a) menor
younger brother (sister),
little brother (sister)
menos to *or* of *(telling time)*
(1.4); less
el (la, los, las) + *noun* +
menos + *adj.* the least
(adj.) (noun)
menos de *(number)* less
than
menos, no no less
menos .. que less . . .
than **(7.1)**
**(son las dos) menos
(cinco)** (it's) (five) to
(two) **(1.4)**
un mensaje message
una mentira lie
menudo: a menudo often **(5.1)**

un mercado market
merendar (e→ie) to have a
(late afternoon) snack
(10.2)
la merienda late afternoon
snack **(10.2)**
un mes month **(1.5)**
una mesa table **(10.4)**
poner la mesa to set the
table **(10.1)**
métrico metric
el sistema métrico metric
system
un metro meter *(unit of
measurement)*
mexicano Mexican *(also
noun)* **(3.4)**
mexicano-americano
Mexican-American *(also
noun)*
México Mexico **(3.4)**
la ciudad de México
Mexico City
**México, D.F. = México,
Distrito Federal**
Mexico, Federal District
una mezcla mixture
mezclar to mix, blend
mi, mis my **(5.2)**
mí me *(after prep.)* **(2.4)**
miedo: tener miedo to be
afraid
un miembro member
miércoles Wednesday **(1.5)**
el miércoles (on)
Wednesday **(6.4.)**
los miércoles (on)
Wednesdays **(6.4)**
mil a (one) thousand **(7.2)**
dos mil two thousand
(7.2)
¡mil gracias! a thousand
thanks! **(10.1)**
mil novecientos (ochenta)
19(80) *(date)*
mil quinientos fifteen
hundred **(7.2)**
un milímetro millimeter
(1/1000 of a meter)
una milla mile
un millón *(pl.* **millones)** million
(7.2)
**(treinta y cinco) millones
de (habitantes)** (thirty
five) million
(inhabitants)

¡un millón de gracias! a
million thanks! **(10.1)**
un millón (millones) de +
noun a million
(millions of)
un millonario, una millonaria
millionaire
un mini-diálogo mini-dialog
mínimo minimum
un minuto minute
¡un minuto! just a
minute!
mío: ¡Dios mío! gosh! **(5.3)**
mirar to watch, look (at)
(2.2)
¡mira! look! **(3.3);** look
at *(something)*!
¡mira a *(person)*! look
at . . .!
mirar a los ojos to look
into (someone's) eyes
mirar pasar a la gente
to watch the people go
by
mirarse to look at oneself
(7.3)
mismo same **(4.4)**
al mismo tiempo at the
same time **(8.3)**
contigo mismo with
yourself *(fam.)*
lo mismo the same
(thing)
el misterio mystery
misterioso mysterious
mixto mixed
la moda fashion
a la moda de after the
fashion of, in the style of
estar de moda to be in
fashion, be in style
ir a la moda to dress
fashionably
ir a la última moda to
follow the latest fashion,
to be (dressed) in the
latest fashions
**un(a) diseñador(a) de
modas** fashion
designer
una revista de modas
fashion magazine
un modelo, una modelo model
moderadamente moderately
una modista dressmaker,
seamstress **(9.4)**

un modo way, means

   un modo de vivir
lifestyle, way of life

un momentito just a minute *(on the phone)* **(9.3)**; moment

¡un momento! just a minute!

una mona monkey, ape *(f.)*

la moneda currency, money, coin

   una moneda de oro gold coin

   una unidad de moneda
monetary unit

un monja nun

un monje monk

un mono monkey **(5.2)**

una montaña mountain

un monumento monument

   morado: un ojo morado
black eye

   moreno dark-haired, brunet(te) **(3.2)**

   morir (o→ue) to die

   Moscú Moscow

una moto motorcycle **(3.3)**

   en moto by (on a) motorcycle

   mover (o→ue) to move (something), to shake *(one's head)*

una muchacha girl **(3.1)**

un muchacho boy **(3.1)**

   muchísimos a great many

   mucho much *(pl. many)*, a lot of **(3.3)**; very *(with* **calor, frío,** *etc.)*

   muchas gracias thank you **(1.3)**

   muchas veces many times, often **(9.3)**

   muchos many (others)

   mucho *(adv.)* a lot **(2.1)**; much

   estudiar (trabajar) mucho
to study (work) hard

los muebles furniture **(10.4)**

la muerte death

una mujer woman **(3.1)**

   mundial world *(adj.)*

   la Copa Mundial World Cup

el mundo world.

   del mundo entero from all over the world

   por todo el mundo all over the world

   todo el mundo everyone, everybody

un muñeco dummy

un mural mural

un músculo muscle

un museo museum **(4.2)**

   el Museo del Prado the Prado *(museum in Madrid)*

la música music

   musical musical

   un programa de variedades musicales
musical variety show

   una comedia musical
musical comedy **(6.3)**

muy very **(2.1)**

   muy mal very bad, terrible **(1.2)**

n

nací (I) was born

el nacimiento birth

   el lugar de nacimiento
birthplace

una nación *(pl.* **naciones)** nation

   las Naciones Unidas
United Nations

   nacional national

la nacionalidad nationality

   nada nothing, not anything **(6.1)**; not at all

   de nada you're welcome **(1.3)**

   nadar to swim **(2.2)**

   nadie no one, not anyone **(6.1)**

las naranjas oranges **(10.2)**

una nariz *(pl.* narices) nose **(7.1)**

la natación swimming **(6.2)**

   natal: la ciudad natal
hometown

la naturaleza nature

una nave ship

la Navidad Christmas

   Feliz Navidad Merry Christmas

   necesariamente necessarily

   necesario necessary

   necesitar to need **(2.3)**; to require

la negación negation

   negativo negative

la negligencia carelessness

   negligente careless, negligent

los negocios business

   los negocios de importación y exportación importing and exporting business

   negro black **(7.1)**

   neozelandés *(f.* **neozelandesa)**
from New Zealand *(also noun)*

   nervioso nervous

   nevado snow-covered, snow-capped *(mountain)*

   ni nor, (not) . . . or

   ni . . . ni neither . . . nor, (not) either . . . or

   nicaragüense Nicaraguan *(also noun)*

los nietos grandchildren

   nieva it's snowing **(1.6)**; it snows

la nieve snow

   ningún no, not any *(used for* **ninguno** *before m. sing. noun)* **(6.1)**

   ninguno no, not any **(6.1)**

los niños children

   no no **(1.1)**; not **(2.1)**

   ahora no not now

   ¡claro que no! of course not! **(2.2)**

   ¡cómo no! of course! **(2.2)**

   decir que no to say no **(5.3)**

   hoy no not today

   ¿no? no? right? isn't it? *etc.*

   no hay there is (are) no **(3.3)**

   no hay de qué you're welcome **(1.3)**

   no importa it doesn't matter

   no lo creo I don't believe it (that)

   no lo sé I don't know (that)

   ¡no me digas! you don't say! **(4.3)**

   no . . . nada nothing, not anything **(6.1)**

   no . . . nadie no one, not anyone **(6.1)**

   no . . . ni . . . ni not either . . . or, neither . . . nor

no . . . ninguno (ningún)
no, not any **(6.1)**
no . . . nunca never, not
ever **(6.1)**
no puedo I can't **(2.3)**
no sólo . . . sino (también)
not only . . . but (also)
no tienes que you
mustn't (shouldn't)
no todos tenemos we all
do not have, not all of
us have
¿por qué no? why not?
ya no no longer, not . . .
anymore
yo no not I (me)
una **noche** night, evening
buenas noches good
evening, good night
(1.2)
de la noche in the
evening, at night, p.m.
(1.4)
de noche at night
el (sábado) por la noche
(on) (Saturday) night,
evening **(6.4)**
esta noche tonight
la noche del sábado
Saturday night
los (sábados) por la noche
(on) (Saturday) nights
(6.4)
por la noche at night
la **Nochebuena** Christmas Eve
Noel: Papá Noel Santa
Claus
un **nombre** name
nombre y apellidos full
name *(first name and
last name)*
un nombre de familia
family name
una **norma** rule
normal: una escuela normal
teachers' school
el **norte** north
Norteamérica North
America
norteamericano (North)
American *(from the USA;
also noun)* **(3.4)**
nos us, to (for) us **(6.1)**;
ourselves, to (for) ourselves
(7.3); each other, one
another

nos gusta we like
nos vemos (pronto) see
you (soon)
nosotros(as) we **(2.4)**; us
(after prep.) **(6.1)**
una **nota** grade *(mark in school)*
(8.1); note
**sacar una buena (mala)
nota** to get a good
(bad) grade
notar to note, notice
las **noticias** news **(6.3)**
novecientos nine hundred
(7.2)
una **novela** novel **(5.1)**
una **novia** girlfriend **(3.1)**
noviembre November **(1.5)**
un **novio** boyfriend **(3.1)**
los novios boyfriend(s)
and girlfriend(s)
nublado: está nublado it's
cloudy **(1.6)**
nuestro our **(5.3)**
nuevo new **(3.3)**
Nueva York New York
Nuevo México New
Mexico
numerado numbered
un **número** number **(1.3)**
un número de teléfono
telephone number
nunca never, not ever **(6.1)**

O

o or **(2.1)**
* **obedecer (c→zc)** to obey
(6.4)
un **objetivo** purpose, aim,
objective
un **objeto** object **(3.3)**
una **obligación** *(pl. obligaciones)*
obligation
obligatorio required,
obligatory
una **obra** work, play *(drama)*
una obra de teatro play
(6.3)
una **observación**
(pl. observaciones)
observation

observar to observe
la **obstinación** stubbornness
* **obtener (e→ie)** to obtain, get
obvio obvious
una **ocasión** *(pl. ocasiones)*
occasion, event, affair
en toda ocasión on all
occasions, at all times
un **océano** ocean
el Océano Atlántico
Atlantic Ocean
el Océano Pacífico
Pacific Ocean
oceanográfico oceanographic
octubre October **(1.5)**
ocupado busy, occupied
ocurrir to happen, occur
ochocientos eight hundred
(7.2)
odiar to hate
el **oeste** west
una película del oeste
western (movie) **(6.3)**
ofensivo offensive. rude
una **oferta** offer
una **oficina** office **(9.1)**
una oficina de turismo
tourist office
un **oficio** job, trade **(9.1)**
* **ofrecer (c→zc)** to offer **(6.4)**
* **oír** to hear **(6.4)**
un **ojo** eye
los ojos eyes **(7.1)**
mirar a los ojos to look
into (someone's) eyes
¡ojo! be careful! watch
out!
tener los ojos (azules) to
have (blue) eyes **(7.1)**
un ojo morado black eye
una **ola** wave
correr las olas to surf
las **Olimpíadas** the Olympics
**las Olimpíadas de
Invierno** Winter
Olympics
olímpico Olympic
los Juegos Olímpicos
Olympic Games
un **olor** smell, odor
olvidar to forget (something)
olvidarse (de) + *inf.* to
forget (to do something)
(9.2)
un **ómnibus** *(pl. ómnibus)* bus
(Argentina)

una **onza** ounce
una **opinión** *(pl.* **opiniones***)*
    opinion
    cambiar de opinión to
      change one's mind
    en mi opinión in my
      opinion **(6.2)**
    oponen: se oponen (they)
      are opposed
una **oportunidad** opportunity
un **optometrista, una**
    optometrista optometrist
el **opuesto** opposite
una **oración** *(pl.* **oraciones***)*
    sentence
el **orden** order
    en orden in order, tidy
una **orden** *(pl.* **órdenes***)* order
    (command)
las **orejas** ears **(7.1)**
un **organizador, una**
    organizadora organizer
    organizar to organize,
      arrange
el **orgullo** pride
    orgulloso proud
    estar orgulloso de (ser)
      to be proud of (being),
      proud to (be)
el **Oriente** Orient, East
un **origen** *(pl.* **orígenes***)* origin
    original original
la **originalidad** originality
    originalmente originally
    originario de originating
      from, native to
el **oro** gold
    la medalla de oro gold
      medal
una **orquesta** orchestra, band
    os yourselves, to (for)
      yourselves *(fam. pl.),* you, to
      (for) you
    oscuro dark
el **otoño** autumn, fall **(1.6)**
    otro another, other **(3.3)**
    (los) otros others, other
      people
    otra vez again **(9.3)**
    otro (bajo) another that
      is (short)
    ovalado oval
una **oveja** sheep
    ¡oye! listen! **(3.3)**
    oyen: se oyen one hears
    oyes you (can) hear

p

la **paciencia** patience
    con (mucha) paciencia
      (very) patiently
    perder la paciencia to
      lose one's patience
    tener paciencia to be
      patient
    paciente patient
un **paciente, una paciente**
    patient
un **padre** father **(5.2)**
    los padres parents **(5.2)**
los **padrinos** godparents
    pagar to pay, pay for **(6.1)**
    pagar por to pay for
una **página** page
    la página deportiva
      sports page
un **país** country **(3.4)**
un **paisaje** landscape
un **pájaro** bird **(5.2)**
una **palabra** word **(2.1)**
    tú tienes la palabra it's
      your turn to speak
un **palacio** palace
una **palma** palm tree
el **pan** bread **(10.2)**
un **panadero, una panadera**
    baker
Panamá Panama
    panameño Panamanian *(also*
      noun)
    panamericano Pan-American
      (involving North America,
      South America, and Central
      America)
    los Juegos
      Panamericanos Pan-
      American Games
una **pandereta** tambourine
una **pandilla** group of friends
    (Spain)
unos **pantalones** pants **(7.2)**
    unos pantalones cortos
      shorts **(7.2)**
una **papa** potato
el **papá** father **(5.2)**
    Papá Noel Santa Claus
un **papagayo** parrot **(5.2)**
las **papas** potatoes **(10.2)**
    las papas fritas French
      fries
el **papel** paper

un **papel** role, part
    para for **(2.4)**; (in order) to
    (9.2); by
    dar permiso para to give
      (someone) permission to,
      permit (someone) to
    ¿para qué? why? what
      for?
    tener permiso (tiempo)
      para to have
      permission (time) to
    parada: las paradas de
      portero saves *(soccer)*
    una parada de pecho
      chest trap *(soccer)*
    paraguayo Paraguayan *(also*
      noun)
    parar to stop, save *(soccer)*
una **pared** wall
    paréntesis: entre paréntesis
      in parentheses
un **pariente, una parienta**
    relative
    los parientes relatives
      (5.2)
un **parque** park
un **párrafo** paragraph
una **parte** part
    a (en, por) todas partes
      everywhere
    formar parte de to be (a)
      part of
    participar to participate,
      take part
un **participio** participle
un **partido** game, match **(6.2)**
    un partido de (fútbol)
      (soccer) game
    pasable passable, fair
    pasado last *(previous)*
    el año pasado last year
    el (miércoles) pasado
      last (Wednesday) **(6.4)**
el **pasado** past
un **pasajero, una pasajera**
    passenger
un **pasaporte** passport
    pasar to spend *(time),* to pass
      (by), to happen **(8.2)**; to
      pass (something to
      someone) to go (by)
    mirar pasar a la gente
      to watch the people go
      by
    pasar el tiempo to pass
      (while away) the time

pasar por   to pass by
(through)
pasar por la calle   to
walk down (along) the
street
¿qué pasa?   what's wrong?
what's the matter?   (1.4)
un pasatiempo   pastime, hobby
la Pascua Florida   Easter
un pase   pass (soccer)
los pases   plays (soccer)
un paseo   walk, stroll, boulevard,
avenue
de paseo   walking down
the street
un pastel   pastry, pie   (8.4)
un patio   patio, courtyard
el Patio de los leones
Court of the Lions
(courtyard in the
Alhambra Palace near
Granada, Spain)
un pato   duck
patrón: un santo patrón
patron saint (guardian saint
of a nation, city, etc.)
payaso: hacer el payaso   to
clown around
la paz   peace
el Cuerpo de Paz   Peace
Corps
pecho: una parada de pecho
chest trap (soccer)
un pediatra, una pediatra
pediatrician
pedido: ha pedido   has asked
pedir (e→i)   to ask, ask for,
request, to order
(something)   (6.1)
pedir prestado   to borrow
pegar a   to hit, kick
un peinador, una peinadora
hairdresser
peinar   to comb
peinarse   to comb one's hair
(7.3)
pelar   to peel
pelear   to fight
una película   film, movie   (6.3)
una película de aventuras
adventure movie   (6.3)
una película del oeste
western   (6.3)
una película policíaca
police or detective movie
(6.3)

una película romántica
love movie   (6.3)
el peligro   danger
peligroso   dangerous
el pelo   hair   (7.1)
lavarse el pelo   to wash
one's hair
tener el pelo (rubio)   to
have (blond) hair
una pelota   ball
pena: ¡qué pena!   what a
pity!
una península   peninsula
pensar (e→ie)   to think
(6.3)
pensar + inf.   to plan to
(6.3)
pensar de   to think of,
think about (have an
opinion about)   (6.3)
pensar en   to think about
(give thought to)   (6.3)
pensar que   to think that
(6.3)
peor   worse, worst   (7.1)
el (la) peor, los (las)
peores   the worst
peor que   worse than
la pequeñez   pettiness
pequeño   small, little (size)   (3.3)
la Pequeña Habana
Little Havana
las peras   pears   (10.2)
perder (e→ie)   to lose   (6.3)
perder el tiempo   to
waste time   (6.3)
perder la confianza en
to lose one's confidence
(trust) in, stop trusting
(someone)
perder la paciencia   to
lose one's patience
(temper)
¡perdón!   excuse me! pardon
me!   (5.2)
perezoso   lazy
un perezoso   sloth (slow, tree-
dwelling animal of South
America)
perfeccionista
perfectionist(ic)
perfectamente   perfectly
perfecto   perfect
un periódico   newspaper   (3.3)
un puesto de periódicos
newsstand

un periodista, una periodista
journalist   (9.2)
un período   period
un período de estudio
study period
una perla   pearl
permanecer   to stay, remain
permisivo   lenient, permissive
el permiso   permission
dar permiso para   to give
(someone) permission to
tener permiso para   to
have permission to
un permiso de conducir
driver's license
permitir   to permit, allow
pero   but   (2.1)
perplejo   perplexed
un perro   dog   (5.2)
la perseverancia   perseverance
perseverante   persevering,
persistent
una persona   person
las personas   persons,
people
las personas mayores
grown-ups, adults
un personaje   character (comic
strip, film, play, etc.),
personage
personal   personal
una personalidad   personality
el Perú   Peru
peruano   Peruvian (also noun)
pesado: el peso pesado
heavyweight (boxing)
pesar   to weigh
un pescador   fisherman
una pescadora   fisherwoman
un pescado   fish (caught)
la peseta   the peseta (monetary
unit of Spain)
el peso   the peso (Hispanic
monetary unit)
un peso   peso, weight
perder peso   to lose
weight
el peso pesado (medio,
welter, ligero, pluma)
heavyweight
(middleweight,
welterweight,
lightweight,
featherweight) (boxing)
un pez (pl. peces)   fish (live)
(5.2)

un **pez de color**   goldfish
picante   highly spiced, hot
pide   ask for *(command)*
un **pie**   foot   **(7.4)**
   a pie   on foot   **(4.4)**
   ir a pie   to go on foot,
      walk   **(4.4)**
   piensa (en)   think (about)
      (command)
una **pierna**   leg   **(7.4)**
un **piloto**   driver *(auto race)*
la **pimienta**   pepper   **(10.2)**
el **ping pong**   Ping-Pong
un **pingüino**   penguin
pintar   to paint
un **pintor, una pintora**   painter
pintoresco   picturesque
una **piña**   pineapple
una **piraña**   piranha *(South
   American carnivorous fish)*
los **Pirineos**   Pyrenees *(mountain
   range between France and
   Spain)*
un **piropo**   compliment
   decir un piropo   to pay a
      compliment, make a
      flattering remark
una **piscina**   swimming pool   **(4.2)**
un **piso**   floor *(of a building)*
   (5.3)
una **pista**   track *(racing)*
el **placer**   pleasure
un **plan**   plan
planear   to plan
un **planeta**   planet
plano   flat
un **plano**   plan *(architects's
   drawing)*
una **planta**   floor *(of a building)*
   la planta baja   ground
      floor, first floor *(USA)*
los **plátanos**   bananas *(for
   cooking; also called
   plantains)*   **(10.2)**
   un refresco de plátanos
      banana shake
un **platillo**   saucer
un **plato**   plate, dish   **(10.1)**
una **playa**   beach   **(4.2)**
una **plaza**   plaza, (public) square
   (4.2)
   una plaza de toros
      bullring
un **plomero**   plumber
pluma: el peso pluma
   featherweight *(boxing)*

el **plural**   plural
la **población**   population
pobre   poor   **(6.1)**; unlucky
   ser pobre   to be poor   **(6.1)**
poco   little
un **poco**   a little   **(2.1)**
   un poco de + *noun*   a
      little
* **poder (o→ue)**   can, to be able
   (to), may   **(6.3)**
   puede ser   it may be
   ¿puedo hablar con . . .?
      may I talk to . . . ? *(on
      the phone)*   **(9.3)**
un **poema**   poem
la **poesía**   poetry
un **poeta**   poet
la **policía**   police
un **policía, una policía**   police
   officer
policíaco   detective
   un cuento policíaco
      detective story
   una película policíaca
      police *or* detective movie
      (6.3)
la **política**   politics
un **político, una política**
   politician
un **pollito**   chick
el **pollo**   chicken   **(10.2)**
pon   put *(command)*
un **poncho**   poncho
* **poner**   to put, put on   **(6.4)**
   poner la mesa   to set the
      table   **(10.1)**
* **ponerse**   to put (something)
   on (oneself)   **(7.3)**; to try
   (something) on
la **popularidad**   popularity
poquito   very little
por   for, by, along, through
   (9.3); throughout, because
   of
   los (sábados) por la noche
      (on) (Saturday) nights
      (6.4)
   por avión   by plane
   por ciento   percent
   por desgracia
      unfortunately   **(10.4)**
   por ejemplo   for instance,
      for example   **(7.4)**
   por eso   therefore, that's
      why   **(2.4)**; because of
      that

por favor   please   **(1.3)**
por hora   per hour
por la calle   down (along)
   the street
por la mañana   in the
   morning
por la noche   at night
por la tarde   in the
   afternoon
por lo general   generally
   (6.4)
¿por qué?   why?   **(2.3)**
¿por qué no?   why not?
por suerte   luckily
¡por supuesto!   of course!
   (2.2)
por teléfono   on the (by)
   phone
por todas partes
   everywhere
por todo el mundo   all
   over the world
porque   because   **(2.3)**
un **porqué**   reason, cause
la **portería**   goal *(soccer)*
el **portero**   goalie *(soccer)*
   las paradas de portero
      saves *(soccer)*
un **portero**   doorman
el **portugués**   Portuguese
   (language)
la **posesión**   possession,
   ownership
las **posesiones**   possessions,
   belongings
posesivo   possessive
una **posibilidad**   possibility
posible   possible
una **posición** *(pl.* **posiciones)**
   position
una **postal**   postcard
el **postre**   dessert
   los postres   dessert(s)
      (10.2)
practica: se practica   (it) is
   engaged in
la **práctica**   practice
   **la práctica hace al
      maestro**   practice
      makes perfect
practicar   to practice, to take
   part in, play *(sports)*
práctico   practical
un **precio**   price
precioso   precious
la **precisión**   precision

preciso precise

una **preferencia** preference

preferido favorite, preferred

preferir (e→ie) to prefer **(6.3)**

pregunta ask *(command)*

una **pregunta** question

hacer una pregunta to ask a question

preguntar to ask, to inquire **(6.1)**

un **premio** prize

preocupado worried

prepara prepare *(command)*

preparado prepared

preparar to prepare, get ready

prepararse to prepare (oneself)

una **preposición** *(pl.* **preposiciones)** preposition

una **presentación** *(pl.* **presentaciones)** personal appearance

presentar to present, to perform, put on *(play, etc.)*

presente present

el **presente** present *(tense)*

un **presidente, una presidenta** president

un **preso, una presa** prisoner

prestado: pedir prestado to borrow

prestar to lend **(5.4)**

un **presupuesto** budget

el **pretérito** preterite *(tense)*

un **pretexto** excuse

una **prima** cousin *(f.)* **(5.2)**

primario primary

una escuela primaria elementary school

la **primavera** spring **(1.6)**

primero first **(1.5)**

el primero de (agosto) the first of (August), (August) 1 **(1.5)**

los primeros auxilios first aid

primero *(adv.)* first **(9.4)**

un **primo** cousin *(m.)* **(5.2)**

principal main, principal

un actor (una actriz) principal starring actor (actress), leading man (lady)

principalmente principally, mainly

prisa: con (mucha) prisa hurriedly, in a (great) hurry

probablemente probably

un **problema** problem

un problema sentimental problem of the heart, love problem

un **procedimiento** procedure

un procedimiento de primeros auxilios first-aid procedure

un **proceso** process

proclamado proclaimed

producir (c→zc) to produce

un **producto** product

un producto químico chemical

un **productor, una productora** producer

una **profesión** *(pl.* **profesiones)** profession **(9.1)**

profesional professional

un **profesor, una profesora** teacher, professor **(3.1)**

un(a) **profesor(a) de (inglés)** (English) teacher

un **programa** program **(6.3)**

un programa de intercambio (de estudiantes) (student) exchange program

un programa de televisión television program, TV show

un programa de variedades variety show **(6.3)**

un **programador, una programadora** (computer) programmer **(9.2)**

un **pronombre** pronoun

pronto soon

hasta pronto see you soon

la **pronunciación** pronunciation

pronunciar to pronounce

propio own

propósito: a propósito by the way **(10.2)**

provee (he) provides

una **provincia** province

próximo next **(5.3)**; coming, approaching

el **próximo (martes)** next (Tuesday) **(6.4)**

el verano próximo next summer

un **proyecto** project, plan

en proyectos económicos in economic planning

prudente careful, cautious, prudent

prudentemente carefully, cautiously

la **psicología** psychology

psicológico psychological

un **psiquiatra, una psiquiatra** psychiatrist

publicidad: una agencia de publicidad advertising agency

público public

el **público** public

atender al público to wait on (take care of) people

pude: no pude (I) could not **(9.4)**

un **pueblo** town, village **(4.2)**; people *(national group)*

otros pueblos other peoples

puede: puede ser it may be

puedo: ¿puedo hablar con ...? may I talk to ...? *(on the phone)* **(9.3)**

una **puerta** door **(5.3)**; goal *(soccer)*

el área de puerta goal area *(soccer)*

llamar a la puerta to knock at the door

un **puerto** port, harbor

puertorriqueño Puerto Rican *(also noun)* **(3.4)**

pues ... well ...

un **puesto** position *(job)*, stand

un **puesto de periódicos** newsstand

pulcro neat, perfectly dressed

un **pulgar** thumb

un **pulmón** *(pl.* **pulmones)** lung

un **puma** puma *(large cat of the Andes)*

punto: un punto de vista point of view

puntual punctual

la **pureza** purity

puro: el aire puro clean air, fresh air

q

que *(rel. pron.)* that, which, who, whom **(3.4)**
  del (en, con) que about (in, with) which
  lo que what
que *(conj.)* that, than
  más (menos) . . . que more (less) . . . than, -er than **(7.1)**
  ¡que tenga(n) un buen día! have a good day!
¿qué? what? **(2.3)**
  ¿a qué hora? (at) what time? **(1.4)**
  ¿por qué? why? **(2.3)**
  ¿qué es lo que . . .? what (is it that) . . .?
  ¿qué hago? what shall (should) I do? what can I do?
  ¿qué hicieron? what did they do?
  ¿qué hora es? what time is it? **(1.4)**
  ¿qué pasa? what's wrong? what's the matter? **(1.4)**
  ¿qué sabes tú? what do you know?
  ¿qué tal? how are you? how's it going? how are things? **(1.2)**
  ¿qué tiempo hace? what's the weather like? **(1.6)**
¡qué! how! what!
  no hay de qué you're welcome **(1.3)**
  ¡qué + *adj.*! how . . . ! **(3.2)**
  ¡qué bueno! great! **(1.6)**
  ¡qué bueno . . .! how great (it will be) . . . !
  ¡qué horror! how horrible! how awful!
  ¡qué lástima! too bad! **(2.1)**
  ¡qué malo! that's bad! **(1.6)**

¡qué *(noun,* or *adj. + noun)!* what (a, an) . . . !
¡qué *(noun)* **tan** *(adj.)!* what (a, an) . . . ! **(5.4)**
¡qué pena! what a pity!
¡qué suerte! what luck! how lucky! **(5.1)**
  ¡qué suerte tienes! how lucky you are! **(5.1)**
¡qué terrible! how terrible! how awful!
quedarse to stay, remain **(7.4)**
  quedarse con to keep
  quedarse en casa to stay home
  quedarse en la cama to stay in bed
  quedarse hasta más tarde to stay after *(school)*
* **querer (e→ie)** to want **(6.3)**
  querer + *inf.* to want to **(6.3)**
  querer a *(person)* to like, to love **(6.3)**
  querer decir to mean **(6.3)**
querido dear *(opening an informal letter)* **(9.2)**
el queso cheese **(10.2)**
  el queso de crema cream cheese
el quetzal the quetzal *(monetary unit of Guatemala)*
un quetzal quetzal *(Central American bird with brilliant plumage)*
¿quién(es)? who? whom? *(after prep.)* **2.3)**
  ¿a quién(es)? whom? *(personal dir. obj.)* **(4.1)**
  ¿de quién(es)? whose? **(5.1)**
  ¿de quién es? whose is it?
  ¿quién eres? who are you?
  ¿quién es? who is that?
quien *(rel. pron.)* who
la química chemistry
un químico, una química chemist
químico chemical
  un producto químico chemical

quinientos five hundred **(7.2)**
  mil quinientos fifteen hundred **(7.2)**
quiquiriquí cock-a-doodle-doo
quitarse to take (something) off (oneself) **(7.3)**
quise (I) tried **(9.4)**
  no quise (I) refused **(9.4)**
quiso (she) wanted, tried

r

la radio radio *(broadcasting)*
  escuchar la radio to listen to the radio
un radio radio *(set)* **(3.3)**
una rana frog
un rancho ranch
rápidamente rapidly, quickly, fast
rápido rapid, fast, swift
rápido *(adv.)* rapidly, fast
una raqueta racket
  una raqueta de tenis tennis racket
raras veces rarely, seldom **(6.1)**
el Rastro *flea market in Madrid*
ratón: un ratón de biblioteca bookworm
un rayo (flash of) lightning
una razón *(pl.* **razones)** reason
  tener razón to be right
la realidad reality, truth
  en realidad in fact, really, actually
realista realistic
realmente really, actually
una receta recipe
recibido received
recibir to receive **(8.1)**; get **(8.3)**
recientemente recently
un récord record *(sports)*
recordar (o→ue) to remember
un recuerdo souvenir
una red net, network
redondo round
una referencia reference
reflejar to reflect

un **refrán** *(pl.* **refranes)** proverb,
saying
un **refresco** cold drink
un refresco de plátanos
banana shake
un **regalo** present, gift **(3.3)**
regatear to bargain
una **región** *(pl.* **regiones)** region,
area
una **regla** rule *(grammar)*
regular fair, not bad, pretty
well, O.K. **(1.2)**
regularmente regularly
(6.1)
una **reina** queen
una **relación** *(pl.* **relaciones)**
relation, relationship
relativo relative
religioso religious
un **reloj** watch **(3.3)**
relleno stuffed
un chile relleno stuffed
chili pepper *(Mexican
dish)*
reparar to repair, fix
un **repaso** review
repente: de repente
suddenly
un **representante, una
representante**
representative
representar to represent
una **república** republic
la República Dominicana
Dominican Republic
requerir (e→ie) to require
un **requisito** requirement,
qualification
res: la carne de res beef
la **resistencia** endurance,
stamina, resistance
respetado respected
respetar to respect
responder to answer, reply,
respond
una **respuesta** answer, reply,
response
el **resto** rest *(remainder)*
resuelves (you) solve
un **resultado** result
un **retrato** portrait
una **reunión** *(pl.* **reuniones)**
party, (social) gathering
reunirse (u→ú) to gather
(together)

revelar to reveal
una **revista** magazine **(3.3)**
un **rey** king
rico rich **(6.1)**
ser rico to be rich **(6.1)**
ridículo ridiculous
ríe: se ríe (he, she) laughs
ríen, se ríen (they) laugh
un **río** river
un **ritmo** rhythm
rizado curly *(hair)* **(7.1)**
un **robo** robbery, burglary
el **rock** rock 'n' roll
una **rodilla** knee **(7.4)**
rojo red **(7.2)**
Roma Rome
romántico romantic
una película romántica
love movie **(6.3)**
rompas: ¡no te rompas ... !
don't break ... !
romper to break *(an object)*
(8.3)
romperse to break *(part of
the body)* **(8.3)**
la **ropa** clothes, clothing **(7.2)**
rosa pink
roto broken
rubio blond(e) **(3.2)**
un **ruido** noise, sound
las **ruinas** ruins
ruso Russian *(also noun)*
el **ruso** Russian *(language*
una **rutina** routine

S

S.A. *abbreviation of*
Sudamérica
sábado Saturday **(1.5)**
el sábado (on) Saturday **(6.4)**
la noche del sábado
Saturday night
los sábados (on)
Saturdays **(6.4)**
los sábados por la noche
(on) Saturday nights
(6.4)
* **saber** to know *(facts,
information)* **(9.1)**
saber + *inf.* to know how
to, can *(mental
knowledge)* **(9.1)**

sabes (you) know
¿sabes? do you know?
sacar to take *(pictures)*
(4.1); to get *(a grade)*
(8.1); to take out
(something)
sacar de to take
(something) out of
(something)
sacar fotos to take
pictures **(4.1)**
**sacar una buena (mala)
nota** to get a good
(bad) grade
sagrado holy, sacred
el Sagrado Corazón
Sacred Heart
la Sagrada Familia
Church of the Holy
Family *(unfinished
cathedral of the Catalan
architect Gaudí, in
Barcelona, Spain)*
la **sal** salt **(10.2)**
una **sala** living room **(5.3)**
un **salario** salary
una **salida** departure
* **salir** to leave, to go out
(6.4)
salir a + *inf.* to go out to
(9.2)
**salir bien (mal) en (un
examen)** to pass (fail)
(an exam) **(8.1)**
salir de to leave *(a place)*
salir de casa to leave the
house
un **salón** *(pl.* **salones)** salon
un salón de belleza
beauty salon
una **salsa** sauce
la salsa de tomate
tomato sauce
saltar to jump, leap
la **salud** health
saludando greeting *(someone)*
saludar to greet
un **saludo** greeting
salvadoreño Salvadoran
(also noun)
salvar to save, rescue
san saint
unas **sandalias** sandals **(7.2)**
un **sándwich** sandwich **(8.4)**
la **sangre** blood

sano healthy, healthful

un santo, una santa saint

    el día del santo saint's day, name day

un sapo toad

se himself, herself, yourself *(formal),* themselves, yourselves **(7.3)**; to him (her, it), to you *(formal, pl.),* to them *(used for* le *and* les *before dir. obj. pronoun beginning with* l)

    se acuerda(n) de (they, you *pl.*) remember

    se anuncia (it) is announced

    se están durmiendo (they) are falling asleep

    se fue (she) left, went away

    se levanta (he) gets up

    se lo puso (she) tried it on

    se llama his (her) name is, (it) is called

    se llena de (it) fills (is filled) with

    se oyen one hears

    se ríe (he, she) laughs

    se ríen (they) laugh

    se va de la casa (he) leaves the house

    se vista de (she) may dress in

sé (I) know (how)

secretamente secretly

un secretario, una secretaria secretary **(9.1)**

un secreto secret

secundario secondary

    un actor (una actriz) secundario(a) supporting actor (actress)

sed: tener sed to be thirsty **(8.4)**

la seda silk

seguida: en seguida right away, immediately

según according to

un segundo second *(unit of time)*

seguramente surely

seguro sure

    seguro de ti mismo sure of yourself *(fam.)*

seiscientos six hundred **(7.2)**

seleccionar to select

un sello stamp

una semana week **(1.5)**

    los fines de semana on (the) weekends

    un fin de semana weekend **(1.5)**

el SENA (Servicio Nacional de Aprendizaje) *technical and vocational training program in Colombia*

senegalés *(f.* **senegalesa)** Senegalese *(also noun)*

sensacional sensational

la sensibilidad sensitivity

sensitivo sensitive

sentarse (e→ie) to sit down **(7.4)**; to sit

un sentido sense

    el sentido común common sense

    el sentido del equilibrio sense of balance

    un sentido del humor sense of humor

sentimental sentimental, of the heart

    un problema sentimental problem of the heart, love problem

un sentimiento feeling

sentir (e→ie) to feel **(6.3)**; to regret, be sorry

    lo siento I'm sorry

sentirse (e→ie) to feel **(7.4)**

    sentirse mal to feel bad (sick)

señor (Sr.) Mr., sir **(1.2)**

    señores (Srs.) Mr. and Mrs.

    ¡señores! ladies and gentlemen!

un señor man, gentleman **(3.1)**

    los señores men, gentlemen, husband and wife

señora (Sra.) Mrs., ma'am **(1.2)**

una señora lady **(3.1)**; wife

    Nuestra Señora de los Dolores Our Lady of the Sorrows

señorita (Srta.) Miss, miss **(1.2)**

una señorita young lady

septiembre September **(1.5)**

* **ser** to be **(3.1)**

    llegar a ser to become

    ser aficionado a to be fond of

    ser amable con to be kind to

    ser celoso to be jealous *(a jealous person)*

    ser de to belong to, to be . . .'s

    ser malo to be bad, misbehave

    ser pobre (rico) to be poor (rich) **(6.1)**

una serenata serenade

seriamente seriously

serio serious **(3.2)**

una serpentina streamer

servicial helpful

un servicio service

    una estación de servicio service station, gas station

servir (e→i) to serve **(8.4)**

setecientos seven hundred **(7.2)**

Sevilla Seville *(city in southwestern Spain)*

si if **(4.4)**

    si te llamas if your name is

sí yes **(1.1)**

siempre always **(2.1)**

siento: lo siento (I'm) sorry

una siesta nap, rest

    tomar una siesta to have (take) a nap *(after lunch)*

un siglo century

    el siglo (veinte) (twentieth) century

un significado meaning, significance

significar to mean, signify

siguiente following

una sílaba syllable

    las sílabas con acento accented (stressed) syllables

una silla chair **(10.4)**

simbólico symbolic

simpático nice **(3.2)**

simplemente simply

sin without **(9.2)**

sin + *inf.* without . . .ing
sin duda doubtless **(9.1)**
sin embargo however, nevertheless **(7.1)**
sinceramente sincerely *(closing a letter)* **(9.2)**
la **sinceridad** sincerity
sincero sincere
sino but *(on the contrary)*
¿sirves? do (you) serve?
un **sistema** system
situado located, situated
sobre on, on top of, above, over **(10.4)**; about, concerning
la **sociabilidad** sociability
una **sociedad** society
el **sol** the sol *(monetary unit of Peru)*
el **sol** sun
hace sol it's sunny **(1.6)**
tomar el sol to sunbathe
unos **anteojos de sol** sunglasses **(7.2)**
solamente only
solar solar
el **sistema solar** solar system
un **solicitante, una solicitante** applicant
solicitar to apply for
una **solicitud** application
sólido solid
solitario solitary
solo alone, single **(4.4)**
sólo only **(4.4)**
no sólo sino (también) not only . . . but (also)
una **solución** *(pl.* **soluciones)** solution, answer
un **sombrero** hat **(7.2)**
son (they, you *pl.)* are **(3.1)**
son de (Isabel) they belong to (Isabel), they are (Isabel)'s
son las (dos) it's (two) o'clock **(1.4)**
un **sondeo** poll
un **sonido** sound
una **sonrisa** smile
sonrojarse to blush
la **sopa** soup
una **sorpresa** surprise
un **sótano** basement
Sr. *abbreviation of* **señor (1.2)**

Sra. *abbreviation of* **señora (1.2)**
Srta. *abbreviation of* **señorita (1.2)**
su, sus his, her, your *(formal, pl.),* their **(5.3)**
suave soft, mellow
submarino: todo un equipo submarino diving equipment, complete diving outfit
un **subtítulo** subtitle
un **suceso** event
el **sucre** the sucre *(monetary unit of Ecuador)*
un **sucre** sucre *(coin)*
Sudáfrica South Africa
Sudamérica South America
sudamericano South American *(also noun)*
sueco Swedish *(also noun)*
un **sueño** dream, sleep, sleepiness
tener sueño to be sleepy **(8.4)**
la **suerte** luck
¡buena suerte! good luck! **(5.1)**
por suerte luckily
¡qué suerte! what luck! how lucky! **(5.1)**
¡qué suerte tienes! how lucky you are! **(5.1)**
tener suerte to be lucky **(5.1)**
un **suéter** *(pl.* **suéteres)** sweater **(7.2)**
suficiente enough, sufficient
el **sufrimiento** suffering
Suiza Switzerland
suizo Swiss *(also noun)*
un **sujeto** subject
sumar to add up, total
superfluo superfluous, extra, unwanted *(calories)*
un **supermercado** supermarket
supersticioso superstitious
suplementario extra, additional, supplementary
supe (I) found out **(9.4)**
supo (he, she) knew, knew how to, found out
supuesto: ¡por supuesto! of course! **(2.2)**
el **sur** south
el **suroeste** southwest

un **sustantivo** noun

t

las **tácticas** tactics *(skillful maneuvering)*
tal: ¿qué tal? how are you? how's it going? how are things? **(1.2)**
tal como as, just as
tal vez maybe **(2.2)**
el **talento** talent
un **tamal** tamale *(Mexican dish)*
también also, too **(2.1)**
un **tambor** drum
tampoco neither, (not) . . . either
tan: ¡qué *(noun)* **tan** *(adj.)!* what (a, an) . . .! **(5.4)**
tan . . . como as . . . as **(7.1)**
tanto: tanto *(noun)* **como** as much *(pl.* many) . . . as
un **taquillero, una taquillera** ticket seller
tarde late **(8.2)**
hasta tarde until late (at night)
más tarde later
quedarse hasta más tarde to stay after *(school)*
una **tarde** afternoon
(ayer) por la tarde (yesterday) afternoon
buenas tardes good afternoon **(1.2)**
de la tarde in the afternoon, p.m. **(1.4)**
el **(viernes) por la tarde** (on) (Friday) afternoon **(6.4)**
por la tarde in the afternoon
una **tarea** assignment **(8.1)**
hacer la tarea to do the assignment **(5.2)**
hacer las tareas to do homework **(5.2)**
las tareas homework **(8.1)**
una **tarjeta** card, postcard **(5.1)**
una tarjeta postal postcard

un **taxista, una taxista** taxi
driver

una **taza** cup **(10.1)**

te you, to (for) you *(fam.)*
(6.1); yourself, to (for)
yourself *(fam.)* **(7.3)**

¿(no) te gusta(n)? do you
(don't you) like? **(2.4)**
(6.2)

si te llamas if your name
is

¿te gusta(n) más? do you
like better? do you
prefer?

el **té** tea **(8.4)**

el **teatro** theater *(drama)* **(6.3)**

una obra de teatro play
(6.3)

un **teatro** theater *(building)*
(4.2)

las **técnicas** technical professions

técnico technical

una escuela técnica
technical school

un **técnico, una técnica**
technician

una **teja** tile

telefonear to telephone

un **teléfono** telephone

llamar por teléfono to
call on the phone **(5.4)**

un número de teléfono
telephone number

un **telegrama** telegram

la **televisión** television, TV
(broadcasting) **(6.3)**

un estudio de televisión
television (TV) studio

**un programa de
televisión** television
program, TV show

un **televisor** television (TV) set
(3.3)

un **temperamento** temperament

la **temperatura** temperature

temprano early **(8.2)**

ten *see* **tener**

un **tenedor** fork **(10.1)**

* **tener** to have **(3.3)**

aquí tienes here is, here
are

ten take *(command)*

tener calor to be *(feel)*
hot **(8.4)**

tener cuidado to be careful

**tener el pelo (rubio), los
ojos (azules)** to have
(blond) hair, (blue) eyes

tener éxito to succeed

tener frío to be *(feel)* cold
(8.4)

tener ganas de + *inf.* to
feel like . . . ing **(3.4)**

tener hambre to be
hungry **(8.4)**

tener la costumbre de +
inf. to have the habit
of . . . ing

tener miedo to be afraid

**tener (muchas cosas) que
(aprender)** to have (a
lot) to (learn)

tener (mucho) que hacer
to have (a lot) to do

tener (number) años to be
(number) years old **(3.4)**

tener paciencia to be
patient

tener que + *inf.* to have
to **(3.4)**

tener razón to be right

tener sed to be thirsty
(8.4)

tener sueño to be sleepy
(8.4)

tener suerte to be lucky
(5.1)

**tener una
correspondencia** to
carry on a
correspondence

**tengan: ¡que tengan un
buen día!** have a good
day!

el **tenis** tennis **(6.2)**

una raqueta de tenis
tennis racket

la **teoría** theory

una **terminación** *(pl.*
terminaciones) ending

terminar to end, finish

un **terremoto** earthquake

el **terreno** field

terrible terrible, awful

¡qué terrible! how
terrible! how awful!

un **territorio** territory

un **tesoro** treasure

los **textiles** textiles

ti you *(fam.; after prep.)* **(2.4)**

una **tía** aunt **(5.2)**

el **tiempo** weather **(1.6)**; time

a tiempo on time **(8.2)**

al mismo tiempo at the
same time **(8.3)**

¿cuánto tiempo hace que
(verb in the present)?
(for) how long . . .?
(8.1)

el tiempo libre free time

hace buen (mal) tiempo
the weather's nice (bad)
(1.6)

perder el tiempo to
waste time **(6.3)**

¿qué tiempo hace?
what's the weather like?
(1.6)

tener tiempo para to
have time to

una **tienda** store, shop, boutique
(4.2)

tiene: aquí tiene here you
are, here is

tienes: aquí tienes here is,
here are

no tienes que you
mustn't (shouldn't)

tú tienes la palabra it's
your turn to speak

la **tierra** earth, land

tímido shy, timid

un **tío** uncle **(5.2)**

los tíos aunt(s) and
uncle(s)

típicamente typically

típico typical

un **tipo** type, sort, kind

un **título** title

un **tocadiscos** record player
(3.3)

tocar to play *(musical
instrument)* **(2.1)**; to play
(music)

todavía still **(7.3)**

todo all **(3.3)**; everything

a (en, por) todas partes
everywhere

de todas maneras in any
case **(10.3)**

en toda ocasión on all
occasions, at all times

en todo throughout

por todo el mundo all
over the world

todo el, toda la + *noun*
all (the), the whole
(3.3)

todo el mundo everyone,
everybody

todos, todas all,
everybody **(4.4)**

todos los, todas las
+noun all (the)
(3.3)

todos los días every day
(6.4)

Tokio Tokyo

tolerante tolerant

tomar to take, to have
(something to eat or drink)
(4.1)

  tomar (el autobús) to
take *or* catch (the bus)

  tomar el sol to sunbathe

  tomar un descanso to
have (take) a rest

  tomar una decisión (de)
to make a decision

  tomar una siesta to have
(take) a nap *(after lunch)*

un **tomate** tomato

  la salsa de tomate
tomato sauce

  los tomates tomatoes
(10.2)

tonificar to tone up

unas **tonterías** foolishness,
nonsense

tonto foolish, stupid **(3.2)**;
silly

torear to fight (bulls)

el **toreo** bullfighting

un **torneo** tournament

  **un torneo de dobles
femenino** women's
doubles tournament
(tennis)

un **toro** bull

  una corrida de toros
bullfight

  una plaza de toros
bullring

una **torta** cake **(10.2)**

una **tortilla** *in Mexico, a thin
cornmeal pancake; in
Spain, an omelet*

  una tortilla de huevos
omelet

una **tortuga** tortoise, turtle

una **tostada** (slice of) toast

total: en total in all,
altogether

totalmente totally, wholly

un **trabajador social, una
trabajadora social** social
worker **(9.1)**

trabajar to work **(2.1)**

  trabajar mucho to work
hard

el **trabajo** work, job **(6.1)**

  irse al trabajo to leave
for work

  **un trabajo de oficina
(verano)** office
(summer) job

una **tradición** *(pl.* **tradiciones)**
tradition

tradicionalmente
traditionally

 * **traducir (c→zc)** to translate
(6.4)

un **traductor, una traductora**
translator

 * **traer** to bring **(6.4)**

el **tráfico** traffic

un **traje** suit **(7.2)**

  un traje de baño bathing
suit **(7.2)**

tranquilo calm

transformar to transform

una **transmisión**
(pl. **transmisiones)**
broadcast

el **transporte** transportation

los **transportes** (means of)
transportation

tratar de to try to **(9.2)**

tremendo tremendous,
terrific

un **tren** train **(4.4)**

trescientos three hundred
(7.2)

triangular triangular

triste sad **(4.3)**

tu, tus your *(fam.)* **(5.2)**

tú you *(fam.)* **(2.3)**

turco Turkish *(also noun)*

el **turismo** tourism, tourist
business

  un(a) guía de turismo
tour guide

  una agencia de turismo
tourist agency

un **turista, una turista** tourist

tuvieron (they) had

tuviste (you) had

tuve (I) received, got **(9.4)**

tuvo (it) had

u

u or *(used for* **o** *before words
beginning with* **o** *or* **ho)**

Ud. *abbreviation of* **usted**
(2.3)

Uds. *abbreviation of* **ustedes**
(2.4)

último last **(5.3)**; latest

un a, an **(3.1)**

una one **(1.3)**; a, an **(3.1)**

unas *See* **unos**

único only

una **unidad** unit

unido united, close

  las Naciones Unidas
United Nations

  los Estados Unidos
United States **(3.4)**

un **uniforme** uniform

  con uniforme in a
uniform

la **unión** joining, linking *(of
vowels, words)*

una **universidad** university,
college

universitario university
(adj.)

uno, una one *(number)* **(1.3)**

  a (es) la una at (it's) one
o'clock **(1.4)**

  cado uno, cada una each
one, every one

  una vez once, one time
(9.3)

  uno (alto) a (tall) one,
one that is (tall)

  (veinte) y uno (twenty-
one)

unos *(pl. of* **un)**, **unas** *(pl. of*
una) some, a few, any *(in
negative and interrogative
sentences)* **(3.3)**; about,
approximately *(with
number)*

unos some (people)

unos diez about ten
la urgencia emergency
    en caso de urgencia in (case of) an emergency
uruguayo Uruguayan *(also noun)*
usado used
usar to use, to wear
    se usan (they) are used
el uso use
usted (Ud.) you *(formal)* **(2.3)**
ustedes (Uds.) you *(pl.)* **(2.4)**
útil useful **(8.1)**
las uvas grapes

V

una vaca cow
las vacaciones vacation
    estar de vacaciones to be on vacation
vacío empty
la vainilla vanilla
vale (it) is worth
la valentía courage
valioso valuable
    el jugador más valioso most valuable player
un valor value
un valle valley
    el Valle de los Caídos Valley of the Fallen *(memorial to the victims of the Spanish Civil War, near Madrid)*
¡vamos! let's go! **(4.2)**
    vamos a + *inf.* let's *(verb)* **(4.2)**
    ¿vamos a + *inf.*? shall we ...?
    vamos a + *place* let's go to (the) **(4.2)**
    vamos a ver let's see **(5.1)**
la vanidad vanity
una variedad variety
    las variedades variety shows
    un programa de variedades variety show **(6.3)**

varios several, various
vasco Basque *(from the Basque Provinces, in northern Spain; also noun)*
un vaso glass
veces *see* **vez**
un vecino, una vecina neighbor
los vegetales vegetables **(10.2)**
veinte twenty **(1.3)**
    el siglo veinte twentieth century
    veinte y (uno) twenty-(one) **(1.3)**
una velocidad *(pl.* **velocidades***)* speed, velocity
    a gran velocidad very fast
vemos: nos vemos (pronto) see you (soon)
un vendedor, una vendedora salesperson **(9.2)**
    un vendedor viajero traveling salesperson
vender to sell **(5.1)**
venezolano Venezuelan *(also noun)*
* **venir** to come **(3.4)**
    venir a + *inf.* to come to **(9.2)**
    venir a ver to come and see (someone)
una venta sale
    de venta for sale
una ventaja advantage
una ventana window **(5.3)**
* **ver** to see **(5.1)**
    (vamos) a ver let's see **(5.1)**
    ver para creer seeing is believing
el verano summer **(1.6)**
    un trabajo de verano summer job
veras: ¿de veras? really? **(1.5)**
    ¡de veras! really! truly!
un verbo verb
la verdad truth
    es verdad it's true
    ¿verdad? right? doesn't he (she, it)? isn't he (she, it)? **(2.2)**
verdaderamente really, truly
verdadero true, real
verde green **(7.1)**

las verduras vegetables
verter (e→ie) to pour
verticalmente vertically, up and down
vestido dressed
un vestido dress **(7.2)**
    un vestido de boda wedding gown
vestirse (e→i) to dress (oneself), get dressed **(7.3)**
    vestirse de to dress (oneself) in
un veterinario, una veterinaria veterinarian **(9.1)**
la vez *(pl.* **veces***)* time **(9.3)**
    a veces sometimes **(5.1)**
    ¿cuántas veces? how many times? **(9.3)**
    de vez en cuando once in a while from time to time **(5.1) (9.3)**
    dos veces twice **(9.3)**
    en vez de instead of **(9.2)**
    esta vez this time **(9.3)**
    muchas veces many times, often **(9.3)**
    otra vez again **(9.3)**
    raras veces rarely, seldom **(6.1)**
    tal vez maybe **(2.2)**
    una vez once, one time **(9.3)**
Vía: la Vía Láctea the Milky Way
viajar to travel **(2.2)**
un viaje trip, voyage
    de viaje on a trip
    hacer un viaje to go on a trip **(5.2)**; to make a voyage
    un(a) agente de viajes travel agent
    una agencia de viajes travel agency
viajero traveling
    un(a) vendedor(a) viajero(a) traveling salesperson
un viajero, una viajera traveler
una víctima victim
la vida life
viejo old **(3.3)**
el viento wind
    hace viento it's windy **(1.6)**

469

viernes Friday **(1.5)**
  el viernes (on) Friday
  (6.4)
  los viernes (on) Fridays
  (6.4)
vigilar to watch (over), keep
  an eye on
vigoroso vigorous, strenuous
el **vinagre** vinegar **(10.2)**
vinieron (they) came
el **vino** wine **(8.4)**
la **violencia** violence
un **visitante, una visitante**
  visitor
visitar to visit **(2.2)**
vista: se vista de (she) may
  dress in
una **vista** sight, view, vista,
  panorama
  hasta la vista so long
  (1.2)
  un punto de vista point
  of view
visto: mal visto looked on
  with disapproval
¡viva! hooray for! three
  cheers for! long live!

**viviendo: viviendo en
apartamentos** apartment
living
vivir to live **(5.1)**
  un modo de vivir
  lifestyle, way of life
un **vocabulario** vocabulary
vocacional vocational
una **vocal** vowel
el **volibol** volleyball *(sport)*
  (6.2)
  volver (o→ue) to return, go
  back **(6.3)**; to come back
  volver a casa to return
  (go, get) home
vosotros(as) you *(fam. pl.;
used in Spain)*
(2.4)
una **voz** *(pl.* **voces)** voice
  en voz alta (baja) in a
  loud (low) voice
vuelta: de vuelta going back
la «**Vuelta**» *long-distance bicycle
race around Spain*
el **vuelto** change *(money)*
vuestro your *(fam. pl.; used
in Spain)*

y

y after *(telling time);* and
  (2.1)
  (es la una) y media (it's
  one) thirty, (it's) half
  past (one) **(1.4)**
  (son las dos) y cinco
  (it's) five after (two)
  (1.4)
ya already
  ya no no longer, not . . .
  anymore
yo I **(2.1)**
  como yo like me, as I am
  yo no not I (me)
el **yogur** yogurt

z

las **zanahorias** carrots
unos **zapatos** shoes **(7.2)**
el **zodíaco** zodiac
una **zona** zone
un **zoológico** zoo
un **zorro** fox

ENGLISH-SPANISH VOCABULARY

The English-Spanish Vocabulary lists the active words and expressions.

a

a, an un, una **(3.1)**
  a few unos, unas **(3.3)**
  a little un poco **(2.1)**
  a lot (of) mucho **(2.1)**
able: to be able (to) *poder **(6.3)**
about de **(4.2)**
above encima (de), sobre **(10.4)**
active: active in sports deportista **(6.2)**
actor un actor **(6.3)**
actress una actriz **(6.3)**
addition: in addition además **(8.1)**
adventure: adventure movie una película de aventuras **(6.3)**
advice (piece of) un consejo **(6.1)**
after después (de) **(9.2)**
  after that después **(9.4)**
afternoon: good afternoon buenas tardes **(1.2)**
  in the afternoon de la tarde **(1.4)**
  (on) (Friday) afternoon el (viernes) por la-tarde **(6.4)**
again otra vez **(9.3)**
agent: travel agent un (una) agente de viajes **(9.1)**
airplane un avión (*pl.* aviones) **(4.4)**
all todo **(3.3)**
  all in all a fin de cuentas **(6.3)**
  all right! ¡bueno! **(3.1)**
almost casi **(4.4)**
alone solo **(4.4)**
along por **(9.3)**
also también **(2.1)**
always siempre **(2.1)**
a.m. de la mañana **(1.4)**
amusing divertido **(3.2)**
an un, una **(3.3)**
and y (e *before* i *or* hi) **(2.1)**
angry enojado **(8.1)**

announcer *(radio or TV)* un locutor, una locutora **(9.2)**
to **answer** contestar **(8.1)**
any unos, unas **(3.3)**; alguno (algún) **(6.1)**
  in any case de todas maneras **(10.3)**
  not any ninguno (ningún) **(6.1)**
anyone alguien **(6.1)**
  not anyone nadie **(6.1)**
anything algo **(6.1)**
  not anything nada **(6.1)**
apartment un apartamento **(5.3)**
apple una manzana **(10.2)**
April abril **(1.5)**
arm un brazo **(7.3)**
around alrededor (de) **(10.4)**
to **arrive** llegar **(4.1)**
as como **(2.1)**
  as ... as tan ... como **(7.1)**
to **ask** *(a question)* preguntar **(6.1)**
  to ask for pedir (e→i) **(6.1)**
asleep: to fall asleep dormirse (o→ue) **(7.4)**
assignment una tarea **(8.1)**
  to do the assignment hacer la tarea **(5.2)**
at a **(1.4)**; en **(4.2)**
  at ...'s house en casa de ... **(4.2)**
  at home en casa **(4.2)**
  at the same time al mismo tiempo **(8.1)**
  at the side (of) al lado (de) **(10.4)**
  at two o'clock a las dos **(1.4)**
  at what time? ¿a qué hora? **(1.4)**
athlete un (una) atleta **(6.2)**
athletic deportista **(6.2)**
to **attend** asistir a **(5.1)**
attendant: flight attendant un aeromozo, una aeromoza **(9.1)**
August agosto **(1.5)**

aunt una tía **(5.2)**
autumn el otoño **(1.6)**
away: to go away *irse **(7.4)**

b

back una espalda **(7.4)**
  in back (of) detrás (de) **(10.4)**
  to go back volver (o→ue) **(6.3)**
bad mal, malo **(3.2)**
  badly mal **(2.1)**
  that's bad! ¡qué malo! **(1.6)**
  the weather is bad hace mal tiempo **(1.6)**
  too bad! ¡qué lástima! **(2.1)**
  very bad muy mal **(1.2)**
bag un bolso **(3.3)**
banana un plátano **(10.2)**
baseball *(sport)* el béisbol **(6.2)**
basketball *(sport)* el básquetbol **(6.2)**
bath: to take a bath bañarse **(7.3)**
bathing suit un traje de baño **(7.2)**
bathroom un baño **(5.3)**
to **be** *ser **(3.1)**; *estar **(4.2)**
  to be ... (years old) tener ... años **(3.4)**
  to be from ser de **(3.1)**
  to be going to ir a + *inf.* **(4.2)**
  to be located estar **(4.2)**
  to be rich (poor) ser rico (pobre) **(6.1)**
  to be (sleepy, thirsty, hot, cold, hungry) tener (sueño, sed, calor, frío, hambre) **(8.4)**
beach una playa **(4.2)**
beans los frijoles **(10.2)**
because porque **(2.3)**
bed una cama **(10.4)**

to go to bed acostarse
(o→ue) **(7.4)**

bedroom un cuarto **(5.3)**

beer la cerveza **(8.4)**

before antes **(5.1)**; antes de
(9.2)

to begin empezar (e→ie) **(6.3)**
to begin to empezar a **(6.3)**

behind detrás (de) **(10.4)**

to believe creer **(5.1)**

below bajo **(1.6)**; debajo (de)
(10.4)

beneath debajo (de) **(10.4)**

beside al lado (de) **(10.4)**

best mejor **(7.1)**

better mejor **(7.1)**

bicycle una bicicleta **(3.3)**

big grande **(3.3)**
bigger más grande **(7.1)**

bird un pájaro **(5.2)**

birthday un cumpleaños **(1.5)**

black negro **(7.1)**

blond(e) rubio **(3.2)**

blouse una blusa **(7.2)**

blue azul **(7.1)**

boat un barco **(4.4)**

body un cuerpo **(7.3)**

book un libro **(3.3)**

bookcase un estante **(10.4)**

boring aburrido **(3.2)**

boutique una tienda **(4.2)**

boy un chico, un muchacho
(3.1)

boyfriend un novio **(3.1)**

bread el pan **(10.2)**

to break romper **(8.3)**
to break one's ... romperse
+ *part of body* **(8.3)**

breakfast el desayuno **(10.2)**
to have breakfast
desayunarse **(10.2)**

to bring llevar **(4.1)**; *traer **(6.4)**

brother un hermano **(5.2)**

brown *(eyes)* café, *(hair)* castaño
(7.1)

brunet(te) moreno **(3.2)**

bus un autobús *(pl.* autobuses)
(4.4)

but pero **(2.1)**

butter la mantequilla **(10.2)**

to buy comprar **(4.1)**
to buy (for oneself)
comprarse **(7.3)**

by por **(9.3)**
by the way a propósito
(10.2)

c

cafe un café **(4.2)**

cake una torta **(10.2)**

to call llamar **(5.4)**
I am called me llamo **(1.1)**
to be called *(name)* llamarse
(7.4)
to call on the phone llamar
por teléfono **(5.4)**

camera una cámara **(3.3)**

can *poder (o→ue) **(6.3)**
I can't no puedo **(2.3)**

car un coche **(3.3)**

carbonated drink la gaseosa
(8.4)

card una tarjeta **(5.1)**

care: to take care of atender
(e→ie) **(9.1)**

carpenter un carpintero, una
carpintera **(9.4)**

to carry (something) llevar
(4.1)

case: in any case de todas
maneras **(10.3)**

cat un gato **(5.2)**

chair una silla **(10.4)**

to change cambiar **(8.2)**

cheese el queso **(10.2)**

chicken el pollo **(10.2)**

chubby gordo **(3.2)**

church una iglesia **(4.2)**

city una ciudad **(4.2)**

clerk un empleado, una
empleada **(9.2)**

close (to) cerca (de) **(4.2)**

clothing la ropa **(7.2)**

cloudy: it's cloudy está
nublado **(1.6)**

coffee el café **(8.4)**

cold: it's cold hace frío **(1.6)**
to be cold tener frío **(8.4)**

color: what color? ¿de qué
color? **(7.2)**

to comb (one's hair) peinarse
(7.3)

to come *venir **(3.4)**

comedian un comediante **(6.3)**

comedienne una comediante
(6.3)

comedy: musical comedy una
comedia musical **(6.3)**

content contento **(4.3)**

cordially cordialmente **(9.2)**

corn el maíz **(10.2)**

to cost costar (o→ue) **(6.3)**
could: I could not no pude
(9.4)

to count contar (o→ue) **(6.3)**

country un país **(3.4)**

country(side) el campo **(4.2)**

course: of course! ¡claro!,
¡cómo no!, ¡por supuesto!
(2.2)
of course not! ¡claro que no!
(2.2)

cousin un primo, una prima
(5.2)

cream: ice cream un helado
(8.4)

Cuba Cuba **(3.4)**

Cuban cubano **(3.4)**

cup una taza **(10.1)**

curly rizado **(7.1)**

d

to dance bailar **(2.1)**

dark-haired moreno **(3.2)**

date *(appointment)* una cita
(1.4); *(calendar)* la fecha **(1.5)**
it is (May 5) es el (5) de
(mayo) **(1.5)**
**what is today's (tomorrow's)
date?** ¿cuál es la fecha de
hoy (mañana)? **(1.5)**

daughter una hija **(5.2)**

day un día **(1.5)**
every day todos los días
(6.4)
good day buenos días **(1.2)**
what day is it? ¿qué día es
hoy? **(1.5)**

dear querido **(9.2)**

December diciembre **(1.5)**

degree un grado **(1.6)**
thirty degrees treinta grados
(1.6)

dentist un (una) dentista **(9.1)**

designer un (una) dibujante
(9.1)

to desire desear **(2.3)**

desserts los postres **(10.2)**

detective movie una película
policíaca **(6.3)**

difficult difícil **(8.1)**

dining room un comedor **(5.3)**

dinner la cena **(10.2)**
to have dinner cenar **(10.2)**

to discover descubrir **(8.3)**

to do *hacer **(5.2)**

>**to do homework** hacer las tareas **(5.2)**

>**to do the assignment** hacer la tarea **(5.2)**

doctor un doctor, una doctora **(9.1)**

doesn't he (she, it)? ¿verdad? **(2.2)**

dog un perro **(5.2)**

door una puerta **(5.3)**

doubtless sin duda **(9.1)**

down: to sit down sentarse (e→ie) **(7.4)**

downtown el centro **(4.2)**

draftsman un (una) dibujante **(9.1)**

to draw dibujar **(9.1)**

dress un vestido **(7.2)**

>**to dress (oneself)** vestirse (e→i) **(7.3)**

dressmaker una modista **(9.4)**

drink una bebida **(8.4)**

>**carbonated drink** la gaseosa **(8.4)**

to drink tomar **(4.1)**; beber **(5.1)**

to drive *conducir (c→zc) **(6.4)**

>**during** durante **(8.2)**

e

each cada **(4.4)**

early temprano **(8.2)**

to earn ganar **(2.2)**

ears las orejas **(7.1)**

easy fácil **(8.1)**

to eat comer **(5.1)**

egg un huevo **(10.2)**

eight ocho **(1.3)**

>**eight hundred** ochocientos **(7.2)**

eighteen diez y ocho **(1.3)**

eighth octavo **(5.3)**

eighty ochenta **(1.3)**

electrician un (una) electricista **(9.4)**

elegant elegante **(7.1)**

eleven once **(1.3)**

employee un empleado, una empleada **(9.2)**

end el fin **(8.1)**

to end acabar **(8.1)**

engineer un ingeniero, una ingeniera **(9.2)**

English inglés (*f.* inglesa) **(3.4)**

to enjoy oneself divertirse (e→ie) **(7.4)**

enough bastante **(3.2)**

evening: good evening buenas noches **(1.2)**

>**in the evening** de la noche **(1.4)**

>**(on) (Saturday) evening** el (sábado) por la noche **(6.4)**

every cada **(4.4)**

>**every day** todos los días **(6.4)**

everybody todos **(4.4)**

exam un examen (*pl.* exámenes) **(8.1)**

>**to pass (flunk) an exam** salir bien (mal) en un examen **(8.1)**

>**to take an exam** tomar un examen **(7.4)**

example: for example por ejemplo **(7.4)**

excuse me! ¡perdón! **(5.2)**

expense un gasto **(6.1)**

expensive caro **(3.3)**

eyeglasses unos anteojos **(7.2)**

eyes los ojos **(7.1)**

f

fabulous fabuloso **(5.4)**

>**what a fabulous** *(noun)!* ¡qué *(noun)* tan fabuloso! **(5.4)**

face una cara **(7.3)**

factory una fábrica **(9.1)**

fair regular **(1.2)**

fall *(season)* el otoño **(1.6)**

to fall *caer **(3.4)**

>**to fall asleep** dormirse (o→ue) **(7.4)**

family una familia **(5.2)**

fan: a fan (of) un aficionado a, una aficionada a **(6.2)**

fantastic fantástico **(2.1)**

>**what a fantastic** *(noun)!* ¡qué *(noun)* tan fantástico! **(5.4)**

far (from) lejos (de) **(4.2)**

fat gordo **(3.2)**

father un padre, el papá **(5.2)**

February febrero **(1.5)**

to feel sentir (e→ie) **(6.3)**; sentirse **(7.4)**

>**to feel like** tener ganas de + *inf.* **(3.4)**

few: a few unos, unas **(3.3)**

fifteen quince **(1.3)**

fifth quinto **(5.3)**

fifty cincuenta **(1.3)**

film una película **(6.3)**

to find encontrar (o→ue) **(6.3)**

fine bien **(2.1)**

finger un dedo **(7.3)**

to finish acabar **(8.1)**

first primero **(1.5)**; primer **(5.3)**

fish un pez (*pl.* peces) **(5.2)**

fisherman un pescador, una pescadora **(9.4)**

five cinco **(1.3)**

>**five hundred** quinientos **(7.2)**

flight attendant un aeromozo, una aeromoza **(9.1)**

floor *(of a building)* un piso **(5.3)**

to flunk salir mal **(8.1)**

food la comida **(8.4)**

foods los alimentos **(10.2)**

foolish tonto **(3.2)**

foot un pie **(7.4)**

football *(sport)* el fútbol americano **(6.2)**

for para **(2.4)**; por **(9.3)**

>**for example** por ejemplo **(7.4)**

>**(for) how long?** ¿cuánto tiempo hace? **(8.1)**

>**for instance** por ejemplo **(7.4)**

forehead la frente **(7.1)**

to forget olvidarse (de) **(8.2)**

fork un tenedor **(10.1)**

forty cuarenta **(1.3)**

found: I found out supe **(9.4)**

four cuatro **(1.3)**

>**four hundred** cuatrocientos **(7.2)**

fourteen catorce **(1.3)**

fourth cuarto **(5.3)**

French francés (*f.* francesa) **(3.4)**

Friday viernes **(1.5)**

>**(on) Friday** el viernes **(6.4)**

>**(on) Fridays** los viernes **(6.4)**

friend un amigo, una amiga
(3.1)

from de (2.1)

  are you from? ¿eres de?
(1.1)

  from time to time de vez en
cuando (9.3)

  from where? ¿de dónde?
(3.4)

  he (she) is from . . . es de . . .
(1.1)

  I'm from . . . soy de . . .
(1.1)

  you are from . . . eres de . . .
(1.1)

front: in front (of) delante (de)
(10.4)

fruit una fruta (10.2)

  fruit juice jugo de frutas
(8.4)

fun divertido (3.2)

  to have fun divertirse (e→ie)
(7.4)

furniture los muebles (10.4)

g

game un partido (6.2)

garage un garaje (5.3)

garden un jardín (*pl.* jardines)
(5.3)

generally generalmente, por lo
general, en general (6.4)

gentleman un señor (3.1)

to get *(a grade)* sacar (8.1); recibir
(8.3)

  to get dressed vestirse (e→i)
(7.3)

  to get up levantarse (7.4)

gift un regalo (3.3)

girl una chica (3.1); una
muchacha (3.1)

girlfriend una novia (3.1)

to give *dar (5.4)

glass un vaso (10.1)

to go *ir (4.2)

  let's go! ¡vamos! (4.2)

  let's go to . . .! ¡vamos a
place! (4.2)

  to be going to ir a + *inf.*
(4.2)

  to go away *irse (7.4)

  to go back volver (o→ue)
(6.3)

to go by plane (by train, . . .)
ir en avión (en tren, . . .)
(4.4)

to go on a trip hacer un
viaje (5.2)

to go on foot ir a pie (4.4)

to go out *salir (6.4)

to go to asistir a (5.1)

to go to bed acostarse
(o→ue) (7.4)

good buen, bueno (3.2)

  good afternoon buenas
tardes (1.2)

  good day buenos días (1.2)

  good evening buenas noches
(1.2)

  good-looking guapo (3.2)

  good luck! ¡buena suerte!
(5.1)

  good morning buenos días
(1.2)

  good night buenas noches
(1.2)

  goodby adiós (1.2)

  it's good weather hace buen
tiempo (1.6)

gosh! ¡Dios mío! (5.3)

got: I got tuve (9.4)

grade una nota (8.1)

grandfather un abuelo (5.2)

grandmother una abuela (5.2)

gray gris (7.2)

great gran (3.3)

  great! ¡qué bueno! (1.6)

green verde (7.1)

guide un (una) guía (9.1)

gymnastics la gimnasia (6.2)

h

hair el pelo (7.1)

  dark-haired moreno (3.2)

half: half past (one) es (la una)
y media (1.4)

ham el jamón (10.2)

hamburger una hamburguesa
(8.4)

hand una mano (7.3)

handsome guapo (3.2)

to happen pasar (8.2)

happy alegre, contento (4.3);
feliz (*pl.* felices) (8.1)

hat un sombrero (7.2)

to have *tener (3.3)

to have *(food, drink)* tomar
(4.1)

to have a snack merendar
(e→ie) (10.2)

to have breakfast
desayunarse (10.2)

to have dinner cenar (10.2)

to have fun divertirse (e→ie)
(7.4)

to have just acabar de +
inf. (8.1)

to have lunch almorzar
(o→ue) (10.2)

to have to tener que + *inf.*
(3.4)

he él (2.2)

head una cabeza (7.3)

to hear *oír (6.4)

hello! ¡hola! (1.2); ¡aló! (9.3)

to help ayudar (5.4)

her ella *(after prep.)* (2.4); la
(dir. obj.) (4.4); su, sus *(poss.
adj.)* (5.3)

  to her le (5.4)

here aquí (1.1)

herself se (7.3)

hey! ¡caramba! (5.3)

hi! ¡hola! (1.2)

him él *(after prep.)* (2.4); lo
(dir. obj.) (4.4)

  to him le (5.4)

himself se (7.3)

his su, sus (5.3)

home una casa (4.2)

  at home en casa (4.2)

  (to) home a casa (4.2)

homework las tareas (8.1)

  to do homework hacer las
tareas (5.2)

to hope for esperar (2.3)

hot: it's hot hace calor (1.6)

  it's very hot hace mucho
calor (1.6)

  to be hot tener calor (8.4)

hotel un hotel (4.2)

hour una hora (1.4)

house una casa (4.2)

  at . . .'s house en casa de . . .
(4.2)

  to . . .'s house a casa de . . .
(4.2)

how? ¿cómo? (2.3)

  how *(adj.)*! ¡qué *(adj.)*! (3.2)

  how are you? ¿cómo está
Ud.?, ¿cómo estás?, ¿qué
tal? (1.2)

how long?, for how long?
¿cuánto tiempo hace?
(8.1)

how lucky! ¡qué suerte!
(5.1)

how lucky you are! ¡qué
suerte tienes! **(5.1)**

how many? ¿cuántos? **(3.3)**

how many times? ¿cuántas
veces? **(9.3)**

how much? ¿cuánto? **(3.3)**

how much is it? ¿cuánto es?
(1.3)

how's it going? ¿qué tal?
(1.2)

however sin embargo **(7.1)**

hundred cien (ciento) **(1.3)**

two hundred doscientos
(7.2)

three hundred trescientos
(7.2)

four hundred cuatrocientos
(7.2)

five hundred quinientos
(7.2)

six hundred seiscientos
(7.2)

seven hundred setecientos
(7.2)

eight hundred ochocientos
(7.2)

nine hundred novecientos
(7.2)

hungry: to be hungry tener
hambre **(8.4)**

husband un esposo **(5.2)**

i

I yo **(2.1)**

ice cream un helado **(8.4)**

if si **(4.4)**

ill enfermo **(4.3)**

in en **(2.1)**

in any case de todas
maneras **(10.3)**

in back (of) detrás (de)
(10.4)

in front (of) delante (de)
(10.4)

in my opinion en mi opinión
(6.2)

in order to para **(9.2)**

in the afternoon de la tarde
(1.4)

in the evening de la noche
(1.4)

in the morning de la
mañana **(1.4)**

inexpensive barato **(3.3)**

informal informal **(7.1)**

to inquire preguntar **(6.1)**

instance: for instance por
ejemplo **(7.4)**

instead of en vez de **(9.2)**

intelligent inteligente **(3.2)**

interesting interesante
(3.2)

into: to run into encontrar
(o→ue) **(6.3)**

to invite invitar **(4.1)**

is: this is … es … **(9.3)**

isn't it? ¿verdad? **(2.2)**

it él, ella *(after prep.)* **(2.4)**; lo,
la *(dir. obj.)* **(4.4)**; lo *(neuter
pron.)* **(9.1)**

how's it going? ¿qué tal?
(1.2)

**it is (cold, hot, very hot,
sunny, windy)** hace (frío,
calor, mucho calor, sol,
viento) **(1.6)**

it's cloudy está nublado
(1.6)

it's one o'clock es la una
(1.4)

it's (two o'clock) son (las
dos) **(1.4)**

what time is it? ¿qué hora
es? **(1.4)**

j

jacket una chaqueta **(7.2)**

January enero **(1.5)**

jeans unos blue-jeans **(7.2)**

job un trabajo **(6.1)**; un oficio
(9.1)

journalist un (una) periodista
(9.2)

juice: fruit juice jugo de frutas
(8.4)

July julio **(1.5)**

June junio **(1.5)**

just: to have just acabar de +
inf. **(8.1)**

just a minute un momentito
(9.3)

k

kitchen una cocina **(5.3)**

knee una rodilla **(7.3)**

knife un cuchillo **(10.1)**

to know *(people)* *conocer (c→zc)
(6.4); *(facts)* *saber **(9.1)**

l

lady una señora **(3.1)**

lamp una lámpara **(10.4)**

large grande **(3.3)**

larger más grande **(7.1)**

last último **(5.3)**

last night anoche **(8.2)**

last (Wednesday) (el)
(miércoles) pasado **(6.4)**

late tarde **(8.2)**

later después **(5.1)**

see you later hasta luego
(1.2)

lawyer un abogado, una
abogada **(9.2)**

to learn aprender **(5.1)**

to leave *salir **(6.4)**; *irse **(7.4)**;
dejar **(8.2)**

left izquierdo **(7.4)**

on (to) the left (of) a la
izquierda (de) **(10.4)**

leg una pierna **(7.4)**

to lend prestar **(5.4)**

less: less … than menos …
que **(7.1)**

let's: let's … vamos a + *inf.*
(4.2)

let's go! ¡vamos! **(4.2)**

let's go to … vamos a …
(4.2)

let's see a ver, vamos a ver
(5.1)

letter una carta **(5.1)**

like como **(2.1)**

to like gustar **(6.2)**

do you like? ¿te gusta?
(2.4)

I like me gusta **(2.4)**

to feel like tener ganas de +
inf. **(3.4)**

to like *(someone)* *querer (e→ie) a **(6.3)**
what is . . . like? ¿cómo es . . .? **(3.2)**
listen! ¡oye! **(3.3)**
to listen (to) escuchar **(2.1)**
little: a little un poco **(2.1)**
to live vivir **(5.1)**
living room una sala **(5.3)**
long largo **(7.1)**
(for) how long? ¿cuánto tiempo hace? **(8.1)**
look! ¡mira! **(3.3)**
to look (at) mirar **(2.2)**
to look at oneself mirarse **(7.4)**
to look for buscar **(4.1)**
to lose perder (e→ie) **(6.3)**
lot: a lot mucho **(3.3)**
love movie una película romántica **(6.3)**
to love *(someone)* *querer (e→ie) a **(6.3)**
low bajo **(7.1)**
luck: good luck! ¡buena suerte! **(5.1)**
how lucky! ¡qué suerte! **(5.1)**
how lucky you are! ¡qué suerte tienes! **(5.1)**
what luck! ¡qué suerte! **(5.1)**
lunch el almuerzo **(10.2)**
to have lunch almorzar (o→ue) **(10.2)**

m

ma'am señora (Sra.) **(1.2)**
magazine una revista **(3.3)**
magnificent magnífico **(5.4)**
what a magnificent *(noun)*! ¡qué *(noun)* tan magnífico! **(5.4)**
to make *hacer **(5.2)**
to make a mistake equivocarse **(8.2)**
man un hombre, un señor **(3.1)**
young man un joven *(pl.* jóvenes) **(3.1)**
manager un (una) gerente **(9.2)**
many muchos **(3.3)**
how many? ¿cuántos? **(3.3)**

how many times? ¿cuántas veces? **(9.3)**
many times muchas veces **(9.3)**
too many demasiado **(6.1)**
March marzo **(1.5)**
match un partido **(6.2)**
May mayo **(1.5)**
may *poder (o→ue) **(6.3)**
may I talk to . . .? ¿puedo hablar con . . .? **(9.3)**
maybe tal vez **(2.1)**
me mí *(after prep.)* **(2.4)**; me **(6.1)**
to (for) me me **(6.1)**
with me conmigo **(2.4)**
meal una comida **(10.2)**
to mean querer decir **(6.3)**
meat la carne **(10.2)**
mechanic un mecánico, una mecánica **(9.4)**
to meet encontrar (o→ue) **(6.3)**
Mexican mexicano **(3.4)**
Mexico México **(3.4)**
milk la leche **(8.4)**
million millón *(pl.* millones) **(7.2)**
a million thanks un millón de gracias **(10.1)**
minute: just a minute un momentito **(9.3)**
Miss señorita (Srta.) **(1.2)**
mistake: to make a mistake equivocarse **(8.2)**
mister (Mr.) señor (Sr.) **(1.2)**
Monday lunes **(1.5)**
(on) Monday el lunes **(6.4)**
(on) Mondays los lunes **(6.4)**
money el dinero **(6.1)**
monkey un mono **(5.2)**
month un mes **(1.5)**
more más **(4.4)**
more . . . than más . . . que **(7.1)**
moreover además **(8.1)**
morning: good morning buenos días **(1.2)**
in the morning de la mañana **(1.4)**
(on) (Thursday) morning el (jueves) por la mañana **(6.4)**
most más **(4.4)**
mother una madre, la mamá **(5.2)**

motorcycle una moto **(3.3)**
mouth boca **(7.1)**
movie una película **(6.3)**
adventure movie una película de aventuras **(6.3)**
love movie una película romántica **(6.3)**
police (detective) movie una película policíaca **(6.3)**
movie theater un cine **(4.2)**
movies el cine **(6.3)**
Mr. señor (Sr.) **(1.2)**
Mrs. señora (Sra.) **(1.2)**
much mucho **(3.3)**
how much? ¿cuánto? **(3.3)**
how much is it? ¿cuánto es? **(1.3)**
too much demasiado **(6.1)**
museum un museo **(4.2)**
musical comedy una comedia musical **(6.3)**
my mi (mis) **(5.2)**
myself me **(7.3)**

n

name: my name is . . . me llamo . . . **(1.1)**
to be named llamarse **(7.4)**
what are their names? ¿cómo se llaman? **(3.1)**
what's his (her) name? ¿cómo se llama? **(3.1)**
what's your name? ¿cómo te llamas? **(1.1)**
narrow estrecho **(7.1)**
near cerca (de) **(4.2)**
nearby cerca **(10.4)**
necktie una corbata **(7.2)**
to need necesitar **(2.3)**
neighborhood un barrio **(4.2)**
never nunca **(6.1)**
nevertheless sin embargo **(7.1)**
new nuevo **(3.3)**
news las noticias **(6.3)**
newspaper un periódico **(3.3)**
next próximo **(5.3)**
next to al lado de **(10.4)**
next (Tuesday) el próximo (martes) **(6.4)**
nice simpático **(3.2)**
the weather is nice hace buen tiempo **(1.6)**

night: at night de la noche
(1.4)
   good night buenas noches
(1.2)
   last night anoche (8.2)
   (on) (Saturday) night el
(sábado) por la noche (6.4)
   (on) (Saturday) nights los
(sábados) por la noche
(6.4)
nine nueve (1.3)
   nine hundred novecientos
(7.2)
nineteen diez y nueve (1.3)
ninety noventa (1.3)
ninth noveno (5.3)
no no (1.1); ninguno (ningún)
(6.1)
   no one nadie (6.1)
none ninguno (6.1)
North American
norteamericano (3.4)
nose una nariz (*pl.* narices)
(7.1)
not no (2.1)
   not any ninguno (6.1)
   not anyone nadie (6.1)
   not anything nada (6.1)
   of course not! ¡claro que no!
(2.2)
notebook un cuaderno (3.3)
nothing nada (6.1)
novel una novela (5.3)
November noviembre (1.5)
now ahora (2.1)
number un número (1.3)
nurse un enfermero, una
enfermera (9.1)

o

to **obey** *obedecer (c→zc) (6.4)
object un objeto (3.3)
October octubre (1.5)
of de (2.1)
   it's (five) of (two) son (las
dos) menos (cinco) (1.4)
   of course! ¡claro!, ¡cómo no!,
¡por supuesto! (2.2)
   of course not! ¡claro que no!
(2.2)

to **offer** *ofrecer (c→zc) (6.4)
office una oficina (9.1)
officer: police officer un (una)
policía (9.1)
often a menudo (5.1); muchas
veces (9.3)
oil el aceite (10.2)
O.K. regular (1.2)
old viejo (3.3)
   to be ... years old tener ...
años (3.4)
older mayor (5.2)
oldest mayor (7.1)
on sobre (10.4)
on *(day of the week)* el *(day of
the week),* los *(day of the week)*
(6.4)
   on the left (right) of a la
izquierda (derecha) de
(10.4)
   on the side (of) al lado (de)
(10.4)
   on time a tiempo (8.2)
   on top of sobre, encima (de)
(10.4)
once una vez (9.3)
   once in a while de vez en
cuando (5.1)
one un, uno, una (1.3)
   it is one o'clock es la una
(1.4)
   no one nadie (6.1)
   one hundred cien, ciento
(1.3)
   one hundred one ciento uno
(una) (7.2)
   one million un millón (7.2)
   one thousand mil (7.2)
   one thousand five hundred
mil quinientos (7.2)
   one time una vez (9.3)
only sólo (4.4)
opinion: in my opinion en mi
opinión (6.2)
or o (u *before* o *or* ho) (2.1)
orange una naranja (10.2)
order: in order to para (9.2)
to **order** pedir (e→i) (6.1)
other otro (3.3)
ought to deber + *inf.* (8.3)
our nuestro (5.3)
ourselves nos (7.3)
out: to go out *salir (6.4)
over encima (de), sobre (10.4)
overcoat un abrigo (7.2)

p

to **pack a suitcase** hacer la maleta
(5.2)
pants unos pantalones (7.2)
pardon me! ¡perdón! (5.2)
parents los padres (5.2)
parrot un papagayo (5.2)
to **pass** salir bien (8.1); pasar
(8.2)
   past: it's (five) past (two) son
las (dos) y (cinco) (1.4)
pastimes las diversiones (6.3)
pastry un pastel (8.4)
to **pay (for)** pagar (por) (6.1)
pear una pera (10.2)
pen un bolígrafo (3.3)
pencil un lápiz (*pl.* lápices)
(3.3)
people la gente (3.1)
pepper la pimienta (10.2)
photo una foto (3.3)
photographer un fotógrafo, una
fotógrafa (9.2)
picture una foto (3.3)
   to take pictures sacar
fotos (4.1)
pie un pastel (8.4)
place un lugar (4.2)
plain feo (3.2)
to **plan to** pensar + *inf.* (e→ie)
(6.3)
plate un plato (10.1)
play *(theater)* una obra de teatro
(6.3)
to **play** *(musical instrument)* tocar
(2.1); *(game)* jugar (u→ue) a
(6.2)
player un jugador, una jugadora
(6.2)
   record player un tocadiscos
(3.3)
plaza una plaza (4.2)
pleasant simpático (3.2)
please por favor (1.3)
   it pleases me me gusta
(2.4)
   please ... hazme el favor de
+ *inf.* (10.1)
   to be pleasing gustar (6.2)
pleasure: with pleasure con
mucho gusto (1.3)
p.m. de la tarde, de la noche
(1.4)

to **point out** enseñar (4.1)

police movie una película policíaca (6.3)

police officer un (una) policía (9.1)

pool: swimming pool una piscina (4.2)

poor: to be poor ser pobre (6.1)

postcard una tarjeta (5.1)

potatoes las papas (10.2)

to **prefer** preferir (e→ie) (6.3)

present un regalo (3.3)

pretty bonito (3.2); lindo (7.1)

profession una profesión (9.1)

professor un profesor, una profesora (3.1)

program (television) un programa (6.3)

programmer un programador, una programadora (9.2)

public square una plaza (4.2)

Puerto Rican puertorriqueño (3.4)

Puerto Rico Puerto Rico (3.4)

pupil un alumno, una alumna (3.1)

purse un bolso (3.3)

to **put** *poner (6.4)

to **put on (oneself)** *ponerse (7.3)

q

quarter un cuarto (1.4)

it's quarter past (quarter of) one es la una y cuarto (menos cuarto) (1.4)

quite bastante (3.2)

r

radio (set) un radio (3.3)

radio announcer un locutor, una locutora (9.2)

rain: it's raining llueve (1.6)

raincoat un impermeable (7.2)

rarely raras veces (6.1)

rather bastante (3.2)

to **read** leer (5.1)

reading la lectura (5.1)

really? ¿de veras? (1.5); ¿cierto? (4.3)

to **receive** recibir (8.1)

received: I received tuve (9.4)

record un disco (2.1)

record player un tocadiscos (3.3)

recorder: tape recorder una grabadora (3.3)

red rojo (7.2)

refused: I refused no quise (9.4)

regularly regularmente (6.1)

to **relate** contar (o→ue) (6.3)

relatives los parientes (5.2)

to **remain** quedarse (7.4)

to **remember** recordar (o→ue) (6.3)

to **request** pedir (e→i) (6.1)

to **return** volver (o→ue) (6.3)

rice el arroz (10.2)

rich: to be rich ser rico (6.1)

right derecho (adj.) (7.4)

all right buen, bueno (3.1)

on the right of a la derecha de (10.4)

right? ¿verdad? (2.2)

to the right of a la derecha de (10.4)

room un cuarto (5.3)

bathroom un baño (5.3)

bedroom un cuarto (5.3)

dining room un comedor (5.3)

living room una sala (5.3)

to **run into** encontrar (o→ue) (6.3)

s

sad triste (4.3)

salad una ensalada (8.4)

salesperson un vendedor, una vendedora (9.2)

traveling salesperson un vendedor viajero, una vendedora viajera (9.2)

salt la sal (10.2)

same mismo (4.4)

at the same time al mismo tiempo (8.3)

sandals unas sandalias (7.2)

sandwich un sándwich (8.4)

Saturday sábado (1.5)

(on) Saturday el sábado (6.4)

(on) Saturday nights los sábados por la noche (6.4)

(on) Saturdays los sábados (6.4)

saucer un platillo (10.1)

to **save** ahorrar (6.1)

to **say** *decir (5.3)

to say yes (no) decir que sí (no) (5.3)

you don't say! ¡no me digas! (4.3)

school una escuela (4.2)

scientist un científico, una científica (9.2)

sea el mar (4.2)

seamstress una modista (9.4)

season una estación (pl. estaciones) (1.6)

second segundo (5.3)

secretary un secretario, una secretaria (9.1)

to **see** *ver (5.1)

let's see a ver, vamos a ver (5.1)

see you later hasta luego (1.2)

seldom raras veces (6.1)

to **sell** vender (5.1)

to **send** mandar (5.4)

September septiembre (1.5)

serious serio (3.2)

to **serve** servir (e→i) (8.4)

to set the table poner la mesa (10.1)

seven siete (1.3)

seven hundred setecientos (7.2)

seventeen diez y siete (1.3)

seventh séptimo (5.3)

seventy setenta (1.3)

shabby vulgar (7.1)

she ella (2.2)

she is from . . . es de . . . (1.1)

ship barco (4.4)

shirt una camisa (7.2)

T-shirt una camiseta (7.2)

shoes unos zapatos (7.2)

shop una tienda (4.2)

short bajo (3.2); corto (7.1)

shorts unos pantalones cortos (7.2)

should deber + inf. (8.3)

478

show: **variety show** un
programa de variedades **(6.3)**
to **show** enseñar **(4.1)**
sick enfermo **(4.3)**
side: on (at, to) the side (of) al
lado (de) **(10.4)**
sincerely sinceramente **(9.2)**
to **sing** cantar **(2.1)**
singer un (una) cantante **(6.3)**
single solo **(4.4)**
sir señor (Sr.) **(1.2)**
sister una hermana **(5.2)**
to **sit down** sentarse (e→ie) **(7.4)**
six seis **(1.3)**
six hundred seiscientos
(7.2)
sixteen diez y seis **(1.3)**
sixth sexto **(5.3)**
sixty sesenta **(1.3)**
skiing el esquí **(6.2)**
skirt una falda **(7.2)**
to **sleep** dormir (o→ue) **(6.3)**
sleepy: to be sleepy tener
sueño **(8.4)**
small pequeño **(3.3)**
smaller más pequeño **(3.3)**
snack (late afternoon) una
merienda **(10.2)**
to have a snack merendar
(e→ie) **(10.2)**
snow: it's snowing nieva **(1.6)**
so: so long hasta la vista **(1.2)**
soccer el fútbol **(6.2)**
social worker un trabajador
social, una trabajadora social
(9.1)
socks unos calcetines
(sing. calcetín) **(7.2)**
some unos, unas **(3.3)**; alguno
(algún) **(6.1)**
someone alguien **(6.1)**
something algo **(6.1)**
sometimes a veces **(5.1)**
son un hijo **(5.2)**
so-so así, así **(1.2)**
Spain España **(3.4)**
Spanish español (f. española)
(3.4)
to **speak** hablar **(2.1)**
to **spend** (money) gastar **(6.1)**;
(time) pasar **(8.2)**
sport un deporte **(6.2)**
active in sports deportista
(6.2)
sports (concerning) deportivo
(6.2)

spring la primavera **(1.6)**
square: public square una
plaza **(4.2)**
to **stay** quedarse **(7.4)**
steak el bistec **(10.2)**
still todavía **(7.3)**
to **stop** dejar de + inf. **(9.2)**
store una tienda **(4.2)**
story un cuento **(5.1)**
straight liso **(7.1)**
street una calle **(4.2)**
strong fuerte **(7.1)**
student un alumno, una alumna,
un (una) estudiante **(3.1)**
to **study** estudiar **(2.1)**
stupid tonto **(3.2)**
sugar el azúcar **(10.2)**
suit un traje **(7.2)**
bathing suit un traje de
baño **(7.2)**
suitcase: to pack a suitcase
hacer la maleta **(5.2)**
summer el verano **(1.6)**
sun: it's sunny hace sol **(1.6)**
sunglasses unos anteojos de
sol **(7.2)**
Sunday domingo **(1.5)**
(on) Sunday el domingo
(6.4)
(on) Sundays los domingos
(6.4)
sure: are you sure? ¿cierto?
(4.3)
sweater un suéter (pl. suéteres)
(7.2)
to **swim** nadar **(2.2)**
swimming la natación **(6.2)**
swimming pool una piscina
(4.2)

t

T-shirt una camiseta **(7.2)**
table una mesa **(10.4)**
to set the table poner la
mesa **(10.1)**
tablespoon una cuchara **(10.1)**
to **take** tomar **(4.1)**
to take a bath bañarse
(7.3)
to take an exam tomar un
examen **(8.1)**
to take care of atender
(e→ie) a **(9.1)**

to take off quitarse **(7.3)**
to take pictures sacar fotos
(4.1)
to take (someone or
something) llevar **(4.1)**
talk: may I talk to . . . ?
¿puedo hablar con . . . ?
(9.3)
to talk about hablar de
(4.1)
tall alto **(3.2)**
tape una cinta **(3.3)**
tape recorder una grabadora
(3.3)
tea el té **(8.4)**
to **teach** enseñar **(4.1)**
teacher un maestro, una
maestra, un profesor, una
profesora **(3.1)**
team un equipo **(6.2)**
teaspoon una cucharita **(10.1)**
teeth los dientes **(7.1)**
television (transmission)
la televisión **(6.3)**
television set un televisor
(3.3)
to **tell** *decir **(5.3)**; contar (o→ue)
(6.3)
temperature la temperatura
(1.6)
what is the temperature?
¿cuál es la temperatura?
(1.6)
ten diez **(1.3)**
tennis el tenis **(6.2)**
tenth décimo **(5.3)**
terrible muy mal **(1.2)**
terrific fantástico **(2.1)**;
estupendo, magnífico **(5.4)**
what a terrific (noun)! ¡qué
(noun) tan fantástico
(estupendo, magnífico)!
(5.4)
than: more (less) . . . than más
(menos) . . . que **(7.1)**
thank you gracias, muchas
gracias **(1.3)**
a million thanks un millón
de gracias **(10.1)**
a thousand thanks mil
gracias **(10.1)**
that que (rel. pron.) **(3.4)**; ese,
esa **(7.2)**; lo (neuter pron.)
(9.1)
that . . . over there aquel,
aquella **(7.2)**

that's bad! ¡qué malo! (1.6)

that's why por eso (2.4)

the things that lo que (9.4)

the el, la (3.1); los, las (3.3)

theater el teatro (6.3)

movie theater un cine (4.2)

their su, sus (5.3)

them ellos, ellas *(after prep.)* (2.4); los, las *(dir. obj.)* (4.4)

to (for) them les (5.4)

themselves se (7.3)

then entonces (8.2); luego (8.4)

well then ... entonces ... (3.4)

there allí (4.2)

there is, there are hay (3.1)

there is (are) no no hay (3.3)

what is there? ¿qué hay? (3.3)

therefore por eso (2.4)

these estos, estas (7.2)

they ellos, ellas (2.2)

thin delgado (3.2)

thing una cosa (3.3)

the things that lo que (9.4)

to think creer (5.1); pensar (e→ie) (6.3)

I think that ... creo que ... (4.4)

to think about pensar de, pensar en (6.3)

to think of pensar de (6.3)

to think that pensar que (6.3)

third tercero (5.3)

thirsty: to be thirsty tener sed (8.4)

thirteen trece (1.3)

thirty treinta (1.3)

this este, esta (7.2)

this is ... *(on the phone)* es ... (9.3)

this time esta vez (9.3)

those esos, esas, *(over there)* aquellos, aquellas (7.2)

thousand mil (7.2)

a thousand thanks mil gracias (10.1)

one thousand five hundred mil quinientos (7.2)

three tres (1.3)

three hundred trescientos (7.2)

through por (9.3)

Thursday jueves (1.5)

(on) Thursday el jueves (6.4)

(on) Thursdays los jueves (6.4)

tie una corbata (7.2)

time la hora (1.4); la vez *(pl.* veces) (9.3)

at the same time al mismo tiempo (8.3)

at what time? ¿a qué hora? (1.4)

from time to time de vez en cuando (9.3)

how many times? ¿cuántas veces? (9.3)

many times muchas veces (9.3)

on time a tiempo (8.2)

one time una vez (9.3)

this time esta vez (9.3)

to waste time perder el tiempo (6.3)

what time is it? ¿qué hora es? (1.4)

tired cansado (4.3)

to a (2.1)

to ...'s house a la casa de ... (4.2)

to the left (right) of a la izquierda (derecha) de (10.4)

to the side (of) al lado (de) (10.4)

today hoy (1.5)

today is (May 2) hoy es el (2) de (mayo) (1.5)

tomato un tomate (10.2)

tomorrow mañana (1.5)

too también (2.1); demasiado (3.2)

too much (many) demasiado (3.2)

too bad! ¡qué lástima! (2.1)

top: on top of encima de, sobre (10.4)

toward(s) hacia (10.4)

town un pueblo (4.2)

trade un oficio (9.1)

train un tren (4.4)

to translate *traducir (c→zc) (6.4)

to travel viajar (2.2)

travel agent un (una) agente de viajes (9.1)

traveling salesperson un vendedor viajero, una vendedora viajera (9.2)

tree un árbol (5.3)

tried: I tried quise (9.4)

trip: to go on a trip hacer un viaje (5.2)

to try to tratar de + *inf.* (9.2)

Tuesday martes (1.5)

(on) Tuesday el martes (6.4)

(on) Tuesdays los martes (6.4)

TV set un televisor (3.3)

TV announcer un locutor, una locutora (9.2)

twelve doce (1.3)

twenty veinte (1.3)

twice dos veces (9.3)

two dos (1.3)

it's two o'clock son las dos (1.4)

two hundred doscientos (7.2)

two thousand dos mil (7.2)

to type escribir a máquina (9.1)

U

ugly feo (3.2)

uncle un tío (5.2)

under debajo (de) (10.4)

underneath debajo (de) (10.4)

to understand comprender (5.1); entender (e→ie) (6.3)

unfortunately desafortunadamente, por desgracia (10.4)

United States los Estados Unidos (3.4)

unpleasant antipático (3.2)

until hasta (8.2)

up: to get up levantarse (7.4)

upset enojado (8.1)

us nosotros *(after prep.)*, nos *(obj. pron.)* (6.1)

to us nos *(obj. pron.)* (6.1)

useful útil (8.1)

useless inútil (8.1)

V

variety show un programa de variedades (6.3)

vegetable un vegetal **(10.2)**

very muy **(2.1)**

    very bad muy mal **(1.2)**

    very well, and you? muy bien, ¿y tú? **(1.2)**

veterinarian un veterinario, una veterinaria **(9.1)**

village un pueblo **(4.2)**

vinegar el vinagre **(10.2)**

to **visit** visitar **(2.2)**

volleyball *(sport)* el volibol **(6.2)**

W

to **wait for** esperar **(4.1)**

    to wait on atender (e→ie) **(9.1)**

to **walk** ir a pie **(4.4)**

to **want** desear **(2.3)**; *querer (e→ie) **(6.3)**

    to want to querer + *inf.* **(6.3)**

warm: it's warm hace calor **(1.6)**

to **wash** lavar **(7.3)**

    to wash (oneself) lavarse **(7.3)**

to **waste time** perder el tiempo **(6.3)**

watch un reloj **(3.3)**

to **watch** mirar **(2.2)**

water el agua **(8.4)**

way: by the way a propósito **(10.2)**

we nosotros, nosotras **(2.4)**

weak débil **(7.1)**

to **wear** llevar **(7.2)**

weather el tiempo **(1.6)**

    the weather's bad (nice) hace mal (buen) tiempo **(1.6)**

    what's the weather like? ¿qué tiempo hace? **(1.6)**

Wednesday miércoles **(1.5)**

    (on) Wednesday el miércoles **(6.4)**

    (on) Wednesdays los miércoles **(6.4)**

week una semana **(1.5)**

weekend el fin de semana **(1.5)**

welcome: you're welcome de nada, no hay de qué **(1.3)**

well bien **(2.1)**

very well, and you? muy bien, ¿y tú? **(1.2)**

well ... bueno ... **(3.1)**

well then ... entonces ... **(3.4)**

western *(movie)* una película del oeste **(6.3)**

what? ¿qué? **(2.3)**; ¿cuál?, ¿cuáles? **(6.3)**

what lo que **(9.4)**

what! ¡caramba! **(5.3)**

what a (adj. + noun)! ¡qué *(noun)* tan *(adj.)*! **(5.4)**

what are their (your) names? ¿cómo se llaman? **(3.1)**

what are they called? ¿cómo se llaman? **(3.1)**

what color? ¿de qué color? **(7.2)**

what day is it today (tomorrow)? ¿qué día es hoy (mañana)? **(1.5)**

what (did you say)? ¿cómo? **(2.3)**

what is ... like? ¿cómo es ...? **(3.2)**

what is he (she) called? ¿cómo se llama? **(3.1)**

what is his (her) name? ¿cómo se llama? **(3.1)**

what is the temperature? ¿cuál es la temperatura? **(1.6)**

what is the weather like? ¿qué tiempo hace? **(1.6)**

what is there ...? ¿qué hay ...? **(3.3)**

what is today's (tomorrow's) date? ¿cuál es la fecha de hoy (mañana)? **(1.5)**

what is your name? ¿cómo te llamas? **(1.1)**

what luck! ¡qué suerte! **(5.1)**

what time is it? ¿qué hora es? **(1.4)**

what's wrong? ¿qué pasa? **(1.4)**

when cuando **(2.3)**

when? ¿cuándo? **(2.3)**

where donde **(2.3)**

where? ¿dónde? **(2.3)**

    from where? ¿de dónde? **(3.4)**

    to where? ¿adónde? **(4.2)**

which que *(rel. pron.)* **(3.4)**

which? ¿cuál?, ¿cuáles? **(6.3)**

while: once in a while de vez en cuando **(5.1)**

white blanco **(7.2)**

who, whom que *(rel. pron.)* **(3.4)**

who?, whom? ¿quién(es)? **(2.3)**

    to whom? ¿a quien(es)? **(4.1)**

whole: the whole todo el, toda la **(3.3)**

whose? ¿de quién(es)? **(5.1)**

why? ¿por qué? **(2.3)**

    that's why por eso **(2.4)**

wide ancho **(7.1)**

wife una mujer **(3.1)**; una esposa **(5.2)**

window una ventana **(5.3)**

windy: it's windy hace viento **(1.6)**

wine: el vino **(8.4)**

winter el invierno **(1.6)**

to **wish** desear **(2.3)**

with con **(2.1)**

    with me conmigo **(2.4)**

    with pleasure! ¡con mucho gusto! **(1.3)**

    with you contigo **(2.4)**

without sin **(9.2)**

woman una mujer **(3.1)**

    young woman una joven *(pl.* jóvenes) **(3.1)**

word una palabra **(2.1)**

work el trabajo **(6.1)**

to **work** trabajar **(2.1)**

worker: social worker un trabajador social, una trabajadora social **(9.1)**

worse peor **(7.1)**

worst peor **(7.1)**

wow! ¡caramba! **(5.3)**

to **write** escribir **(5.1)**

Y

year un año **(1.5)**

    to be ... years old tener ... años **(3.4)**

yellow amarillo **(7.2)**

yes sí **(1.1)**

yesterday ayer **(8.2)**

you tú *(fam.)*, usted *(formal)* **(2.3)**; vosotros(as) *(fam. pl.)*, ustedes *(pl.)*, ti *(after prep.)* **(2.4)**; te *(fam.)*, lo, la, los, las *(formal) (obj. pron.)* **(6.1)**

    how are you? ¿cómo está Ud? *(formal)*, ¿cómo estás? *(fam.)* **(1.2)**

    to you te *(fam.)*, le, les *(formal)* **(6.1)**

with you contigo **(2.4)**

young joven **(7.1)**

    young man, young woman un joven, una joven *(pl.* jóvenes*)* **(3.1)**

younger menor **(5.2)**

youngest menor **(7.1)**

your tu, tus *(fam.)* **(5.2)**; su, sus *(formal)* **(5.3)**

yourself te *(fam.)*, se *(formal)* **(7.3)**

yourselves se **(7.3)**

Z

zero cero **(1.3)**

482

INDEX

483

Photo Credits

Dorothy Affa / F.O.S. 211 B; A. James Casner III iii; Choroszewski / Alpha 338; © 1983, Children's Television
Workshop 299 R; courtesy Coca–Cola 47 TR; Stuart Cohen 1B, 6, 10, 15, 17, 22, 27, 33, 37 (top row, second row M,
R, bottom row M, R), 38, 39, 42, 43 TL, TR, BR, 80, 83, 88, 91, 96, 99, 119, 120, 122, 123, 127, 128, 130, 131, 133,
137, 153, 166, 194 B, 208, 212, 214, 217, 225, 243, 252, 255, 265, 274, 283, 295 T inset, 301, 303 B inset, 304,
305, 316, 323, 339, 347, 383, 384, 388, 394, 405, 424; Ruth Cronkite 44 T, B; René Disick 303 BR, 308; Dittman /
Rainbow 40 BR, 121 BR; Mimi Forsyth / Monkmeyer Press Photos 416; F.O.S. 294; Freelance Photographers
Guild 169; Robert Frerck 41 R, 121 TL, 203, 371 T; Globe Photos, Inc. 298 R; Beryl Goldberg 44 T, 79 TR, 342;
Nancy Grimes 49, 302 T; © Michael Heron / Monkmeyer Press Photos 177; courtesy ICM 298 M; Lou Jones 294 L;
Paul Kennedy 210 M; Bernard Kupferschmid 215; Susan Lapides 207 T, 393; Talbot Lovering 204, 205; David
Mangurian 1 T, 40 BL, 41 L, 84, 91, 96, 109, 121 BL, 205 TL, 391 B; © Constantin Manos / Magnum 71; Robert
Maxham 46 T; Terry McCoy 3 BL, 44 BM, BR, 45 T, 63, 73, 79 L, M; Peter Menzel xii, 3 TL, TM, BM, BR, 37 (middle
row L), 40 TL, TR, 44 BL, 48, 51, 57, 79 BR, 121 TR, 125, 141, 149, 157, 167, 185, 207 B, 194 T, 204 T, 206, 247, 253,
293, 295 T, 300, 364, 365, 386, 387, 395, 408; Louise Noches 47 TM; courtesy Nuestro 46 B; Jim Pennington /
Picture Cube 295; Marjorie Pickens 45 M; Norman Prince 3 TR, 37 BL, 230, 374, 397; Cyril Reailly 302 B; © 1982
Alon Reininger / Contact Press Images 352; Larry Reynolds 81; Stock Photos, Inc. 298 L; Alfred B. Thomas /
Animals, Animals 43 BL; UPI 211 TR; David Wallace / Stock Photos Inc. 298 L; Bob Willoughby / Sygma
47 B; courtesy of WGBH Educational Foundation 47 TL; Wide World Photos Inc. 210 T, BR; Thomas B.
Zimmerman / Alpha 205